T0129536

VERHANDELINGEN
VAN HET KONINKLIJK INSTITUUT
VOOR TAAL-, LAND- EN VOLKENKUNDE

66

CULTUUR ALS ANTWOORD

L. ONVLEE

's-GRAVENHAGE, MARTINUS NIJHOFF 1973

CULTUUR ALS ANTWOORD

Foto: audio-visie Ben Kool

VERHANDELINGEN
VAN HET KONINKLIJK INSTITUUT
VOOR TAAL-, LAND- EN VOLKENKUNDE

66

CULTUUR ALS ANTWOORD

L. ONVLEE

's-GRAVENHAGE, MARTINUS NIJHOFF 1973

ISBN 90 247 1599 7

INHOUD

WOORD VOORAF

Als redacteuren brengen wij gaarne een woord van dank aan het bestuur van het Koninklijk Instituut voor Taal-, Land- en Volkenkunde te Leiden dat het deze bundel in zijn 'Verhandelingen' heeft willen opnemen, als deel 66 van deze reeks.
Het eert daarin de man die voorzitter van het bestuur van het Instituut is geweest in een zeer moeilijke periode van zijn geschiedenis.
Dank ook dat deze bundel een experiment mocht zijn: een off-set druk in eigen beheer, waardoor de prijs van dit boek voor deze tijd ongekend laag kon blijven.
Dank aan mej. Joke Dengerink, secretaresse van de vakgroep der culturele antropologie aan de Vrije Universiteit die dit werk in eigen beheer tot een goed einde heeft gebracht door dit hele boek met zijn verschillende lettertypen op haar gewone schrijfmachine cameraklaar te maken.

P.J. Luijendijk
H.G. Schulte Nordholt

VERANTWOORDING

Het bundelen van verspreide opstellen betekent een keus waar nog aan voorafgaat de vraag of het uitgeven van een bundel wel verantwoord is in een tijd waarin begrotingen van wetenschappelijke instellingen zo drastisch beknot worden. Gesteld mag immers worden dat artikelen opgenomen in tijdschriften toch allemaal te vinden zijn. Dit is waar, doch het Tijdschrift van het Bataviaasch Genootschap waaruit een vijftal artikelen is overgenomen is slechts in een klein aantal nederlandse bibliotheken aanwezig en in Indonesië zullen er nog hoogstens enkele exemplaren de oorlogsjaren zijn doorgekomen. Hemera Zoa, het tijdschrift van de Hogeschool voor Veeartsenijkunde te Bogor, waaruit een artikel is overgenomen, is zelfs in de bibliotheek van het Koninklijk Instituut voor Taal-, Land- en Volkenkunde te Leiden niet aanwezig, hoewel hier toch de beste biblitoheek ter wereld te vinden is voor wat Indonesië betreft.
Zendingstijdschriften als De Heerbaan en De Macedoniër - elk goed voor één artikel - hebben een bredere verspreiding doch zijn weer niet in alle wetenschappelijke bibliotheken aanwezig.
Belangrijker is echter dat de bundel grotendeels bestaat uit ongepubliceerd materiaal, met name de lessen gegeven aan mensen die naar Sumba gingen om daar te werken in dienst van de sumbase kerken of in ontwikkelingsprojecten. Daarnaast waren er nog onuitgegeven bijdragen en enkele artikelen in weekbladen. Hierdoor is iets van de grote kennis van de schrijver over Sumba vastgelegd. Hopelijk is het ook een belangrijke aanzet voor toekomstig werk.
Zo is dan deze bundel samengesteld uit een eerste deel gericht op de cultuur van Sumba: enkele markante hoofdstukken uit de oude cultuur die een beeld geven hoe de Sumbanees trefzeker wist te antwoorden op de situaties waarin hij binnen zijn cultuur kwam te staan. Daarna de overgang van oud naar nieuw en het antwoord dat er gegeven wordt op het verkondigde Woord. Scherp worden hier vragen gesteld,die rijzen als de nieuwe weg wordt ingeslagen. De mensen van de nieuwe weg zullen zelf telkens weer een antwoord moeten zoeken, tot er weer een nieuwe adat groeit die zelf nog weer flexibeler zal zijn dan de

oude. Typerend is, voor misschien wel veruit de meeste zendingsvelden, dat de boodschappers van het Woord niet altijd het geduld hadden, noch de gelegenheid kregen te wachten op een antwoord, maar het zelf gaven, zij het ook vaak op aandrang van hun inheemse medewerkers.
Het tweede deel handelt over de taal van Sumba en de opdracht tot vertalen. Schijnbaar een geheel ander onderwerp, doch in werkelijkheid niet, zeker niet voor de taalgeleerde, wiens opdracht het was de bijbel te vertalen. Daartoe is eerst kennis van de taal nodig en hoe grondig deze was blijkt wel uit de eerste bijdrage, de enige strikt linguistische in die zin dat zij niet direct betrokken is op de bijbelvertaling; opgenomen omdat zij nog nooit was gepubliceerd. De rest gaat over het vertalen van de bijbel, dat is vertalen van cultuur; daartoe is vereist kennis van de cultuur, het zich inleven in woord en gedachte, in ritueel en geloven, in daad en impuls van de mens in een andere cultuur. Tegen deze achtergrond wordt elk woord gewogen, wordt gevraagd naar de verscheidene situaties waarin een woord wordt gebruikt, is 'gehecht' in het geheel van de levensverbanden van de Sumbanees, zou Onvlee zeggen.
Hoe kunnen bijbelse woorden als 'heilig', 'pneuma' en zovele andere, zo worden vertaald dat ze geïncorporeerd worden in het sumbaas en toch hun eigen bijbelse lading en connotatie krijgen?
Als er geen ezels zijn in een land en de taal er ook geen woord voor heeft, krijgt de vertaler een probleempje dat in het niet valt bij de vraag hoe Theos te vertalen als er niet duidelijk een 'hoogste wezen' is, of dit wordt aangeduid met Sera Wulan, zon, maan, zoals in sommige talen op Flores. Hoe Zoon van God te vertalen, als met de daartoe voor de hand liggende woorden Neno Ana, Zoon van de Hemelheer, de sacrale vorst wordt aangeduid? Daartoe is taalvernieuwing nodig die uit de 'spraakmakende gemeente' zelf moet groeien. Zij moet ook hier haar eigen antwoorden formuleren in haar eigen taal. Een van Onvlee's eerste artikelen ging over de noodzaak van het gebruik van de eigen taal in het werk van de evangelieverkondiging. Het is niet opgenomen in deze bundel omdat er grenzen zijn aan de omvang van elk boek en omdat het in zijn formulering wat tijdgebonden is, maar overigens nog volkomen actueel. Sommige zendelingen achtten het gebruik van het sum-

baas niet nodig. Het maleis was de taal van de toekomst, het volk heeft een lingua franca nodig om uit zijn insulair isolement te komen, en bovendien kent het Sumbaas verscheidene dialecten. Er waren dus bepaald ook praktische moeilijkheden. Daar stelt Onvlee tegenover dat ons spreken een levende betrekking tussen spreker, woord en hoorder heeft te dienen. 'Anders kan ons woord niet tot antwoord dringen' (De Macedoniër, XXXIV, blz. 112, 1930). Dat kan in de volkstaal, waardoor wij in aanraking komen met het volk. 'Er is geen mens, die niet deel uitmaakt van en leeft in een bepaalde gemeenschap. En met die gemeenschap staat hij zowel naar zijn stoffelijk als geestelijk bestaan in voortdurende levende betrekking. Met haar deelt hij verleden en traditie; met haar deelt hij eenzelfde omgeving met al de mogelijkheden en belemmeringen daarvan; met haar leeft hij in één wereld van voorstellingen, gedachten, waarderingen. In die kring verstaat men elkaar. Wij brengen wel iets nieuws, maar maken niet een geheel nieuw begin. Wij strooien het zaad uit in een akker, die niet meer maagdelijk is. Door de gemeenschap waarin zij leven is de levensvorm en levensinhoud van hen tot wie wij komen voor een belangrijk deel bepaald' (blz. 114). Zo komt hij tot de conclusie: 'Als we dus tot het volk willen spreken, zullen we moeten beginnen met van het volk te leren. Derhalve is het gebruik van het sumbaas in de prediking noodzakelijk'.

Het merkwaardige is dat dit probleem nu, na ruim 40 jaar, nog volledig actueel is. Het Maleis als lingua franca is uitgegroeid tot een nationale taal, het Indonesisch. Het onderwijs is tot diep in de dorpen doorgedrongen. Het Indonesisch is de taal geworden van het eigen vaderland, *tanah air kita*. Maar op alle eilanden is de streektaal de moedertaal gebleven. In Sumba is tot vandaag de dag het Sumbaas voor de overgrote meerderheid van de Sumbanezen de taal waarin men zich het meest genuanceerd kan uitdrukken; is het Sumbaas de taal die het meest tot het hart spreekt. Er is weinig reden te veronderstellen dat dit de eerstkomende decennia zal veranderen. Het Indonesisch is de lingua franca, is de taal van de toekomst, de taal van het onderwijs en veelal zelfs de enige. Dit laatste is jammer want terecht stelt Onvlee: 'Wij moeten, los van de positie Sumbaas of Maleis, komen tot een systeem van onderwijs en opvoeding, waarin beide zijn gecombineerd'.

Dit geeft belangrijke voordelen. De eigen taal van het kind is immers het meest aangewezen middel voor zijn eerste onderwijs. Het begint bij de wereld waarin het kind leeft en maakt gebruik van de middelen waarover het van huis uit de beschikking heeft. Het proces van de toeëigening van de leerstof wordt niet verzwaard en geremd door de belemmeringen van een vreemde taal. Onderwijs ook in de eigen taal heeft bovendien dit voordeel dat onze methode - leesboekjes in de eigen taal in de eerste klassen - niet de leerlingen ten aanzien van hun verworven kennis van hun spraakgemeenschap isoleert......Hun taalschat verarmt niet, maar wordt op natuurlijke wijze verrijkt".
Doch dit heeft ook meer dan zuiver pedagogische voordelen. "Heel het zendingswerk is bij een systematisch in dienst stellen van het sumbaas bijzonder gebaat (id. blz. 145, 146).

Dat is toch wel het doel dat iedere bijbelvertaler voor ogen heeft. Uiteraard is het eerste doel bereikt als bijbelse woorden in de eigen taal gaan leven in een gemeenschap, daar een klankbord vinden en tot verdere hechting komen in de eigen taal, in de eigen voorstellingswereld, in de eigen cultuur.

Dat is ook het doel geweest van de beide bijbelvertalers van wie Onvlee een levensbericht geeft: Esser en Adriani, Esser, zijn studiegenoot, die hij schetst, niet als geleerde, doch als geniaal en grillig mens, de tot bijbelvertalen gedrevene, en Adriani, de uiterst begaafde leerling van de Toradja's, voor Onvlee het lichtend voorbeeld van toewijding en wetenschappelijke discipline.

Evenals Adriani is Onvlee zijn leven lang leerling gebleven van de mensen met wie hij verkeerde. Voor allen mag één met name worden genoemd: Umbu Hina Kapita, sedert 1929 zijn medewerker voor vertaalwerk; zijn leermeester ook die hem ingeleid heeft in de taal, het sociale leven en de religie van de Sumbanees en die zelfstandig onderzoek verricht heeft - en dat nog doet - naar de structuur van verschillende sumbase gemeenschappen zodat, zoals Onvlee mij schreef, een belangrijk deel van dit boek "gewoon weergave is van wat hij mij in correspondentie en uit eigen initiatief heeft geleverd".

De laatste bijdragen zijn gekozen omdat zij een samenvatting vormen van het thema dat door al deze opstellen heen speelt, een samenvatting van de vragen die meer dan een halve eeuw intensief op de schrijver zijn afgekomen, die hem niet loslieten: De vraag naar de verscheidenheid van de talen, van de culturen, naar de verschillende antwoorden die de mens vermag te geven. Dan volgt vanzelf de vraag naar het verstaan van de mens in een andere cultuur, dat is kernvraag van het vertalen.
Open blijft dan nog de vraag naar de aard van die verscheidenheid. Deze vraag raakt het centrum, het hart van ons mens zijn, van onze cultuur, als we deze verstaan als de specifieke menselijke bestaanswijze. Het meest specifieke van deze vraag is dat er geen laatste antwoord is, dat hier de visie op de mens bepalend is voor het antwoord.
Het antwoord van Onvlee is bevrijdend. Vrij van een kortzichtig empirisme dat gelooft de werkelijkheid te kunnen weergeven door het verzamelen en ordenen van "feiten" door analyse, d.w.z. door het uiteen snijden van de werkelijkheid verkregen, waardoor deze feiten op het zelfde moment losgemaakt zijn van hun context, van de complexe werkelijkheid, dus gereduceerd en gesimplificeert. Het is vrij van een geprogrammeerd evolutionisme, vrij van de dwingende gang van een dialectisch proces, vrij van een optimisme van een progressiviteit verbonden aan het werken van mensen van goede wil, vrij ook van pessimisme, al ziet hij het menselijk tekort in iedere cultuur: allen hebben zij gezondigd tegen de normen die elke cultuur, - dat is de mens in zijn cultuursituatie - zelf concretiseert en positiveert, zonder dat daardoor het geheim van de norm is verklaard.
Hij ziet dit zo en kan dit zo zien, omdat hij niet gelooft in de mens doch in diens Maker, die zijn Vader is voor wiens aangezicht mensenkinderen mogen spelen ook en juist als het hun gegeven is door te werken tot zij tachtig jaar zijn en zelfs dan nog plannen mogen maken voor toekomstige arbeid.
Het is een eigen, persoonlijk antwoord, een veronderstelling maar zeker niet minder 'waar' of 'onwaar' dan die andere vooronderstel-

lingen die alle niet zijn te bewijzen doch wel verwijzingen zijn naar een niet geheel te omvatten werkelijkheid. En deze vooronderstelling is van even veel waarde als die waar alle menswetenschappen van uitgaan: dat de mens universeel is, fundamenteel in alle culturen volkomen mens, dat is verantwoordelijk, aanspreekbaar voor wie zijn taal wil leren verstaan en antwoord gevend.
Een eigen antwoord ook in die zin dat het de zaken openlaat én in beweging. Een antwoord dat niet afdoet aan de noodzaak naar reducerend empirisch onderzoek, aan de wenselijkheid om de werkelijkheid op verscheidene manieren te benaderen; om te zoeken naar een dialectisch proces, naar evolutie, naar progressie, waarbij het dan nog open blijft of het gaat om Bunyan's The Pelgrim's Progress from this world, to that which is to come, of om Condorcet's opvatting ervan in zijn Esquisse d'un Tableau Historique des Progrès de l'Esprit Humain - of om beide in polaire spanning - terwijl toch altijd weer rekening wordt gehouden met het menselijk falen.
Om met Onvlee een grootmeester van de nederlandse linguistiek C.C. Uhlenbeck te citeren die tot een ijverig dictaat houdend student zei: "Mijnheer, U meent toch niet dat het precies zó is gegaan als ik U nu vertel? Want ziet U, dit mogen wij wel zo doen en moeten dat ook zo doen; het is ook niet onwaar. Maar het zou wel heel merkwaardig zijn. wanneer de werkelijkheid precies zo verlopen was, als wij die nu trachten te reconstrueren" (hierna blz.299).
Als wij een beeld maken van de werkelijkheid al is het maar van het kleine deel dat onze vakwetenschap overziet, zullen zij die na ons komen het wellicht vergruizen. Toch hebben wij het te doen zonder al te bevreesd te zijn, want daarin geven wij een antwoord op de vragen die de cultuursituatie ons stelt.

H.G. Schulte Nordholt.

A. Hoofdstukken uit de culturele antropologie van Sumba

UIT DE CULTURELE ANTROPOLOGIE VAN SUMBA

Inleiding

Wat hier volgt bedoelt, zoals het opschrift al aangeeft, niet te zijn een systematische etnografie van de bevolking van Sumba. Mogelijk zouden we kunnen spreken van capita selecta, mits deze selectie niet te opzettelijk wordt verstaan. Het waren meermalen concrete aanleidingen die de richting van aandacht en onderzoek bepaalden. Zo heb ik over de betekenis van vee en veebezit gesproken en geschreven naar aanleiding van een excursie naar Sumba door een groep veterinaire studenten van Bogor. De leider van deze excursie vroeg mij toen voor deze studenten te spreken. De samenvoeging van vroeger op zich zelf staande zelfbesturende gebieden tot een grotere eenheid en de reactie van de zijde van de bevolking daarop bracht tot een meer opzettelijke aandacht voor grondrechten en de structuur van een landschap. Terwijl de laatste van de hier volgende opstellen bedoeld waren voor a.s. zendingsarbeiders, die hun werkterrein op Sumba zouden vinden. Daarbij was dus de bedoeling uitgesproken praktisch gericht nl. een wegwijzer te zijn om hen die naar Sumba zouden gaan enigszins in aanraking te brengen met de wereld waarin ze straks zouden leven en werken. Ook opdat ze in deze bewoners van Sumba de naaste, de mede-mens zouden herkennen en zo met hen zouden kunnen leven.
Daarbij heb ik het woord "enigszins" wel uitdrukkelijk onderstreept. Zoals men op Sumba, in sumbase omgeving, aan mensen levend in die sumbase wereld niet reëel kan maken welke de aard van de nederlandse samenleving is, wat het betekent van die samenleving deel uit te maken, zo kan men hier moeilijk reëel maken wat het betekent als sumbaas kind uit sumbase ouders te worden geboren, binnen de sumbase grootfamilie, binnen het geheel van de sumbase samenleving zijn of haar plaats te ontvangen en in te nemen.
Een predikant van West-Sumba, die in 1968 voor het eerst enkele maanden in ons land doorbracht karakteriseerde onze wereld voor hem als een droomwereld; een wereld waarin gerealiseerd schijnt wat de Sumbanezen uitdrukken met het woord *dulango*, d.w.z. een situatie waarin aan alle wensen onmiddellijk kan worden voldaan. In sumbase verhalen kent

men het thema van de *tawuru dulango*, de wensring; men hoeft er slechts aan te draaien en wat men wenst wordt vervuld. Zo beleefde deze man onze wereld. Een langer en meer reëel verblijf zou hem zeker anders hebben geleerd. Toch blijft het waar, dat wij in een ongewone wereld leven.
Daarnaast dan een sumbaas kind, dat reeds van de tijd dat het wordt verwacht en dan vanaf het eerste ogenblik van zijn bestaan is opgenomen in een wijze van leven waarin bepaalde verbanden zich van de aanvang af laten gelden. Ik denk aan de manier waarop kan worden meegedeeld of de pas geborene een meisje of een jongen is. Een meisje kan worden aangekondigd als een spintolletje, een waterdraagster, een benaming dus naar kenmerkende vrouwelijke activiteiten. Zo spreekt men bij een jongen van een paardrijder, een karbouwenhoeder, een speerdrager enz. Maar onder deze functionele benamingen zijn er ook waardoor ze reeds van hun geboorte af als potentiële huwelijkspartners zijn aangewezen.
In deze wereld moeten we trachten te leven; trachten dit zo mee te leven, dat we een zekere distantie krijgen t.a.v. de vanzelfsprekendheid van het eigen levenspatroon, dat het min of meer komt tot de beleving van andere vanzelfsprekendheden. Dat leren we niet hier. En vandaar dat "enigszins".
Maar ook omdat wij reeds ruim 15 jaar van Sumba weg zijn, het niet meer zelf kunnen meemaken. En dat in een tijd van snelle veranderingen. In het algemeen gesproken behoort Sumba tot die samenlevingen die we wel aanduiden als "societies in rapid social change". In hoeverre dit ook van Sumba geldt? Sumba is een klein en betrekkelijk geïsoleerd gebied. Het ligt niet aan de grote verkeerswegen. Het is economisch niet belangrijk in die zin dat het duidelijk economische perspectieven biedt. En dit alles wordt dan nog geaccentueerd door de economische situatie van geheel Indonesië.
Toch gaat dit proces van verandering ook aan Sumba bepaald niet voorbij. Wanneer ik nu iets zeg over de huidige situatie dan is te bedenken dat we de jongste ontwikkeling niet zelf hebben meegemaakt; dat we daarover niet uit eigen ervaring spreken. Dat kunnen we wel van wat wij van bepaalde maatregelen hebben meegemaakt en wat we hebben begrepen van

de reactie daarop van de mensen voor wie ze moesten gelden. Dat zou niet zonder betekenis kunnen zijn ook voor de blik op wat nu gebeurt. Daarbij gaat het ons om die mens, die sumbase mede-mens. Dat is eigenlijk al gezegd in de naam van dit vak. Want ook als we spreken over "instituten" of over "structuren", over patronen van handelen en van samenleven zullen we niet mogen vergeten dat het daarin gaat om de mens die daarin leeft.
Daarvan spreekt dan het tweede deel van onze doelstelling, dat we nl. in de bewoners van Sumba onze naaste, onze mede-mens zullen erkennen en herkennen. Dat lijkt een vanzelfsprekende zaak en dat is het ook, maar eenvoudig is het niet. We zijn met heel onze instelling daarbij betrokken. Deze vanzelfsprekende zaak wordt ons een vanzelfsprekende taak. En wel om het haast onuitroeibaar besef van meerderheid waarmee wij westerse mensen allen geïnfecteerd schijnen te zijn; zo dat het ons een belemmering is om de ander ten volle au serieux te nemen. Niet dat een dergelijk besef van meerderheid speciaal westers is. Verschillende stammen in onderscheiden gebieden noemen zich met een naam die betekent *de* mensen, de eigenlijke mensen. De papua's van Waropen verdelen de mensen in a. *nunggu wano*, ware mensen, nl. de clangenoten en in meer uitgebreide zin ook de dorps- en stamgenoten; b. *nunggo wetero*, zo maar mensen, een apart soort. 1) Zo betekent de naam To Radja niet anders dan bovenlander en is in de mond der Buginezen een scheldnaam, iets als ons "provinciaal" of boerenkinkel. 2) Maar in de ontmoeting tussen westerse en niet-westerse volken verkrijgt dit besef van meerderheid een specifiek accent vroeger door koloniale en nu nog door technisch-economische afstand. Ik heb het me zelf herhaaldelijk moeten zeggen: Weet dat je hier met je medemens te maken hebt. Ik denk aan Umbu Wuruta, een oude Sumbanees uit Loliina het gebied waar wij woonden; een bron van kennis voor ons, een geregelde bezoeker van ons huis, maar lichamelijk onverzorgd tot op de grens van het humane. Ik heb op omhelzing door onze vrienden na onze terugkeer in 1946 gereageerd op een wijze, dat mijn Vrouw, die dat met genoegen aanzag, later zei:Jij stond niet in de zendingshouding. Ja, we komen in aanraking met een geïsoleerde wereld, waar de mogelijkheden beperkt zijn, waar men zich juist in de relatie tot deze mede-mens voor de meest eenvoudige huis-

inrichting beschaamd kan voelen; een wereld met voor de overgrote meerderheid een minimum aan pers en literatuur; een wereld die van jaar tot jaar door voedselgebrek wordt bedreigd zo dat enkele maanden van het jaar worden benoemd als *parimbangu*, hongertijd, de tijd van normaal voedseltekort. We komen in een cultureel milieu dat ver van ons af staat.
Maar in deze wereld vinden we de scholen over het gehele eiland verspreid. Vroeger drieklassige volksscholen, sinds 1945 idealiter zesklassige. Ik kan niet zeggen in hoeverre dat ideaal reeds is benaderd. We vinden meerdere middelbare scholen, opleidingsscholen voor onderwijzers en een theologische opleidingsschool. We vinden er twee ziekenhuizen en talrijke poliklinieken. We vinden er twee ziekenhuizen en talrijke poliklinieken. We vinden er organisaties voor onderhoud van scholen (JAPMAS) en ziekenhuizen (JUMERKRIS) waarin de bevolking en christelijke gemeente naast bestuur en zending zijn vertegenwoordigd en zich laten gelden. We vinden daar instituten waaraan we onze activiteit zo kwijt kunnen dat we de kans hebben de gewone Sumbanees op wie dit alles gericht dient te zijn niet te zien. Zeker we hebben onze medewerkers, sumbase, sawuse medewerkers; in hen liggen oud en nieuw op soms moeilijk te ontwarren wijze dooreen. Maar we zullen ook de "gewone" Sumbanees die bijv. - zo was het tenminste vroeger - met zijn eieren, vruchten, groente, hout, enz. het erf opkomt in het vizier dienen te houden; trachten hem te zien binnen zijn eigen gemeenschap.
Hoewel we nu in het meest wezenlijke fundamenteel gelijk zijn, zijn we in een andere cultuurwereld geëncultureerd. We zouden cultuur kunnen omschrijven als het geheel van onze levenswijze, het geheel van de niet erfelijk bepaalde levensuitingen van de gemeenschap waarin we worden geboren. Vanaf het eerste moment wordt een kind in die leefwereld opgenomen en begint wat wordt genoemd het proces van enculturatie, van invoegen, inpassen in,het vormen naar het hier geldend levenspatroon. Ze moeten "manieren" leren, manieren d.w.z. wijzen van doen in actie en reactie, in spreken en in zwijgen, uiten of niet uiten van gevoelens, van gedragen in tal van situaties. Wij worden door onze cultuur bepaald tot in onze onwillekeurige reacties toe. Deze leefwe-

reld verkrijgt voor ons iets zo vanzelfsprekends dat ze ons als een tweede natuur wordt; een wereld van relaties waarin wij ons met vertrouwdheid en zo met vrijheid weten te bewegen.
Nu is dit het merkwaardige, dat we in onze eigen wereld verschillende levenskringen weten te onderscheiden en de kring waarin we ons niet 'thuis' weten naderen we met een zekere voorzichtigheid, wat geremd; we zien de zaak eens aan. Maar westerse mensen die in een niet westers gebied een plaats krijgen gedragen zich meermalen met een zekere vanzelfsprekendheid naar het eigen patroon, doen alsof ze thuis zijn en verbazen zich wanneer de andere bevolkingsgroep daarop reageert op een wijze die daarin niet past. Men vindt het gek, vreemd, zo anders. Dit laatste is juist als dit maar niet een negatief waarderingsoordeel insluit. Dat wil zeggen dat ons gedragen en reageren veelal *etnocentrisch* is bepaald.
Als een van de vruchten van de studie van de culturele antropologie wordt nu genoemd de niet etnocentrische benadering van vreemde cultuurvormen.De naam is duidelijk,dat niet de eigen etnos,het patroon van de eigen groep in het centrum zal staan zodat daaraan de maatstaven van handelen en oordelen worden ontleend; dat we de andere levenswijze naar de daarin geldende maatstaven en normen zullen willen verstaan. Er zit iets in van de algemene levenswijsheid, dat je beginnen moet de mensen te nemen zoals ze zijn. Dat betekent ook, dat de eigen levensvormen iets van hun vanzelfsprekendheid zullen verliezen, dat er distantie tot het eigene en nadering tot het andere groeit dat we in zekere mate tot een andere vanzelfsprekendheid komen. En dus, wanneer we op Sumba mogen leven en werken moet dat ook iets doen aan ons zelf.
En toch, ook bij de beste bedoelingen, we zullen ons meermalen op etnocentrisch reageren betrappen, dat wil dan tenminste zeggen dat we een kritische instelling ten opzichte van ons zelf weten te bewaren. Zeker, de partners van de andere zijde doen dit ook, maar wij hebben dunkt me voor dat we de kans hebben hierin aan ons zelf te worden ontdekt. Want het zit dwars door ons heen. Ik heb meermalen tot mijn medewerkers gezegd: ik zal heus wel eens dingen doen die jelui vreemd lijken zoals jelui ook wel dingen doen die mij vreemd lijken. Maar zeg het me en laat ons elkaar daarin vertrouwen.

Daarbij moet worden gezegd: elkaar nemen zoals we zijn betekent niet dat we elkaar laten zoals we nu eenmaal zijn. Dat zou betekenen dat we elkaar zoals we nu in relatie tot elkaar zijn gesteld niet ernstig nemen. Maar het is zeker waar wat P.E. de Josselin de Jong zegt: ieder die zich met de culturele antropologie bezig houdt komt op een gegeven moment met schrik tot het inzicht hoe ongedacht diep dit etnocentrisme in ons denken is doorgedrongen.3) En dus het vreemde moet onze belangstelling prikkelen, onze bemoeiing met de ander stimuleren.
We zullen ons ook niet laten verleiden tot de uitspraak: het zijn net kinderen. Een oordeel dat herhaaldelijk kan worden gehoord uit de mond van de mensen die wel in deze gebieden hebben geleefd en gewerkt,maar die daarbij in hun eigen leefwereld zijn gebleven en in die eigen leefwereld deze medemensen hebben ontmoet, d.w.z. in een omgeving en binnen een activiteit die westers wordt geleid en naar westerse maatstaven bestuurd, eigenlijk een stukje westerse wereld in de vreemde, waar dan ook een westers gedrag wordt gevraagd en verwacht.
Lévi-Strauss heeft in het zevende hoofdstuk van zijn "Les structures élémentaires de la parenté, l"Illusion Archaïque", een analyse gegeven van een dergelijk oordeel. 4) Hij wijst er op, dat niet slechts wij van hen, maar dat ook zij zo van ons spreken. Het wordt met zoveel woorden door Adriani als het oordeel van de To Radja vermeld: Het zijn net kinderen. Spreken kunnen ze niet, "het is alsof er een paar vogels aan het tjilpen zijn" zei eens een To Radja tot hem. Ook lopen kunnen ze niet; ze kunnen niet met blote voeten over de slechte voetpaadjes zich vlug bewegen. Ze vragen verder naar de meest eenvoudige dingen die elk kind weet. 5)
Waar ligt dit aan? Er is,zegt Lévi-Strauss,een zekere overeenkomst tussen een kind en een volwassene die zich moet bewegen in een hem of haar vreemd milieu. Een volwassene verliest in dergelijke situatie zijn ongedwongenheid, de vanzelfsprekendheid van zijn reacties, of het nu zus of zo moet. Hier is een zekere overeenkomst met een kind bij wie het levenspatroon nog niet vast ligt; het kan nog verschillende kanten uit. Ik zou als voorbeeld kunnen noemen een van onze vroegere medewerkers. Op Sumba behoort hij tot een van de voornaamste geslachten van zijn woongebied. Om zijn kennis van zaken, zijn interesse voor

eigen taal en cultuur en om zijn schoolopleiding erkend en geëerd. Voor ons een zeer gewaardeerde medewerker. Van 1948 tot 1950 was hij in ons land en kon op wie hem niet kenden de bovengenoemde indruk van aarzeling, van geremde bewegingsvrijheid maken. Daartegenover, wanneer ik met hem een sumbaas feest, een ceremonieel gebeuren meemaakte, wist hij zich met trefzekerheid te bewegen en was ik de aarzelende figuur die zich niet ongedwongen, vrij wist te bewegen.
Tussen kinderlijk en volwassen gedrag weten de Sumbanezen in eigen samenleving duidelijk te onderscheiden. Van een jong mens, die zich naar behoren weet te gedragen kan worden gezegd *namatua etina*, zijn binnenste is als van een volwassene; van een oudere die zich niet weet te gedragen zegt men *na-paanakedangu wikina*, hij gedraagt zich als een kind.
Over onderscheiden instelling en reactie, gevoelens en gevoeligheden zou veel te zeggen zijn. Dr.Ir. Beusekom heeft eens geschreven: Deze mensen vinden een beetje "onzedelijkheid" minder bezwaarlijk dan ongeduld. Van dit laatste, het gevaar van ongeduld, zou ik uit eigen ervaring kunnen vertellen. Ik denk ook aan een van de bepaald gewaardeerde zendingsarbeiders, die bij een revue werd getypeerd door de enkele armbeweging nodig om op je horloge te kijken. Van een ander is mij bekend dat hij principieel geen horloge meenam wanneer hij op tournee ging.
U moet bij de Sumbanezen thuis raken. Doe niet zonder meer of u er thuis bent.

1) G.J. Held, Papoea's van Waropen, Leiden, Brill 1947, blz. 3/4
2) N. Adriani, Mededelingen omtrent de Toradja's van Midden Celebes, Verspreide Geschriften I, Haarlem. Erven Bohn N.V., 1932, blz. 16.
3) P.E.de Josselin de Jong, Enige Richtingen in de hedendaagse Culturele Antropologie, 's-Gravenhage, Nijhoff, 1957, blz. 11.
4) Claude Lévi-Strauss, Les Structures élémentaires de la Parenté, Paris. Presses Universitaires de France, 1949, blz. 114 e.v.
5) o.c. I, De Zending in Midden Celebes, blz. 212.

DE BETEKENIS VAN VEE EN VEEBEZIT OP SUMBA

Dit artikel handelt over de vraag op welke wijze het veebezit op Sumba het meest vruchtbaar kan worden gemaakt voor de economische ontwikkeling en sterking van de bevolking op Sumba.
Hoe werpt het kapitaal, dat in dit veebezit aanwezig is, het meest profijt af voor dit volk, hoe wordt de waarde daarvan het meest vruchtbaar gerealiseerd? Wanneer we in dit verband over waarde spreken, gaat het om een economische waarde, een waarde, die voor elk stuk vee in een bepaald bedrag kan worden uitgedrukt, een waarde die voor een belangrijk deel bepaald wordt niet door de verhoudingen binnen Sumba zelf, maar door de vraag, in hoeverre de wereld buiten Sumba, waartoe Sumba en de bevolking van Sumba ook langs deze weg in betrekking staan, hier diensten van Sumba behoeft en Sumba in staat is die diensten te verlenen.
Hoe wordt deze waarde het meest vruchtbaar gerealiseerd? Deze vraag vindt een ander antwoord, wanneer ze wordt gesteld vanuit de sumbase samenleving zelf, binnen de verbanden, waarin het sumbase leven zich beweegt. Het spreekt vanzelf, dat thans deze levenssferen niet meer gescheiden zijn, dat er een doordringing plaats heeft en dat het isolement is verboken. Dat alles is van de aanvang toegegeven, als ik enkele opmerkingen maak over de waarde van veebezit en de realisering daarvan in de sumbase samenleving.
Het bezit van vee is inderdaad een zeer belangrijk deel, we zouden ook kunnen zeggen een noodzakelijk deel van de bezittingen van een sumbase familie. Kan in Oost-Sumba met het woord *banda*, goederen, alle bezit, levende en niet levende have worden gevat, men onderscheidt de *banda la maràda* het bezit in de vlakte, het veebezit dus, van de *banda la uma*, de goederen in huis, en duidt dit veebezit ook wel aan als *banda luri*, levende goederen, levende have. Op de verwerving en bewaring van dit bezit, moet het streven van een Sumbanees zijn gericht. Het is in zeer speciale zin voor hem een levensvoorwaarde, een voorwaarde om te kunnen leven binnen de verbanden die met zijn bestaan als Sumbanees zijn gegeven. Het is dan ook niet te verwonderen, dat tot datgene wat men in West-Sumba noemt *amaringina*, datgene wat koel is, het heil, de

levenswelstand, die wordt gezocht en waarvoor men aanroeping doet, in Oost-Sumba aangeduid met *màndjaku maringu*, wat koel is en fris, onder meer behoort *pote pareina nga'a pazèla*, rijkdom in overvloed en spijzen boven mate. De verering van de machten, die met *ndewa pahomba* worden genoemd, bedoelt naast *dedi tau*, kinderzegen, ook *dedi banda*, de voortgang van het vee. Naast elkander worden ze genoemd. Men vraagt voortteling en wording, vruchtbaarheid en vermenigvuldiging, geboorte van jongens en meisjes; men vraagt rijkdom en vermogen, schimmel en isabel, die de tromdans en de krijgsdans uitvoeren, aanduiding van de *ndjara makadjeki*, de danspaarden. Dat het op zijn plaats is, wanneer daarnaast bezit van edel metaal wordt genoemd, zal ons straks duidelijk zijn. Waar dit bezit zo wordt gezocht in de aanroeping en verering van de *ndewa pahomba*, verkrijgt dit bezit van de mens een achtergrond in de wereld van machten, waarin de mens met heel zijn bestaan is opgenomen. Bezit bestaat nooit, maar ook bepaald hier niet op zichzelf, zodat men het van deze achtergrond zou kunnen losmaken, wat zijn consequenties heeft o.m. voor de gedragingen van de mens ten opzichte van zijn eigen bezit.

Allereerst geldt, dat dit bezit op een eigenaardige wijze met het leven van zijn eigenaar is verbonden. Dat geldt trouwens van alle bezit, dat in bijzondere zin mijn eigen is. Dat is niet onpersoonlijk. Het is als een deel van mij en staat tot mijn leven in een bijzondere betrekking. Ik denk bijv. aan iemands sirihtas. Ik durf van Oost-Sumba niet met zekerheid te spreken, maar wanneer in West-Sumba iemand bij anderen zijn sirihtas, of ook zijn parang of slimoet laat liggen, dan is daarmee zijn *ndewa*, zijn levenskracht gemoeid, *nakòba dèngangge ndewana* zijn *ndewa* wordt er krachteloos door. Thuis gekomen zal hij dan ook door wichelen en aanroeping van zijn marapu zekerheid zoeken ten aanzien van wat en wie hem bedreigt. Degenen bij wie hij zijn bezit heeft achtergelaten zullen, zodra ze dit bemerken, *kède ngindi*, wat letterlijk betekent er mee opstaan, er mee vertrekken, er mee tot hem gaan. En dit tot hem gaan, is niet een eenvoudig terugbrengen, maar bedoelt de *ndewa* van de betrokkene, die ingezonken is, weer op te heffen, en zijn *mawo*, zijn semangat, zijn geest, weer tot hem te doen weerkeren. Daartoe gaat dan dit terugbrengen gepaard met een geschenk dat straks

door een tegengeschenk van de eigenaar van de sirihtas zal worden beantwoord, en door deze geschenkenwisseling zal het leven van hem, die door dit onheil werd bedreigd, weer bevestigd worden in de levensverbanden waarin het zijn hechting vindt.
Van hieruit komen we dunkt mij ook nader tot het gebruik van de *ngara ndjara*, de paardennaam, waarin men een grote benoemt naar de naam van zijn paard. Dat hangt zeker samen met de schroom die men gevoelt, om de eigen naam te noemen of de naam van iemand van aanzien zo maar in de mond te nemen. Maar het wijst op een bijzondere betrekking tussen het paard en zijn heer, dat juist de *ngara ndjara*, de paardnaam, kan worden gebruikt naast, in parallellie met de *tamu tau*, de persoonsnaam zoals men van iemand, wiens naam in brede kring bekend en genoemd wordt, zegt *napawuwa tamu taungu, napadindu ngara ndjarangu*, zijn eigennaam kwam uit, zijn paardnaam werd bekend. In West-Sumba kunnen bepaalde betekenisvolle gebeurtenissen in het leven van een heer, alsnog worden vastgelegd in, gehecht aan de naam van zijn paard.
Dit verband tussen dier en mens, waardoor een dergelijk beest maar niet eenvoudig een onpersoonlijk bezit is, dat men zonder meer kan vervreemden, aan vreemden overdragen, horen we ook in het klaaglied, dat in de mond gelegd wordt van de paarden van een van de groten van het landschap Mangili toen hij er toe was gekomen, hen buiten Sumba te verkopen. Het lied dateert van een tachtig jaar terug, maar het is goed te bedenken, dat de gevoelens waaraan het uitdrukking geeft ook nu niet zijn weggezonken, al zijn de verhoudingen gewijzigd. In dit lied spreken de paarden die weggaan, de achterblijvende paarden aan en gedenken hun samenzijn in de zorg van hun heer.
Het luidt:

> Hoort gij, hoort toch, o mijn paardmakkers
> laat ik het uitspreken, uitspreken geheel en al,
> laat ik het uitzeggen, uitzeggen ten einde toe,
> hoe wij tezamen hier verbleven,
> gebonden aan de diep geslagen bindpaal,
> hoe we gedrongen stonden in de kraal
> geheel vulden onze stalling.
> Alleen, omdat ze deden overkomen het woord van

Mamboru omdat ze zonden het bericht van Lewa (2 andere
landschappen van ver)
zij, de vrienden en bekenden van onze heren.
Hoort gij, hoort toch, o mijn paardmakkers,
brengen, zij deden brengen een briefvel:
dat toch op weg ga en kome naar hier,
mijn vriend, mijn bekende,
zeide hij daar ginds,
hij die genaamd is heer Sanggap
die wordt genoemd de heer onder de pinangboom,
zeide hij ginds tot onze heer.
Hoort mij, o hoort mij toch, mijn paardmakkers,
daar het nu zo ver gekomen is,
waar het de morgen is van ons afdalen (uit huis nl.)
de dag reeds is van ons vertrek,
zo laat ik gedenken
hen die ons losmaakten van de binding
en ons voerden naar de badplaats;
o mijn paardmakkers,
waar ik nu voortschrijd tot waar geen omzien meer is,
waar ik heenga zo dat ik niet meer kan omkijken,
waar ik nu dan achter mij laat, waar ik de rug toekeer
aan het gras waarin wij graasden,
aan het water dat wij dronken,
en evenzo aan hen, die ons geleidden naar de badplaats,
en die ons losmaakten van de binding.
Hoort mij, o hoort mij toch, o mijn paardmakkers
gedenken wil ik
de wateren waar wij dronken,
het gras, waarin wij graasden,
het land waarin wij liepen,
het veld dat wij betraden,
Kiri Latang,Ramuku Watu,
Manu Pandaku Bitara, Tana Månangu Larahaü; (namen van het
land in Mangili)

noemen wil ik
la Taki la Ndakawuli
la Panggulî Lamba, la Hau Kaka,
la Tundu Lindi, la Pahawura;
nu ik het achter mij laat,
het de rug toekeer
laten wij er tranen over storten,
en het neusvocht doen lopen,
waar het de morgen is van mijn neerdalen,
de dag is van mijn vertrek, o mijn paardmakkers,
Hoort mij toch, o mijn paardmakkers,
morgen van neerdalen is het, dag van vertrek is het
naar ginds daar beneden
Waingapu, de grens van het land,
Wara, dat uitsteekt in zee, o mijn paardmakkers!
Daar, daar is het rustpunt als bij het motuspel, 1)
de eindstreep als bij paardenren.
Reeds is toch vastgesteld mijn verblijf
in de ruimte van het grote schip
onder het breed gespannen zeil,
dat de golven bestijgt als een heuvel,
de zee als een vlakte doortrekt.
Hoort toch, o mijn makkers!
Waar het nu alzo is,
zo is mij het neusvocht onafgebroken
en zijn mijn ogen niet droog van tranen.
Laat ons nu toch noemen
laat ons aanstonds gedenken,
hen die naast ons draafden en gingen aan onze zij,
en eveneens hen, die ons losmaakten van de binding
die ons leidden naar de badplaats;
dank zij hun voeten, die vermoeidheid niet schuwden
dank zij hun handen, die de moeite niet vreesden,
als ze ons overbrachten in de morgen
als ze ons terugleidden in de avond.

Hoort mij toch, o mijn paardmakkers,
naar ginds gaat het, ginds beneden,
naar Waingapu, de grens van het land,
naar Wara dat uitsteekt in zee,
waar het rood is van de vreemden
waar het zwart ziet van de overwallers,
de plaats waar het schip aankomt
en de boten aanleggen.
Nu gaat het voorzeker over de toppen van het schuimende
   water, waar men neerziet in de groene kolk.
"Het is gekomen tot eenstemmigheid van mond,
het is gekomen tot één richting van hand",
zeiden toch de heren, onze meesters.
Hoort mij toch, o onze paardmakkers,
die vreemden, die met geld kunnen smijten,
die overwallers knap in het praten
te Waingapu, de grens van het land,
te Wara,dat uitsteekt in zee,
om hen is het dat we wenend gedenken
la Tana Mânangu, la Larahaü,
la Kiri Latangu, la Ramuku Watu,
o onze paardmakkers!

In een lied als dit spreekt nog duidelijk een zeker verzet tegen verkoop van wat zo met het land en met de persoon van de bezitter is verbonden.
En deze betrekking tot ons bezit, blijft voor de grens van de dood niet staan, maar reikt over de dood heen. Ik denk aan een gesprek dat ik had met een van de dorpshoofden in het landschap Loliina in West-Sumba. Het was bij gelegenheid van de begrafenis van zijn moeder, waarbij een behoorlijk aantal karbouwen werd geslacht. We hadden het over de zin daarvan en ik was zo verstandig te wijzen op het waardeverlies,dat met een dergelijke slacht was verbonden. Dat werd door hem in het minst niet erkend en het was duidelijk dat hier voor hem andere waarden prevaleerden. Hij zou veel meer willen slachten. "Ge-

steld dat die slachtbelasting er niet was, zou ik dan niet veel meer slachten?Natuurlijk zou ik dat doen.Als ik mijn voorvaderen verzorg,verzorgen zij mij.Geef ik hun te eten,dan geven zij mij te eten.Geef ik hun rijkdom,dan geven zij mij rijkdom.Ik geef ze van het hunne.Heb ik veel bezit,zullen mijn kinderen mij dan straks niet geven,van wat ik zelf mee heb verworven".Een sprekend voorbeeld,hoe eenvoudige,zeker ook verstandige administratieve maatregelen een belemmering kunnen zijn voor het leven en handelen overeenkomstig de regel waarvan men de gelding erkent. En deze betrekking, ik noem het hier alleen maar, spreekt ook daar, waar het rijpaard, *ndjara kalitina*, van een overleden heer, hetzij hem volgt in de dood en hem in het hiernamaals dient, of hem in elk geval geleidt naar zijn graf.
Het spreekt wel vanzelf, dat de wijze waarop men zijn bezit ziet, zijn consequenties heeft ten aanzien van de wijze, waarop men zich daartegenover gedraagt. Ook het vee vraagt zijn eigen respect. Ik moet hier het van elders ingevoerde rundvee, ik noem het maar de witte sapi, uitdrukkelijk uitzonderen en het is op zichzelf een interessant vraagstuk het verschil in houding van een Sumbanees tegenover het rundvee, in onderscheiding van die tegenover bijv. een paard en karbouw nader te bepalen. Zeker draagt een groot rundveebezit ook bij tot verhoging van rijkdom en dus mogelijk van sociaal aanzien, maar overigens heeft het rundvee in het adatleven van het volk nog maar weinig plaats, al wordt het rundvee hier en daar bij de geschenkenwisseling voor de bruidsprijs gebruikt, en naar men mij vertelde, maar dat zou ik graag nader verifiëren, ook voor de tegengave. Het rund zou zich dus niet storen aan de onderscheiding tussen de goederen, die de ene en die de andere partij geeft. Ik kom straks daar nog op terug. Het rund wordt verder daar gebruikt waar men een slachtbeest offreert aan groepen buiten de s mbase samenleving, die op hun eigen wijze wensen te slachten. Hier is dus een meer zuiver economische waarde-bepaling van het veebezit en een dienovereenkomstige gedraging daartegenover. Ik herinner hier aan de mededeling van Hoekstra op pag. 125 van zijn dissertatie "*Paardenteelt op het eiland Sumba*" hoe de belangstelling voor dit veebezit onderscheiden is ook naar de sociale status van de bezitter. Typerend voor de geringe belangstelling voor de rundveefokkerij in bepaalde

kringen, noemt hij de gewoonte van een van de landsgroten, om bij een bezoek aan zijn veestoeterij wel zelf zijn paarden en karbouwen maar niet zijn runderen te tonen. Het is de vraag in hoeverre deze economische instelling tegenover een bepaalde veeklasse, de instelling ook tegenover het andere veebezit reeds beïnvloedt en nog zal beïnvloeden. Ten opzichte van dit laatste vee heeft men zich echter naar de adat te gedragen. Ook hierin gaat het er om, *ka kutoma wàngu lii ina, ka kutoma wàngu lii ama,* dat ik zo volbrenge het woord der moeders en vervulle het voorschrift van de vaderen, waarin het leven is gehecht en waardoor ook dit vee zijn bestemming bereikt. Zo gaat het leven voort van geslacht op geslacht. En ook waar van dit vee een economisch zinvol gebruik wordt gemaakt zal men toch nooit vergeten waar men mee te doen heeft. Aan de buitenzijde van het dorp vinden we in West-Sumba de *nggòlu ranga,* de beesten (speciaal karbouwen)-kraal Aan de ingang en bij de achterwal zien we een opgerichte steen, de plaats van hem die zich bevindt aan het benedeneind van de kraal die over de kudden waakt, en van hem die zich bevindt bij de kraalpoort die de dieren doet uitgaan in de morgen en doet binnengaan in de avond. Wanneer de regens zijn begonnen te vallen, maakt men zich gereed om strakt de sawahgrond open te trappen door de buffels daarin rond te drijven. Daarbij zal men eerst *tauna nggòlu,* een offer brengen bij de kraal, voordat men neerdaalt naar de vlakte ter bewerking van de grond. Men doet dit om daarmee de hoeven van de karbouwen te scherpen en de graafstokken aan te punten, het sawahgras te vertreden en het onkruid te pletten. Want reeds worden de kikvorsen gehoord, - de gongs van de poelen - en rommelt het onweer, de trom in het luchtruim. Men vraagt om omschutting met de hand en omscherming met de voet voor moederbeest en buffeljong, dat het grazen ze doe gedijen, het drinken hun bloed toevoere, dat ze niet schuren tegen het katigras en niet stoten tegen een scherpe steen. Is dan de regen goed doorgekomen dan jaagt men gedurende enige dagen de kudde buffels op de velden rond. Het is voor mens en beest een niet gemakkelijke tijd. Het spreekt vanzelf dat men daarbij alle overtollige kleding aflegt en men ziet dan ook mannen van stand bij dit werk enkel met een schaamgordel van boomschors bekleed. En evenzeer spreekt het vanzelf dat stok en knuppel daarbij niet worden gespaard om de beesten

te dwingen tot een inspanning waaraan ze niet dagelijks zijn gewend. De beesten komen in deze periode in intensieve aanraking met de grond en ondervinden geen vriendelijke behandeling van hun meesters.
Is dit alles nu afgelopen, zijn zaaivelden en pootvelden bewerkt en is de rijst uitgeplant, dan volgt een ritueel om enerzijds de band tussen vee en grond los te maken en anderzijds de verhouding tussen mens en vee te herstellen. Dit ritueel wordt met verschillende namen aangeduid, als bijv. *weitakana bole*, het wegwerpen van de knuppels; ook *zorona palu, ailana kambala*, het bergen van de knuppels, het ophangen van het boomschorskleed. Op het rijstveld zelf wordt met slachten van een kip de *mori tana*, de heer van de grond,aangeroepen, opdat hij thans het vee, dat tijdens de bewerking onder zijn hoede stond, zal loslaten en laten terugkeren naar de kraal. Hem wordt gezegd: Vat ze niet bij de staart en houdt ze niet bij de horens. Waren er al stokken en knuppels, dat deze nu heengaan onder pisang- en suikerrietstam (d.w.z. naar een koele plaats), opdat zij (de beesten nl.) keren tot kraal en tot heining, dat ze gaan de weg van het koele water, het frisse water, dus verkoeld van de hitte in de aanraking met de grond gedurende het uittrappen van de velden.
Evenzo wordt een offer gebracht *kere nggòlu, ba'a nggòlu*, bij benedeneind en ingang van de kraal, opdat ze weer gesteld worden onder de hoede van de daar werkende machten. Ten slotte volgt een ritueel,waarbij de beesten gebracht worden naar hun *mawo*, hun schaduwplaats, een ritueel verkoelen van de karbouwen, *ringindi karàmbo*, ook wel *pamaringi ku'u karàmbo*, verkoelen van de hoeven van de karbouwen genoemd. Het wordt o.m. gekarakteriseerd door de woorden *pamoli waina beina, pamoli waina anana*, vrede sluiten met de moeder en kinderen. De goede verhouding moet worden hersteld. Met de "moeder" de *bei* is hier bedoeld een wijfjesbuffel die als vertegenwoordiger van de kudde geldt, die als het ware voor de voortgang van de kudde staat, genoemd *bei marapu*, in bijzondere zin aan marapu gewijd, ook *bei kere nggòlu*, de wijfjesbuffel van de achterwal van de kraal. *Kere* is toch benedeneind, ondereind, bodem, maar betekent ook datgene waaruit iets anders opkomt en voortkomt, de oorzaak van iets en deze betekenis klinkt mee in deze benaming. Het is toch de *bei marapu*, die als het ware de kudde vast-

houdt en *amàlendi olena,* die anderen roept. Uit het genoemde kan het blijken Ook waar men het vee naar zijn bestemming gebruikt, bewaart men daartegenover het respect, dat zich in bepaalde vormen uit. Datzelfde geldt bij een andere bestemming van het vee, een zeer belangrijke bestemming, nl. de slacht, belangrijk, ook omdat het veebezit aan levenden en doden toekomt. Ook deze slacht is niet zonder dit respect. Ik herinner mij een gesprek met een oude Sumbanees in het landschap Loliina, West-Sumba, waarin deze mij zei: Het is niet mogelijk, dat ik christen zou worden, want dan zou ik niet meer kunnen slachten, geen vlees meer kunnen eten. Toen ik daarop antwoordde, dat ook wij toch slachten en vlees eten, zei hij: Dat is wel zo, maar jelui slachten is een *teba majela*, een ongeordend slachten, een slachten buiten de regel. Want zonder aanleiding slacht men een beest niet, al kunnen die aanleidingen vele zijn. Bovendien dient dat slachten vergezeld te gaan van het daarbij behorend ritueel zal men het "slachten" kunnen noemen; de aanleiding tot de slacht moet aan het slachtbeest worden meegedeeld, men moet hem *patutuni lara,* hem de weg wijzen. *Teba majela,* slachten dat je geen slachten kunt noemen, zoals men zegt in West-Sumba, of *tobu karingingu, hundju karingingu* slachten van een buffel of steken van een varken zonder bepaalde aanleiding, zo maar slachten dus, is een niet ongevaarlijke bedrijf. Ook het bezit heeft zijn *ndewa,* die zich laat gelden en van ongeordend geslachte beesten geldt *dapakaleha da banda,* de beesten vorderen,ze eisen vergelding. Hier is het gevaar waardoor alle wilde slacht, zoals die bijv. door veedieven wordt bedreven,wordt bedreigd. Zelfs heb ik mij laten vertellen - ik geef het alleen door als wat ik heb gehoord - dat het gebeurt, wanneer Sumbanezen een beest slachten voor vleesverkoop , dus we zouden zeggen zuiver met economische bedoeling, ter wille van de geldswaarde, dat deze slacht niet zonder aanroeping geschiedt.

Dit slachten nu, dat naar de regel is, geschiedt niet door de eigenaar van de beesten zelf. We komen hier in aanraking met een figuur, die in West-Sumba, althans in het landschap Loliina wordt genoemd *nggòba kadu,* wat betekent nevenhoren, horenpartner, de andere horen van een paar, wat er op wijst dat we hebben te maken met een figuur waarin twee partijen wederkerig ten opzichte van elkaar dezelfde functies hebben te verrichten. Het gaat hier om een onderscheiding tussen twee groepen binnen de kabisu, binnen de clan,zodat hier twee gelijkwaardige groepen, huizen van gelijke functie bewonend, wederkerig in bepaalde situaties tot bijstand verbonden, naast en tegenover elkaar staan.Een van deze situaties is de rituele slacht van vee.De *nggòba kadu* wordt dan ook nader bepaald door de woorden *nggòba koko kari, nggòba lili wawi,* partner bij karbouwenhals,partner bij varkensoksel.Bij de slacht van een karbouw trekt men hem namelijk de kop op, waarna men tracht met een slag de halsslagader door te slaan; een varken hangt men op aan een tussen de saamgebonden voorpoten doorgestoken bambu, die door twee mannen wordt hooggehouden, waarna een derde het beest onder de linkeroksel in het hart steekt. Ook in Oost-Sumba, al is de figuur niet gelijk aan die van de *nggòba kadu*, worden de beesten niet door de meester zelf,maar door een partner geslacht, welke hier wordt genoemd zijn *mbapa tunu manahu*, de partner in roosteren en koken, wat doet vermoeden, dat hier ook de verdere bereiding komt voor rekening van de partner. Met dit alles is niet gezegd, dat de partner zelf de slachthandeling moet verrichten, het is voldoende, wanneer hij tot driemaal een slag- of steekbeweging naar het beest maakt, de definitieve handeling kan hij dan aan anderen overlaten.

Uit dit alles blijkt,dat veebezit en veebehandeling zijn eigen voorwaarden stelt. Men kan met dit bezit niet doen wat men wil. Wat men trouwens nooit kan doen. Het heeft zijn *hida hàrina,* zijn regel en verbod; het is ook niet ongevaarlijk, want dit bezit heeft zijn eigen reacties bij overtreden. Ik ben wel heer van mijn bezit, maar ook van dit bezit gaat actie uit op mij, waartegen ik bestand moet zijn. Zo is jong verkregen rijkdom bepaald gevaarlijk: *djàka lalu hei hahananja banda, nda pamalundungu wànguja,* als het bezit hem te zeer voortijdig toeneemt, volbrengt hij daardoor zijn leeftijd niet, hij sterft jong; *nataluja ndewa banda,* hij wordt overwonnen, hij is niet bestand tegen, de *ndewa,* de ziel, de kracht van de goederen die hij bezit.
In de sumbase samenleving is nu dit bezit een machtig middel tot verkrijgen en versterken van sociaal aanzien. Een begeerlijk goed. Onder al wat onder *maringi malala,* wat koel en fris, wat heilzaam is, de

levenswelstand, wordt gevat, wat daarin is genoemd en wordt gezocht, valt ook *zunga tamu dendo ngara,* het uitkomen van de naam, het bekend worden van de faam. Daartoe moet men dan echter dit bezit weten te gebruiken; het moet duidelijk worden, dat men het heeft. Dat kan in tal van relaties gebeuren, maar zoals wij zouden zeggen: "hij moet het geld laten rollen", zo moet iemand, die in dat sociaal aanzien wil worden erkend op zijn bezit niet te angstvallig zuinig zijn. De slacht bedoelt trouwens vervanging en is theoretisch geen verlies, al moet die slacht gaan met beleid. Er zijn in de sumbase samenleving aanleidingen genoeg om iets van die rijkdom te laten zien en die moet men weten te gebruiken. Men moet eens een keer een feest geven. Want het is bepaald niet als lof bedoeld, wanneer men van een man van stand zegt *nda napara'a pòngukingge natarana,* nooit laat hij eens bloed vloeien op zijn dorpsplein, hij slacht nooit, hij geeft nooit een feest. Dan komt iemands naam ook niet uit, want juist bij gelegenheid van een feest kan hij bij het *tauna li'i* het voorleggen, het voeren van het woord, het ceremonieel spreken, zijn naam en grootheid noemen: *napamburundi natara dana,* hij brengt al zijn verschillende attributen bij die gelegenheid op het dorpsplein, maakt ze zo publiek.
Een speciale wijze waarop men tracht eigen naam te vestigen en anderer aanzien te overtreffen wil ik in dit verband noemen. Het betreft hier het *patadina teba,* tegen elkaar op slachten, wanneer men *pakeina,* de haat van de een tegen de ander is gewekt. Het kan toch gebeuren, dat men bij een grievende kwestie tussen twee partijen door bespreking niet tot elkaar komt, niet tot een zekere overeenstemming geraakt. Dan komt het tot een eigenaardig geweld. Als de gemoederen warm zijn gelopen, men zich door de andere partij weet aangetast, komt het voor,kwam het in ieder geval in West-Sumba herhaaldelijk voor, dat de een de ander in waardevernietiging tracht te overtreffen. De man die het meest kan vernietigen blijkt daardoor de sterkste in bezit, zodat hij zich meer kan veroorloven dan de ander. De mindere waarde van de tegenpartij wordt zo aan de dag gebracht en men tracht hem op deze wijze publiek beschaamd te maken. Ik heb het meermalen meegemaakt, dat men daarbij voor niets staat. Natuurlijk is ook de familie van beide partijen er bij betrokken, die met veebezit steunt, maar men schroomt ook

niet in dergelijk geval belangrijke schulden aan te gaan. Een karbouwenstier wordt van hoger waarde geacht dan een wijfjeskarbouw, en het hoogst in waarde is een zgn. *mane mandòpa,* een stier met horens als een vadem *(ròpa)*.Een dergelijk beest kan de waarde hebben van tien andere karbouwen. Ik heb het meegemaakt dat een van onze kennissen een dergelijk beest uit de kraal van een ander haalde om maar tegen zijn tegenstander op te kunnen, ongeacht de consequenties later. De ene karbouw na de ander wordt dan naar de slachtplaats geleid en zonder meer de hals afgeslagen. Eenmaal heb ik zo tussen een dertig geslachte karbouwen gestaan. Veelal blijft het ook bij karbouwenslacht niet. De mooiste doeken worden verscheurd, gouden sieraden vernield. Straks zal de overwinnaar kunnen zeggen: *napènewe kadunggungge,* mijn horen is - verhoogd, hoger geworden, mijn aanzien is toegenomen.

Dat men daarbij zijn tegenstander ook op andere wijze kan overwinnen bleek eens toen één van de partijen niet op de uitdaging wilde ingaan. Die zonder meer afwijzen zou verlies van aanzien zijn; die aanvaarden achtte hij niet profijtelijk. Dus kwam hij met zijn bezit en hurkte daarmee tegenover zijn tegenpartij neer. Hij stelde een kip tegenover zijn partner die met zijn karbouwen kwam, aldus aantonende, dat het toch al te dwaas en te goedkoop was, dat de ander in hem een partij zou zien; dat deze overwinning al te gemakkelijk zou zijn en in feite de tegenpartij onwaardig. Daarmee was de ander voorwerp van publiek vermaak geworden, was openlijk beschaamd gemaakt en had zo verloren.

In dit alles is duidelijk, dat de waarde van dit veebezit, van dit kapitaal, in de sumbase samenleving op andere wijze wordt gezien dan als economisch goed in onze zin verstaan; dat deze waarde op andere wijze dan door "economische" besteding kan worden gerealiseerd en wordt gerealiseerd; dat de Sumbanees er hier eigen waarden en eigen "economie" op na houdt en daarnaar handelt. Vanuit die andere waardering verkrijgt zijn handelen haar zin.

Maar eindelijk heeft dit bezit toch ook een belangrijke economische betekenis, een belangrijke betekenis voor het goederenverkeer, zoals dit wordt bepaald door de verhoudingen binnen de sumbase samenleving zelf. Maar dit verkeer volgt dan zijn eigen wegen en regels, die met de bouw van deze samenleving samenhangen. We komen hier in aanraking met de voor de Sumbase samenleving zo belangrijke geschenkenwisseling, waarbij de verschillende economische goederen hier langs bepaalde banen circuleren. Dit verkeer heeft nog andere doeleinden dan de verwerving van bezit, het dient allereerst de bewaring en sterking van de band tussen bepaalde groepen die tot elkaar in een vaste relatie, een geregeld connubium staan, de groep van de bruidgevers *(jera O.S.; loka W.S.)* en de groep van de bruidnemers *(ana kawini, O.S.; ndòma W.S.)*. Economie en familieverwantschap, economie en sociale structuur zijn alzo nauw verbonden en kunnen niet los van elkaar worden gezien. Om dit toe te lichten moet ik iets meer zeggen van de structuur van deze samenleving.

De bewoners van het eiland Sumba, verspreid over een aantal landschappen (tana), wonen daar georganiseerd in een aantal verwantengroepen, *kabîsu (kabîhu, kabîzu)*, die de meest sprekende sociale eenheid vormen. We hebben hier te doen met exogame patrilineaire clans, de verwantschap wordt hier bepaald in vaderlijke linie en wie tot een bepaalde kabisu behoren stammen dus van vader op vader af van dezelfde voorvader, worden althans gerekend daarvan af te stammen. Alle generatiegenoten binnen dezelfde kabisu worden geacht elkaar te bestaan als broeder en zuster tussen wie huwelijk uitgesloten, want bloedschennig is. Van een verbinding tussen twee kabisu-genoten geldt in zeer speciale zin dat het *ndjala (ndala, zala)*, overtreding is, vol van gevaren voor het geheel van de gemeenschap. Gezegd van deze verhouding verkrijgt dit woord "overtreding" zijn meest pregnante zin.

Uit het gezegde volgt dat de *kabisu* op zich zelf niet kan functioneren; dat daartoe een aanvulling nodig is, een sociale groep, een andere kabisu, met welke de eerste in connubium, in huwelijksverkeer kan staan, waar de jonge mannen een vrouw kunnen vinden en waarheen jonge vrouwen kunnen worden uitgehuwelijkt. En met een dergelijke groep als aanvulling is aan de levensvoorwaarden van een kabisu nog niet voldaan. Vanouds immers - er komen thans uitzonderingen voor, die zeker als afwijkingen van de regel moeten worden gezien - bestaat er geen wederkerig huwelijksverkeer tussen twee groepen. Stel we hebben te doen met twee kabisu A en B, dan is het niet zo, dat kabisu A de huwelijkspartners voor zijn jonge mannen in B vindt en omgekeerd B in

A, want hier is een orde die onomkeerbaar is. Daarmee is gezegd, dat voor het functioneren van een bepaalde kabisu minstens twee andere dergelijke groepen (men kan die wat organisatie en opbouw betreft vergelijken met de *marga* bij de Bataks) nodig zijn, één nl. waar men echtgenoten vindt voor zijn jonge mannen en één waarheen men de jonge vrouwen uithuwelijkt. De meest eenvoudige figuur zou dus zijn dat men een onderlinge betrekking heeft tussen drie kabisu A, B en C, waarbij dan de meisjes van A worden uitgehuwelijkt naar B, die van B naar C en die van C naar A. Elke groep is dus tegelijk bruidnemend ten opzichte van de ene en bruidgevend ten opzichte van de andere kabisu. Wanneer we bij de figuur A, B en C blijven is A bruidgevend ten opzichte van B, bruidnemend ten opzichte van C, B is bruidgevend ten opzichte van C, bruidnemend ten opzichte van A, C. is bruidgevend ten opzichte van A en bruidnemend ten opzichte van B.
Wanneer men nu bedenkt, dat het uitgesproken voorkeurhuwelijk op Sumba was, en veelal nog is, het huwelijk van een jonge man met de dochter van zijn oom, moeders broer, dan verstaat men dat de relatie tussen deze groepen in opeenvolgende generaties wordt voortgezet. Ik wend mij voor de keuze van een vrouw in de eerste plaats naar die groep, indien mogelijk naar dat huis, vanwaar ook mijn moeder afkomstig is. Ik baan geen eigen spoor en ik ontgin geen nieuw stuk bos. Mijn oom, mijn moeders broer, is mijn potentiële schoonvader. Hij is de *mata we'e pawalinggu pela pingi daranggu*, de bron waaruit ik ben voortgekomen, de stam waarvan ik ben gehakt; hij, liever de groep waarvan hij de uitgesproken vertegenwoordiger is, de *jera* (O.S.), de *loka* (W.S.).
En ik wend mij bij de keuze van mijn vrouw naar de *bina palouzo,nauta pamburu* van mijn moeder, de deur waardoor zij is uitgegaan, de trap, waarlangs zij is neergedaald. De jonge meisjes blijven zich dus,in dit schema gezien, in eenzelfde richting bewegen. Al is de praktijk veel gecompliceerder dan men naar deze schematische voorstelling zou vermoeden, voor het verstaan van de ordening van de samenleving dienen we toch hiervan uit te gaan.
Met de verhouding tussen deze verwantengroepen is nu het economisch verkeer, de goederenbeweging op Sumba zelf, nauw verbonden. Dit wordt daardoor voor een groot deel beheerst. Want niet alleen in huwelijks-

sluiting, maar in het gehele leven zijn deze groepen op elkaar aangewezen en voor elkaar het eerste adres ter verkrijging van die goederen die men in een bepaalde situatie behoeft. Zijn meest sprekende uitdrukking krijgt dit goederenverkeer in de wisseling van bruidprijs, *wili (wèli)* en tegengave, *mbola ngàndi*, de mand door de bruid meegenomen (zo O.S.), *kamba wawi*, doeken en varkens (zo W.S.). In deze laatste benaming is al iets aangaande de goederen, die de tegengave uitmaken, gezegd. Trouwens in O.S. kan de bruidsprijs met het enkele woord *banda*, waarmee hier vee is bedoeld, de tegengave *kamba*, doeken worden genoemd. Er worden als bruidprijs nl. vaste goederen gegeven, waartegenover andere goederen als tegengave staan, wel onderscheiden als mannelijke en vrouwelijke goederen. De laatste bewegen zich in dezelfde richting met de meisjes, die worden uitgehuwelijkt; de andere, de geschenken die aan de bruidsfamilie worden gegeven in de richting daaraan tegenovergesteld. Tot de vaste goederen die van de bruidnemers aan de bruidgevers worden geschonken en dus ook het voornaamste bestanddeel van de bruidprijs vormen behoren groot vee, in Oost-Sumba meer overwegend paarden, in West-Sumba karbouwen, en daarnaast gouden voorwerpen. In Oost-Sumba staan naast elke twee paarden vier oorhangers elk verbonden met een *lulu àmahu*, keten van edel metaal; in West-Sumba is elke karbouw verbonden met de gave van een lans, het touw waaraan hij wordt geleid. Daarentegen behoren tot de goederen van de kant van de bruidsfamilie gegeven, tot de vrouwelijke goederen dus, doeken, sieraden (speciaal ivoren armringen) en varkens. Behalve het *tauna pèni manu*, het voederen van de kippen, behoort tot ook het *tauna nga'a wawi*, het voeren van de varkens straks in haar nieuwe woning tot de speciaal aan de jonge vrouw toegewezen werkzaamheden.
Zoals gezegd, deze geschenkenwisseling vinden wij in uitgesproken vorm bij de huwelijkssluiting, maar toch is dit één van de vele gelegenheden waarbij geschenkenwisseling plaats vindt. In tal van omstandigheden zijn deze verwantengroepen, de *jera* en de *ana kawani*, de *loka* en de *ndòma* op elkaar aangewezen. Met geheel het samenleven van deze beide groepen, die in geslachten aan elkaar zijn verbonden, gaat samen een verkeer van goederen, een heen en weer gaan, zoals men zegt van *mamata mamemi*, van wat rauw en gekookt is, d.w.z. van alles waar-

mee men, naar de omstandigheden dit vragen elkaar kan dienen. Voor de "mannelijke" goederen is daarbij de *ana kawini (ndòma)*, voor de vrouwelijke de *jera (lokal* het adres. En men zal deze gelegenheden aangrijpen om zo tevens de band waarin hun leven is gehecht te activeren en hecht te bewaren.
En ook daar waar de goederenbehoefte zo uitgesproken de aanleiding vormt als bij het *mandara*, het zoeken van het nodige voedsel in tijden van tekort, volgt men allereerst deze bekende wegen en gebruikt men deze gewende middelen.
Ik moet het hierbij laten. Het zal u duidelijk zijn, dat hiermee de zaak die ons bezig houdt bepaald niet ten volle is behandeld. Ook in economisch en sociaal opzicht leven Sumba en de sumbase bevolking in een tijd van overgang. U zult er, hoop ik, met mij iets van hebben verstaan, dat het bezit hier evenmin als ergens elders ter wereld op zich zelf staat, dat het hier opgenomen is in een breed sociaal en religieus verband. Deze verbanden worden in de tijd die wij thans meemaken steeds meer doorbroken. Ik wees u al op de waardering van het rundveebezit. Maar waar men economische goederen steeds meer in hun economische waarde zal moeten leren verstaan, hoop ik dat het de sumbase bevolking niet zal ontgaan, dat ook nu deze goederen een achtergrond behoeven, dat zonder deze achtergrond het bezit een macht wordt die een dreiging en een gevaar in zich bergt; dat het sumbase volk de weg zal vinden tot een nieuw goederenbeheer, vanuit een nieuwe achtergrond en gedragen door een nieuw respect.

1) vgl. C. Snouck Hurgronje, De Atjèhers, dl. II, blz. 204. Het is een spel met pitten of steentjes die in kuiltjes moeten worden gelegd, waarbij men de vier pitten die men heeft van de ene zijde naar de andere, naar de eindstreep, moet proberen te spelen.

NA HURI HAPA

Enige regels en zegswijzen betrekking hebbend op het sirih pruimen van de Sumbanees

Men kan het sirih-pinang kauwen zonder aarzeling rekenen tot de eerste levensbehoeften van de Sumbanees. In het

Hàpa rara ngaru,
Ngangu mbihu kambu,
Pruimen tot rood worden van de mond
Eten tot verzadiging van de buik,

is de gewenste welstand uitgedrukt. In een verhaal, dat beschrijft hoe Umbu Luu, een *marapu* in Mangili vereerd, in dat landschap kwam, en aangeeft op welke wijze telkens zijn huis moet worden vernieuwd, worden ook beschreven de zegeningen die van zijn verblijf aldaar het gevolg waren (een bede om die zegeningen keert in de aanroepingen telkens terug). Daarbij volgt na het goed gedijen van de verschillende gewassen:

da winu dahialu hàmu,
da kuta dalundu hàmung,
breed van tros was de pinang,
en hoog reikte de sirih.

Ongestoorde welstand wordt onder meer beschreven met:

napatoma na lii ngangu,
napatoma na lii hàpa,
nda ningu mabara ngaruna,
nda ningu mawidju kambuna,
nanga mbàhu kambu,
nahàpa rara ngaru,
nda ningu mahàpa winu hula mata,
nda ningu mahàpa kuta wàla bara,
de voedselvoorziening was voldoende,
de pruimvoorziening schoot niet tekort,
geen was er met witte mond,
geen was er met ingevallen buik,
men at tot verzadiging van de buik,

men pruimde tot rood worden van de mond,
men pruimde geen pinang met afgesneden top (omdat de noot niet gevuld is),
noch sirih klein van vrucht.

Tekort aan het nodige wordt naast *widju kambu*, ingevallen van buik, met *bara ngaru*, wit van mond, weergegeven. Spijze en sirih pinang is het wat aan een gast door de gastheer behoort te worden gegeven en de bescheidenheid van zijn onthaal spreekt deze uit met:

Hàpa nda miija,
Ngangu nda mbihuja,
Pruimen niet tot rood worden,
Eten niet tot verzadiging is het.

Sirih en pinang behoren ook tot de meeste geregelde gaven die aan de gestorvenen worden gegeven, en menige aanroeping begint met *hàpa pahàpa marapu*, pruim pruimsel marapu. In de verschillende gebieden van Sumba wordt aan de gestorvenen hun sirihtas, wew. *kaleku* (aan de mannen), of sirihzakje, wew. *kadanu* (aan de vrouwen) mee in het graf gegeven. Op de deksteen van de graven vindt men bakjes voor aanbieding van sirih-pinang (wew. *kolaka*) uitgehakt, en in de wand van de grafholte meermalen een haak (wew. *kadeilo*)om daaraan de sirihtas op te hangen.

Een bergplaats voor de pruimingrediënten behoort dan ook tot de uitrusting van de sumbase man en de sumbase vrouw, die tot hun jaren zijn gekomen. De mannen hebben daartoe hun gevlochten sirihtas (kamb. *kalumbutu*, wew. *kaleku*) die zij onder de arm afhangend dragen (kamb. *halili*, wew. *lili*); de vrouwen haar sirihmandje (kamb. *kàpu*) dat aan de hand wordt gedragen (kamb. *jutu*) of een gevlochten zakje (wew. *kadanu*), dat tussen de omslag van de sarung wordt gestoken (wew.*biluna, benggena*). Men behoort in deze zijn zaken in orde te hebben.

Kaluka nda nahàmu na kalumbutumu (na mbolamu), màlawa njuna, mili ningu,
Al is je sirihtas (je sirihmandje) niet mooi het zij zo, als je er maar een hebt.

Van iemand die er geen heeft zegt men *napalaku ndjarang*, hij gedraagt zich als een paard, of men scheldt hem een *tau kambànga*, een domoor, een nietsnut. Tegenwoordig zijn er tal van jonge mensen, die geen sirihtas meer dragen en geen *tongalu*, houten geldbakje meer gebruiken. Voor sirihtas hebben zij een genaaid zakje, en hun geld bergen zij in een leren riem. Van hen zegt men, dat zij *kalumbutungu haku, tongalung halopa*, d.w.z. zij hebben een zakje als *kalumbut* en een gordel als *tongal*.

Ook is het wel gewenst, dat sirihtas of mandje in goede staat zijn.
Djàka dakarü da mbola(kalumbutu) àmbu himbi biaja, djiimanja hiluna,
Als je mandje (je sirihtas) gescheurd is, stop het dan niet maar vlecht een nieuwe.

Anders zou de *marapu* van je zeggen *tau mbodukuja; nda napaitanda kuta winu*, een luiaard is het, hij doet ons geen sirih pinang zien.
En deze sirihtas moet ook goed voorzien zijn:
Àmbu pakawahanja ihina na kalumbutumu djàka bidi minikau,
Zorg dat de inhoud van je sirihtas niet te weinig is, als je een jonge kerel bent.

Want immers *narikidunggau na bidi kawini*, de jonge meisjes zouden je uitlachen. En bovendien: *paluu mandjuu wànguja*, je zou er gauw honger bij krijgen. Ook geldt:
Àmbu hàpa paanakedang:
Pruim niet zolang je nog kind bent.

De leeftijd door *anakeda*, kind, aangeduid is niet voor allen gelijk te begrenzen. Het kan voorkomen, dat een jongere broer verder is dan een oudere. Maar *anakeda* zijn allen, die nog niet mee tellen en nog niet mee mogen praten. Overtredingen door zulke 'kinderen' begaan worden niet besproken en berecht; het is nog maar kinderspel. Immers
uhungudanjapa tana ijangudanjapa ru kabaru,
ze hebben nog aarde voor rijst en kabarublad voor vis,
d.w.z. ze spelen, dat ze samen eten en aarde is daarbij hun rijst en als toespijs gebruiken ze kabaru-bladeren. Zo zegt men ook in Wewewa, om uit te drukken dat het nog maar kindergedoe is en dus niet ernstig behoeft te worden genomen (wew. *lakawa*= kamb.*anakeda*):
tapi tana, kinde kambukela:
aarde wannen en spinnen met een kambukela-pit.

Als kleine meisjes weven spelen gebruiken ze daarbij voor weefklos (*kinde*) de pit van de kambukelavrucht. Maar daarnaast zegt men ook:

ngundu nda parorapowa,

tara nda patàtupowa,

hij (zij) is nog niet gevijld van tanden

ze is nog niet met de doorn beprikt,

wat wijst op de handelingen van tanden vijlen en tatoeage, die omstreeks de afsluiting van de kinderperiode plaats vinden. Als afsluiting van die periode geldt ook de besnijdenis (kamb. *waku*, wew. *topola*). Het gold als een smaad voor een volwassen meisje als haar tanden niet waren gevijld en voor een volwassen jongen als hij niet was besneden. Die smaad werd voor beiden met hetzelfde woord uitgedrukt, nl. wew. *zobo*, voorhuid. En het *àmbu hàpa paanakedang* wil dan ook zeggen dat een jongen niet moet pruimen voor hij besneden is. Hij mag het zo eens een enkele keer doen (*hàpa pandjalang*), maar de eigenlijke tijd is toch eerst voor hem gekomen als hij besneden is. Doet hij het toch voor die tijd, dan geldt *pamalara wàngu wakuja* de (wond bij de) besnijdenis zal er door ontsteken (*malara*, branderig, bijtend). En dus zegt men in dezelfde betekenis: *àmbu hàpa pamalarang*, pruim niet tot ontsteking.

Wil men de tijd voor besnijdenis van de jongen en het sirih pruimen voor jongen en meisje nader bepalen, dan let men bij het meisje op de ontwikkeling van de borsten, bijv. kamb. *tanggringgilu huhujaka*, haar borsten schudden al onder het gaan, wew. *nawawara zuzuna*, ze kan de borsten al met de hand omvatten. Van een jongen zegt men bijv. kamb. *djàmu papalewa mehaja la mamarau*, als hij zover is dat je hem alleen ver weg kunt sturen, of wew. *namòduwengge matana*, zijn gelaat is al vast (*mòdu* zegt men bijv. van het vlees van de klapper of de korrel van de mais, die al hard geworden is).

Ook voor de jonge tanden is het pruimen niet goed.

Da ngàndu da mahina pandjilung àmbu hàpandja kàdi.

Dakapurutudu,

Voor tanden die pas gewisseld zijn is het niet goed te pruimen.

Ze mochten zich eens niet goed ontwikkelen (scheefgroeien bijv.).

Daarentegen:

Da ngàndu pabidi rondang hàpa mànundja kuta bàdi.

Ambu dambua,
Voor tanden, die pas gevijld zijn moet je voortdurend sirih kauwen.
Opdat ze niet opzwellen.
Als toch het tandvlees pijnlijk en gezwollen is, steekt men met een gloeiend gemaakte naald in de tanden (*kadjuku wàndja utu mbana da ngàndu da mambua*); dan zal de pijn ophouden. De bijtende kracht van de sirih zal nu de opzwelling voorkomen; ze werkt profylactisch.
Nu ziet men wel jongens en meisjes, die voor hun tijd al rode tanden hebben van het pruimen, maar dat is het echte niet. *Daparara ngàndu jàping,* ze hebben een rooie bek als een *jàpi* (kamb. *jàpi*, een kleine watervogel met rode snavel). Ook zegt men tot zulke kinderen: *pahàpa marondangu pàkumu,* je pruimt alsof je tanden al gevijld waren.

Van huis gaande heeft men dus sirihtas of sirihmandje bij zich, ook om alzo gelegenheid te hebben bij eventuele ontmoeting een pruimpje te wisselen, waarbij men elkaar sirihtas of mandje overreikt.*(pawuangu kalumbutu, pawuangu kàpu,* wew.*pazepana kaleku, pazepana kadanu).*
Daarbij is te bedenken:
Ambu monung mbola (kulumbutu) haàtu.
Ambu upu rumba mbola (kalumbutu) tau.
Ambu pambuta rumba mbola (kalumbutu) tau,
Reken niet op het sirihmandje (de sirihtas) van een ander.
Neem geen handvol uit het mandje (de tas) van anderen.
Neem niet het laatste uit het mandje (de tas) van anderen.
Het past dus niet, om het voor eigen pruimvoorziening op anderen te laten aankomen of een onbehoorlijke hoeveelheid uit eens anders tas of mandje te nemen. En ook dient men in de tas of het mandje dat wordt aangeboden nog iets over te laten. Anders zou men zichzelf in opspraak brengen. *Napuludunggau tau,* de mensen zouden over je praten.
Daartegenover:
Djàka talànga ningu winu kuta, ka nakaraikau tau, àmbu wua rekinja,
Als je pinang en sirih hebt, en iemand vraagt je er om, geef het hem dan niet afgepast.
Vraagt hij je een stukje, geef hem de hele vrucht; vraagt hij er één geef hem er twee, dat de mensen niet van je zeggen dat je *kutuhu,*

gierig bent.
Djàka ningu makaraikau hambaku, àmbu wàngu parautunja, wua màngu kàpunjaka,
Als er iemand is, die je tabak vraagt, doe het dan niet zo dat je er een beetje uithaalt, maar geef hem het zakje.
En zo ook:
Djàka ningu makaraikau kuta winu, àmbu wua tukung,
Als er iemand is die je sirih pinang vraagt, gooi hem dan niet wat toe toe.
Laat blijken dat je van harte geeft en reik hem je sirihtas of mandje, zodat hij zelf nemen kan.
Na tau na pandedi ndàmami àmbi hàpa ànga la kalumbutuna.
Da winu da kuta da makanabu, àmbu mara-rànamuka pahàpa a-àngaha,
Pruimt niet zo maar uit de sirihtas van mensen, die ge nog niet goed kent.
Je moet er niet te zeer op uit zijn pinang en sirih, die gevallen is te pruimen.
Men zou toch niet kunnen weten of je op die wijze geen gestolen pinang en sirih pruimde, wat tot onheil in huis aanleiding kan geven.
Onder datgene waarvan men tot wegneming van schuld belijdenis doet behoort immers ook: *mahàpa la kalumbutu tau, la mbola tau; mahàpa winu makanabu kuta makanabu,* wij pruimden uit de sirihtas, uit het sirihmandje van anderen; wij pruimden gevallen pinang, gevallen sirih.
Da pahàpa pahándjalu tau la maràda, àmbu piti àngaha,
Neem niet zo maar weg de pruimstof die door anderen in de vlakte is neergelegd.
Dit heeft betrekking op de sirih-pinang, die men op zijn weg neerlegt waar men de plaats van de *ndewa tana*, de aardgeest, heer van de grond passeert. Men geeft daarbij kennis van zijn tocht en vraagt daarvoor bescherming. Deze sirih-pinang moet nu niet door anderen meegenomen en gepruimd worden. *Kapuaki-adanjaka,* het is niets dan wat ze al uitgekauwd hebben, het is al gebruikt door de *ndewa tana; nahàlahaka da kutuda,* hij heeft er de damp, de kracht al van weggenomen.
Da kuta àngu da winu patungu muru àmbu pàpu àngaha,
Wanneer de sirih en de pinang zijn'belegd met kruid', pluk ze dan

niet zo maar af.
Muru is kruid in de zin van geneesmiddel en dan in ruimere zin alle 'geneesmiddelen', alle 'medicijn'. *Tungu muru,* kruid, geneesmiddel leggen op, wat geschiedt door de *mangu murung*, de bezitter van het medicijn, ook genoemd *na ma-àpa muru* of *na makatangu muru*, de vasthouder van het medicijn. Deze kruiden kunnen worden aangewend tot genezing maar ook tot verwekking van de ziekte. Men kan nu ook de bomen van een tuin 'met kruiden beleggen'. Men hangt daartoe bij een offersteen, onder een afdakje in de tuin opgericht, een katupat op, die men eerst met het kauwsel van de kruiden heeft bespuwd, waarbij men bijv. zegt: *dai ulu hanambaja na makanggamiku limana na makatilaku wihina, na mamuli rauna na mapàpu wuana,* 'waak aan de achterzijde en de voorzijde tegen wie de handen beweegt en de voeten roert, tegen wie de bladeren aftrekt en de vruchten plukt'. Wie desniettegenstaande van de vruchten steelt, zal door de bepaalde ziekte worden getroffen. Daarin heeft bovengenoemd verbod zijn sanctie; *nangànadukau muru:* je mocht anders door het medicijn getroffen worden.
Palili papitiha da pahàpa la reti, da pahàpa la katoda, da pahàpa papaluhu,
Het is verboden de sirih pinang op de graven weg te nemen, of van de offerstenen, of de naar buiten gebrachte pruimstof.
Het laatste heeft betrekking op de sirih-pinang die mee buiten de kampung wordt gebracht, wanneer een ziekte, bijv. *maranga*, verkoudheid, uit het dorp wordt weggedaan (*paluhu maranga*, de verkoudheid naar buiten brengen).

De groten, degenen die tot het *maràmba*-geslacht behoren, dragen niet zelf hun sirihtas of mandje, maar hebben daarvoor hun slaaf of slavin, wier speciale taak het is daarvoor in alles te zorgen. Het zijn de *ata mahalili kalumbutu,* de slaaf die de sirihtas draagt, en de *ata majutu kàpu,* de slavin die het sirihmandje draagt. Ze behoren tot het vaste gevolg. Komt er een gast, dan is het hun taak dadelijk in huis te gaan om de benodigde sirih pinang voor ontvangst te halen.
Na maràmba natemanja kapu paraî na atana,
Een marâmba wordt door een slaaf (slavin) de kalk voorgehouden.

De kalk, een van de noodzakelijke pruimingrediënten, wordt bewaard in een kalkdoosje (*tandai kapu*, door de vrouwen gebruikt) of kalkzakje (*kanai kapu*), dat de mannen gebruiken. Voor het gebruik stort men een weinig kalk in de hand en stipt dan met een vinger in de kalk om die zo naar de mond te brengen. Want:

Ambu tu dalung la tandai kapu,

Steek (je vingers) niet in het kalkdoosje.

De groten storten zich nu niet zelf wat kalk in de hand, maar ze hebben een van hun mensen ter beschikking, die wanneer hun heer of vrouw wenst te pruimen, hun de kalk voorhouden. En evenmin stampen ze, als ze oud geworden zijn zelf hun pruimpje. Wie toch oud en tandeloos geworden is en de sirih-pinang niet meer fijn kan krijgen, stampt ze in een koker (stampen: *tuku*; koker en stamper tezamen: *tuku*; koker: *ngohuna*; stamper: *aluna*; deze beide worden ook onderscheiden als vrouwelijk, *na baina*, en mannelijk, *na minina*).

Na maràmba makaweda ningu matanggu tukunja, 1)

Is een heer of vrouw oud geworden, dan heeft hij (zij) iemand, die voor hem (haar) stampt.

Het benodigde voor een sirihpruim is het eerste wat een gast bij zijn komst behoort te worden aangeboden. In een ruime gave van sirih-pinang eert men de gast en komt de gastvrijheid van de gastheer uit. Een bezoeker kan weer heengaan zonder gegeten te hebben, maar hij kan niet heengaan zonder te hebben gepruimd. En zonder gepruimd te hebben komt men aan het eten niet toe.*Mamangiluha da pahàpa,*pruimen gaat voor. Of ook *mama-ajaha da pahàpa, mama-eriha da pangangu,*de pruim is de oudere en het eten de jongere broer. Het is dan ook wel om zich zeer te schamen, wanneer men niet zorgt deze gastvrijheid te kunnen bewijzen. Ook al zou men voor eigen gebruik te weinig hebben, dan dient men toch iets gereed te houden voor een mogelijke gast.

De vrouw heeft te zorgen dat in dit opzicht alles in orde is. En dus:

Djii pandengingu padua tanga wahil,

Vlecht van te voren de mandjes (waarop de sirih-pinang wordt aangebo-

----

1) *Matanggu tuku,* stampstertje, noemt men ook het jonge meisje, dat door een al oude man tot vrouw wordt genomen.

den).
Een vrouw, die deze zaken niet in orde heeft, acht de eer van het huis niet, *kawini ndia inga ura umaja*. Men zegt van haar *kawini mbodukuja*, een luie vrouw, of een domme (*nduba*) vrouw. Eerst wordt de gast de pruimstof aangeboden op een gevlochten bakje (*tanga wahil*) en pas daarna wordt hem de *mbola*, een mandje voor de pruimbenodigdheden (in onderscheiding van *kàpu*, het mandje dat op weg wordt meegenomen, zonder deksel), aangeboden.
Djàka tàka tauja wua mangilunja kàdi pahàpana la tanga wahilu, ka mangu pawuanja mbola,
Als er mensen komen moet men hun eerst pruimstof geven op een bakje, daarna eerst geeft men hun het mandje.
De sirih-pinang hem op het gevlochten bakje aangeboden is bedoeld om door de gast meegenomen te worden. Deze dient ze ook mee te nemen:
Djàka nawonggau pahàpamu parai tau, ngàndiha,
Wanneer men u sirih-pinang geeft,neem die dan mee.
In deze gave toch wordt de gast geëerd. Hij zou blijk geven eigen eer, en daarmee eigen levenskracht niet te achten, wanneer hij tegenover die gave onachtzaam was. Van de gave waarin we geëerd worden zegt men immers: *hamangundanja* of *ndewandanja*, het is onze 'ziel'. Tussen onze eer en onze levenskracht bestaat nauw verband. Van schaamte waardoor men wordt getroffen kan men zelfs sterven. Dus moet men deze gaven meenemen *àmbu dameti da hamangunda:* opdat onze 'ziel' niet sterve.
Wat het aantal van de gegeven sirih- en pinangvruchten aangaat, in het algemeen heeft men een voorkeur voor even aantal boven oneven. Maar bepaald:
nda pakàli wuangu tilu,
drie stuks worden nooit gegeven.
Van het woord *tilu*, drie, heeft men een afkeer, om de betekenis van testikel, die het ook heeft. Ten aanzien van mensen gebruikt, zal men liever zeggen *dua haàtu*, van zaken *dàmbu hau*, twee en één. Gebruikte men dit woord in gesprek, het zou de schijn hebben, dat men de ander uitschold. Moet men het gebruiken, dan zal men dit toch nooit doen zonder daaraan vooraf te laten gaan *hinggilumu njumu*, met uitzondering

van jou, het raakt jou niet. Of ook men gebruikt de vorm uit een ander dialect en spreekt van *tailu* in plaats van *tilu*. Het drietal schuwt men nu ook bij wat men iemand geeft en wat men ontvangt. Zelfs zal men bij uitbetaling liever niet drie guldens ontvangen, maar twee guldens en twee halve guldens. En zo zou een gast, wanneer men hem drie sirihvruchten geeft, licht kunnen denken *tolanangga*, of *mangetunangga*, hij scheldt me uit.

Ook tegen het aantal van vijf (*lima*) vruchten heeft men bezwaar. Daarvan zegt men: *dalii la manggawa lima:* ze vallen door de spleten tussen de vingers, ze glijden je door de vingers. En dus: *nda ningu linguda*, ze zijn ijdel, hebben geen nut. Wanneer men komt om een zaak te bespreken en bij vergissing geeft de gastheer zijn gast een vijftal sirihvruchten, dan kan men wel weer naar huis gaan, de bespreking zal geen nut hebben. Met acht vruchten eert men de gast het meest.

Maar dit is ook de grens:

dira dangumada,

dat is de uiterste hoeveelheid.

Gaf men meer, dan zou het zijn alsof men dacht dat de gast zelf geen pruimstof had.

Àmbu palailaruja na kalumbutuna na mini leimu; puru ngàndijaka na mbolamu kau wuangu tau,

Laat niet de sirihtas van je man rondgaan; haal je mandje uit huis en geef dat aan de mensen.

Dit mandje heeft dan de vrouw de gast in de hand te geven.

Àmbu wua djukarunja mbola na tau,

Schuif het mandje de gasten niet toe.

Het mandje hem toe te schuiven zou onbeleefd zijn. En de gast zou de indruk krijgen dat men hem niet behoorlijke eer gaf. *Nda tembinangga wànadu:* men behandelt mij niet behoorlijk, zou hij kunnen denken.

Djàka maràmbaja na matàka, wua wànja tanga wahilu hàmu: àmbu paràhang bia anakeda papuru ngàndinja mbola.

Djàka ningu kariana, pamangilumanja na maràmba, mangu da kariana. Djàka remija djàka ningu lii djàka nadangu na maràmba na mahandàka tàkana, tu haha ndàbamandja pahàpada la tanga wahilu;wua mangilunja na mama-ama (na mama-aja) màngu papàndaki-pandàkindja matuada. Ba

hàlahaka da maràmba mangu da kariada pandàkindja matuadakai,
Als de gekomene een maràmba is, geef het hem dan op een mooi bakje; stuur niet een kind om het mandje uit huis te halen. Als een maràmba gevolg heeft, geef dan eerst de maràmba, daarna zijn gevolg.
Als er feest is of een bijzonder gebeuren, als velen zijn de maràmba die gelijktijdig komen, bereid hun dan te voren de pruimstof in de bakjes; geef dan eerst de oudsten, de vaders en oudere broers en zo voort naar hun ouderdom. Is men gereed met de maràmba, geeft dan eerst hun gevolg, eveneens naar hun ouderdom.

Bij dergelijke gelegenheden staat een wacht in de kampungingang om tijdig te kunnen meedelen welke gasten in aantocht zijn, welke maràmba en wie tot hun gevolg behoren. Deze geeft kennis zodra hij ze ziet aankomen, zodat de sirih-pinang bij aankomst dadelijk gereed is. Degene die voor de verdeling te zorgen heeft, meestal een vertrouwde slaaf, moet dus met de stand- en familierelaties goed op de hoogte zijn, want het zou een reden tot schaamte zijn voor de gastheer en gast indien men de lagere in stand aan een meer aanzienlijke of een jongere aan een oudere deed voorafgaan. Iemand te behandelen naar zijn stand en te geven wat hem toekomt (*tembi*) is toch bij de ontvangst van gasten een zaak van bijzonder gewicht. Het komt voor, dat een gast zonder het eten aan te roeren weer vertrekt, tot grote schaamte van de gastheer, wanneer hij, zij het ook zonder opzet, niet in zijn stand is erkend. En de gastheer zal in dergelijk geval niet nalaten een geschenk te brengen aan de beledigde gast *ka nabeli na ndewana,* opdat zijn 'ziel' moge terugkeren.
Bij dergelijke gelegenheden, als er vele gasten komen, geldt als regel:
Na arijaa kawini, kawinimai mawuanja pahàpana, na mini minimai,
Wat de vrouwelijke gasten aangaat, vrouwen zijn het ook, die haar pruimstof geven, en evenzo mannen de mannen.
Bij bezoek van een enkele gast is het de meesteres van het huis, die voor de aanbieding van sirih-pinang heeft te zorgen.
Djàkau pakapung àngu angumu pakawini àmbu wuanja kikuna na kuta,
Als gij als vrouwen elkaar een pruimpje geeft, geeft dan niet het uiteinde van de sirih.

Pakapung, ten opzichte van elkaar 'kapung', doen alleen vrouwen, of ook een jongen en een meisje tussen wie een betrekking bestaat. Daarbij stort de een wat kalk, *kapu*, in de hand van de ander en geeft haar een stukje sirih en pinang voldoende voor eenmaal pruimen. Straks doet de ander dat ten opzichte van de eerste. Men wisselt dus niet van sirihmandje, maar maakt voor de ander een pruimpje gereed. Daarbij mag men nu niet het ondereind (*kiku*, staart) van een sirihvrucht geven (*kikuna*, tegenover *katikuna*, het hoofd-eind ervan, of *pingina*, de oorsprong, het beginpunt ervan, d.i. dat gedeelte waar de vrucht aan de steel vastzit). De *kiku* te geven zou de schijn van geringschatting (*pamàrahung*) wekken en dus reden zijn tot beschaamdheid (*pamakia wànguja)* 1).

Ten aanzien van het geven van sirih pinang aan anderen is nog te vermelden:

Nda nanggepi djàka nda ningu kutana na tanga wahil, ri-rihi nda nggepi djàka wuanguja pahàpa maràmba ,

Het is niet behoorlijk als er geen sirih ter aanbieding is, te meer als het geldt het geven van sirih-pinang aan een maràmba.

Onder de pruimingrediënten neemt de pinang de voornaamste plaats in. Sirih aan te bieden zonder pinang is onmogelijk, maar wanneer men geen sirih heeft kan men eventueel alleen pinang aanbieden zonder daarmee nog in gastvrijheid te kort te schieten. Toch is het behoorlijk dat men ook voor sirihvoorraad zorgt, en dat vooral als het geldt een maràmba te ontvangen.

Àmbu katiri pahupung ru kuta,

Breekt niet tezamen een sirihvrucht.

Dit heeft betrekking op het samenpruimen bij een ontmoeting. Daarbij moet men niet, elk een eind (*hupu*) vasthoudend,(*pahupung*, ten opzichte van elkaar 'hupu' zijn) de sirih-vrucht afbreken. *Papaniida pahupungu wànguja*, daarmee zou men aan het eind zijn van het met elkaar spreken, men zou elkaar voor het laatst ontmoeten.

----

1) Men begint af te breken bij de *katiku*, zodat men met de *kiku* a.h.w. het overschot geeft. *Ana rihima-ananja na pawuanangga*, het restje maar heeft ze me gegeven.

Het behoort tot de verplichtingen van de man, zijn vrouw van voldoende voedsel en voldoende pruimstof te voorzien. Een man, die een vrouw wil nemen, verklaart dan ook: *màkanggunja pahimbunja pangangu pahimbunja pahàpa,* ik ben in staat eten en pruimstof voor haar te zoeken. En hij heeft te bedenken:

Àmbu pakawahanja ihina na mbola pahàpana na papahamu,

Zorg, dat er niet te weinig in het sirihmandje van je vrouw is.

Ze zou het immers bij een ander kunnen gaan vragen, *naluadu pakarai la haàtu.* Of ook: *àmbu napaili bangga tau,* opdat ze de zitplaats bij anderen niet schoon houde, door daar namelijk veel te zitten pruimen. Want aanbieding en aanvaarding van sirih-pinang is een teken, dat een jongen en meisje in nadere relatie tot elkaar willen treden, dat ze willen *pajorang*, elkaars *jora*, elkaars 'vriend' willen zijn. De pinang wordt daarbij in de bladschede verpakt en de sirih tot een bundel saamgebonden. Zo zingt een meisje in een afscheidslied:

ba nda nggamudu kawai,
makakombanda winu,
makawalunda kuta,
hi tapa-ahu ndàma riringu,
hi tapandjara ndàma hondungu,
ba taeti wàngu wikinda,
ba takuku wàngu wikinda,
daar het niet de een of ander was,
die ons de pinang verpakte,
die ons de sirih samenbond,
zodat wij waren als honden gewoon en bekend,
als paarden door samenbinding gewend,
daar het uit eigen hart opkwam,
naar eigen wil geschiedde.

In dezelfde betekenis als *pajorang* gebruikt men ook *pakutang* (*kuta*, sirih) in sirih-betrekking tot elkaar staan, elkaar sirih-pinang geven. En deze verhouding drukt men ook uit in:

pababangu kalumbutu,
patemangu kiri kàpu,
de sirihtas op de schoot geven (jongen aan meisje)

het sirihmandje voorhouden (meisje aan jongen).
En het *patemangu kapu*, het elkaar kalk voorhouden, wordt bepaald gezegd van *mapambuhang*, wie in liefdesbetrekking tot elkaar staan.
Naar de waardering van de man is ook die van de gave. In het ene geval wordt zijn geschenk door het meisje in haar lied geroemd:

Winu wua kanduru,
patuku wàngu manu;
kuta wua kapala,
papalu wàngu ndjara,
pinang als terongvruchten,
waarmee je een kip kunt gooien;
sirih als spaken van een garenwinder,
waarmee je een paard kunt slaan,

Maar daarentegen smaalt ze de afgewezen pretendent:

àmbu ngàndi àngu
na winu wàla mbàpamu;
àmbu ngàndi ànga,
na kuta wàla baramu,
blijf me toch weg met die pinang,
die idiote bloesemvruchtjes;
kom me toch niet aan met die sirih,
die dwaze witbloeiende stokjes.

Met *winu wàla mbàpa* en *kuta wàla bara* vergelijkt het meisje de haar gegeven sirih-pinang met de sirih- en pinangvruchtjes, die met de bloesem afvallen. Anderen laten die dingen liggen, maar hij is zo gek om ze haar te brengen. Naar de zin gelijk zijn de volgende regels (Wewewa):

eka ndeta dènga-ndeta dènga-mundi
kapoke zuzu wawimu,
patawmu tilu ate;
eka engge dènga-engge dèngamundi
uta wola ndàbomu,
patawmu tilu bengge,
je bent wel erg ingenomen
met die varkenstepeltjes van je

waar je hart zo vol van is;
je bent wel bijzonder in je schik
met je ndăbo-bloesem sirih,
die je bij je gestoken hebt.

Kapoke wino zijn pinangvruchten die zich pas hebben gezet, nog klein zijn, en geen inhoud hebben. Ze worden door het meisje met varkenstepels vergeleken. De *ndàbo* is een plant waarvan de vruchten lijken op de sirih, maar ze zijn veel kleiner en worden niet gegeten. Nu smaadt ze de gebrachte sirih als vruchten van de *ndàbo* wanneer deze bloeit en de vruchten dus nog zeer klein zijn.

Djàku hàpa winu kawàlu,
mupaanang anandua,
Als je pinang met dubbele pit kauwt,
zul je tweelingen krijgen.

De jonge meisjes wordt dan ook door de oudere vrouwen afgeraden dergelijke pinang te eten, en in de regel zal men ze laten liggen. Niet, dat men in het algemeen geboorte van tweelingen ongunstig acht.Alleen ingeval een jongen en meisje geboren worden (*anandua hala*) moet dit worden 'verkoeld', en men zegt van hen: *nda damalundungua*, ze zullen niet tot het eind geraken, ze zullen niet oud worden. In West-Sumba hoorde ik ook, dat de mensen zich over de geboorte van tweelingen schaamden, dat het was *pamàke dènga*, een reden tot schaamte, omdat mensen geen honden of varkens zijn.

Na mapakambu àmbu hàpa pakorung nggamur àngu lajia,
Zwangeren mogen bij het pruimen geen gambir en gemberwortel kauwen.
Pameti wàngu ana daluja, daardoor toch zou het kind in de schoot van de moeder sterven, of *namundju wàla,* het kind zou voortijdig geboren worden (*mundju*, afvallen, als bloesem zou het afvallen). Tot opwekking van abortus worden o.a. gambir en gemberwortel gebruikt. Ze behoren niet tot de geregelde pruimingrediënten.

Na kawini pakambu djàka nda namii ba nahàpa, anakeda kawinija na anana; djàka namii anakeda minija.

Na mapakambu, àmbu mara-ràna biana pahàpa ànga la kalumbutu tau,
Wat betreft een zwangere, als haar lippen niet rood worden bij het

pruimen is haar kind een meisje; worden ze rood, dan is het een jongen.

Een zwangere moet maar niet in 't wilde weg uit de sirihtas van anderen pruimen.

Daardoor zou licht de bevalling moeilijk gaan (*nakalutudu djàka napaana*). Gaat een bevalling moeilijk, dan moet de vrouw niet alleen eventueel overspel bekennen, maar ook meedelen haar *ngia pahàpa*, de plaats waar, d.w.z. de mensen bij wie ze gepruimd heeft; *kuhàpa lai pinang*, ik heb bij deze en die gepruimd. Het is toch een zwangere ongeoorloofd (*palili*), *djàka napajobu ànga-ànga*, als ze met deze en gene maar gekheid maakt.

Na kawini mapakambu, djàka nalaku rudung, ngàndi kapu,

Als een zwangere 's avonds op weg gaat, moet ze kalk meenemen.

Zij kan zich daarmee tegen het nachtspook beveiligen, *na malodunja na rudung, na marudunja na lodu*, dat de nacht tot dag heeft en de dag tot nacht; dat in de avond uitgaat en het bijzonder op zwangeren gemunt heeft. Deze spoken worden o.m. genoemd *maduru*, de vlammenden, daar een lichtglans van ze uitgaat, afwisselend rood en groen. Voor kalk zijn ze bang en men heeft hen dus bij een ontmoeting met kalk te werpen:

hanebanja kapu na maduru,

werp de lichtende met kalk.

Àmbu hàpa kuta rara,

Pruim geen rode sirih,

d.w.z. sirih die al beurs geworden is. Deze raad geldt speciaal voor de jonge meisjes. Men zou anders van ze zeggen *pakambunanja*, ze is zwanger. Zwangere vrouwen hebben toch veelal lust naar *kuta rara*, zodat *hàpa kuta rara* zoveel betekent als zwanger zijn.

Zo zingt een vrouw in een *ludu hema*, een beurtzang, gezongen 's avonds na de pluk van de mais, hoe zij door haar man is verlaten en wat zij hem zal hebben te antwoorden als hij straks terugkeert, daar zij reeds zwanger is:

Patianja wulang patianja ndaungu

nda natàka jiangu.

Pangalangu pahàpa kuta rara,

budi hi natàka,
Gewacht heb ik een maand, gewacht heb ik een jaar,
maar daarin kwam hij niet.
Reeds lang heb ik rode sirih gepruimd,
nu eerst is het dat hij komt.
En eveneens geldt speciaal jonge meisjes de raad:
Ambu hàpa winu maüku
pruim geen bedwelmende pinang.
Immers:
pahàpanja winu maüku,
paunumja wàlu wakatu,
haar bedwelmende pinang doen pruimen,
haar beneveldende palmwijn doen drinken,
was het middel waardoor een man over een meisje macht zocht te krijgen.

Na kawini àmbu nahàpa la kalumbutu lajiana,
Na mini àmbu nahàpa la mbola jerana kawini,
een vrouw mag niet pruimen uit de sirihtas van haar laija,
een man mag niet pruimen uit het mandje van zijn jera.
De betrekking *jera-laija* is die van zwager, vrouws broer, tot zwager, zusters man. Ook de vrouw van mijn 'jera' wordt door mij met die naam genoemd en zijn noemt mij 'lajia'. Het is niet geoorloofd, dat mans zusters man (*lajia*) en vrouws broers vrouw (*jera*) van elkaar pruimen. Wel mag zij hem sirih-pinang op de *tanga wahil*, het gevlochten bakje, aanbieden. Evenwel:
Nda uku papakei limang tanga wahil, àngu lajia angu jera kawini,
Het is niet behoorlijk, dat 'laija' en 'jera kawini' elkaar het sirihbakje aanreiken.
Tussen hen geldt immers *àmbu pakita limang*, reikt elkaar niet de hand. Zij reikt hem dus het sirihbakje niet toe, maar zet het voor hem neer. In deze relatie is alle vrijer verkeer verboden.
Raî ana mini àngu mangàlu palili papatungu kapu la lima.
Raî ana àngu ama jenu, palili pahàpa la kalumbutu la mbola,

Schoonzusters, broers vrouw en mans zuster, mogen elkaar geen kalk in de hand storten.
Zoons vrouw en schoonvader mogen niet uit elkaars sirihtas en mandje pruimen.

Da ru kuta haü, hàpu pàkuha da hupuda, kau mangu pahàpa,
Breek eerst de punt van de bladeren van de *kuta haü* en pruim ze dan.
Men onderscheidt voornamelijk twee soorten van sirih, nl. *kuta hàmu*, waarvan de bladeren worden gebruikt, en *kuta haü*, waarvan men als regel de vruchten pruimt, en alleen als men die niet kan krijgen het blad. In het laatste geval moet men echter de punt van het blad afbreken, daar deze is de *paroka wàna mamarung*, datgene waardoor de nachtspoken (*mamarung*) licht geven. *Mamarung* zijn dezelfde wezens, die ook *maduru* en *maroka*, lichtgevers, genoemd worden (*roka* = *duru*). De groene glans die zij afstralen wordt nu veroorzaakt, doordat zij de punt van een blad van de *kuta haü* tussen de lippen houden (*nahomuja na hupuna na ru kuta haü)*, waarom men deze niet moet pruimen. Daarentegen:
Da ru kuta hàmu àmbu hàpuhai da kikuda, djàkau hàpa,
Breek echter niet de punt af van het blad van de 'kuta hamu' als je die pruimt.
Pakatiku ahu wànguja, daardoor zou je de 'hondekop' krijgen, een ziekte die naar de zwelling van de gewrichten *katiku ahu*, hondekop,wordt genoemd.
Àmbu hàpi rudung ru hambaku,
Pluk niet in het donker tabaksblad af.
Wil men het doen, dan dient men ze eerst te schudden, daar *rau kapa mamarunguha*, het de vleugels zijn waarmee de *mamarung* vliegt.
Da kanata la ndewa la pahomba hàmu djàka hàpaha,
Het is goed te pruimen de sirih-pinang aangeboden aan de *ndewa* en *pahomba*.
Deze aanbieding geschiedt bij het feest *Pamangu ndewa* d.w.z. te eten geven van de *ndewa*, waarbij zowel aan dezen,die hun plaats hebben in de kampung als aan de *pahomba*, de geesten die daarbuiten wonen, op bepaalde wijze saamgebonden sirih-pinang(*pahàpa pakanata*, of *kanata)*

wordt aangeboden. Deze bundeltjes worden onderscheiden als *huluku*, het opgerolde sirihblad geklemd tussen de gespleten pinangnoot, het geheel omwonden met rood draad, en *kuluru*, het sirihblad in knoop gelegd om de pinangnoot, het geheel omwonden met rode draad. Op vier gevlochten bladen (*tanga wahilu bokul*), twee bestemd voor de *ndewa* en twee voor de *pahomba*, worden ze aangeboden, maar na de aanroeping onder de mensen verdeeld. Ze verzekeren nakroost en rijkdom: *paworu wànguja, pawulu wànguja.*

Da kuta pabidi pamula, da kawunga wuada pulinja na ana kawini ka napàpuha,

Van de pas geplante sirih moet men de eerste vruchten afstaan aan de *ana kawini*, dat die ze plukke.

Een sumbase familie heeft buiten de eigen *kabisu* verband naar twee zijden: naar de zijde vanwaar voor de zoons een vrouw genomen wordt (kamb. *jera*, wew. *loka*) en naar de zijde waarheen de dochters worden uitgehuwelijkt (kamb. *ana kawini* dochter, wew.*ndòma*).Voor het onderling verkeer is de onderscheiding tussen *jera* en *ana kawini*, waarmee dus geen personen, maar families worden aangeduid, van grote betekenis. Hiermee toch is een betrekking niet van voorbijgaande, maar van meer constante aard, uitgedrukt, daar het meest gewenste huwelijk voor de zusters zoon is dat met de dochter van moeders broer, zodat daarmee de betrekking in de volgende generatie wordt voortgezet. Voor wederkerige steunverlening zijn deze familiegroepen allereerst op elkaar aangewezen, en die steun wordt op vaste wijze verleend, zodat bepaalde gaven steeds van de *jera* aan de *ana kawini* en omgekeerd andere van de *ana kawini* aan de *jera* worden gegeven. De eerste pluk van pas geplante sirih moet men nu aan de *ana kawini* afstaan, *ka dapanuangu da kuta la pawua*, opdat de sirih onafgebroken vrucht moge dragen. Dezelfde regel geldt ten aanzien van de eerste vruchten van een pinangboom.

VERWANTSCHAPSBETREKKINGEN

In zijn artikel *De Soembanezen* (B.K.I. dl.78, p. 466 e.v.) heeft Dr. Kruyt er reeds op gewezen dat bij een patriliniaire sociale organisatie (elk behoort tot een *kabihu*, een exogame verwantenkring, waarvan de leden in vaderlijke linie afstammen of worden geacht af te stammen van een zelfde voorvader; leden van dezelfde *kabihu* bestaan elkaar als broer en zuster) toch een huwelijk van zusterskinderen over een groot gedeelte van Sumba verboden is. Dit feit staat niet op zichzelf. Inderdaad wordt over heel Sumba de band met de familie van de moeder erkend en bewaard. Voor een *loka*, moeders broer, behoren de *ana kabine*, de zusters kinderen, tot de eersten die hem zullen helpen bijv.bij het geven van een feest of bij een begrafenis. In maart 1930 moest het kampunghoofd van Parai Kateti de beenderen van zijn ouders naar een ander graf overbrengen. Enige tijd daarvoor was zijn schoondochter overleden. Nu was hem in de droom bekend gemaakt, en het onderzoek met de lans (*ròpa kapuda*: de speerschacht vademen) de dag daarop had dit bevestigd, dat de dood van zijn schoondochter een gevolg was van het feit, dat zijn ouders nog steeds een graf met vroeger gestorvenen moesten delen en voor hen nog geen eigen grafsteen was getrokken.Dus moest een nieuw graf gehouwen en naar de kampung gesleept worden,waarna de beenderen van zijn ouders daarheen moesten worden overgebracht. Een dergelijke opening van een graf en overbrengen van de beenderen gaat niet zonder slachten voor de gestorvenen. Hoewel nu het kampunghoofd zelf geen beesten meer had, maakte hij zich daarover niet bezorgd. Wanneer hij ook wilde, hij zou kunnen slachten daar hij meerdere rijke *ana kabine* had. Een beest van de zijde der *ndòma*, zusters mans familie, aan de *loka*, moeders broers familie, gebracht wordt veelal niet vergoed, terwijl omgekeerd voor een beest van de *loka* aan de *ndòma* een vergoeding dient te worden vastgesteld. Meermalen maakte ik het mee, kort geleden bij een begrafenis, dat de *mori amate* (heer van de gestorvene, degene die voor de begrafenis staat) niet in staat was de gewilde *tangana* (deksel ervan, vergoeding) voor de door de *loka* gebrachte *mane mandòpa* (karbouwenstier met hoornlengte van een vadem: *ròpa*: vadem) te geven, waarop de stier weer door de eigenaar werd meegenomen. Nu zou dit zijn oorzaak kunnen vinden in het feit, dat zolang de *ndòma-loka*-betrekking niet verbroken is in opeenvolgende generaties van de zijde der *ndòma* aan die der *loka* beesten moeten worden gebracht als bruidsprijs voor het van de kant der *loka* genomen meisje. Het komt ook voor dat om een of andere reden die vaste huwelijksbetrekking wordt verbroken en dan zal ook de *ndòma* vergoeding voor eventueel door hem gebrachte beesten eisen.

Toch is dit niet het enige. Over heel Sumba wordt ook de verwantschap met moedersfamilie erkend en de afstamming via de moeder niet vergeten. Het duidelijkst spreekt dat in het landschap Kodi.Hier bepaalt de afstamming in moederlijke linie tot welke *wàla*(naam van de exogame verwantenkring;*wàla*:ontplooing,bloem,de ogen opslaan)men behoort.De verwanten tot één *wàla* behorende wonen verspreid, daar de vrouw de man naar zijn huis volgt.Verwantschap via de man geldt hier evenzeer en naar vaderlijke afstamming weet ieder zich tot een bepaald huis(bijv.*uma nale, uma nangga,uma katoda)*te behoren.(Of hier ook voorvaderlijke afstamming van *kabihu* sprake is,is mij nog niet duidelijk geworden.) Broers,kinderen van één vader en moeder, heten *padungo kambongo*,d.w.z."van één moederschoot"(reciproque vorm van *dungo kambo*,met zijn tweeën de schoot delen, cfr.*dungo ngagha,*,met zijn beiden(uit één bord)rijst eten).De betrekking tussen zusters,kinderen van één vader en moeder, wordt uitgedrukt door *pa-ana minjengo* ten opzichte van elkaar *ana minje* zijn; die tussen broer en zuster door *palawinje palamonengo,* ten opzichte van elkaar *lawinje* en *lamone* zijn. Achtereenvolgens worden nu op dezelfde wijze uitgedrukt de betrekkingen bestaande tussen twee neven, twee nichten, neef en nicht, zusters kinderen, maar ook die tussen twee neven, twee nichten, neef en nicht, broers kinderen. De relatie tussen kinderen van broer en zuster wordt uitgedrukt door *pa-angu lebango*, welk woord mij tot nu toe niet doorzichtig is. Tussen zusterskinderen is huwelijk uitgesloten, evenzo tussen broerskinderen, niet daarentegen tussen kinderen van broer en zuster, daar deze zowel in vaderlijke als in moederlijke linie van verschillende afkomst zijn. Gewenste huwelijksvorm is ook hier zusterszoon met broersdochter (*lete oro mburu, binja oro lòho,* de trap waarlangs zij - nl. de moeder van de jongen - afdaalde, de deur waaruit zij uitging), maar ook een

huwelijk van broers zoon en zusters dochter is geoorloofd. De betrekking tussen alle via de moeder verwanten wordt nu aangeduid met *pa-olę dadingo* d.w.z. wordingsgenoot zijn, of ook door *padughungo*, met elkaar verbonden zijn. Stel een broer heeft drie zusters, dan zal de betrekking van de *ole dadi* bestaan tussen al de kinderen van de drie zusters onderling, tussen hen en hun tantes, moeders zusters, en tussen hen en hun oom, moeders broer. Deze betrekking bestaat echter niet tussen hen en hun neven en nichten, moeders broers kinderen, daar deze een andere moeder hebben.
Feitelijk hetzelfde vinden we in Oost-Sumba.
In Mangili (Z.O. Sumba) vinden we dezelfde benamingen voor broers, kinderen van één vader en moeder, neven, vaders broers kinderen en neven, moeders zusters kinderen, nl. *angu paluhu*, uitgangsgenoten. Zo ook voor zusters, nichten, vaders broers- en nichten, moeders zusterskinderen, nl. *angu kawini*. En evenzo voor broer en zuster, neef en nicht, vadersbroer-en moederszusterskinderen. De betrekking van allen wordt uitgedrukt door *pa-ana wini pa-ana mini*. Huwelijk tussen broerskinderen en evenzo tussen zusterskinderen is uitgesloten. Ook is hier verboden een huwelijk tussen broerszoon en zustersdochter die geacht worden elkaar ook als broer en zuster te bestaan. Gewenst is het huwelijk tussen zusterszoon en broersdochter. Een term overeenkomende met *ole dadi* in Kodi vond ik hier niet.
In Loliina ligt de zaak iets anders. Zusterskinderen mogen hier met elkaar trouwen. Toch wordt verwantschap van moederszijde hier evenzeer erkend. Toen ik de bestuurder van Loliina Bondo (Boven Loli) sprak over de bruidsprijs voor de vrouw van zijn zoon te geven, zei hij mij, dat daarover niet was onderhandeld: naar het voorkwam bracht hij beesten, "daar het ons aller kinderen zijn". Bij navraag bleek, dat in de derde generatie opwaarts van moeder op moeder de jongen en het meisje van eenzelfde moeder afstamden. Iemand heeft zijn woonplaats naar die van zijn vader. Vraagt men iemand echter naar zijn afkomst dan zal hij in enige geslachten het huis noemen vanwaar hij, naar moederlijke linie gerekend, afkomstig is.
Ten aanzien van het huis van moeders broer zal een jongen zeggen:

pola pu'ugu
mata we'egu
pola pingi daragu
mata we'e pawaligu
nauta paburugu
bina palousogu
mata we'e paoke
pu'u wasu papogo
da kutura tana paba
ka kupoka àla oma

d.w.z.

mijn boomstam
mijn waterbron
stam waarop ik groei
bron waaruit ik voortkom
de trap waarlangs ik ben afgedaald
de deur waaruit ik ben uitgegaan
de bron waaruit ik put
de boom waarvan ik hak
Ik leg geen nieuw stuk sawah aan
Ik brand geen nieuw stuk bos.

De laatste regels hebben betrekking op het feit dat de zusterszoon op zijn beurt uit het huis van afkomst van zijn moeder zijn vrouw zal nemen en zich niet tot anderen wenden.
De term *ole dadi* is ook hier bekend. Vraagt men naar de grond van deze betrekking dan luidt het antwoord: "daar toch hun moeders zusters zijn".
Dit moge voldoende zijn om te doen zien, dat ook bij deze patriliniaire sociale organisatie de verwantschap met moedersfamilie levend is.

EEN LANS AAN TWEE ZIJDEN SCHERP. EEN COMPLICATIE IN DE VERWANTSCHAPS-RELATIES

Deze complicatie betreft de positie van Soke Dato, dorpshoofd van Lete Kawaina in het landschap Loliina, als behorende tot de kabihu van vaderszijde en die van moederszijde (kabihu: exogame verwantengroep naar afstamming in vaderlijke linie georganiseerd). Ik laat de tekst (1), die mij werd meegedeeld in het dialect van Loliina, in vertaling volgen. Een korte uiteenzetting van de familieverhoudingen van Soke Dato dient tot goed begrip vooraf te gaan.

Soke Dato is de zoon van Rua Ngedo (zijn vader) en behoort als zodanig tot de kabihu We'e Tapela. Hij woont echter in zijn *uma loka*, het huis van zijn oom, moeders broer, waar hij geboren en opgevoed is, en heeft zo zijn plaats in de kabihu We'e Bole. Na de dood van zijn vader is Rua Ngedo's moeder tot vrouw genomen door zijn vaders broer, Benaka Kaka, die zelf een zoon had Ngila Kawugila. Rua Ngedo nam nu een vrouw van Lete Kawaina, maar voordat de vereiste gedeelten van de bruidschat waren betaald, zodat ze naar het huis van haar man kon overgaan, stierf Rua Ngedo in een twist met Ngila Kawugila. Soke Dato werd na de dood van zijn vader in het huis van zijn *loka*, moeders broer, geboren.

Vertaling van de tekst:

Ngila Kawugila en Rua Ngedo hadden één vader, hadden te samen als vader Benaka Kaka. Nu was Benaka Kaka een zeer rijk man, Nu wilde Rua Ngedo de bruidschat betalen voor een vrouw, die hij was gaan nemen in Lete Kawaina, maar Ngila Kawugila wilde niet ten aanzien van de karbouwen. Hoe wil je zo niet, ben jij soms alleen zijn zoon, zei Rua Ngedo tot Ngila Kawugila. Daarop nam Rua Ngedo de karbouwen van Ngila Kawugila zonder meer weg. 2) Nu werd Ngila Kawugila woedend en doorstak Rua Ngedo met de lans zodat hij stierf. Daarop bracht men hem over naar Bodo Ede, naar het huis van zijn oom, de broer van zijn moeder.

Daar ze waren als honden elkaar bijtend bij de etensbak,
als paarden elkaar trappend in de kraal;

daar voor beiden de weg geen ruimte bood,
en de deur niet breed genoeg was,
zo kome hij tot de graven
van zijn grootvader,
van zijn grootmoeder,

zei zijn oom ten aanzien van Rua Ngedo, en zo bracht men hem naar het huis van zijn oom.

Zijn vrouw(nl. de vrouw die Rua Ngedo wilde nemen) was een zuster van Bongo Biri in Lete Kawaina van de kabihu We'e Bole. De bruidsprijs was voor haar nog niet gegeven.

Reeds waren zwart de haardstenen,
en rood het kadangara-hout;
reeds vertoonde haar gelaat vlekken
en waren haar borsttepels zwart geworden 3).

Daar nu Soke Dato in het huis van zijn oom werd geboren,

daar hij was als een speer verkeerd geborgen,
als een paard verkeerd gestald,

zo dacht zijn oom van hem:

laat ik hem het hoofd scheren,
en de navelstreng afsnijden.
En hij die hem het kila-kruid schilt
en het brandhout hakt 4),
dat die zij als Ada
als Mète 5);
het zij naar diens regel
en naar diens bond 6).
Dat lang mogen worden de vingers van zijn hand,
de tenen van zijn voet.

Toen nu Soke Dato geboren werd had hij zijn deel in We'e Bole, daar de bruidschat voor zijn moeder nog niet was betaald. En toen men hem een naam gaf, benoemde men hem met de naam van zijn ooms grootvader. Evenwel toen men het kind een naam gaf, deed men ook de voorouders van Rua Ngedo het woord horen:

hoor gij, Ada Mangu Langu, Mète Mangu Dolu
die hem een dot doet zuigen 7)
en hem rijstpap voert,
die hem hebt gesmolten in de nap,
en uitgegoten in de steen 8),
deze, uw bloesem, uw vrucht is het;
wees hem een hoge omheining,
een hoge omwalling;
omschut hem met uw handen,
omkraal hem met uw benen,
geef hem koel water, fris water 9);
hoor gij, die gegaan zijt tot de maanhorens,
de zonnehorens 10),
die gekomen zijt tot moeder
en geraakt zijt tot vader,
hem die u verwondde met de lans
en u tekende met het kapmes
sleur hem en sleep hem,
trek hem voort en voer hem mee,
sla hem met uw staart
en grijp hem met uw mond;
één zij het paard door u beiden bereden,
één zij de weg door u beiden gevolgd,
de weg door hem begaan,
de weg van de dood door het staal 11),
de weg van het bloed.

Daar nu Soke Dato in het huis van zijn oom geboren is dient hij de marapu loka 12).
Moet hij echter om een of andere reden de marapu raadplegen (13), dan brengt hij de zaak ook voor bij de zielen van grootvader en grootmoeder, van moeder en vader (14), bij hem, Ada Mangu Langu, Mète Mangu Dolu. Hij neemt een kip en bestemt die voor hem. En wanneer hij dan de opdracht over de kip van Ada Mangu Langu, Mète Mangu Dolu uitspreekt (15), zegt hij hem:

het is niet mijn wil
dat ik ben een alleen liggende steen;
het is niet mijn zin,
dat ik ben een afgezonderd staande boom.
Er is een verstrikking voor mijn schim,
er is een belemmering voor mijn schaduw;
daarom betreed ik niet de grond,
en buig het rietgras niet weg.
Maar hem, de valserik, de beloerder,
knak zijn spruit,
breek zijn top,
splijt hem in tweeën,
hak hem af tot de grond.

Maar zolang er is
die aap met rode tanden,
dat zwijn met behaarde snuit,
die woedende aap, dat woeste zwijn,
kan hij (met hen) niet verkeren
en niet (met hen) spreken.
Daar diep is het dal
en hoog is de berg.

Eerst als voor de verslagene, voor Rua Ngedo vergoeding is gegeven, eerst wanneer hem lijf en leden weer zijn opgericht (16), dan eerst slacht men hem de meegift (17), dan eerst wordt zijn lichaam ingewikkeld en legt men hem in het graf 18). En dan leven weer samen marapu en mensen 19).

Zo is het dat Soke Dato tot twee kabihu, tot twee marapu behoort. Hij is
een balk naar twee zijden gestrekt,
een trom aan twee kanten beslagen,
een mes snijdend aan twee kanten,
een lans aan twee zijden scherp.

En daarom neemt hij geen vrouw van We'e Tapela, noch van We'e Bole.

1) Voor de sumbase tekst, zie T.B.G. LXXIV (1934) blz. 161-164.

2) *nadeke bani limaji*, lett. hij nam ze onbevreesd van hand, d.w.z.zonder vragen, als vrij om ze te nemen, daar hij er recht op had.

3) Verschillende uitdrukkingen voor ver gevorderde staat van zwangerschap. Het hart van de kadangara-boom is wit wanneer de boom jong is, maar rood bij oude bomen.

4) *moro kila* is de *moro*, het kruid, de medicijn, die gekookt wordt in het water waarmee moeder en kind zullen worden gebaad, als middel tegen *kila*. Uit de verschillende beschrijvingen mij van kila gegeven, maak ik op, dat het een meer algemene aanduiding voor ziekte is en niet op een bepaalde ziekte betrekking heeft. Cfr.: *kila ate*, booshartig, *kila-lòma*, klapachtig, *kila mata*, onrustig van oog.Het laatste wordt bijv. gezegd van een schrikachtig paard. Van een vrouw die meer voor een andere man dan voor haar eigen gevoelt zegt men: *nakilawi matana, nakadedewe kerena*, ze is onrustig van oog en ongedurig van zit. En van een vrouw wier kinderen telkens jong sterven: *kiladage susuna odedage kengana*: kila zijn haar borsten en schurftig haar dijen.

   Wazu tune, het brandhout voor het vuur waarbij de vrouw na de bevalling moet zitten.*Talirona api*, met de rug naar het vuur zitten.

5) Met Ada Mète wordt aangeduid de naam van de marapu van de kabihu van Rua Ngedo, de vader van Soke Data. Deze handelingen, het welzijn van het kind beogend, mogen dus worden gedaan onder bescherming van de marapu van zijn vader, Ada Mangu Langu, Mete Mangu Dolu.

6) Met *nuku sara*, regel en bond, wordt aangeduid al wat door de voorvaderen als regel voor het leven van het nageslacht is overeengekomen en waaraan zij hun zegen verbinden.

7) De gehele uitdrukking *apasusi lelu, akapuduni pare*, die hem een dot doet zuigen en hem rijstpap voert, kan vrij worden weergegeven met "die hem uw vaderlijke zorg betoont". Ze is ontleend aan de wijze waarop men een zuigeling waarvan de moeder gestorven is, te eten geeft. Men stampt de rijst tot meel (*kapuda*) en kookt daarvan een dunne pap. Daarin doopt men een dot kapok en laat het kind daaraan zuigen. Verder heeft *pasusu lelu* een uitgebreider betekenis gekregen, nl. het voeden van een moederloos kind, ook als die voeding op

natuurlijke wijze geschiedt.

8) D.w.z. die hem gemaakt en geformeerd hebt.

9) Koel water, fris water, tot wering van al wat *bana*, warm, schadelijk is. *Ringina*, verkoelen o.a. door besprenging met water, *pèsika we'e*.

10) De ziel van de geweldadig gestorvene wordt geacht naar het uitspansel op te stijgen. Zij wordt door *ina wula, ama lòdu,* moeder maan, vader zon, tot zich genomen. Vandaar: *mate pène langita,* sterven met opstijging ten hemel, i.g. een gewelddadige dood sterven. Men zegt ook *mate palona*, met gestrekte benen sterven, omdat degenen die door geweld gestorven zijn niet in gevouwen houding worden begraven,waarnaast *mate ma-udu* gevouwen sterven, een "natuurlijke" dood sterven. Kambera zegt *meti padjola*, gestrekt sterven, en *meti mbana*, onheilbrengend sterven, voor het sterven door geweld, waartegenover, *meti kadukutu*, gevouwen sterven, en *meti maringu,* koel, heilzaam sterven.

11) Lett. de weg van het sterven door wat scherp is.

12) *Loka* betekent zowel moeders broer, en dan speciaal die het huis bewoont vanwaar de moeder afkomstig is, als de hele familiegroep waaruit de vrouw is genomen, waartegenover *ndòma* de familiegroep waarin de vrouw is getrouwd (kambera: *jera* naast *ana kawini*). In de ruimere betekenis kunnen de grenzen nog weer enger en wijder worden getrokken. Zo onderscheidt men *loka mbu uma*, al degenen die behoren tot en afkomstig zijn van het huis waaruit de vrouw genomen is: *loka mbu uma kalada* al degenen die met de vrouw eenzelfde groot huis hebben, d.w.z. een huis, dat in de kabihu een bepaalde functie heeft, *loka kabihu*, allen die tot dezelfde kabihu met haar behoren. In elk huis heeft ook de *marapu loka* zijn plaats; wordt ook genoemd *apadeku apamane*, die volgt en nagaat, die nl. de vrouw volgt die tot dat huis is gekomen. Marapu van mans en van vrouws familie worden verder onderscheiden als *marapu paduki*, de marapu waartoe de vrouw door haar huwelijk gekomen is, en *marapu pawali*, de marapu waarvan ze afkomstig is.

13) *Urata* is de benaming van de handeling van het raadplegen van marapu door het vademen van de lansschacht, *ròpa kapuda*. Ze is ontleend

aan een onderdeel daarvan, nl. het onderzoek van de lijnen van lever en kippendarm (cfr. indon. urat). In Kodi heeft deze handeling haar naam ontleend aan een andere wijze van wichelen, nl. die met de *mowala* het orakeltouw. Het vademen van de lansschacht heet daar *parapu kalòro*, het touw beblazen. Bij raadplegen van de *mowala* blaast men er op bij de aanroep: *foooo ..... mowala.*

14) Samenvattende aanduiding voor de zielen van de gestorvenen.

15) *Bara* in ruimere betekenis, zie boven *bara marapu*, marapu dienen; in engere zin de aanroeping doen voor het slachten, waarbij het beest aan een bepaalde marapu wordt gewijd met de bede dat de tekenen in lever of darm een duidelijke uitspraak zullen geven.

16) Letterlijk vertaald: Wanneer men hem weer heeft gegeven de gestalte van het lichaam, de bouw van het paard. Door het geven van de vergoedingsgeschenken (voornamelijk gouden sieraden, *maraga*, borstsieraad, *tabelo*, voorhoofdsieraad) wordt de gestalte van de gedode weer opgericht (cfr. indon. *bangun* in betekenis: bloedprijs).

17) *Parènga*, het slachten van het beest (paard of karbouw of beide)speciaal bestemd als gift om aan de gestorvene te worden meegegeven (*dangana*). Dit beest wordt genoemd *dara pakaletena*, *karàbo pasokana*, het paard door hem bereden, de karbouw door hem geleid, en mag niet door kabihugenoten van de gestorvene worden gegeten. Het wordt gegeten door de *loka.*

18) Ook vôôrdien is hij wel begraven, d.w.z. wel in een graf gelegd, maar dat noemt men nog niet begraven. Hij is nog maar weggelegd (bôdala). Eerst na betaling van de bloedprijs zou men hem werkelijk kunnen begraven (tanena).

19) De vete betreft dus zowel de levenden als de marapu, waarmee ze verbonden zijn.

GRONDRECHTEN IN VERBAND MET DE STRUCTUUR VAN EEN LANDSCHAP

Naar aanleiding van het besluit tot samenvoeging van enkele vroeger onderscheiden landschappen en de reactie daarop van een bepaalde bevolkingsgroep nl. van Mba Ngedo, dat bij Kodi Bokol werd gevoegd, en van de vroegere bestuurder van Loliina Bondo (dat bij Loliina Bawa werd gevoegd) die mij over deze zaak kwam spreken, kon ik enige gegevens verzamelen betreffende het karakter van de oorspronkelijk sumbase territoriale eenheid, waardoor bijv. wordt bepaald de eenheid van "tana Loliina" naast "tana Wanukaka". Van het landschap Mangili (Oost-Sumba) had ik dienaangaande al een aantal gegevens; ook maakte ik een tocht naar Kodi en Rara met het oog daarop; nu bezocht ik van 19-26 augustus 1932 het gebied van Ende en Nggaura en bracht 3-6 oktober door in Wai Mangura. Dit onderzoek naar de verhoudingen tussen de verschillende kabihu's in eenzelfde gebied kan op eigenaardige wijze worden belemmerd door invloeden van wat men zou kunnen noemen kabihu-politiek. Mogelijk is ook hiermee de strekking van deze politiek (in Oost-Sumba vond ik het woord *palitiku* in de betekenis van: list, bedriegelijke wijze van handelen) nog te breed aangegeven. De kans op deze belemmeringen bestaat vooral daar, waar de tegenwoordiger bestuurders reden hebben om te vermoeden, dat de verstrekte gegevens zouden kunnen uitwijzen, dat anderen meer dan zij in het bepaalde gebied *mboto*, zwaar, in aanzien, zijn. Ik heb meermalen ondervonden dat de tegenwoordige bestuurders wat wantrouwend tegenover dergelijk onderzoek staan.
Zo leverde bijv. een bezoek aan de kampung Pameruka in het landschap Wewewa, waar ik met enige adatkenners behorende tot de kabihu Mangu Tana (d.w.z. heer van het land) zou spreken, niets op. Wel had men daar op mijn komst gerekend, men had een bamboe zitbank en tafel waaraan ik zou kunnen schrijven voor mij gemaakt, maar toen ik er kwam kon ik de mensen niet aan het praten krijgen,daar er, zoals men mij zei, vertegenwoordigers van de bestuurdersfamilie, die tot de kabihu Lewata behoort, aanwezig waren. Tijdens mijn verblijf in Kodi zijn wij een gehele dag opgehouden door de aanwezigheid van de bestuurder Dera Wula, die de anderen het zwijgen oplegde en alleen het woord had. Daar ik het wantrouwen van deze bestuurder ook vroeger reeds had ondervonden,

had ik mij juist tot hem gewend om hem zijn medewerking te verzoeken, dat de mensen, wier inlichtingen ik wenste, voor mij beschikbaar zouden zijn. Daaraan heeft hij mij ook inderdaad geholpen, maar na enige dagen kwam hij er zelf bij en liet duidelijk zijn ontevredenheid blijken omdat zij niet hadden meegedeeld, wat zij naar zijn mening hadden moeten meedelen. Die dag heeft hij de grootheid van eigen marapu en eigen geslacht zitten verkondigen. Op die marapu werden door hem alle attributen, die grootheid doen zien, betrokken en alle levensrijkdom was van hem afkomstig. Daarbij hebben de beide "rato marapu", met wie ik sprak, Haghe Tena van de kabihu Pola Kodi en Rehi Kjaka Ndari van de kabihu Mbali Hangali, niet anders gedaan dan steeds met een *ghànaka*, getroffen, zo is het, de woorden van de bestuurder bevestigen. Ik laat een voorbeeld volgen van de wijze waarop hij alles met Pjoke, de marapu van zijn geslacht, in verbinding bracht:

dadi rjato	aanzien
jadikja na woni;	ik alleen heb het gegeven;
dadi ana winje	dochters,
jadikja na woni;	ik alleen heb ze gegeven;
dadi ana mone	zonen,
jadikja na woni;	ik alleen heb ze gegeven;
dadi pjare dadi wjataro	rijst en mais,
jadikja na woni;	ik alleen heb ze gegeven;
dadi pjote dadi wjolo	rijkdom en goederen,
jadikja na woni;	ik alleen heb ze gegeven;
wolikjo	het wolikjo-feest,
jadikja na woni	ik alleen heb het gegeven;
patere	de spreekwijze,
jadikja na woni;	ik alleen heb ze gegeven;
kaokongo	de wijze van aanroeping,
jadikja na woni;	ik alleen heb ze gegeven;
alðdo awei ura	zon en regen,
jadikja na woni;	ik alleen heb ze gegeven;
likje tana likje tana	de begrenzingen van het land,
mehanggu jaa ba kuwoni	alleen ik heb ze vastgesteld
tana Kodi tana Mba Ngedo.	voor Kodi en voor Mba Ngedo.

je kède dadi tjana dadi wjatu	vanaf de wording van aarde en stenen
jàmapangu na parêha.	zijn wij het die het bestuur hebben.
indja budi wali ijija	niet eerst van tegenwoordig,
ba kukètengo tõko,	dat wij de stok (1) houden is het,
hei mjemanggu ba kuparêha,	van vroeger al heb ik het bestuur,
walingjo la àmbu	van voorvader op voorvader.
walingjo la nuhi.	

Uit de laatste uitspraken blijkt duidelijk dat hij het gehele onderzoek niet vertrouwde.
De verhalen mij in Kodi gedaan aangaande de wijze, waarop de eerste voorvaderen in Kodi zijn aangekomen, vertonen typische afwijkingen al naar gelang de zegsman tot de ene of tot de andere kabihu behoort. We hebben in dit gebied te maken met de drie kabihu's Pola Kodi, Mbali Hangali en Bondo Kodi. Het verschil loopt nu over de verhouding van de eerste voorvaderen van Pola Kodi, nl. Tjemba en Rjaghi, tot die van Mbali Hangali, nl. Mjangiljo en Pjoke, en in de laatste kabihu weer over de verhouding tussen Mjangiljo en Pjoke. Bondo Kodi kan buiten beschouwing blijven, daar die volgens aller mededeling van later datum is. Ook stemmen alle mededelingen overeen ten aanzien van het feit, dat Tjemba en Rjaghi de marapu van Pola Kodi (Pola, stam, komt in betekenis overeen met indon. *pohon*) als eersten aankwamen. In de aanroepingen worden ze dan ook genoemd: *Temba tandai parona, Raghi kapunge tana*, waardoor ze worden aangeduid als degenen, die hier het eerst het land hebben bezet en een dorp hebben gevestigd. Volgens het ene verhaal (mij gedaan door Haghe Tena, de vertegenwoordiger van het huis van Tjemba, maar in tegenwoordigheid van Rehi Kjaka Ndari, vertegenwoordiger van het huis van Pjoke, dus van het geslacht van de tegenwoordige bestuurder) gedachten Tjemba en Rjaghi na hun aankomst in Kodi hun broers die ook van Sasar waren vertrokken en vonden hen in Mbu Kambero. Deze jongere broers, Mjangiljo en Pjoke, werden door hen naar Kodi gebracht, waar ze hun woonplaats gaven. Toen ze nu met hun vieren waren, besloten Tjemba en Rjaghi "te zitten en stil te zijn", terwijl de waardigheden aan Mjangiljo en Pjoke werden overgedragen. "Wees gij in waarde en grootheid en verdeelt gij de kabihu's". Echter

----
1) De stok met gouden knop, hem door het Gouvernement gegeven.

zouden Tjemba en Rjaghi blijvend genoemd worden "Pola Kodi".
Toen na enige tijd Haghe Tena alleen bij mij in Wai Kabubak was, werden de verhoudingen door hem enigszins anders voorgesteld. Mjangilo en Pjoke waren niet de broers van Tjemba en Rjaghi maar door hen aangenomen bosbewoners, door hen naar Kodi gebracht opdat ze daar niet alleen zouden zijn, maar hun *ole*, hun "genoot" - men is geneigd te vertalen: hun "partij" - naast en tegenover zich, zouden hebben. De behoefte aan een "genoot" vindt men trouwens meermalen aangegeven als motief waarom een eerste bezetter een andere kabihu tot zich geroepen heeft. Hier werd alle nadruk er op gelegd, dat de waardigheden en functies van Mjangiljo en Pjoke op Tjemba en Rjaghi teruggingen en zonder hun medeweten ook nu niet konden worden uitgeoefend. Bij deze laatsten was de grond van alle waardigheid te vinden. Wanneer bij een *wolikjo*-feest de verschillende *marapu's* worden samengeroepen, behoort toch tot de attributen van Tjemba Rjaghi *mboka tana*, *mbolo watu*, het geheel van grond en steen, terwijl van Mjangiljo Pjoke wordt gezegd: *papa-engge kabala ro katete, papandeta panighi ro kalogho*, aan wie is welgedaan als een sprinkhaan in de ubi-aanplant, als een vleermuis tussen de pisang:wat wil zeggen, dat hij zijn goede plaats niet aan zichzelf te danken heeft.
Een derde lezing werd mij gegeven door een afstammeling van Mjangiljo. Hierin is Mjangiljo zelfstandiger tegenover Tjemba en Rjaghi. Hun waardigheden zouden ze toch niet te danken hebben aan de goedkeuring van die beide, maar aan het feit, dat zij, en speciaal de kinderen van Mjangiljo, in een wedstrijd met Tjemba en Rjaghi in alle spelen overwonnen. Bovendien fundeert dit verhaal de afhankelijkheid van Pjoke van Mjangiljo. Deze laatste kwam toch alleen van Sasar naar Mbu Kambero en vond daar in het bos Pjoke, die door hem werd opgenomen. Niet door Tjemba en Rjaghi gezocht,maar uit eigener beweging trokken toen die beiden van Mbu Kambero naar Kodi. In de uitoefening van hun verschillende functies bleef Pjoke aan Mjangiljo ondergeschikt. Hij is de *ndara ndende kiku*, *bàngga mete làma*, het paard met recht staande staart, de hond met zwarte tong, die er steeds op uit is, die door Mjangiljo als zijn vertegenwoordiger wordt gezonden om te *deke amboto, deke aheleWaro*, om te gaan halen wat zwaar en wat licht is, dus: om

zwaardere en lichtere opdrachten te volvoeren.
De bedoeling van dit onderzoek was nadere gegevens te verkrijgen aangaande de positie van de grondheer (W.S. *mori tana*, O.S. *mangu tanang*) in een bepaald gebied. Ik meen dat de eenheid van een bepaald gebied berust op de betrekking tot eenzelfde *mori tana*. In Oost-Sumba wordt hij genoemd *mapa-iru mapalaiku*, de leider en voorganger. Aangaande de feitelijke invloed die de *mori tana* in een bepaald gebied heeft, zegt echter deze naam nog niets. Het kan immers wezen dat anderen, die na hem kwamen, hem in rijkdom, in kracht van woorden en optreden overtroffen, zodat zij in feitelijke invloed sterker werden. En meermalen heeft ook deze bestuursorganisatie, en speciaal daar waar we de bestuurder niet in de *kabihu mori tana* aantreffen, geleid tot een overschaduwing van de positie van de grondheer. Toen ik onlangs bij de bespreking van een kwestie aangaande rechten op een stuk grond een der partijen vroeg wie de *mori tana* van dat gebied was, kreeg ik ten antwoord " de *mori tana*, die is daar beneden", wijzende in de richting van de woning van de bestuurder, van wie ik weet dat hij als *mori tana* op dat stuk grond geen rechten kan doen gelden. En meermalen hoort men in verband met de voor niet-kabihu-genoten vereiste toestemming tot bewerking van de grond het antwoord: *tana dawa baawe*, het is nu vreemdenland, waarin men zich dan aan de rechten van de *mori tana* minder zou hebben te storen.
Het is nu niet mijn bedoeling de figuur van de *mori tana* in zijn verschillende functies te bespreken. Ik hoop daarvan binnenkort iets mee te delen in verband met mijn gegevens aangaande de organisatie van het landschap Mangili. Alleen wijs ik er nog op, dat we in verband met de rechten op de grond tweeërlei figuur vinden.
In het landschap Loliina is de kabisu Koba de *kabisu mori tana*. Loki Tara Watu, een van de voorvaderen van de tegenwoordige bewoner van het "oorsprongshuis" (*uma pabei*) van de kabisu Koba, in de kampung Parai Ramai, was in dit gebied de eerste bezetter van de grond. Toch is hier nader te onderscheiden. Het gebied is nl. in twee delen verdeeld, het land ten noorden en ten zuiden van een riviertje We'e Karudi. Het land ten noorden daarvan is door Loki Tara Watu afgestaan aan de kabisu We'e Tabera, die na hem in dit gebied kwam en zo voor dat gedeelte

mori tana is. Met dien verstande evenwel dat hij ook voor eigen deel niet in bepaalde functies van de *mori tana* mag optreden, hoewel ook Koba daarop zijn rechten niet laat gelden. Ook hier werd als motief van deze grondafstand genoemd: *ka nggòba nggori, ka nggòba penggawu,* wat te vertalen is met: opdat gij mijn andere partij zult zijn. Wat bedoelde rechten aangaat, het betreft hier voornamelijk het nemen van de *marata*, wat losmaakt, wat afsnijdt, bij het in gebruik nemen van een tot nu toe niet gebruikt stuk grond. Zo bijv. bij de vestiging van een kampung, of bij het uithakken van een steen uit de bodem. Bij dergelijke gelegenheden treedt de *mori tana* op om te *pandikina mori tana*, om de geest van de grond (ook *mori tana*, elders *wàndi tana* genoemd) te doen verhuizen. Of zoals in de bespreking met de grondheer, op de plaats vanwaar de steen zal getrokken worden, gezegd wordt: *ka napandikina wirona òngana; ka napasèlawa lima, ka nakadukutani wa'i,* dat hij zijn vaten en borden (zijn boedel) overbrenge; dat hij zijn handen er van aftrekke en zijn benen vouwe, zodat hij de steen dus niet in zijn gang belemmere. Op dezelfde wijze moet bij het in gebruik nemen van een kampung de geest van de grond tot buiten de kampungpoort worden gebracht, bij welke gelegenheid dan tevens de naamgeving van de kampung geschiedt. Voor deze verhuizing van de geest van de grond worden nu aan de *mori tana* de *marata* gegeven. Van de daarbij geslachte karbouw krijgt hij kop en voorste helft. In het aan We'e Tabera afgestane gedeelte heeft Koba nu van zijn recht op de *marata tana* afgezien. Aan deze overeenkomst herinneren de woorden in de aanroeping aan de *mori tana* (geest van de grond) wanneer in het gebied van We'e Tabera een steen wordt getrokken:

Li'inangge Siala Lende Ndima	Zo sprak Siala Lende Ndima:
ilau jaakaji marata tanggu tana.	Geef niet de marata toekomend de grond.
Lòmanangge Djowa Dungga Rato	Zo was het woord van Djowa Dungga Rato:
ilau jaakaji dou kasubu loko	Geef niet de gaven, het deel van de rivieren.

Bepalen we ons nu tot het niet aan We'e Tabera afgestane gebied, dus

ten zuiden van We'e Karudi, dan treffen we daar naast elkaar aan *kabisu mangu tana* en *kabisu nda mangu tana*(*mangu tana* is hier niet als in het Oosten synoniem van *mori tana*), d.w.z. kabisu die grond bezitten en kabisu die geen grond bezitten. De grond bezittende kabisu zijn behalve de kabisu *mori tana*, Koba, de kabisu We'e Malado, Wola, We'e Laingo en Wāno Kalada. Toen genoemde eerste bezetter de grond verdeelde, heeft hij aan elk van deze kabisu een streek grond voor sawah- en tuinaanleg gegeven. Later gekomenen konden door koop een gedeelte van het sawah-gebied van een van deze kabisu ter bewerking krijgen (men zegt van deze sawah-gedeelten *na-atawi*, ze zijn slaven: als een slaaf, die wel in het huis van zijn heer woont, maar van andere afkomst blijft), maar het gehele gebied blijft op de naam van de betrokken kabisu staan. Zo is het gehele gebied Tanggu Sāli, ook al hebben ook anderen daar hun sawahs, sawah-gebied van We'e Malado. Zo kunnen ook anderen met toestemming van de *mori* van het betrokken gebied grond voor hun tuinen krijgen. Van dit gehele gebied neemt echter de kabisu *mori tana* de *marata*, deelt daarvan evenwel mee aan de aangewezen vertegenwoordigers van de grond bezittende kabisu. Waarop deze bijzondere betrekking van de kabisu mangu tana tot de grondheer berust, is mij tot nu toe nog niet geheel duidelijk. Als verklaring werd mij alleen gegeven, dat genoemde kabisu van ouds af met de Kabisu Koba samen waren, reeds voor de grond in dit gebied werd verdeeld. Wat aangaat de rechten op de grond vinden we hier dus de figuur van één *kabisu mori tana*, verbonden met enige kabisu mangu tana, naast een aantal kabisu nda mangu tana, die geen eigen grondbezit hebben.
Een andere figuur vinden wij bijv. in het landschap Kodi. Men heeft hier n.l. geen niet grond bezittende kabihu. In een gebied als het vroegere Kodi Bokol (waarmee thans Mba Ngedo is verenigd tot één landschap Kodi) is de grond tussen de drie kabihu Pola Kodi, Mbali Hangali en Bondo Kodi verdeeld. Elke kabihu heeft voor eigen gebied een *mori tana*, die voor dat deel ook optreedt in functies, die in een gebied als Loliina speciaal aan de ene *mori tana* toekomen. Zo geschiedt bijv. de "inwijding" en naamgeving van een kampung in Kodi in elke kabihu door de *mori tana* van dat gebied. Bij de keuze van plaats voor tuinaanleg behoeft men zich niet tot de grond van eigen kabihu te bepalen. Men

behoeft evenwel voor tuinaanleg in gebied van een andere kabihu de toestemming van de *mori tana* aldaar, en heeft wat de regeling van de verbodstijden aangaat zijn aanwijzingen te volgen. Het spreekt vanzelf, dat, nu afgezien van de vraag naar de verhouding tussen Tjemba Rjaghi enerzijds en Mkangiljo Pjoke anderszijds, de *mori tana* voor het hele gebied in de uitoefening van zijn functies hier veel minder duidelijk is en de samenhang van het geheel minder grijpbaar. De delen schijnen hier een grotere zelfstandigheid ten opzichte van het geheel te bezitten. Een enkele aanwijzing ten aanzien van een meer algemene functie van de combinatie Tjemba Rjaghi,Mjangilo Pjoke vond ik in het optreden van een viertal personen wien inzonderheid de "verkoeling" van *tana hàri*, verboden grond, is opgedragen. Aanvankelijk was mij deze figuur niet duidelijk, daar de verbinding met het oorsprongshuis van genoemde kabihu mij ontging. Later vond ik in Loliina een dergelijke figuur. Wanneer in Loliina een kleine steen gehouwen is en nu van de grond moet worden losgemaakt, waarbij *marata ki'i* worden gegeven (kleine marata), en dus niet een karbouw maar een kip of hond wordt geslacht, treedt niet de *mori tana* zelf op, maar in zijn plaats zijn *lima malou wa'i malou*, zijn "lange hand en lange voet", één voor het westen en één voor het oosten van zijn gebied. Deze nemen in dergelijk geval de marata. Geeft straks de *mori tana* een feest, of is er een andere gelegenheid waarbij hem beesten dienen te worden gebracht, dan brengen ook de *lima malou wa'i malou* hem een varken *papaladi marata*, om de marata over te geven. Het viertal in Kodi heeft, naar mij later bleek, zijn opdracht ontvangen van Pjoke, die daartoe door Mjangiljo werd uitgezonden (zo naar aller mededeling), terwijl naar mededeling van de vertegenwoordiger van Pola Kodi, Mjangiljo daartoe weer aanwijzing zou hebben ontvangen van Tjemba van de kabihu Pola Kodi.

UIT DE LEVENSGANG VAN DE MENS

I. Inleiding

Leeftijdsonderscheid is geen uitgangspunt voor de vorming van duidelijk onderscheiden groepen binnen de sumbase samenleving; we vinden geen groepering naar leeftijd. Dat betekent niet - het ligt in de aard van de zaak - dat niet verschillende leeftijden door eigen aanduiding en door met die leeftijd verbonden gedragspatroon worden onderscheiden. Zo zijn te noemen:

a. *Ana rara* (O.S. en W.S.), zuigeling, baby. Zo worden kinderen genoemd vanaf hun geboorte tot de tijd van de ontwenning aan de moederborst, tussen een en twee jaar. Vroeger althans bleven de kinderen langer borstkinderen. Men achtte het *matua*, behoorlijk, dat een kind ongeveer de leeftijd van drie jaar had bereikt wanneer een volgend kind zou worden geboren. Dan geldt (gold?)*namatua na paanana*, haar baren, haar kinderen krijgen, is behoorlijk, zoals het naar de juiste regel dient te zijn. Of men zegt *namarau na paanana*(*marau* = ver) ze neemt afstand in acht in haar zwangerschap. Zo in tegenstelling met *napalihi na paanana* (*lihi* = zijde, *lihingu* ter zijde zijn van, dicht zijn bij, *palihi* elkaar nabij zijn), dus haar baren is dicht opeen volgend. Idealiter is sexueel verkeer tussen de echtgenoten verboden zolang een kind nog aan de borst is. Het is niet onmogelijk dat met het oog daarop de vrouw de borstvoeding langer voortzet dan nodig zou zijn. Bij overtreding van deze regel zou het kind ziek worden en kwijnen; men zegt dan van de man *napanggaja na anana*, hij stapt over zijn kind heen, loopt er over heen.

b. *Anakeda* (O.S.) *lakawa* (W.S.) ongeveer de leeftijd van 3 tot 14 à 15 jaar. Binnen die grenzen onderscheidt men tussen *anakeda kudu* (*lakawa ki'i* , W.S) kleine, jonge kinderen tot de leeftijd van 6 à 7 jaar en *anakeda matua* (*lakawa màto*,W.S.) de 'grote' kinderen dus. De eerste periode is de spelleeftijd en ook als de kinderen al beginnen mee te doen met het 'werk', meegaan met vader, moeder, ouderen is dat spelenderwijs. In de tweede periode beginnen ze, al naar de leeftijd in toenemende mate, kleine verantwoordelijkheden te dragen, de jongens bij werkzaamheden in de verzorging van het vee, de meisjes bij water halen, werk in huis, meewerken in de tuinen, die voor een belangrijk deel voor de verantwoordelijkheid van de vrouw komen.

c. *Bidi tau*, jonge mensen, onderscheiden als *bidi mini* (*bua mane* W.S.) jonge mannen en *bidi kawini* (*bua wine* W.S.) jonge vrouwen, de leeftijd van ongeveer 14 tot zeg 25 jaar. In het Oosten onderscheidt men bij de jonge mannen tussen *bidi mini pandokungu*, die er nog wat naast kunnen gaan, van wie men nog wat door de vingers ziet en *bidi mini nduluru*, de volgroeide, volwassen jonge mannen. De grens tussen beide wordt gezien in het ritueel van de besnijdenis (*puru la wai*, afdalen naar het water; de besnijdenis heeft altijd plaats dicht bij een stroom of bron). Hier is de overgang naar de volwassen staat gegeven. Bij de jonge vrouwen onderscheidt men tussen *hiliwuku bokulu*, een naam die verwijst naar een aan die leeftijd verbonden haardracht (het voorste gedeelte van het hoofd is kaal geschoren met uitzondering van een lok die naar voren neerhangt terwijl het haar op het midden van de schedel zo geknipt is dat het een rechtopstaande kuif vormt) en *ana karia* huwbare jonge vrouw. Mogelijk kunnen we met de besnijdenis voor de jonge mannen de tatouage voor de jonge vrouwen vergelijken. In hoeverre deze uiterlijke onderscheidingen thans nog gelden (ik denk in het bijzonder aan de schoolgaande jeugd) durf ik niet te zeggen. Ook hier werkt een proces van nivellering en assimilering door dat in zijn effect individueel zeer verschillend kan zijn.

d. *Tau matua* (*ata màto* W.S.) volwassenen, gezegd van beide sexen. Inzonderheid geldt dit van de getrouwden. Eerst door huwelijk wordt men ten volle lid van de samenleving.

e. *Makaweda*, de ouden. Men spreekt ook van *ama bokulu*, de grote vaders (Anakalang, *mabokulu*, de groten), in W.S. *ata kaweda*, de ouden, terwijl daar voor hen ook *rato* wordt gebruikt, wat een verruiming van de betekenis van dit woord inhoudt. Deze groep is een belangrijk deel van de samenleving. Is of was? Ik dacht zeker niet alleen was. Het zijn de *ama bokulu ina matua* de grote vaders en de eerwaarde moeders. De ouden, de *matua*, zijn degenen die de toon aangeven, die weten hoe het hoort. Vandaar dat dit woord ook kan betekenen behoorlijk, wat is naar de geldende regel en norm, zoals men bijv. van de bruidprijs huwelijk kan spreken als *la lei matua mangoma matua* (*la-lei*, huwen van de man gezegd, *mangoma* van de vrouw gezegd) dus een huwelijk naar de rechte orde, op rechte wijze gesloten. Van ie zich weten te gedragen geldt *namatua ngangguna hàpana*, zijn (haar) eten en sirih pruimen is naar de regel. Het woord *kawoda* is afgeleid van een stam *weda* die kundig betekent en zo kan men in Wanukaka horen van de *ina pengu ama weda*, de moeders van wetenschap en de vaders van kunde.

Door hun leeftijd staan ze dichter bij het voorgeslacht. Ze zijn de aangewezenen voor het verkeer met *marapu*, ook daarom hebben de jongeren hen te ontzien want *naangundjaka marapu*, marapu gaat al als gelijke met hen om; van een zeer oude kan worden gezegd *beri hama marapujaka*, hij is als het ware al marapu.

II. Zwangerschap en geboorte

Een sumbaas echtpaar verlangt kinderen. Althans zij, de man en de vrouw, *ma-matua etina*, wier hart *matua* is, is zoals het dient te zijn. Wanneer dan ook niet spoedig zwangerschap intreedt, zal men een vrouw roepen *na mapingu pa-pangàri*, die weet heeft van 'wrijven', masseren. Blijft dit zonder resultaat dan wendt men zich tot een *ama bokulu mapingu pahamajangu*, een oudere die weet heeft van 'aanroepen' en wel om *marapu hamanai na Mawulu tau na Madjü tau*, d.w.z. de *marapu kabihu*, de mythische voorvader van de kabisu, en evenzo Hem die de mensen maakt en vlecht te vragen dat wat men aanduidt met 'wat is in het water' nl. *na màndjaku na maringu*, wat koel en heilzaam is, en 'wat is in de rijst' de spijze, *na mamboka na malala*, wat vettig en groeizaam is;dat dit geschonken zal worden op het neergelegde hoofdkussen op de uitgespreide mat. Immers het gaat bij het huwelijk van man en vrouw om vruchtbaarheid en vermenigvuldiging.

Als er duidelijk tekenen van zwangerschap zijn, *djàka napanu-ka na kaba matana, djàka namitingu-ka na mata huhuna*, als haar gezicht vlek-

ken vertoont en haar borsttepels donker gaan worden zegt men: Het blad ontplooit, het gaat open. Je hebt iets onder de lendenen, zal een oudere vrouw tot een jongere zeggen.
Na ongeveer vier maanden zwangerschap volgt een ritueel dat men *pamàndungu pelungu* noemt, het vast, stevig maken van de treden. Bij het beklimmen van een lontarpalm bindt men op verschillende hoogte langs de stam stukken kernhout, *atu*, waarop de voet kan rusten als op de treden van een ladder. Of ook men legt een band om de voeten die men telkens bij het klimmen om de stam klemt. Deze noemt men *pelungu maatu bibitu maundungu*, treden van kernhout, stevige voetband. Je zou de indruk kunnen krijgen dat de voortgang van de zwangerschap wordt vergeleken met het beklimmen van een boom en men wil die klim zonder gevaren doen verlopen. Daartoe wordt nu eerst aanroeping gedaan bij de *katoda kawindu*, de plaats van aanroeping voor het erf van het huis, *la ndewa mareni pahomba mareni*, tot de *ndewa* en *pahomba* die dichtbij zijn, die gedacht worden in de dadelijke omgeving van het huis. Straks worden ze gevraagd mee in huis te gaan waar dan aanroeping wordt gedaan tot *marapu kabihu*, de *marapu mameti*, de gestorvenen en tevens tot *na Mawulu tau na Madjü tau*. In de gaven die worden aangeboden treft de verbinding van mannelijk en vrouwelijk aspect. Sirih pinang wordt aangeboden in tweeërlei combinatie, nl. één *huluku*, waarbij het sirihblad in de gespleten pinangnoot wordt gestoken, die als mannelijk geldt en één *kuluru* waarbij het sirihblad om de noot wordt gewonden, de vrouwelijke combinatie; verder metaalschilfers *dua ngia marara*, twee rode, gouden schilfers, de vrouwelijke en *dua ngia mabara*, twee witte, zilveren schilfers, de mannelijke. Hierbij wordt een rode kip geslacht. Nadat men het doel van de aanroeping heeft vermeld, vraagt men omschutting met de hand, omheining met de voeten, dat de aangeroepenen niet de vleugels zullen openen, niet de oksels (armen) zullen heffen (onder de vleugels en in de oksel is de plaats van bescherming); dat ze zullen zijn als een hoge heining en dicht gesloten schutting; dat men niet zal worden getroffen door de stekende zon en de waaiende wind, door mogelijk dreigend gevaar en dat niemand hinder of bezwaar zal inbrengen. Daartoe zijn er dan de wel toebereide *pahàpa*, de geschilferde *kawàdaku*. En wat de kip betreft, het zij een schone en goede kip,

die zonder moeite kan worden geschouwd, dus duidelijk aanwijzing geeft 'opdat Uw kinderen en kleinkinderen, door U gemaakt en gevlochten straks kunnen zeggen: Hij heeft het aanvaard met de hand, heeft geantwoord met de mond'.

Daarna volgt het ritueel slachten van de kip, die daartoe eerst moet worden'toegesproken' de opdracht moet worden meegedeeld. Het sumbase *ndjandji* met *manu* (kip) als voorwerp kan dunkt me het beste worden weergegeven met bindend toespreken. Onder meer wordt tegenover de kip die als *patahu mendi, mbiha manjola* machtig en krachtig, als groot van vermogen wordt aangesproken verklaard:

het is geen zaak van de begeerte van mijn mond
van de honger van mijn buik
het is niet dat ik je zie als klein
je beschouw als gering
maar het is naar de vaststelling en ordening
van de Vader ten volle, de Moeder ten einde;
zo wil ik dat ge antwoord vraagt
dat ge het hart beweegt
van de Geweldige, de Grote
van Hem die maakt en vlecht
heeft hij gezegd.

Daartoe is de kip de mens gegeven.

Wanneer de zwangere vrouw herhaaldelijk pijn heeft, roept men weer de vrouw die weet te masseren. Als na zes of zeven maanden het kind zich zou keren dan wordt weer deze vrouw geroepen om het kind recht te leggen.

Deze vrouw kan ook uitmaken of het kind een jongen of een meisje zal zijn. Ligt het kind links dan is het een meisje, ligt het rechts dan is het een jongen. In de reeks van correlaties is links steeds met vrouwelijk, rechts met mannelijk verbonden. Maar ook anderen kunnen daarover aanwijzing ontvangen. De aanstaande moeder bijv. in haar dromen. Droomt ze van gestorven familieleden dan is de sexe van wie ze in haar dromen ziet een aanwijzing voor de sexe van het kind. Droomt ze van haar gestorven vader of schoonvader of ook vertegenwoordigers van een voorgaande generatie, vaders of schoonvaders vader dan zal

het kind een jongen zijn. Droomt ze van haar moeder of schoonmoeder of de moeders van deze dan is het een meisje. Hetzelfde geldt van de dromen van haar man en zelfs van dorpsgenoten die in deze a.s. geboorte meeleven. En ook, al is het geen herkenbare familie, maar als ze droomt van een die er met honden op uitgaat (d.w.z. op jacht gaat), met een net gaat vissen, palmwijn gaat tappen, achter paarden aanjaagt, karbouwen hoedt, apen omsingelt (een wijze van apen vangen), smeedwerk doet, een huis bouwt, een kapmes of een schede maakt, netten knoopt, horen bewerkt of andere werkzaamheden voor mannen, *patau mini wàngu,* waarmee je man bent, dan is het duidelijk een jongen. Droomt ze echter van iemand die de schering afbindt, die hout raapt, water put, rijst stampt of kookt, aarden potten vormt, garen spint en verft, die voer geeft aan de kippen en eten aan de varkens, dus de vrouwelijke bezigheden, *padedi kawini wàngu,* waarmee je tot de vrouwen behoort, dan is het een meisje. Ten slotte als de vrouw moeilijk in beweging komt (*djàka nambotu hadana,* als ze moeilijk overeind komt), graag wil slapen en traag is om te werken dan zegt men: Het wordt een meisje. Komt ze makkelijk overeind en heeft ze zin om te werken, dan zegt men:Het is een jongen.
De periode van zwangerschap bepaalt in meerdere opzichten het gedragspatroon zowel van de a.s. moeder als van de a.s. vader. Hun wijze van leven en doen in de tijd dat ze hun kind verwachten wordt bepalend geacht voor het leven van het kind straks. Ze hebben dus te bedenken *na ma-uku,* wat naar de regel en *na manda uku*, wat niet naar de regel is. Tal van handelingen gelden in die tijd als *palili*, te vermijden, verboden. Van beide volgen hier enkele voorbeelden:
Het is niet raadzaam voor een zwangere zo maar sirih pinang te gebruiken uit de sirihtas van een willekeurige andere. Je weet niet wat je er mee binnen krijgt; *pakalutu wànguja ba paana,* de bevalling zal er moeilijk door verlopen (*kalutu* = verwikkeld, moeilijk te ontwarren). Hetzelfde geldt van het gebruik van sirih pinang die men op weg gevonden heeft; je weet er de herkomst niet van.
Het is verboden dat de vrouw mais eet waaraan de muizen hebben geknaagd; het kind zou er knipperende ogen van krijgen.
Het is verboden, *palili*, voor de vrouw verschillende vissoorten te

eten en evenzeer voor de man die op het strand te rapen. Een bepaalde vissoort heeft een grote bek; het kind zou een mond krijgen die daarop lijkt.
Het is verboden voor de vrouw eendeneieren te eten en voor de man eenden te vangen; het kind zou vliezen tussen vingers en tenen krijgen.
Het is verboden apenvlees te eten en apen te vangen; het kind zou straks grijnzen als een aap.
Het is verboden pisang of andere vruchten te eten met twee vruchten binnen één schil of een ei met dubbele dooier; men krijgt er tweelingen door. Geboorte van een tweeling van verschillend geslacht wordt ongunstig geacht; het is als bloedschande in de moederschoot.
Het is *palili* een dove of stomme uit te lachten; het kind zou er doof of stom door worden.
Het is verboden brandhout met het verkeerde eind in het vuur te leggen. De boom rijst op van wortel, van stam tot top; daarnaar dient het benedeneind in het vuur te worden gelegd. Anders dreigt een stuitligging.
Ook is het verboden schoonouders of schoonfamilie te schelden, waarvan dwarsligging het gevolg zou kunnen zijn.
Voor een man en vrouw is het verboden veel te zingen. Een dreinerig kind is daarvan het gevolg.
Verschillende werkzaamheden zijn niet raadzaam voor een zwangere en weer andere niet voor haar man. Zo moet de man geen krokodil, geen schildpad en geen rog steken. Het kind zou schubben hebben als een krokodil, een gebogen rug als een schildpad of een mond als de brede bek van een rog. Het is niet goed een of ander in stukken te hakken, de handen van het kind zouden verminkt zijn. Het is *palili* lontarblad te splijten voor een vrouw, tabak fijn te snijden voor een man; de mond van het kind zou zijn gespleten of de oren dicht tegen het hoofd gedrukt. De man moet geen insnijding maken in de oren van paard of karbouw, een eigendomsmerk in het oor van een dier aangebracht; het kind zou een gescheurde mond of oren hebben.
Naar het schijnt meent men dat van een zwangere een remmende, een ongunstige invloed kan uitgaan. Gaat men dus naar het strand om stranddieren te zoeken, dan moet er geen zwangere bij zijn en evenmin haar

man, want ze houden de vis tegen..Mocht die aankomen dan trekken ze zich toch terug.
Ook moet de vrouw zich niet naar tuin of sawah begeven als de aren beginnen te zwellen (*djàka na pakindi na uhu*, als de rijst de vorm krijgt van een spintol); de rijst zou niet uitbreken maar de vrucht binnen houden.
Een zwangere mag niet gaan waar een dode is, de vrucht in haar schoot zou er schadelijke gevolgen van ondervinden. Ze mag vooral niet uitgaan zonder een mes of kalkkoker in de hand te hebben opdat de *mamarungu*, de heksen, worden afgeschrikt. Ze mag niets vlechten. Als het gaat om de ligmat voor haar kind dan moet ze dit aan anderen overlaten, deed ze dat niet de lever van het kind zou te breed worden.
Een mand mag ze niet vlechten noch iets wat uitsteeksels of knobbelige hoeken heeft, het kind zou een waterhoofd kunnen krijgen. Zo mag de man geen touw draaien, geen karbouwenhoren boren, geen teugel vlechten; de vrouw mag niet weven en geen schering binden. Men zou kunnen denken aan allerlei werkzaamheden die met binden en vastmaken verbonden zijn.
Het heeft alles tot gevolg dat *nakalutu-du na dedina na anakeda* de geboorte van het kind moeilijk zou kunnen verlopen.
Iets wat geldt voor haar omgeving, een zwangere mag men niet aan het schrikken maken; de levenskracht van het kind zou zich van hem kunnen terugtrekken. Men mag haar niet schelden en niet slaan, zij of haar kind zouden er schade van oplopen.
Het leven van man en vrouw beiden ligt dus in de tijd dat zij hun kind verwachten onder niet onbelangrijke beperkingen. Dit alles valt onder wat genoemd wordt *manda uku*,wat men behoort na te laten.
Daarnaast zijn er dingen die raadzaam zijn, die men indien mogelijk in acht heeft te nemen, die *ma-uku* zijn. Voor *ma-uku* zegt men in het westen *pata-we*, het is regel; *manda-uku* = *inda patakiwe*, het is niet naar de regel; ook wel *nabiza-we*; *biza*, Lol. *bisa* is verwant met ind.*bisa* gif, en 'krachtig',in staat zijn en heeft in het sumbaas de betekenis van magisch krachtig, gevaarlijk, verboden, iets waarvoor je je te wachten hebt.
Zo is het goed voor een vrouw met de kat uit één schotel te eten. Ze

zal een schoon kind krijgen. Eet ze geregeld labu-blad als groente dan zal het kind lange haren krijgen. Ze dient zich vroeg in de morgen (*hada rudung*, lett. bij donker opgestaan) te baden opdat haar lichaam licht zal zijn. Ze moet niet steeds blijven zitten (*ngudu djua*, enkel maar zitten, zitten om te zitten) en niet te veel slapen dat verzwaart de baring. Ze moet aan het werk blijven, water gaan halen, eten bereiden. Als ze op weg is moet ze niet traag en moeizaam lopen maar bewegelijk zijn en de armen bewegen opdat de spieren los blijven en de bevalling makkelijk verlopen zal. Daartoe moet ze ook niet steeds ook niet als het warm is, in huis blijven zitten, ze moet eens in de zonnewarmte opdat haar spieren lenig blijven. Het is goed voor haar te eten wat op het strand wordt gezocht en gevonden, het lichaam van het kind zal er wel door gevuld zijn. Ook moet ze geregeld zuur eten, waardoor het lichaam van het kind bij de geboorte schoon zal zijn.
Wat de man betreft hij heeft tijdig te zorgen voor alles wat straks nodig zal zijn. Hij heeft te zorgen voor een voldoende hoeveelheid zwaar hout dat lang brandt opdat de vrouw zich daarbij straks kan'warmen'. Ook voor de planken waarvan straks het schut wordt gemaakt naast het haardvuur, waartegen de vrouw zal zitten. Er moet een *hawita* zijn, een puntzakvormig vlechtsel, waarin straks navelstreng en nageboorte worden bewaard. Hij heeft te zorgen voor een bambuspaan, waarmee de navelstreng zal worden afgesneden en voor een watervat waaruit het kind kan worden gebaad; eveneens voor een ligmat waarop het kind kan slapen en een lap doek waarin het kan worden gewikkeld. Ook moet er droge sirih zijn die uitgekauwd op de wond na afsnijden van de navelstreng wordt gelegd; een touw, straks om een balk gelegd waaraan de vrouw zich bij de bevalling kan ophouden en het grondvlak van een spinnewiel waarop ze hurkend zit. Er moet oude mais zijn die straks geroosterd door de vrouw wordt gegeten tijdens de periode van 'verwarming' opdat haar melk overvloedig zal zijn.
Dit alles behoort tot wat *ma-uku* is, wat men tijdig heeft te doen en in acht te nemen.
In deze tijd van zwangerschap zal herhaaldelijk de hulp nodig kunnen zijn van de vrouw *ma-pingu pa-pangàri*, die weet te masseren of de medicijn weet te bereiden die pijnstillend kan werken. Ze moet daarvoor

wunda maringu lima, loon voor de koelte van haar hand ontvangen. Dit te verstaan als het indonesische *tangan dingin*, ergens een goede hand voor hebben. *Wunda* is dan ook meer dan beloning alleen, het is nodig voor het goed effect van de behandeling. Trouwens ook de medicijn werkt niet automatisch, die behoeft een stok om te gaan een vervoer om op te rijden; een geschenk verleent aan het medicijn effect.
Is het werk van deze vrouw niet afdoende, blijft de pijn of is die van hevige aard dan komt de vraag op of er niet andere oorzaken hinderend optreden; of er niet een ongekende of niet-beleden overtreding zou zijn en men raadpleegt dus de *ama bokulu ma-pingu pahamajangu*, die door wichelen met orakelsnoer en kip zal zien uit te maken wie er ontstemd is en de pijn veroorzaakt; is het de *marapu kabihu* of zijn het de *marapu mameti* dan geeft men hun spijze; is het 'warme', verontreinigde aarde, de plaats waar overtreding is begaan, dan gaat men daar erkenning van overtreding doen en roept de hulp in van de functionaris die wat warm is kan verkoelen. Men brengt daar offer van sirih pinang, goudschilfer en een kip om de grond te reinigen en te stillen. Dergelijke maatregelen worden genomen als de a.s. vader ziek zou worden.
Is de tijd van bevalling nabij dan zal de vrouw trachten te bepalen wanneer het kind zal worden geboren. Behalve met lichamelijke kenmerken, indaling van het kind (*kamburunguna-njaka na kiri kambuna*, de onderbuik vertoont daling) en pijn die op komende geboorte zou kunnen wijzen, let men ook op de periode van droog strand (*mihi*). Twee maal per maand heeft men enkele dagen waarin het verschil tussen eb en vloed niet zo sprekend is, dagen van een meer langdurig droog strand (*mihi mapandengi*), de perioden van dood tij dus. Men onderscheidt *pandengi mihi tambulu*, dood tij omstreeks volle maan, dus tussen laatste kwartier en volle maan, en *pandengi mihi kameti*, dood tij omstreeks nieuwe maan, tussen laatste kwartier en nieuwe maan. Wordt het kind geboren bij droog tij dan zal het een meisje zijn. Is het een jongen dan zal de geboorte zijn na droog tij, *la kawunga tana dita*, bij het begin van hoog tij. Ik weet niet of je *tana dita*, hoog op het land, zou kunnen weergeven met springvloed maar het is te verstaan dat de kustbewoners voor wie de strandopbrengst een belangrijk deel van het menu uitmaakt goede kennis hebben van de telkens kerende verschillen in tijd tussen

eb en vloed.
De bevalling heeft plaats uiteraard in het vrouwelijke deel van het huis, *la hapapa kaheli*, de overzijde van de 'huisvloer'. Met 'huisvloer' is dan bedoeld dat deel van het huis dat genoemd wordt *kaheli bokulu*, de grote huisvloer, het specifiek mannelijk deel van het huis, waar aanroeping wordt gedaan, besprekingen worden gevoerd, gasten ontvangen. Daar mag de bevalling niet gebeuren. Dus op de 'overzijde' en wel ter hoogte van wat genoemd wordt *lata mbàlu* (onderlaag van het vat) de plaats waar het grote watervat staat waarin de vrouwen die water halen hun water uitgieten, die dus dient voor watervoorziening in huiselijk gebruik. Op dat deel van *hapapa kaheli* maakt men een afschutting, een kamer om de bevalling aan het oog van anderen te onttrekken. Alleen enkele vrouwen gaan daar binnen, een vrouw *mapingu pa-pangàri*, die weet te masseren, een die tot taak heeft de vrouw te steunen *matanggu patika*, die er bij moet hurken,knielen) en een of twee anderen die haar eventueel moeten helpen, die haar medewerksters zijn. In die kamer is dan al het steunvlak van een spinnewiel gebracht en een voor deze gelegenheid gedraaid touw over een balk geslagen, waaraan de vrouw die in hurkende houding bevalt zich kan optrekken. Mannen komen hier niet binnen tenzij de bevalling moeilijk verloopt en het de vrouwen te machtig is om de a.s. moeder te steunen (men doet dit door ze bij de oksels omhoog te houden). In dat geval vraagt men hulp van een man die in *balu*-relatie staat tot de zwangere vrouw d.w.z. iemand met wie ze eventueel zou mogen trouwen, dus een *angu paluhu*, een 'broer' van haar man. Alleen in het uiterste geval, als er geen ander ter beschikking is (*djàka ndokunanja*, desnoods) wordt de hulp van de eigen man toegelaten. Verloopt echter de bevalling normaal dan komt er geen man bij te pas en dient de eigen man buiten te wachten. Deze dient daar echter wel aanwezig te zijn.
Ook is er tijdens de bevalling steeds een *ama bokulu mahamajangu*, een 'oude' die aanroeping doet. Steeds weer zegt hij *patàndjija umbu djàka ràmbukau na katiku tenamu*, hetzij heer of vrouwe, richt recht de kop van je boot. Of men daaruit mag concluderen dat elk nieuw geslacht de weg van de voorvaderen volgt en dus van overzee komt, en of daarmee ook samenhangt de aandacht voor de verhouding tussen eb en vloed,blijft

voor mij een vraag. Het zou een beeldende uitdrukking kunnen zijn voor 'zorg dat je goed overkomt'.
Verloopt de bevalling moeilijk dan zal deze *ama bokulu* het orakelsnoer (*mowalu*) raadplegen, waartoe hij eerst op de *mowalu* blaast, om zo te weten te komen wie vertoornd is en vlotte geboorte verhindert. Daarbij worden de bekende categorieën weer onderscheiden, in het bijzonder ook de verhitte grond waar man of vrouw overtreding zou hebben begaan.Als het resultaat duidelijk is dan zal hij de te slachten kip toespreken. In geval van verhitte grond bijv. zal hij zeggen:

Welaan, geef acht op mijn woord, kip
ik draag U op het woord
ik doe u brengen het bericht
te komen tot de ontzaggelijke, de grote
de verhevene die alles te boven gaat
die de mensen vlecht
die oordeelt wie overtreedt, zich misgaat
al wie faalt en wie feilt;
doe uw woord tot hem komen
het bericht tot hem doordringen
'Dit is de ontstokene
de vertoornde
de verhitte aarde
de verboden grond
waar ze onrein stinkt, waar ze bedorven ruikt
waar ze de grond als ligmat
stenen als hoofdkussen gebruiken'
als zo zijn woord is,
zeg dan toch, kip:
'ik weet van mijn falen
ik ken mijn feilen,
zei de heer tot mij
toen hij mij het woord opdroeg,
mij deed brengen het bericht'
zeg dit tot de Al Vader, de Al Moeder
die spreekt in de kip en zeg

geef evenwel een schone kip
een duidelijke kip
een kip die raakt
een kip die treft
zodat ik kan zeggen:
gekeerd is zijn binnenste
gestild is zijn woord
hoor mijn woord
en antwoord mijn stem.

Is dan de kip geslacht en klopt de bevinding door de kip met die van het orakelsnoer dan zal men beiden, de man en zijn vrouw ondervragen naar de plaats van overtreding om de grond daar te verzoenen.
Algemeen geldt van jong getrouwden dat ze al hun *jora* hun 'vrienden' met wie ze omgang hebben gehad moeten noemen. Zouden ze die verzwijgen dan zou de bevalling moeilijk verlopen.
Is het kind geboren, dan wordt het door een oude vrouw als opgevangen en het eerste wat ze doet is vast stellen of het een jongen of een meisje is, wat ze dan met een van de gebruikelijke aanduidingen meedeelt.
Nadat het kind is gewassen wordt de navelstreng afgesneden. Daarvoor gebruikt men een scherpe bambuspaander of bambumesje (*kadika*). De navelstreng wordt tezamen met nageboorte en bambumesje in een gevlochten rijststomer gedaan en in een boom hoog opgehangen, en daar goed vastgebonden.

Naamgeving

Deze geschiedt niet overal op dezelfde manier en niet op dezelfde tijd. In Mangili en in een groot deel van Oost-Sumba volgt de naamgeving dadelijk na het afsnijden van de navelstreng. Men tracht het bloeden na die afsnijding te stelpen met een papje van fijngekauwde droge sirih. Is dit sirihkauwsel op de wond gelegd dan noemt men een naam.
Men begint met namen bekend in de *kabisu* van de vader van het kind, is het een jongen dan bijv. vaders vader, dan diens broer, vaders

grootvader, diens broer, enz. De naam waarbij het bloeden ophoudt is dan de naam die aan het kind wordt gegeven. Eerst wanneer de namen in vaders kabisu zijn genoemd en niet geaccepteerd gaat men over naar de namen in de kabisu van de moeder, dus moeders vader, diens broer, enz. Men heeft daarbij voorkeur voor de namen van de in die kabisu goed bekende personen; het ligt in de aard van de zaak dat hierbij ook op overeenkomstige, passende stand wordt gelet. Het is verboden namen te noemen van andere kabisu dan die van vader en moeder en indien mogelijk heeft men voorkeur voor de namen van vaders of moeders vader of moeder.
Naar de wijze van naamgeving kan een volwassene van zijn naam zeggen *tamu pamihi ria puhumangggunja*, het is de naam waarbij mijn navel ophield te bloeden, die het ophouden van het bloeden bewerkte.
Men noemt deze naamgeving *dekangu tamu*, naam raden. Maar in het woord *dekangu* zit ook een element dat doet denken aan lotsbestemming. De gedachte beweegt zich tussen de voorstelling dat aan het kind een naam gegeven wordt en dat het kind zich een naam kiest, zelf zijn naam uitmaakt.
Elders op Sumba wordt deze keuze op een andere manier bepaald, door nl. het kind aan de borst - niet die van de moeder- te leggen. Men tracht het kind te bewegen die borst te accepteren en noemt daarbij dan telkens een naam. De naam waarbij het kind de borst accepteert is de naam die blijkbaar wordt aanvaard. In West-Sumba is deze wijze van naamraden meer algemeen.
Als een kind voortdurend dreint of niet voorspoedig groeit, mogelijk ook beide, wordt als een van de oorzaken gedacht aan de mogelijkheid dat het kind niet gelukkig is met zijn of haar naam. Men tracht daarover zekerheid te krijgen door wichelen met het orakelsnoer. Is het resultaat positief dan geeft men het kind gelegenheid tot nadere keuze, nu door het de borst voor te houden. Wanneer bij het noemen van een naam het kind accepteert dan zal dit nu verder de naam wezen.
Zoals gezegd is het geen gewoonte dat de a.s. vader bij de bevalling aanwezig is. Hij dient evenwel wel thuis te zijn. Mocht hij niet in het dorp zijn en komt hij tijdens of na de bevalling naar huis.
dan zal men hem alles afnemen wat hij bij zich heeft, zijn kapmes,

zijn sirihtas, enz. opdat hij niet bij zijn thuiskomst kwade invloeden (*na mambana*, wat heet, onheilvol is) van elders zou binnen brengen, met zich zou brengen, iets, wat het ook zij, waarvan het kind de schadelijke gevolgen zou ondervinden.

Na de bevalling berust de zorg voor de vrouw bij *na mapingu pa-pangàri* die kundig is in het masseren. Wanneer de nageboorte niet spontaan komt zal zij door massage trachten dit proces te bevorderen. We zien dan weer hetzelfde als wanneer een bevalling moeilijk verloopt. Ook wanneer de nageboorte moeilijk naar buiten komt, komt de gedachte op of vrouw of man toch niet iets van hun vroegere relaties hebben verzwegen en wordt weer door wichelen met het orakelsnoer en eventueel door aanroeping van de onststemde en hinderende macht getracht stilling van boosheid en wegneming van alle belemmering te bewerken.

Zoals gezegd wordt de nageboorte tezamen met het afgesneden deel van de navelstreng en het daarvoor gebruikte bambumesje in een *hawita* gedaan en in een hoge boom veilig en onbereikbaar opgehangen.

Is de nageboorte behandeld dan wordt eerst de vrouw gebaad. In het water doet men bepaalde kruiden, bladeren van de ketjubungbloem (datura fastmosa) opdat haar lichaam licht zal worden en ook nog achtergebleven bloedstolsels naar buiten zullen komen.

In de ruimte onder het huis, beneden de plaats van de bevalling zal men takken van een doornige cactusplant leggen om zo te verhinderen dat *'mamarungu'* een 'heks' het bloed misbruikt om moeder en kind te schaden of dat honden of varkens het zouden oplikken.

Nadat de moeder gebaad is wordt ze overgebracht naar de ruimte die *lata mbàlu* wordt genoemd, de plaats waar het grote watervat (of meerdere vaten) staan. Nu begint voor haar de periode van het *padarangu*, 'verhitten', 'verwarmen'. Tussen *lata mbàlu* en haard wordt een planken schut aangebracht met een opening in het midden. De vrouw gaat nu met de rug vlak voor of tegen deze opening zitten zodat de gloed van het vuur haar rug raakt. Het is hiervoor dat de man voor de bevalling lang brandend hout, het liefst kusambi-hout bijeenbrengt. Het vuur mag dan dag noch nacht uitgaan; het moet niet vlammen maar gloeien.

Naast het haardvuur steekt men een spinklos in de as, die geregeld met water wordt natgehouden. De zin of verklaring daarvan is mij niet be-

kend. Deze verwarmingsperiode duurt minsten drie en ten hoogste 6 maanden, al naar gelang de kracht van moeder en kind. Naar men zegt zou het kind niet sterk worden als deze periode te kort wordt genomen. Vandaar dat men van een slappe futloze volwassene wel zegt: Misschien heeft je moeder voor jou wel niet lang gewarmd of het zal wel geen kusambihout zijn geweest waarbij ze zich gewarmd heeft.
Op deze plaats baadt zich dagelijks de moeder en baadt ze haar kind. Zij zelf baadt twee maal per dag, vroeg in de morgen en tegen zonsondergang. Het kind baadt ze vier maal per dag, *la mba-mbaru* vroeg in de morgen, *la tidu lodu*, als de zon boven staat, dus midden op de dag, tegen de namiddag (*la malingu*) en *la pamá tau*, als de mensen eten, ongeveer negen uur in de avond. In het badwater worden bepaalde gunstig werkende kruiden, bladeren, gedaan, om gezondheid en groei van het kind, toevloeien van de moedermelk enz. te bevorderen. Bij het baden legt de moeder het kind tussen de gestrekte benen, eerst op de rug later op de zijden. Dat baden gebeurt door met de vlakke hand het badwater tegen het lichaam te kletsen en je kunt dan ook meermalen van een huis uit dergelijk kletsend geluid horen wanneer er kort daarvoor een kind is geboren.
Acht dagen na de bevalling, wanneer ze dus acht dagen 'zich verwarmd' heeft, volgt een eenvoudig ritueel, al naar iemands vermogen eenvoudiger of rijker, in het eerste geval met het slachten van een kip anders met buffel of varken, geheten *hànggurruja na ana*, het kind ontmoeten, alsof het nu zijn identiteit in de kring van de familie krijgt. Het komt voor dat men met naamgeven tot deze tijd wacht. Het is tevens de tijd van afvallen van de navelstreng. Is het daaraan niet toe dan wacht men weer een periode van acht dagen. Deze ontmoeting kan een specifieke exponent krijgen doordat ingeval een meisje is geboren men van de zijde van de *ana kawini* komt met een geschenk van een paard en een oorhanger (*mamuli*) met de bedoeling deze moeders broers dochter voor haar vaders zusters zoon te reserveren '*tangguna na ana-nggu mini wàna*', met de woorden die is voor mijn zoon.
Omgekeerd gebeurt het dat van de zijde van de *jera*, dus van moeders broer, bij geboorte van een jongen een varken en doek wordt gebracht 'opdat geen ander het mij ontneme, dus om in de komende generatie de

huwelijksrelatie voort te zetten.

III. Enige vormen van huwelijkssluiting

Nergens ter wereld is een huwelijk een zaak die alleen de beide a.s. echtgenoten aangaat, zodat de beslissing in deze alleen voor hun verantwoordelijkheid komt. Nergens is het ook zo dat een huwelijk kan tot stand komen zonder medewerking in een of andere vorm, ook zonder meebeslissing van de naast betrokken partijen. Tussen de invloed van de samenleving waar toe beiden behoren, van naaste familie, van de in de samenleving geldende normen t.a.v. mogelijke en verboden relaties,en de medezeggenschap van de beide partners, daarin bestaat een scala van verhoudingen. We kennen huwelijksvormen, waarbij het zwaartepunt ligt op de regeling en de beslissing, het onderling overleg van de familiegroepen, waartoe ze behoren en we kennen huwelijksvormen, waarbij initiatief en beslissing voornamelijk uitgaan van de a.s. echtgenoten, zonder dat echter het huwelijk alleen op grond daarvan tot stand kan komen; de medewerking van ouders en familie is zeker vereist. Er kan tussen beide invloedsferen een spanning ontstaan en dat kan aanleiding zijn tot ontstaan van verschillende wijzen van huwelijkssluiting. Deze verschillende vormen waren reeds bekend voor de individualiserende invloed van de moderne tijd, met zijn doorbreking van grenzen en vormen. Ook vroeger waren er jonge mensen die zich verzetten tegen de dwang van de samenleving in deze. Ook vroeger kende men verschillende vormen van huwelijkssluiting, in de een kwam de regelende activiteit van ouders en familie in de andere het initiatief van de a.s. man en vrouw meer naar voren. Maar het is te verstaan dat de invloed van de '*zaman baru*' tendeert naar een verzwakking van dwingende zeggenschap van ouderen en familie.
Beide tendenties komen in de besprekingen over de adat van mei 1963 te Waingapu tot uiting. Daar is ook de huwelijksregeling en wetgeving besproken en in de eerste uitspraak worden ze naast elkaar genoemd. Daar wordt nl. uitgesproken dat zolang nog geen nationale huwelijksregeling geldend voor het geheel van de indonesische staatsburgers is vastgesteld de huwelijksadat van Oost-Sumba (het was een bespreking

over de eventueel nodige wijzigingen in de adat van Oost-Sumba) zal blijven gelden met dien verstande dat: elk huwelijk berust op de wens en vrije overeenstemming van de beide a.s. echtgenoten gesterkt door de uitgesproken overeenstemming van beiderzijdse ouders en verwanten. Ze staan er rustig in één bepaling naast elkaar alsof tussen deze beide geen spanning zou kunnen bestaan. In hoeverre dit alles leeft en functioneert en hoe dat functioneert zult u na een verblijf op Sumba beter kunnen zeggen dan ik. De herinnering die wij er aan hebben is dat meermalen de jongeren niet de verantwoordelijkheid van wat men noemt vrije keuze verstonden en dat aan de andere zijde meermalen de ouderen wel instemming betuigden met het recht van hun kinderen maar niet onduidelijk lieten blijken dat ze toch hoopten of ook verwachtten dat hun kinderen rekening zouden houden met de wens en het voornemen van de ouders. Dat de jonge mensen het in deze voor het zeggen zouden hebben, leek bijv. de medezelfbestuurder van Pålla een niet te aanvaarden zaak. In dit verband noem ik de uitspraak van de Lutherse zendeling Steinhardt die verklaart dat naar zijn ervaring de vrije keuze niet meer waarborgen opleverde voor een blijvend en gelukkig huwelijk dan bemoeiing van en regeling door de ouders.
Ik neem om te beginnen twee huwelijksvormen waarvan de ene bepaald is door de regeling door ouders en familie terwijl in de ander het initiatief van de beide partners bepalend is.

A. *Tama la kurungu*, d.w.z. de kamer (nl. die van de bruid door de bruidegom) binnengaan. Dat geschiedt wanneer de beslissende gave van de kant van de bruidnemers is overgedragen en geaccepteerd en beantwoord. Gave en tegengave zijn nl. in deze onderhandelingen steeds verbonden. *Tama la kurungu* zou je hier terminus technicus kunnen noemen, omdat te verwachten is dat dit 'binnengaan' ook bij andere wijze van huwelijkssluiting een moment in het geheel vormt.
Bij het *tama la kurungu* verloopt het geheel op de eenvoudigste en minst kostbare manier wanneer tussen de beide familiegroepen reeds een nauwe band bestaat, dus bij een in de generaties daarvoor reeds bestaande verhouding tussen bruidgevers en bruidnemers dus *pajera paana kawiningu* of *pajera palajiangu*, de verhouding tussen zwagers, zusters

man en vrouws broer. Een huwelijk dus waarin gesproken kan worden van *paana pulangiangu paana laleba amangu*, d.w.z. de relatie van moeders broers dochter (ooms dochter *ana pulangia*) met vaders zusters zoon, *ana laleba ama* (*laleba ama* is vaders *laleba*, vaders uitgehuwelijkte zuster). Bij de naamgeving is al vermeld dat het gebeurt dat bij die gelegenheid door de kant van de bruidnemers, in geval van een meisje, een geschenk wordt gebracht om daarmee een claim op het meisje te leggen als a.s. echtgenote van hun zoon. En hoezeer de kinderen van de aanvang aan worden gezien ook als potentiële huwelijkspartners is o.m. duidelijk aan de benoeming van een meisje als *wihi ahu* hondepootje en van een jongen als *wihi wei* varkensbout (W.S. *panga'a wai kana'a bòngga* en *panga'a wai kana'a wawi*). In ieder geval bij het *tama la kurungu* kan reeds terwijl het meisje nog een kind is en dus zonder enige medebeslissing van de kant van beide partners een geschenk worden gebracht van de bruidnemende aan de bruidgevende familie om het meisje te reserveren, zodat geen andere familie (de mogelijkheden kunnen uiteraard meerdere zijn) de weg zouden afsluiten.

1. Het gebrachte geschenk bestaat uit bijv. *2 mamuli*, *hau mapawihi* een 'met voeten', met een horenvormige versiering van het benedeneind, de mannelijke en *hau makamuluku* een kale, de vrouwelijke. Bovendien althans één paard. Dit is gegeven als voorbeeld, zij het wel een normatief voorbeeld; al naar stand en vermogen kan de waarde van het gebrachte verschillen. Met de *mamuli* zijn steeds verbonden de van metaaldraad gevlochten ketens (*lulu àmahu*). De zin van dit geschenk blijkt uit de naam *wiri bara rau karaki*, het blanke verbodsteken het blad dat verspert. Deze verbodstekens, ook wel aan bomen gebonden, bestaan uit lontar- of klapperbladen. Ze zijn enerzijds een teken van eigendom en anderzijds een waarschuwing voor de niet rechthebbende.
   Daarmee is dus een zeker verband tussen de beide families t.a.v. deze kinderen gelegd. Dit verband komt ook uit buiten deze directe relatie, nl. telkens wanneer de een of de ander in een bepaalde situatie hulp nodig heeft. Steeds is er een heen en weer gaan van wat rauw en wat gekookt is, *mamata mamemi* waarmee worden aangeduid

de gaven die tussen partijen wanneer nodig worden gewisseld.

2. Wanneer de beide partners de huwbare leeftijd hebben bereikt, wanneer ze *bidi mini* en *bidi kawini* zijn, wanneer - zo vroeger althans - de jongen was besneden en van het meisje de tanden waren gevijld, wanneer ze de huwbare leeftijd hebben bereikt (het meisje is dan *ana karia*, wat o.m. uitkomt in de haardracht; het haar wordt niet meer gekort maar ze laat het groeien) herinneren beide partijen elkaar aan hun verbinding, aan het feit dat de kinderen volwassen zijn. Het initiatief gaat daarbij in de regel uit van de *lajia*, dus zusters man, wat betekent de vader van de jongen. Hij wijst er op dat de kinderen nu volwassen zijn met de woorden *namalai lunggida na matua tauda* reeds is hun haar lang en hun lichaam volgroeid, volwassen, Men kan niet kennis geven zonder meer. Hij brengt zijn gave met zich nl. 1 gouden of zilveren *mamuli* (oorhanger) met daarbij behorende keten (*lulu amahu*). Wordt deze melding met instemming ontvangen dan wordt deze gave van de kant van de bruidnemer beantwoord met het geven van een lap goed *hawàla kamba*, een lap van ongeveer een vadem lengte. Beide, gave en tegengave, worden tezamen genoemd *kawuku wuana kalaki rauna*, de hechting van de vrucht, de steel van het blad. Men spreekt ook van *kawuku li*, het knopen, het vastleggen van de zaak.

3. Nu beginnen van beide zijden de voorbereidingen. Elk van beiden roept de familie samen, degenen op wie hij een beroep kan doen, de *lajia* voor het bijeenbrengen van de benodigde dieren en gouden voorwerpen, de *jera* voor de benodigde doeken en andere vrouwelijke goederen. Niet alleen de aangewezen familiegroepen ook de dorpsgenoten en eventueel bekenden in dezelfde *tana* worden daarbij gevraagd.Het gehele dorp is in de medewerking betrokken. Straks zullen bij de komst van de gasten ook de dorpsgenoten bijdragen in de kosten van de ontvangst. De gasten worden nl. over de huizen verdeeld en elk huis heeft ze met aanbieding van sirih pinang te ontvangen. Bij deze samenkomst moet uiteraard een maaltijd worden gegeven. Zonder eten gaat dit overleg niet. Daartoe moet een varken of een buffel

worden geslacht. Deze maaltijd wordt aangeduid met *pangangu kangàta*, gif te eten geven. Dat wil zeggen, wie hier aan de maaltijd deelneemt verbindt zich op straffe van onheil bij te dragen in de kosten van de bruidsprijs enerzijds van bruidprijs anderzijds. Meent iemand een dergelijke verbinding niet te kunnen aangaan dan zal hij ook aan de maaltijd niet deelnemen want bij niet nakomen van de belofte werkt die als gif.

4. In deze tijd valt ook het *lua papangga* van de kant van de *jera*, het op stap gaan. Voordat de bruidnemende partij met haar gaven op stap gaat wordt aan de bruidgevende partij meegedeeld dat men de komst van de *tuja*, de moeders broer van de bruid, een vertegenwoordiger van die groep verwacht. Men zegt dat hij komt om een blik in de kamer te werpen te gluren door de reten van de huiswand of ook om te gaan kijken in het dal en op de vlakte. Hij gaat zich op de hoogte stellen van de voorbereidingen voor de bruidprijs om zo te kunnen uitmaken hoeveel goederen van de zijde van de bruidgevers moeten worden gereed gehouden (denk aan het ruitjes tellen in Friesland om de stand en rijkdom van de andere partij te bepalen. Achter elk ruitje van de stal kun je rekenen op twee beesten en zo enigszins bepalen wat de ander waard is). Er moet nl. straks een juiste verhouding zijn tussen de geschenken van de kant van de bruidnemers en de gave van de bruidgevers. Want zowel een te kleine bruidschat als een te grote bruidprijs kan ongunstig zijn voor de a.s. vrouw. Dit bezoek van de kant van de *tuja* wordt ook wel aangeduid met *lua pangangu ahu*, hondenvlees gaan eten, het beest dat bij zijn komst van de zijde van de *lajia* zal worden(of werd)geslacht.

5. Is tussen de familiegroepen aan elk van beide zijden overeenstemming bereikt, dan moet de tijd voor de komst van de bruidnemende partij bij de bruidgever vastgesteld worden. De beslissing ligt hier in de regel bij de *jera*. Dit vaststellen van de tijd noemt men o.a. *kawuki rehi*, de afgesproken tijd knopen, het aantal dagen dat nog zal verlopen voor de vastgestelde tijd door knopen in een touw vastleggen. Door elke dag een knoop te ontbinden, komt men aan de afge-

sproken datum toe.

6. Is de afgesproken tijd daar, dan begeeft de *lajia* zich naar het huis van de *jera* en het spreekt vanzelf dat hij daarheen niet alleen gaat maar met allen die zich tot deelname hebben verbonden. Dit wordt genoemd, *húrungu*, naar voren komen, zich opmaken, men zou kunnen zeggen *menghadap*, gaan verschijnen voor.
In heel het verkeer toch tussen beide partijen is de bruidgever te beschouwen als de meerdere. In W.S. zegt men *nia a-palàmbera-na* (*làmbera* = terreinsverhoging; hij neemt een hogere plaats in). Is men aangekomen dan geeft de bruidnemende partij kennis van aankomst met *mamuli* plus de daarbij behorende *lulu àmahu*, een handeling die genoemd wordt *pekangu tàka*, mededeling doen van aankomst. Dit alles gaat uiteraard gepaard met een mededeling in de juiste vorm. Deze mededeling en deze gave wordt door de *jera*, nu de gastheer, beantwoord met *hawàla kamba*, een stuk doek als teken van ontvangst. Deze doek wordt genoemd *topu papawàlahu nulangu pabàndjalu*, gespreide mat, neergelegde hoofdstut.

7. Het spreekt wel vanzelf dat deze bespreking niet alleen een ontmoeting van sociale aard is; het gaat niet alleen over de verhouding tussen groepen van mensen. Samen maken ze deel uit van en zijn opgenomen in meer dan menselijke verbanden. De eerstvolgende handeling gaat van de gastheer uit en hij doet daarvan mededeling weer met *hawàla kamba*, een stuk doek. Dit gebeuren kan door onheil, door onreinheid worden bedreigd. Hij deelt nu mede dat een dier zal worden geslacht en aangeboden aan die marapu die wordt genoemd *tolu mata wai maringu*, rauw vlees, koel water. Wat ook de betekenis van rauw vlees hier moge zijn, de zin van *wai maringu*, koel water is duidelijk. Het ritueel heeft tot doel ongunst te weren en gunst te verkrijgen. Men zegt *palua-nja la Ina Tolu Mata la Ama Wai Maringu*, men wil heel het gebeuren brengen tot, overdragen aan Ina Ama, Moeder Vader, *Ina Tolu Mata Ama Wai Maringu*, Moeder het rauwe vlees, Vader het koele water. Deze twee zijn in hun onderscheidenheid een. Deze *Ina Ama* draagt weg, neemt op zich wat warm is en geeft wat

koel is. Hierbij wordt een varken geslacht, dat als gave aan *marapu* wordt aangeboden, maar dat tevens dient als vleesspijs bij de maaltijd voor de aanwezigen. In die maaltijd delen ze in de vrucht van de aangeboden gave.

8. Ook de *lajia* laat zich niet onbetuigd. Hij geeft nu een gave die bedoeld is voor de *marapu jera*, de *marapu* dus van de *kabisu* waartoe de *jera* behoort. Deze wordt aangeduid als *tanggu rudu nduma lodu*, het toekomende voor de nacht, het deel voor de dag van de *marapu jera*. Een geschenk dus dat voor deze speciaal is bestemd en gevoegd wordt bij de aan deze *marapu* behorende *tanggu marapu*. De gift bestaat uit wat men noemt een *kawàdaku*, een goudschilfer, dit in de vorm van een *mamuli* of nog ongesmeed goud. Naar de mening van de heer Kapita - dat gaat terug op de tijd dat we nog op Sumba waren - wordt deze laatste gave minder dan vroeger in acht genomen.Hij zegt: 'bijna niet meer in acht genomen...' Na de gave aan *marapu* volgt de reactie van de vertegenwoordiger, de functionaris van *Ina Tolu Mata Ama Wai Maringu* in een handeling van verkoeling.Alle aanwezigen, zowel huisgenoten als gasten worden besprenkeld met koel water en zo verkoeld (*kàmbahungu wàla kandangu*, besprenkelen met gebruik van *serai* bloemen; *serai* is een welriekend gras; het wordt ook benut voor samenstelling van *karanu*, het sumbaas reukwerk). Eerst nu, terwijl het eten wordt bereid komt men tot het zakelijk doel van deze ontmoeting.

9. Van de kant van de *jera*, de bruidgever, de gastheer, wordt weer gegeven *hawàla kamba*, om daarmee te vragen naar wat de *lajia* thans te brengen heeft. Het deel waarnaar nu wordt gevraagd vormt een van de voornaamste delen van het geheel. Dit deel wordt genoemd *kakomba winu kawàlu kuta*, de in *kakomba* verpakte pinang, de saamgebonden sirih (*kakomba*, bladschede van hetzij kokos of pinangpalm waarin men meermalen een geschenk verpakt; *kawàlu*, omwinden, bundelen, bundel).
Hiermee wordt aangeduid wat wordt gezien als de *katiku wili*, het hoofd, het voornaamste deel van de bruidprijs. Is deze aanvaard en

is de daarmee corresponderende bruidschat overhandigd, dan is in feite het huwelijk gesloten. Dat betekent niet dat er geen verdere besprekingen en geschenkenwisseling plaats heeft; maar deze geschiedt op basis van de gesloten overeenkomst. Terwijl het geheel van de bruidprijs kan worden gevat in de voornaamste bestanddelen daarvan, *banda àmahu*, beesten en gouden voorwerpen, waartegenover de bruidschat wordt genoemd in *kamba wawi*, doeken en varkens, wordt dit deel genoemd *àmahu la kopi*, sieraden in het mandje en het daarmee corresponderende deel van de bruidschat *mbola ngàndi*, de mand die wordt meegenomen, waarin dan doeken en vrouwelijke sieraden zijn geborgen. In het mandje, *kopi*, wordt overgereikt *sirih pinang* en vier oorhangers,*mamùli*, 2 *mapawihi*, en 2 *makamuluku* met de daarbij behorende metaaldraad kettingen. Naast deze *àmahu la kopi*, en daarmee verbonden (ze behoren dus tot de *kakomba winu kawàlu kuta*) worden 2 paarden gegeven, *heu mini heu baina*, een hengst en een merrie. Dit moet een waardevol paard zijn (vooral de hengst nl.)want deze wordt genoemd *katiku ndjara*,het hoofd, het voornaamste van de paarden. Maar daar bij een hengst een merrie behoort, je zou ook kunnen zeggen daar bij het mannelijke het vrouwelijke behoort in een onscheidbare verbinding, moet bij deze hengst een merrie worden gegeven. Maar men past zich aan bij de omstandigheden. Wie minder vermogend is geeft alleen een hengst. Wel wordt dan ook naar de merrie gevraagd maar hij kan dan naar een onbepaalde toekomst verwijzen en zeggen *nàhungu*, er komt straks wel een (*nàhu*, plaats en tijdsaanduiding van iets wat zich met spreker in dezelfde richting beweegt, van de spreker weggaat; van tijd nu,het moment waartoe men is gekomen en de aanduiding van de zich verder bewegende tijd, straks). Een vermogend man laat het niet bij één merrie maar geeft er meer. Eén hengst bindt een groep van merries. Het kan zijn dat er over wat de *kakomba winu kawàlu kuta* uitmaakt, nog moet worden onderhandeld. De waarde van de geschenken wordt geschat en het kan zijn dat er van vervanging door meer waardevolle exemplaren sprake is, maar is het geheel aanvaard dan maakt nu de *jera*, de bruidgever gereed wat wordt genoemd *mbola ngàndi kahidi jutu* de mee te nemen mand, het in de hand gehouden mes. Naar de zin van dit laatste is nog nader te informeren. Wel is het zo bekend dat we een vrouw op de weg veelal zagen met een mes in de hand. Dat was dan in de regel een gewoon keukenmes, maar het mes dat hier wordt meegegeven is (was) als regel een waardevolle keris. Een vrouw is daarmee gewapend omdat de kracht van dit wapen de be dreiging door de heksen weert... De inhoud van de mand bestaat uit *dua mbàla hinggi dua mbàla laü*, twee omslagdoeken, mannenkleding, en twee rokken, vrouwenkleding. Deze rokken zullen waar mogelijk zijn *laü pahudu*, geborduurde rokken, rokken met geborduurde onderkant (*hudu*, insteken, borduren) of *laü kawaü*, Ende-rokken. Daarbij zijn gevoegd, onderscheiden uiteraard naar de stand van de bruid, vrouwelijke sieraden, bijv. waardevolle kralen (*ana hida*, *muti salak*, agrakralen, die van grote waarde worden geacht) en ander kraalwerk, bijv. geregen kralen die dienen tot bekleding van *kamata nulangu*, het uiteinde van het hoofdkussen. Bij meisjes uit de hoogste stand worden (werden) meegegeven vrouwelijke horigen *angu piti angu hadangu*, die met haar aanvatten en opstaan, met haar medewerken en bezig zijn (eventueel voor haar), één of meerdere, het kon gebeuren tot tien toe en een dienstbare jonge man *matanggu heingu winu matanggu pàpu kuta*, wiens taak het is in de pinangpalm te klimmen en sirih te plukken. Van een strikte verhouding tussen bruidschat en bruidprijs kan niet worden gesproken. Het is al gezegd dat beide niet te zeer mogen verschillen in waarde. Het komt voor dat de bruidschat in waarde de bruidprijs te boven gaat. Dit met het oog op de positie van de bruid in het huis van haar man, opdat ze daar niet zal worden verwaarloosd. Temeer wanneer de a.s. echtgenoot polygaam is, meer dan haar tot vrouw heeft opdat ze niet door haar mede-echtgenote zal worden geminacht. Het is een smaad voor een bruid wanneer de bruidschat niet beantwoordt aan de verwachting, *na-pakilu ngohu mberanja na-pakahoru alu mbatanja*, men rolt haar toe als een gebarsten stampblok, schuift haar toe als een gebroken stamper, als iets wat waardeloos is, zal men zeggen. Tenslotte zal tot de bruidschat ook behoren wat men noemt *ndjara kaliti*, een rijpaard, in geval van een *maràmba*-dochter kunnen dat meerdere paarden of buffels zijn.

Nog een aanduiding van zowel bruidsprijs als bruidschat: de eerste wordt ook genoemd *kabela punggu oka, pariku buta rumba,* een kapmes om de heining te hakken een hak om het gras uit te trekken, als om te zeggen dat de werkkracht van de *ana kawini* ter beschikking staat van de *jera*, teken van bereidheid tot dienst. Van de tweede zegt men *paparàmbu wàngu papaumbu wàngu*, eveneens een teken van overgave, om daarmee de schoonouders als *ràmbu* en *umbu*, als vrouwe en heer te erkennen.

10. Hiermee is feitelijk het huwelijk gesloten. Dit deel van de bruidprijs is het voornaamste en het beslissende. Vandaar de naam *katiku wili*, hoofd van de bruidprijs. Is deze zaak geregeld dan wordt de jonge man door zijn gezellen geleid naar de vrouwelijke zijde van het huis. Tot nu toe zat hij bij de besprekende partijen op de *kaheli bokulu*, de grote huisvloer, het mannelijk deel van het huis. Hij zal nu *pala,* oversteken, naar de andere zijde gaan, en moet daarbij het haardvuur passeren en treden, de voet zetten, op een van de haardstenen nl. de *túluru mini*, de mannelijke haardsteen. Vandaar dat deze overgang wordt aangeduid met *pàlaku la aü lindi la tuluru,* het haardvuur passeren, treden op de haardsteen. Over de zin daarvan ben ik in correspondentie met de Heer Kapita. Mogelijk dat er zijn die hem de doortocht willen beletten maar deze hindernis wordt genomen door gaven toegereikt door degenen die hem naar de overzijde geleiden. De jonge man gaat nu de kamer van het meisje binnen terwijl zijn gezellen blijven wachten gezeten op een verhoogde bambu zitbank voor de kamer van de bruid.
In de kamer komen ook enkele oudere vrouwen onder wie haar ooms (moeders broers) vrouw om haar toe te spreken *panaungu*, haar te bewegen de bruidegom toe te laten.
Dit 'bewegen' gaat gepaard met geschenken (vrouwelijke kleding en sieraden) tot stilling van bepaald niet onmogelijke bezwaren. Het is evenwel een traditioneel onderdeel van het geheel. Traditioneel behoort een bruid niet toeschietelijk te zijn en een bruid behoort zich dus wat afkerig te gedragen. Er zijn ook bruiden die zich deze kans om voor zichzelf goederen te verwerven niet laten ontgaan en

die weten te benutten. Ook de 'vermaners' dienen hun deel te ontvangen, *mamuli*, hun gegeven door de geleiders van de man. Hiermee is het doel van de huwelijkssluiting bereikt, nl. *tama la kurung* binnengaan in de kamer, waaraan deze vorm van huwelijk zijn naam ontleent. Hiermee zijn echter de besprekingen niet afgelopen. Die zullen de volgende dag worden voortgezet. Tot dit traditioneel handelen 'besluit' men tezamen, een besluit dat wordt bevestigd door wisseling van *hawàla tera*, een lap doek van de kant van de *jera* en *hau mamuli hawalangu luluna*, een oorhanger met bijbehorende keten van de kant van de *lajia*. De dag wordt met een maaltijd besloten.

12. De volgende dag wordt de bespreking en geschenkwisseling voortgezet. Naast de *katiku wili*, het hoofd van de bruidprijs, wordt nu nog onderscheiden tussen *aja wili* en *eri wili*. De twee fasen worden onderscheiden als *aja* oudere en *eri* jongere broer, waarmee gezegd is dat de eerstvolgende fase belangrijker is dan de daarop volgende. De bespreking wordt geopend van de kant van de *jera*, die met overleggen van *hawàla kamba* meedeelt dat nu een varken zal worden geslacht voor de beiderzijdse *mamati* gestorvenen om hen te verzoeken dat de bespreking vlot zal verlopen en zonder hinder zal zijn. Dit varken dient dan tevens tot spijs ook van de thans levende nakomelingen om daarmee de morgenmaaltijd te gebruiken. De actie gaat nu uit van de *jera*. Terwijl het eten wordt bereid geeft deze aan de bruidnemer *hawàla laü hawàla hinggi* een vrouwenrok en een door mannen gebruikte omslagdoek om daarmee te vragen wat genoemd wordt *kundu patini tularu api* d.w.z. wegschuiven van het brandhout en wegstoten voor het vuur. Een herinnering aan wat de moeder van de bruid heeft moeten verduren toen zij na de geboorte van deze dochter zich bij het vuur liet verhitten. Bedoeld is hiermee een gave bestemd voor de moeder van de bruid. Daarbij behoort tevens wat wordt genoemd *hondu talaru pai witu*, het binden van de dakribben en bundelen van de *alang alang*, de zorg voor de dakbedekking, de zorg voor het huis waarin de bruid werd geboren en leefde, wat herinnert aan de taak en arbeid van de vader.
Het gaat hier dus om dat deel van de bruidprijs dat bijzonder is gericht

naar de ouders van het meisje. Het bestaat, als tegengave voor de aangeboden doeken uit al naar stand van de betrokkenen 4 of 2 *mamuli* (plus daarbij behorende kettingen) *heu mini heu baina,* een hengst en een merrie (eventueel twee van elk). Dit alles geldt wel bepaald voor de mensen van stand en zekere rijkdom. Voor de gewone man kan dit begrepen worden geacht in de gaven die de vorige avond reeds zijn gewisseld.
Tot de *katiku wili* behoort verder het aandeel van moeders broer, van de bruid, genoemd *tandai rongu tandai wàla keri,* stijl, staak voor kapok en dedapboom (Erythrina). Ik vermoed dat deze benaming verwijst naar de steunende, bewarende functie van de moeders broer, de groep van de bruidgevers, een erkenning van de levengevende functie van de vrouwelijke linie. Deze wordt beschouwd als de *mata wai pataku*, de bron waaruit wordt geput, de bron van leven, de bewaarder van het huis waaraan deze nieuwe levensmogelijkheid geeft. Ze zijn dan ook de *ngia pamiri*, degenen die als heer worden erkend of ook de *ngia patangara*, degenen tot wie men heeft op te zien. Evenals het deel van vader en moeder bestaat ook deze gave uit 2 (4) *mamuli* en *heu mini heu baina*, een hengst en een merrie.
Deze *aja wili,* dit belangrijke deel van de bruidprijs dient voor verantwoording te komen van de ouders van de bruidegom of een van hun naaste *lajia* (vrouws broer).

13. Eerst hierna volgt het deel dat genoemd wordt *eri wili*, de kleine bruidprijs. Wat minder officieel spreekt men ook van *kamba pandjepangu,* ruildoeken en zelfs wel (maar dit wordt ruw geacht) van *padanggangu,* handel drijven. Dat betekent niet dat de wederzijdse activiteit niet betrekkelijk juist met dit woord zou kunnen worden aangeduid. De een handelt hier meer met respect dan de ander.Het gaat nu om al degenen die aan de ene of aan de andere zijde aan bijeenbrengen zowel van bruidschat als bruidprijs hebben meegeholpen, degenen die het gif hebben gegeten en nu ook hun deel verlangen en zien te krijgen. De actie gaat ook nu van de helpers van de *jera* uit. Tot deze medewerkers van de *jera* kunnen behoren:
a. medebewoners. Men zal deze aanduiding ruim nemen, als ook

omvattend die bij dit huis behoren, daarmee verbonden zijn als bijv. broers van de vader van de bruid, broers van de bruid, horigen tot dat huis behorend, inzonderheid als een van hun kinderen behoort tot de meisjes die met de bruid samen mee uittrouwen. Dit placht voor te komen en is officieel afgeschaft.

b. *kabisu* genoten van de vader van de bruid of van de bruidsmoeder.

c. dorpsgenoten.

d. mogelijk ook bewoners van dezelfde *tana* die op een of andere wijze met de bruidsfamilie in relatie staan en wier medewerking door de vader van de bruid is gevraagd.

Het adres van de aangeboden doeken zijn diegenen die in overeenkomstige relatie aan het bijeenbrengen van de bruidprijs hebben meegewerkt. Maar het geheel is duidelijk een vordering van de kant van de bruidgevers tegenover de bruidnemers. Dat hier van *paäanggangu*, handeltje wordt gesproken ligt ook in het feit dat hierbij veel meer afwegen van de waarde in het spel is. Voldoet de tegengave niet dan trekt men zijn doek terug. Want ook hier is de normale gift van de kant van de *jera*-groep een doek, waarnaast dan niet een rok maar een hoofddoek wordt gegeven. Daarmee wordt gevraagd, bedoeld, wat als tegengave wordt verwacht *mamúli dàmbu*, twee *mamúli*, van meer of minder waarde, plus de kettingen van koperdraad en een paard, hetzij dadelijk, hetzij toegezegd, *ndjara nàhungu*, een paard straks of *ndjara parúru*, een uitgesteld paard. De hoeveelheid van goederen van de ene en de andere zijde gegeven hangt af van het aantal belanghebbenden, die reeds bij de voorbereiding zijn betrokken geweest. Ook hierin is het duidelijk dat het huwelijk functioneert binnen het geheel van de verwantengroepen die elkaar hierin ontmoeten.

14. Het geheel van de regeling van bruidprijs en bruidschat is hiermee beeindigd. Volgt nu nog wat men noemt *patunungu*, wederzijds slachten, de een ten behoeve van de ander. Traditioneel was dit van de zijde van de bruidnemers een hond maar de laatste is vervangen door een buffel en tegenwoordig ook wel een rund. Van de zijde van de bruidgevers wordt een varken geslacht.

15. Vertrek, *dendi nulangu kulurungu topu*, het opnemen van de hoofdstut en oprollen van de mat. Gepaard met *pahàpangu*, wederkerig *sirih* aanbieden, wat dan niet louter *sirih pinang* is maar uitdrukking vindt in wisseling van kleed en sieraad, waarvan de hoeveelheid en waarde weer van stand en vermogen afhangen.

B. *Haringu*

Over andere vormen van huwelijkssluiting kunnen we korter zijn omdat ze op een of andere wijze uitlopen op de officiële ontmoeting van beide partijen, ouders en verwanten tot bespreking van de *wili*, de regeling van bruidprijs en bruidschat.

1. Het gaat hier om een vorm van huwelijk waarbij het initiatief niet allereerst van de ouders en familie maar van de beide jonge mensen uitgaat; twee jonge mensen die elkaar mogen. Niet dat het hier gaat om een tegenstelling zonder meer. Dat geldt trouwens ook bij *tama la kurungu*; ook daarbij is het mogelijk dat de voor elkaar bestemden van elkaar houden al is de andere mogelijkheid daar waar overleg en beslissing door anderen vooroo staat zeker niet uitgesloten. Maar genegenheid volgt meermalen gewende patronen die in het leven van de betrokkenen een zekere vanzelfsprekendheid kunnen verkrijgen, zodat de aandacht van neef en nicht, d.w.z. van vaders zusters zoon en moeders broers dochter op elkaar zal zijn gericht. Nu bij *haringu*, het licht doen opgaan over, is het niet uitgesloten (was meer dan is, in verband met de doorbreking van vroeger meer geïsoleerde relaties en ruim onderling verkeer) dat de beide jonge mensen die elkaar mogen in deze relatie, die ook door hen waardevol wordt geacht staan. Het verhaal gaat van twee 'broers' (*angu paluhu*, mannelijke generatiegenoten binnen de kabihu) die beiden het oog hadden geslagen op dezelfde moeders broers dochter en het tegenover elkaar niet wilden opgeven,welke rivaliteit uitliep op de dood van beide rivalen. En dus de genegenheid volgt meermalen deze weg. Het is verder niet zo dat het alles in het verborgen en in het geheim verloopt en de ouderen er niets van merken. Zelfs - en waarom'zelfs'? - komt het voor dat de ouders van de jongen hem speciaal op een gewenste schoondochter attenderen en de relatie stimuleren.

Maar de actie gaat van de jonge mensen uit. Er bestaat tussen hen een betrekking die wordt aangeduid met *pakutangu*, elkaar sirih-pinang aanbieden. De heer Kapita zegt daarvan: Natuurlijk zijn deze jonge mensen nadere of verdere familie en in elk geval van dezelfde stand. Daarbuiten spreekt men niet van *haringu*.
Gezien de leeftijd van de betrokkenen spreekt men ook van *paana kariangu*, als *ana karia*, huwbaar meisje en in ruimer zin van huwbare leeftijd, met elkaar omgang hebben. Het wordt ongewenst geacht wanneer die omgang al op jeugdiger leeftijd zou worden gezocht. Dat zou zijn *paana raraja na li lalei na li mangoma*, de zaak het huwelijk gering achten (lett. als klein kind behandelen) er een spelletje van maken.

2. Ook wanneer de ouders van de jongen niets van de zaak zouden weten het zal ze toch moeten worden verteld. Ze moeten er bij worden betrokken omdat voor de realisering van hun wens ze de ouders van beide zijden nodig hebben. De benodigde goederen zullen ter beschikking moeten zijn. Ze nemen dus een of twee 'huisgenoten' of dorpsgenoten in het geheim, die als brug moeten dienen en kunnen helpen eventuele bezwaren uit de weg te ruimen. Ze worden genoemd *ana kulungu*, muisjes die een gat weten te knagen in een afgesloten mand; ze weten opening te bewerken. Dat dat niet zonder beloning gaat ligt in de aard van de zaak.

3. Zijn ze het samen eens dat verder moet worden gehandeld dan volgt tussen beiden het *kawuku rehi*, het afspreken van de tijd waarop de jonge man naar het meisje zal komen en de zaakaan de ouders van het meisje zal openbaren. Beiden zijn dan al doende om eventuele belemmeringen te overwinnen. Weten de ouders van de jongeman ervan en stemmen ze met het plan in dan beginnen deze al maatregelen te nemen om straks op de vragen van de ouders van het meisje behoorlijk, d.w.z. met de nodige gaven te kunnen antwoorden.

4. Is de afgesproken tijd aangebroken dan gaat de jongeman vergezeld van twee of drie ouderen waaronder een 'spreker', die in staat is in de juiste bewoordingen verantwoording af te leggen aangaande wat er tussen de jonge mensen gaande is, naar het dorp van het

meisje.

De traditionele gaven, *mamuli* en *lulu àmahu*, oorhanger met van metaaldraad gevlochten keten, *ndjara*, paard, neemt men nu reeds mee. Deze tocht wordt genoemd *lua paharingu kawini*, een uitdrukking met dubbele bodem. Men kan in het algemeen weergeven met licht laten opgaan over de vrouw, het meisje. Dat kan worden verstaan in letterlijke zin, nl. de dag laten aanbreken over het meisje, d.w.z. tot het aanbreken van de dag bij haar blijven; het kan ook betekenen helderheid, verklaring geven over hun relatie.

5. In het dorp aangekomen begeven ze zich regelrecht naar de kamer van het meisje, waar de jongen tot het aanbreken van de dag met haar samen zal zijn (*hari* = helder dag, daglicht). De reactie van het dorp kan verschillend zijn. De *ana kulungu* hebben hun werk gedaan en meerderen zullen dus op de hoogte zijn min of meer van wat er gaande is. Het kan zijn dat ze rustig worden ontvangen en men ze laat begaan. Het is ook mogelijk dat men reageert met min of meer officieel rumoer en verzet. Nu moet de spreekvaardigheid van de 'spreker' blijken. Ook de man dient zich wanneer hij te voorschijn is gekomen bescheiden en met verstand te gedragen. Om zijn bedoeling bekend te maken geeft hij een eerste gave één *mamuli* met keten *panggalihu wàngu la nggoru padopu wàngu la kambàku* tot omhelzing van de nek en omvatting van de knieën, als om gunst en mededogen te vragen.

6. Wordt de mededeling gunstig ontvangen dan wordt deze *mamuli* beantwoord met het geschenk van een doek. Spoedig daarna volgt een tweede geschenk, nu uitgaande van de familie van het meisje, een tweede doek om daarmee te vragen naar de *kakomba winu kawàlu kuta* dus de *katiku wili*.

7. Wisten of vermoedden de dorpsgenoten reeds iets, eerst nu de volgende dag is aangebroken geven de ouders van het meisje aan de *kabihu*-genoten en de dorpsgenoten kennis van het gebeurde; ook de moeders broer van het meisje, hetzij deze in hetzelfde of in een ander dorp woont moet dadelijk in kennis worden gesteld van het feit dat er is een *ahu mahei manu matunggulu*, een hond die in huis

gekomen is, een kip die daarop is neergestreken. Tevens wordt mededeling gedaan van de meegebrachte *kakomba winu kawàlu kuta*. Is men tot overeenstemming gekomen dan wordt een afgezant gezonden naar de ouders van de jonge man om te vragen wiens kind dit is met de woorden *nggamu ahunanja na mahei nggamu manunanja na matunggulu* wiens hond is het die in huis gekomen is wiens kip is daarop neergestreken. Deze vraag wordt voorgelegd met aanbieding van een doek en beantwoord met het geschenk van een oorhanger, de *kawuku wuana kalaki rauna*, de hechting van de vrucht de steel van het blad; de zaak kan dus voortgang hebben en heeft voortgang met *kawuku rehi* de overeen te komen tijd vastleggen en bespreking van de *wìli* als in het geval van *tama la kurungu*.

C. *Pahangerangu*, zich voegen bij, steun zoeken bij, aanleunen tegen. Dit is een woord dat in meerdere verbanden kan worden gebruikt. Zo bijv. in geval een minder bemiddelde steun zoekt bij, zich onder bescherming stelt van een rijker bedeelde. In dat geval betekent steun zoeken bij tevens zich ter beschikking, ten dienste stellen van.
Het is ook de aanduiding, een karakteristiek van een bepaalde vorm van voorbereiding voor een huwelijk en zo een erkende vorm van huwelijkssluiting, in deze samenleving ook *matua*, naar behoren, geacht.
Het kan gebeuren dat de verhouding tussen de beide families zo nauw is, de verbinding tussen de beide aangewezen partners zo voor de hand liggend dat men het niet nodig acht uitgebreid vorm te geven aan de verschillende stadia die leiden tot het *tama la kurungu*. Iets van: Waarom zouden we al die moeite doen; het elkaar lastig maken waar ze immers op elkaar aangewezen zijn. Trouwens dat kost nog al wat. Elke ontmoeting tussen de naast betrokken partijen vraagt wisseling van bepaalde geschenken en gepaste wijze van ontvangst; het overleg met de naaste verwanten van wie men medewerking behoeft vraagt maaltijd en slacht. Het ligt voor de hand dat al naar de status van de betrokkenen en al naar de onderlinge verhoudingen en mogelijkheden het alles royaler of meer eenvoudig kan verlopen. Dit *pahangerangu* kan ook worden gezien als een meer eenvoudige vorm van hetzij *tama la kurungu* of van *haringu*. Men kan zeggen *màli tamaü maraja màli taninu*

waija als we het maar als de schaduw op het droge als de spiegeling in het water doen zijn, nl. van wat het idealiter zou moeten wezen. En ook hier kan de beschikking van ouders en familie of het initiatief van de betrokken partners het uitgangspunt wezen.
Reeds is vermeld dat van de bruidprijs kan worden gesproken als *kabela punggu oka, pariku buta rumba,* het kapmes om de heining te hakken, de hak om het gras uit te trekken; de werkkracht van de *ana kawini* staat ter beschikking van de *jera*. Deze bereidheid tot dienst wordt in de huwelijksvorm *pahangerangu* metterdaad gerealiseerd.Vandaar dat daarvan ook wel wordt gesproken als *paatangu wikina*, zich tot dienstbare maken, nl. ten behoeve van ouders en familie van het meisje.
Twee vormen zijn te onderscheiden. Gaat het initiatief van de ouders uit dan kan het zijn dat de jongen reeds op jeugdige leeftijd in de hoede van de ouders van het meisje wordt overgegeven, opdat jongen en meisje samen opgroeien. De situatie van de jongen wordt genoemd met het woord *pandengi*, wat we zouden kunnen weergeven met verblijven, maar dan verblijven waarvan invloed wordt verwacht; het is tevens acht geven op, waken over het resultaat dat hier wordt bedoeld. Dit gebeurt alleen in geval van nauwe relatie tussen de beide families bijv. wanneer het gaat om kinderen van naaste broer en zuster of wanneer deze huwelijksbetrekking, dit connubium, reeds in meerdere generaties heeft bestaan.
Zijn de beide a.s. partners volwassen, dan gaat nu het initiatief uit van de ouders van het meisje. Door hen wordt kennis gegeven dat de tijd voor de hechting van de band, *kawuku li*, is gekomen. Daarbij wordt *hawàla tera*, een lap goed aangeboden welke wordt beantwoord door de ouders van de jonge man met één oorhanger met keten.
Wanneer men zich straks voor bespreking opmaakt, *hurungu*, is dat een bescheiden gezelschap, met de ouders alleen naaste familie en enkele dorpsgenoten. Ook de geschenkenuitwisseling wordt door eenvoud gekenmerkt. Inderdaad, *kakomba winu, kawàlu kuta* wordt gegeven als bruidprijs, vier oorhangers met daarbij behorende keten, twee met 'versiering' *mapawihi*, de manlijke naast twee 'kale'*makamuluku* de vrouwelijke; daarbij één hengst en één merrie. Deze gave wordt beantwoord met vier doeken, doeken en rokken, zodat ook hier de onderscheiding tussen

mannelijk en vrouwelijk duidelijk is. Hiermee is vrijwel de gehele *wili* gegeven want hierin is mee bedoeld de gave voor vader en moeder van de bruid. Alleen wordt ook de moeders broer niet vergeten, twee oorhangers met keten en één paard. Daarmee is het huwelijk gesloten; de jonge man wordt naar de kamer van zijn vrouw geleid, een handeling die men hier *papohungu*, samenvoegen noemt.
De volgende dag keren de bezoekers de bruidnemende partij terug maar de jonge man blijft voorlopig met zijn vrouw in het huis van zijn schoonouders. Daar is nu hun plaats van leven en werken. Er begint een proces van vrijmaking. Staat hij aanvankelijk met zijn vrouw geheel in dienst in huis en tuin van zijn schoonouders straks krijgen ze toestemming daarnaast eigen tuin aan te leggen en te bewerken. De duur van die periode hangt af o.m. van persoonlijke verhoudingen, de welwillendheid van de vrouws ouders, de dienstvaardigheid en tact van de jong getrouwden. Ze werken zich vrij. Hun opbrengst komt aan beide gezinnen ten goede. Tot de tijd dat ze met goedvinden van de ouders van de vrouw naar dorp en huis van de man mogen terugkeren.

Gaat het initiatief uit van twee jonge mensen die reeds *pakutangu*, elkaar sirih-pinang geven (zie boven)en zijn de mogelijkheden van beide families beperkt of zijn ze zeer na geliëerd dan sluit erkenning en bevestiging van hun verhouding zich aan bij het patroon van *haringu*. In de regel zijn dan beide ouderparen op de hoogte van wat tussen hun kinderen gaande is. Wat de waarde van de gewisselde geschenken betreft geldt ook hier het *ninu wai maü mara*, de afspiegeling in het water, de schaduw op het droge. De spiegeling wekt het beeld van wat weerspiegeld wordt en is daarmee één in bedoelen. Dit geldt zowel van de *kakomba winu kawàlu kuta* waarmee de jonge man zich presenteert als van de daarna volgende onderhandelingen.
Heeft de jonge man zich kenbaar gemaakt dan zenden de ouders van het meisje bericht van wat gebeurde aan de andere partij met de vraag wiens kip is neergestreken op hun huis. De tijd voor *húrungu* naar voren komen, zich opmaken, wordt vastgesteld. De dan volgende bespreking en wisseling van geschenken heeft ten doel *ka naràpuwa na hàpa na ngaŋguda*, opdat aaneengesloten, vast, verzekerd zij hun 'pruimen en eten',

hun sirih-pinang en hun eten. In de woorden *hàpa ngangu*, pruimen en eten, is gevat wat een mens voor zijn welzijn behoeft.
Dan begint ook hier het proces van losmaking. Wel zijn de nu getrouwden aan beide families verbonden en kunnen dat ook laten blijken,maar hun woonplaats is althans voorlopig in het huis van de ouders van de vrouw, matrilocaal. Tot zij inderdaad in staat blijken zich vrij te maken en toestemming krijgen om als het ware de verhouding om te keren zodat ze hun domicilie kunnen nemen in het huis en dorp van de man. Dat betekent niet dat er van de bijzondere betrekking tot de vrouwsouders en familie niets overblijft. Het komt niet tot *rímbu rata dúru kàtahu*, vier woorden die alle afsnijden,doorsnijden, afbreken betekenen. Van de *wíli*, de bruidprijs gezegd beteken ze dat deze geheel afbetaald is. Dat wil dus zeggen dat ook nu ze teruggaan naar eigen huis, ze niet vrij zijn van de speciale band aan het huis van de vrouws familie. Ze zijn niet maar als *ana kawini*, als bruidnemers het aangewezen adres waarop waar nodig een beroep kan worden gedaan maar erkennen in die steun de bijzondere plaats die deze *jera*, deze bruidgevers voor hen behouden.

D. *Lalei tama*, introuwen.
De benaming spreekt voor zichzelf. Het gaat hier om een huwelijk waarbij niet de vrouw overgaat naar huis en kabisu van de man, maar de man definitief overgaat naar, binnengaat in (*tama* = binnengaan) huis en kabisu van de vader van de vrouw zodat ook kinderen uit dat huwelijk geboren tot diens kabisu zullen behoren.
Te denken is aan verschillende situaties. Ik noem er twee.

a. Wanneer een moeders broer, *jera*, geen zoons,alleen dochters heeft, of ook wanneer hij geen kinderen heeft kan hij trachten het voortbestaan van zijn *uma*, zijn huis, te garanderen door een zusters zoon tot zich te nemen. Dat geschiedt uiteraard na overleg met de *ana kawini*, normaal de vrouw nemende partij; de bruidnemers geven dus in dit geval de a.s. man. Deze jongen wordt in het huis van zijn moeders broer opgevoed en als de tijd gekomen is wordt het huwelijk tussen hem en zijn moeders broers dochter gesloten. Hij blijft in dit huis definitief om het te bewaren in het volgend geslacht.

Bij dit huwelijk zijn beide verwantengroepen tegenwoordig. Bruidprijs wordt niet gegeven; de enige die zijn deel dient te ontvangen is de moeders broer van de bruid, een bijdrage die mogelijk door beide families tezamen of door haar vader alleen wordt gedragen.
Heeft de *jera* ook geen dochter dan zal hij met betaling van bruidprijs voor de in zijn huis opgenomen zusters zoon een vrouw zoeken onder zijn broers dochters of, indien ook dit niet mogelijk is, in de kring van zijn *jera*, het adres waar hij anders ook voor eigen zoon een vrouw zou willen vinden. In deze *wili* kan worden bijgedragen ook door de familiegroep van de jonge man; het komt ook voor dat de *jera* deze alleen draagt. In dat geval kan men spreken van *anangu banda*, beesten als kind hebben; door zijn beesten geeft hij wat hij door eigen kind niet geven kan, ze nemen de plaats van zijn kind in.

b. In geval van onvermogen om het benodigde voor de bruidprijs bijeen te brengen. We kunnen denken aan een verarmde familie; in het bijzonder tellen deze overwegingen wanneer de jonge man een weeskind is, die levend binnen een arme familie bovendien geen kans ziet zich binnen die familie te laten gelden. In dat geval kan het overleg tussen beide partijen uitlopen op de beslissing van *lalei tama*. We zouden kunnen spreken van een niet te beëindigen *pahangerangu*. Ook nu gaat de man over naar huis en kabisu van zijn vrouws vader, zijn moeders broer.

KABISU - MARAPU

Met deze twee woorden zijn begrippen genoemd die in de sumbase samenleving nauw met elkaar zijn verbonden. Met 'begrippen' is te weinig gezegd, want het gaat hier om verbanden die voor het leven, samenleven, heel het bestaan van de Sumbanees van wezenlijke betekenis zijn. Reeds Wielenga heeft op de nauwe samenhang tussen deze beide gewezen 1) en sindsdien is deze relatie meer dan eens in discussie geweest. Ik denk bijv. aan de artikelen van Ds. Lambooy en van Ds. Van Dijk respectievelijk over 'Het begrip Marapu in de godsdienst van Oost-Sumba' 2) en 'Het begrip Marapu in West-Sumba'3). Uit deze artikelen wordt wel duidelijk dat *marapu* in W.S. zich niet dekt met *marapu* in O.S. Het wordt in W.S. gebruikt in verbanden waarin men het in het oosten niet tegenkomt. Verbindingen als *marapu moro*, medicijn marapu, dus medicijn gekwalificeerd als marapu of *marapu tòlu marapu manu* 4) ei en kip *marapu*, komen in O.S. niet voor. Niet dat men daar geen krachtig medicijn zou kennen; men spreekt van *tàda ai mbiha manjola* , van krachtig en machtig medicijn, van *tilu mbiha manu mendi*, machtig ei en krachtige kip, men weet van *muru kawini*, medicijn om de genegenheid van een vrouw te winnen maar een verbinding met *marapu* zoals in W.S. is hier niet in gebruik. Hetzelfde geldt van andere verbindingen als bijv. *marapu bina*, de poort-*marapu*, die men vindt bij de dorpsingang of *marapu wàno* de dorps*marapu* in het centrum van het dorp. Hier gebruikt O.S. niet *marapu* maar *katoda*, een opgericht hout waarnaast een platte steen voor het neerleggen van gaven (*la kandutuku atu la pinu watu mbàlaru*, bij de paal van kernhout, op de platte steen),dus *katoda pindu* bij de ingang en *katoda paraingu* in het centrum van het dorp. Het is duidelijk dat het woord *marapu* in W.S. kan worden gebruikt voor alles wat op een of andere manier met de niet zichtbare wereld is verbonden, een wereld waartoe de mens op Sumba weet in relatie te staan.
Nooteboom in zijn studie over Oost-Sumba geeft voor dat gebied een omschrijving die breder is dan ik geneigd ben te geven. Hij meent dat het woord het best kan worden weergegeven als 'persoonlijke en onpersoonlijke bovennatuurlijke macht, die in talloze gedaanten kan

optreden'5). Wel is de meest belangrijke vorm die van de *kabisu marapu* 'de mythische stamvader van de traditionele verwantengroep, wiens geschiedenis de mythe van de betrokken *kabisu* is', maar hij spreekt daarnaast van een ander soort *marapu*, die hun media vinden in offerstenen, de reeds genoemde *katoda* 6). Ik meen nu dat de daar aangeroepen machten in O.S. niet *marapu* worden genoemd.
Het spreekt vanzelf, dat waar Wielenga de nadruk legt op het verband van de begrippen *kabisu* en *marapu*, hij in de eerste plaats denkt aan de door Nooteboom genoemde 'meest belangrijke'. Daarmee is dan gezegd, dat de *kabisu* niet alleen is een genealogische groepering maar afstamming in mannelijke linie, een unilineale traditionele exogame verwantengroep, een groepering tevens met locaal aspect in de relatie tussen *kabisu* en *paraingu*, maar dat de *kabisu* ook een uitgesproken religieus aspect heeft, men zou kunnen zeggen tevens een godsdienstige groepering is vanwege de gezamenlijke relatie tot de mythische voorvader.
Nooteboom meent dat men in relatie tot *marapu* van aanbidding en verering moeilijk kan spreken. Hij wordt wel met respect benaderd omdat hij een machtig en geëerd lid van de groep is, maar de gevoelens die kenmerkend zijn voor de verering van een hogere macht zou de Sumbanees niet kennen t.a.v. *marapu* 7). Ik vind dit moeilijk te peilen en ik heb mogelijk ook andere ervaringen. De bewoners van O.S. gebruiken niet alleen voor de relatie tot *marapu* maar ook voor de relatie tot andere straks te noemen machten het woord *lumungu*, ze spreken van *lumungu marapu*. Dit woord *lumungu* is weer te geven met aandacht geven aan, bezig zijn met, eventueel dienend verzorgen. De aard van dit bezig zijn kan verschillend zijn. De recipr. vorm *palumungu* heeft de betekenis ten opzichte van elkaar, als regel in contrast met elkaar bezig zijn met, dus twisten over, bijv. *palumungu kawini* een kwestie hebben, een twist hebben over een vrouw. In het N.T. is *lumungu* gebruikt als weergave van *diakonein*, dienen bijv. ook in het bekende woord dat de Zoon des Mensen niet is gekomen om gediend te worden maar om te dienen (Marc. 10:45); in Hand. 6 wordt het gebruikt voor de dienst van het Woord (*la palumunja na pulungu*, om het woord te bedienen). De relatie is uiteraard verschillend al naar gelang van het voor-

werp van dit *lumungu*. Een verbinding als *wai marapu, marapu* geloven, komt in het sumbaas niet voor. *Wai* betekent allereerst geloven, voor waar aannemen, wat tot mij wordt gezegd wat dan tevens inhoudt een geloven, achten, vertrouwen van degene die het mij zegt. We vinden dus naast elkaar *nda kuwaija na panimu*, ik geloof niet wat je zegt en *nda ningu tau mawaija*, er is niemand die hem gelooft, acht, respecteert. Het woord *wai* wordt in het christelijk spraakgebruik ook in religieuze zin gebruikt, *tau mawaija i Miri*, mensen die de Heer geloven; de afleiding *pawai* is weergave van ons 'geloof' als bijv. in Hebr. 11 *rukuna na pawai*, door het geloof.
Onder de genoemde mythische stamvaders zijn er enkelen waarnaar meerdere *kabisu* zijn gericht. Mogelijk is dat een heenwijzing naar een meer omvattende eenheid waarin meerdere *kabisu* zijn verbonden. Er is dus sprake van een zekere gradatie en deze meer omvattenden worden genoemd *Marapu Ratu*, men zou kunnen zeggen die onder de *marapu* als voornaamste gelden en een breder kring hebben van *malumungu*, die hen hebben te gedenken. Onder hen worden genoemd *Umbu Harandàpa Walu Mandoku, Umbu Ngguru Ngguti Marapu Ratu* wiens 'huis' te vinden is in Wai Mbidi, Kambera en *Umbu Pati Walu Haharu* die zijn'huis'heeft in Wunga, woongebied Napu. Van hen wordt gesproken als van *Ina Ratu Ama Konda*, Voorganger en Leider, omdat *Ratu* en *Maràmba* beide aan hen hun afstamming zouden hebben te danken.
Deze, tezamen met *marapu* zijn de schakels voor de thans levenden met het mythisch verleden, op hen gaan de levensordeningen terug. Deze worden gezien en genoemd als de *Lí Ina Lí Ama*, het woord, de inzetting van Moeder en Vader (event. Vader-Moeder), de Vaders en Moeders. In W.S. spreekt men van *Ina Nuku Ama Sara* en ik meen dat daarmee in wezen hetzelfde is gezegd. *Nuku Sara* betekent wet en regel; het zijn degenen die wet en regel hebben gesteld en die de norm vormen voor de thans levenden. In het volgen van die regel is het heil gelegen; degenen die ze volgen zullen *malundungu*, zullen tot het eind geraken, het eind van hun leeftijd, zegt men in O.S. Daaraan beantwoordt in W.S. *apònuna linuku lí sara nia apatupuna kawedana*, wie het woord van wet en regel vervult, die zal zijn leeftijd voleindigen, d.w.z. tot hoge leeftijd komen. Hoge leeftijd, het uitgroeien van de tanden van het

varken,het gekromd zijn van de sporen van de haan, behoort tot wat met *amaringina*, het koele, het heil is bedoeld.
Dat ook in W.S. het verband tussen *marapu* en verwantengroep, *kabisu*, wordt gekend blijkt uit het onderscheid dat men maakt tussen *marapu paduki* en *marapu pawali*, zoals ik dit hoorde in Lolf, de *marapu* waartoe men komt, d.w.z. de *marapu* van de groep waarin de vrouw introuwt (*duki* = komen tot) en de *marapu* waarvan de vrouw afkomstig is, dus de *marapu* van de groep waartoe de vrouw in vaderlijke linie behoort. Hetzelfde spreekt in een verbinding als *marapu padeku* (*deku* = volgen),de *marapu* van de vrouws familie die de uitgetrouwde dochters niet uit het oog verliest, ze volgt ook in het huis van haar man. Ik heb deze naam niet gehoord in verbinding met *Ana Ina Ana Ama* zoals vermeld in het artikel van Ds. Van Dijk 8) wat uiteraard niet zegt dat dit beslissend is.

Ndewa - Pahomba
Ik bezit een door mijn oudste en tot nu toe actieve medewerker, de heer Kapita, een in het Sumbaas gesteld opstel over *Pamangu Ndewa*, het spijs geven aan(de) Ndewa, een van de grote rituelen, die naar men zegt door elk van de *kabisu* eens in de acht jaar zou moeten worden volvoerd. Het getal acht is hier natuurlijk intrigerend, want je komt in de verleiding te denken, dat we hier weer te doen zouden hebben met het getal dat *matoma*, dat vol-doet, dat aan het eind brengt en dus daarin een achttal *kabisu* zouden zijn verondersteld als het aangewezen getal. Ik kan er alleen maar op attenderen, want ik heb het ritueel nooit meegemaakt en het is wel zeker, dat er in de jaren dat we op Sumba waren de gelegenheid daartoe niet is geweest daar ik anders door de heer Kapita zou zijn gewaarschuwd. Hoe het zij, in beeldende taal wordt in dat opstel een crisissituatie getekend waarin het welzijn aan alle kanten wordt bedreigd zodat de noodzaak opkomt om door raadplegen van de *mowalu*, het orakelsnoer en het schouwen van de ingewanden van een kip, waardoor het resultaat van het *pui mowalu*,het raadplegen van de *mowalu*, dient te worden bevestigd, naar de oorzaak daarvan te vragen. Drie mogelijkheden worden dan onderscheiden als oorzaak van dit onheil. De derde blijkt de werkelijke te zijn.

Hij zou het kunnen zijn die woont boven aan de huistrap in de opening, ingang, van het bovenhuis, de ruimte tussen de recht opgaande stijlen van het torendak, die zijn plaats heeft in de mand van rotan gevlochten, die het grote huis, de brede huisvloer bezet, *na marapu na patutu na padai*, de *marapu* hier gehoed en bewaakt wordt(*tutu* = hoeden in de zin van acht geven op). Blijkbaar gaat het hier om de *marapu uma*, die geacht wordt zich te bevinden *uma dita*,, in het bovendeel van het huis. Opvallend is hier de identificatie met de *tanggu marapu*, de *marapu* voorwerpen, die in het van rotan gevlochten mandje worden geborgen.
De tweede mogelijkheid zijn de *maheda mameti*, de gestorvenen, *da matama la tana da mahei la awangu*, die neergedaald zijn in de aarde,opgestegen ten hemel. Zijn deze soms ongunstig gestemd en onvoldaan? Mogelijk is hun buik hongerig en is hun keel verdroogd; mogelijk is hun buik ingevallen en zijn hun tanden wit omdat ze niet tot spijs en drank zijn geroepen.
Als ook deze mogelijkheid niet wordt bevestigd komt de vraag op of het een zaak is van wie wordt (worden?) genoemd *kawuku tumbu kawuku dadi*, de hechting van groei en wording, van wie wording en groei afhankelijk zijn, *na lindi woru na lindi bàba*, de brug van voortgang en vermenigvuldiging, waarlangs kinderzegen en de voortgang van de kudde, de voortgang van het leven ons toekomt *la ndewa luri la pahomba luri*. ligt het bij de *ndewa pahomba*, die met het woord *luri*, levend of des levens worden gekwalificeerd? Van deze machten wordt dan gezegd dat deze zijn *na pola bàkuluna na rau mbàlaruna*, de grote stam en het brede blad er van, *na lulu heina na amu tindjana*, de hoog opgaande rank, de diepgaande wortel er van nl. van het welzijn.
Het ritueel wordt genoemd *Pamangu Ndewa*, maar deze eenheid omsluit een tweeheid. Naast *Ndewa* wordt *Pahomba* genoemd. Men krijgt soms de indruk dat een eenheid zonder partner niet kan bestaan, dat het moet zijn een eenheid in een tweeheid, een tweeheid in een eenheid; de eenheid is eerst in de tweeheid vervuld.
Indertijd is de vraag aan de orde geweest of het woord *marapu* als weergave van god als naamwoord zou kunnen worden gebruikt. Dat heeft geen resultaat gehad, die gedachte is afgewezen. Maar zouden we een sumbase uitdrukking willen gebruiken dan zou er dunkt mij voor *ndewa*

meer te zeggen zijn dan voor *marapu*. Maar ook deze weergave wordt door niet onbelangrijke bezwaren gedrukt. De meervoudsvorm van dit oorspronkelijk sanskriet woord vinden we bij de Sa'dan Toradja, nl. *deata* en Dr. Van der Veen geeft in zijn woordenboek als betekenis god,geest, levenskracht die alles bezielt, levensgeest, ook ziel van de mens 9) en deze zelfde betekenissen zouden we dunkt me ook voor het sumbase *Ndewa* kunnen geven. Deze *Ndewa* is een eenheid en een veelheid en heeft in deze wereld tal van manifestaties en het zijn dunkt mij deze manifestaties die worden gekend,bedoeld, waar men een *katoda* vindt. En ook hier is de eenheid telkens een tweeheid.
Met deze twee-eenheid worden nu meerdere andere twee-eenheden geassocieerd. Zo begint dit opstel met de associatie van *Ndewa* - *Pahomba*, met zon en maan. Spreken we van *Ndewa* dan is dat, dan is daarmee gezegd, dan denken we aan de zon, het (de?) warme; spreken we van *Pahomba* dan is dat, dan denken we aan de maan en de morgenster, het (de) koele. Manifestatie en identificatie liggen hier vlak bij elkaar. In Manggarai zijn zon en maan een aanduiding van het Hoogste Wezen, het is een wijze van benoeming 10). Even verder wordt gezegd dat *na maüna* de afschaduwing, de representatie van de *Ndewa* is de zon en het menstruatie bloed; die van de *Pahomba* is de maan en het mannelijk sperma. In verband daarmee hebben *Ndewa* en *Pahomba* ook elk een eigen kleur. Rood is de kleur van de *Ndewa* en wit de kleur van de *Pahomba*. Goud wordt geassocieerd met *Ndewa* zilver met *Pahomba*. Vandaar ook dat wat als offer aan *Ndewa* wordt aangeboden dient te zijn een geheel donker gekleurd varken of een rode kip en geel gekleurde klapperrijst; daarbij *kawàdaku marara*, goud schilfers. Wat als offer aan *Pahomba* wordt aangeboden is een witte geit of een witte kip, witte santenrijst en *kawàdaku mabara*, zilverschilfers. Rood samenhangend met het vrouwelijk karakter van *Ndewa* wit in verband met het mannelijk karakter van *Pahomba*. Reeds eerder heb ik er op gewezen dat deze onderscheiding ook uitkomt bij aanbieding van sirih pinang. Wanneer *pahàpa pakanata*, saamgebonden sirih pinang wordt aangeboden zal dat zijn één mannelijke *kuluku* en één vrouwelijke *kuluru* de eerste met een witte draad de tweede met een rode draad omwonden.
Ook geldt de onderscheiding *Ndewa la paraingu pahomba la maràda*, Ndewa

in het dorp, Pahomba in de vlakte, de machten van het niet bewoonde land en van overzee. Hiermee is dunkt me niet gezegd dat *Ndewa* zich alleen binnen de paraingu Pahomba alleen daarbuiten zou betonen. Bij de *katoda*, ook bij de *katoda kawindu*, opgericht bij de dakrand gaat het steeds om *Umbu Ràmbu*, de Heer en Vrouwe, hier om *Ndewa Pahomba mareni*, Ndewa en Pahomba die dichtbij zijn. Het is verder niet zo dat hun werkingssfeer is beperkt tot de plaatsen waar een katoda is opgericht. Daar waar deze te vinden is worden ze benoemd naar de functie, de wijze van bescherming die ze hier verlenen, maar waar men bijv. uitgaat om te jagen of afdaalt naar het drooggelopen strand om stranddieren te zamelen zal men op enige afstand van het dorp *pandàbabarungu ai*, een hout dwars over de weg leggen; gaat men door het hoge gras dan zal men twee bundels samenknopen. Dit alles om de weg te versperren opdat kwade machten niet zullen volgen en het resultaat van jacht en vangst verijdelen. Behalve de *jora laku jora pangga, la tidu la kundu*, de gezel op de tocht,die zich zet op hoofd en schouder, de eigen *marapu*, zal men aanroepen *Umbu Ràmbu maninja la jehu*, de Heer en Vrouwe die zich hier bevindt. Men krijgt de indruk van een geheimzinnige aanwezige waarop steeds een beroep kan worden gedaan. Wat de betekenis van het woord *pahomba* is kan ik niet met zekerheid zeggen. Een weergave als plaats van aanroeping in de vlakte is wel niet onjuist maar verklaart niets. Tot nu toe kan ik alleen maar gissen en moet het antwoord schuldig blijven. Laat ik nog eenmaal de correlaties volgen waarmee in dit verband wordt geassocieerd:

Ndewa	Pahomba
zon	maan
.rood	wit
vrouwelijk	mannelijk
goud	zilver.

Wat de *katoda* betreft zijn te noemen:

1. *katoda kawindu*, de *katoda* bij de dakrand, op het erf voor het huis. Het is de plaats van verkeer met *ndewa mareni pahomba mareni, ndewa* en *pahomba*,die dichtbij zijn. Dit nabij zijn geldt ook van
2. *katoda paraingu*, de dorps-*katoda*, opgericht voor het huis van de

eerste bewoner, waar aanroeping wordt gedaan in zaken die het geheel van het dorp betreffen. En eveneens van

3. *katoda pìndu*, ***katoda*** bij de dorpspoort, de plaats van wie *mapaluhunda la mbaru mapatamanda la malingu*, die ons doet uitgaan in de morgen en doet binnengaan in de avond, die ons uitlaat en weer opneemt.
4. *katoda padangu* de *katoda* van het weideveld, waar men in zonderheid vraagt zorg voor en vermeerdering van de welstand van de kudde.
5. *katoda làtangu* en
6. *katoda woka*, de *katoda* van sawah, rijstveld en tuin. Ze zijn te vinden aan het 'boveneind' van sawah of tuin. Boven d.w.z. in de richting stroomopwaarts, vanwaar de zegen wordt gevraagd en verwacht, die 'van boven' komt. Van deze, zij het niet van deze alleen - wordt gezegd *na mamata nda puri na mawihi nda ndjili* wiens (wier?) ogen niet slaperig worden en wiens (wier?) voeten niet vermoeid worden; de altijd gerede bewaarder.
   In een toelichting van de heer Kapita attendeert hij er op dat bij de *katoda woka* en *katoda làtangu* worden aangeroepen de *marapu kabihu* van de bezitter tezamen met *Umbu Ràmbu*, de *ndewa tana* de *ndewa* van deze grond. Het komt me waarschijnlijk voor dat dit niet alleen geldt bij aanroeping bij deze beide katoda.
7. *katoda bungguru*, in een tuincomplex of sawahcomplex. *Bungguru* betekent bijeenkomen, samenkomen, samen zijn, dus een *katoda* waarbij het gaat om een complex van tuinen of velden aangelegd en bewerkt onder leiding hetzij van een van de *kabihu mangu tanangu*, een van de *kabihu* die als grondvoogd fungeren, of van degene aan wie door de *mangu tanangu* dit gebied is toegewezen. De functie is wezenlijk dezelfde als bij *katoda woka* en *katoda làtangu*, maar hier handelen ondergenoemde leiding allen die binnen dit geheel hun tuin (sawah) bewerken.
8. Daarvan is te onderscheiden de *katoda padira tana*, de *katoda* tot begrenzing, afgrenzing van bewerkte en niet bewerkte grond. Deze wordt opgericht daar waar een bepaald stuk grond voor het eerst wordt opengelegd, ontgonnen en markeert de grens tussen dit 'vrijgemaakte' en niet vrijgemaakt gebied. Er bestaat toch geen onbezette

grond; elk stuk grond heeft zijn heer. Toen wij nog maar kort woonden op de plaats waar ons huis was gebouwd, kwam een van de buren vragen of hij ons niet een varkentje zou brengen opdat we de heer van de grond (W.S. *mori tana*) zouden vragen te verhuizen en onze woonplaats los te laten. In O.S. spreekt men van *wàndi tana*, de machten die de grond bezitten; bij eerste ontginning vraagt men die te gaan naar de plaats waar de *katoda padira tana* wordt opgericht. Daar zullen ze de aandacht ontvangen die hun toekomt. Deze machten worden blijkbaar als een gevaar, een af te wenden dreiging gezien. Daartegenover hebben *umbu-ràmbu* die bij de *katoda woka*, --*làtangu*, -- *bungguru* worden genoemd en gedacht een positieve functie. Ik denk in dit verband aan het onderscheid dat Swellengrebel in vertaling maakt tussen vereren en bezweren daar waar de Baliër de relatie met hetzelfde woord aanduidt en spreekt van *mudja dewa* en *mudja kala*, vereren van goden en daemonen 11).In het onderscheid en de verbinding tussen *katoda bungguru* en *katoda padira tana* spreekt iets van deze ambivalentie, dit gericht zijn naar twee zijden. Het een zowel als het ander is wezenlijk, want ook de *wàndi tana* behoren tot wie bij de *katoda bungguru* worden samengeroepen. Het is dus een samenkomen niet alleen van de bewerkers van de grond maar tevens zowel van de machten die het welzijn van het gewas zouden kunnen bedreigen als die over dit welzijn waken.

9. *Katoda mihi*. *Mihi* is dat deel van het strand dat bij eb droogvalt en waar de stranddieren worden gezocht; *purungu mihi*, neerdalen uit het dorp naar het strand om deze aanvulling van het menu te zoeken. Wie dat doet zal *bàndjalungu pahàpa*, sirih-pinang neerleggen bij de *katoda mihi* voor *umbu ràmbu maninja la jehu*, de heer en vrouwe die zich hier bevinden om goed resultaat van de vangst te vragen. Ik heb reeds genoemd het *pandàbarungu ai*, hout over de weg leggen om zo de weg af te sluiten. Dat kan men o.m. doen bij het afdalen naar het strand. Men zegt daarbij:

> Welaan Heer, reeds is hier het samengebonden gras
> het dwarsggelegde hout,
> wat niet mag worden overtreden
> niet mag worden overschreden.

Welnu
betoon Uw kracht
gebruik Uw sterkte,
gij gezel op de tocht,
gij metgezel op de weg,
die gezeten is op hoofd en schouder,
die met mij opstaat,
die naast mij voortgaat (d.w.z. de eigen *marapu*)
en evenzo gij
umbu-ràmbu hier,
die zich bevindt achter het hoge gras
beschut achter de steen,
pleegt overleg en werkt tezamen
om af te sluiten de weg in het dal
te versperren de weg op de heuvel
voor wie zou volgen en achternagaan
de kwade *wàndi*, de onreine geest,
dat die niet overschrijde
de grens niet overtrede.

Daarna volgt de bede dat *i Umbu wangu i Ràmbu wangu*, de Heer van het geluk, de Vrouwe fortuin vooraanga en de weg opene. Het gaat van *Umbu-Ràmbu* tot *Umbu Ràmbu*, alle manifestaties representaties van *Hupu Ina Hupu Ama*, de Al-Moeder, de Al-Vader (*hupu*= uiteinde, the limit, ten volle, een en al). Het is of het gaat om een geheimzinnige aanwezigheid, die zich overal laat gelden.
Onder de 'namen' waarmee gesproken wordt van *na Mawulu tau na Madjì tau* horen we naast *Ina Mbulu Ama Ndàba*, Al Moeder, Aller Vader, naast *Ina Nuku Ama Hara*, Moeder-Vader die regel en wet hebben gesteld ook *Ndewa Mbulungu*, *Pahomba Mbulungu*, Al *Ndewa*, Al *Pahomba*. Het behartigen van de zaak van *ndewa* en *pahomba (lumungu lì ndewa lì pahomba)* is naar men zegt als de boomtrede van kernhout, de stevige voetband, een steun waarop de voet kan staan, waarop je aan

kunt. Zoals genoemd opstel het zegt: 'Het gaat om groei en wording, om vruchtbaarheid en vermenigvuldiging, geboorte van jongens en meisjes vragen we, de rozigen (jongens) en de blanken (meisjes). En evenzo vragen wij rijkdom en bezit, isabel en schimmel, die dansen bij gongslag; goud en zilver, borstsieraad en voorhoofdsiersel; wij vragen grijsheid van haar en uitkomen van de horens, kromming van de sporen van de haan, uitgroeien van de tanden van het varken. Daartoe geven we de vol-doende *huluku*, de toereikende *kuluru*. Daarom spreken we van de zaak van *ndewa* en *pahomba* als de diepgaande wortel, de opgaande stam, uitspruiting van groei en wording omdat we vragen voortgang van mens en beest'.
En van *marapu* wordt gezegd dat die is als *lindi papakalangu, ketu papadjolangu,* de gelegde brug de uitgestrekte haakstok van *na Mawulu tau na Madji tau,* de verbinding tussen de Schepper en de mensen.
De machten die in O.S. met *ndewa pahomba* worden aangeduid kent men ook in W.S. maar ze worden hier met wat in O.S. door *marapu* wordt aangeduid onder één naam begrepen, waardoor uiteraard de onderscheiding minder duidelijk is.

1) D.K. Wielenga, Zendingstijdschrift de Macedoniër, 1909, blz.336 e.v.
2) P.J. Lambooy, Het begrip Marapu in de godsdienst van Oost-Sumba, B.K.I, dl. 95, blz. 425 e.v.
3) W. van Dijk, Het begrip Marapu in West-Sumba, B.K.I. dl. 98, blz. 497 e.v.
4) id. blz. 499
5) C. Nooteboom, Oost Sumba, Een volkenkundige studie, Verh. van het Kon. Inst. voor Taal-, Land- en Volkenkunde, dl. 3, 1940, blz. 35
6) idem blz. 38
7) idem blz. 34
8) W.van Dijk l.c. blz. 500
9) H. van der Veen, 'Tae' (Zuid Toradjasch) - Nederlandsch Woorden-

boek, Nijhoff, 's-Gravenhage, 1940, sub voce.

10) J.A.J. Verheijen, Het Hoogste Wezen bij de Manggaraiers, Studia Instituti Anthropos, Wien-Mödling 1951, blz. 33 e.v.

11) J.L. Swellengrebel, Kerk en Tempel op Bali, 's-Gravenhage, 1948, blz. 41.

TANA MEMA - TANA DAWA

Met deze woorden is een spanningsveld genoemd waarin het huidige Sumba leeft, waardoor het leven van zijn bewoners mee wordt bepaald. In West-Sumba dienen deze woorden om het verschil, de tegenstelling tussen vroeger en nu aan te geven. *Tana* betekent land, aarde, woongebied bijv. ter onderscheiding van *tana Loura* van *tana Kodi*, maar ook wereld,zoals wij kunnen spreken van onze huidige wereld; het gaat dan om de wereld en die daarin leven. Leven nu doet men op bepaalde geordende, gewende wijze; daarin gelden bepaalde relaties, het krijgt zijn vorm in de gewende instituten, vormen van samenwerking en is gericht op bepaalde doeleinden.

Tana mema is de eigen, de gewende, oorspronkelijke wereld waarin men zich thuis voelt of voelde en waarin men zich weet te bewegen. Daartegenover is *tana dawa* de vreemde wereld. Met *dawa*(O.S. *djawa*) wordt aangeduid alles wat van buiten Sumba komt, bijv. *kalowo dawa*,de vreemde, de van buiten bekend geworden pisang, de *papaja*. *Tana dawa* is nu de sumbase wereld zoals die openligt voor de invloeden van buiten, dynamische krachten die de sumbase leefwereld fundamenteel hebben gewijzigd.

Als organen van die vreemde invloed zijn te noemen bijv. de handel, waarmee vroeger niet bekende goederen Sumba binnenkwamen, het bestuur, i.c. het vreemd bestuur, de bestuursorganen van het N.I. gouvernement met al zijn verschillende activiteiten en diensten(door de doorsnee Sumbanees dikwijls eer als lasten beleefd), met pacificatie en zo 'orde en rust', met wegenaanleg (opening van het terrein) en al wat daarmee is verbonden, met andere wijze van rechtsbedeling, met onderwijs, gezondheidszorg, aandacht voor economische sterking, wat alles tezamen het sumbase uiterlijk maar op subtiele wijze ook het innerlijk grondig heeft aangetast en gewijzigd. Naast het bestuur is als orgaan waarlangs de vreemde wereld binnenkwam ook de zending te noemen.

Dit totale complex van invloeden is aangeduid met het woord *dawa*.Zoals een van onze oudere kennissen tegen ons zei: *tana dawa baa-we*, het is al het land, de wereld der vreemden geworden. Onder alles wat vreemd is behoort (behoorde?) ook de vreemde taal, vroeger het Maleis. De taal die met handel, bestuur, onderwijs, zending binnen kwam; het communi-

catiemiddel met de vreemden werd *panewe dawa* de spraak der vreemden genoemd.
Deze vreemde wereld wordt gezien als een samenhangend geheel, waarin ook de godsdienst is opgenomen. Zo is het antwoord te verstaan dat meer malen werd gegeven op de vraag of iemand een christen was: *nda kupàndekingge panewe dawa,* ik ken de taal der vreemden niet. Daarmee was het dan gezegd. Gaf vroeger een familie toestemming dat een meisje in internaat of zendingsgezin werd opgenomen, dan betekende dit voor de familie een totale overgang naar deze nieuwe wereld, religie incluis.Het een is niet los te maken van het ander.
Tana mema wordt beheerst door de *pata mema*, de eigen zede (O.S. *huri memangu*), de van ouds gevolgde zede en regel van het leven, die aan elke groep en daarin aan elk mens de hem of haar toekomende plaats in leven en wereld toewijst; zegt hoe je met mensen en dingen hebt om te gaan. De vertaling met zede, gewoonte is wel niet onjuist, maar doet makkelijk tekort aan de diepe achtergrond van deze woorden. Hier is een bron van gezag, hier was een eind van tegenspraak. *Pata memamawe*, het is vanouds onze *pata*, onze wijze van doen, is voldoende verklaring voor het feit dat men de dingen doet zoals men die doet. In deze *pata(huri)* ligt de verbinding met het voorgeslacht; het is de regel die in de voortijd, oudtijds, door de voorvaderen is vastgesteld. De *huri (pata)* wordt ook aangeduid als de *Lũ Ina Lũ Ama*, het woord, de levenswijze van Moeder, van Vader, in welke verbinding de vroegere geslachten zijn genoemd. Dit woord, dit doen, dient te worden gevolgd opdat *li ndaungu li urangu*, getijde en regen een gunstig verloop hebben. Het menselijk leven is zo in het kosmisch leven gehecht, is in die orde opgenomen.
Het is ons meer dan eens verzekerd dat vroeger, *ba tana memapowe*, toen het nog de eigen wereld was, de regen veel beter doorkwam. In het westen zegt men, dat wie wet en regel vervult, zich daaraan houdt, zijn leeftijd zal voleinden, op hoge leeftijd zal sterven.
Hoe deze invloed van *dawa* kan worden doorleefd kun je enigszins vermoeden als je een oude sumbanees hoort zeggen *dapakàba ndàbaja na hurika*, ze hebben al onze zeden, haast zou je kunnen zeggen heel ons eigen leven, krachteloos gemaakt.*Kàba* , flauw, smakeloos, krachteloos kan bijv. gezegd worden van een medicijn dat niet meer werkt, zijn kracht heeft

verloren; of van de *ndewa* van een man die publiek beschaamd is gemaakt. *Tana mema - tana dawa* het zijn mensen die de spanning daarvan doorleven.

Het is te verstaan dat het hier gaat om een proces dat op alle levensterreinen zijn onthechtende invloed laat gevoelen. De beweging gaat van *mema* naar *dawa* en deze richting is onomkeerbaar. Er is geen terugkeer van *dawa* tot *mema* mogelijk. Ook niet na het wegvallen van de koloniale relatie. Maar wat *dawa* is kan worden toegeëigend, kan een nieuw 'eigen' worden; mogelijk zal in dit toeëigenen *mema* een functie hebben al is het meermalen ook niet eenvoudig dit *mema* te zien en te herkennen.

Iets daarvan wil ik trachten toe te lichten aan een bepaald aspect nl. de bestuurlijke organisatie. Daarbij noem ik twee publikaties. Eerst 'Witnesses together', de titel van het rapport van de oprichtingsvergadering van de East Asia Christian Conference, Kuala Lumpur 14-24 mei 1959. De E.A.C.C. is een organisatie waarin vertegenwoordigers van christelijke kerken en nationale christelijke raden in Oost Azië, in het westen begrensd door Pakistan en India,in het noorden door Japan, in het oosten door Australië en Nieuw Zeeland, samenkomen om zich te beraden over hun taak, de New Ways of Service in een veranderende wereld. In dit rapport komt voor een voordracht van Mr. M.M. Thomas, leider van een instituut for the study of Religion and Society in Bengalore, nu voorzitter van het Centraal Comité van de Wereldraad. Hij gaf Some Notes on a christian interpretation of nationalism in Asia. Een van de paragrafen was 'An Indian Perspective'. Daarvan volgen hier enkele citaten. Indian nationalism, aldus Mr. Thomas, was conscious of the positive and the negative aspect of western impact at once. Het erkende the significance of western political ideas and values maar heeft verstaan dat nationalisme noodzakelijk was om the creative values of the West introduced to India te bewaren voor de ondergang waarmee ze werden bedreigd door de corruptions of western power. De relatie van nationalisme tot westerse invloed is dus ambivalent. De britse macht heeft enerzijds de basis gelegd voor politieke eenheid, voor democracy and social progress; maar deze zelfde macht heeft gefaald in de realisering daarvan. Indisch nationalisme en nationale vrijheid waren noodzakelijk om de creatieve krachten van het westen tot vervulling te brengen. 'The Indian nationalism has saved the mission of the West in Asia'. En dus in alle verzet tegen westerse overheersing, er is in de reactie van het nationalisme geen terugkeer tot het verleden. Het begrip natie en nationalisme is te zien as a legacy of British rule.

Bij een andere gelegenheid zegt dezelfde Mr. Thomas dat 'The first day of Indian nationalism was not the year 1857' (in mei van dat jaar brak gewelddadig verzet uit tegen de britse overheersing), 'but it was the day when the British established a university to train the elite' 1).

Het gaat toch om nation building in verzet evenzeer tegen overheersing door vreemden als tegen elke vorm van provincialisme, groepering en ordening naar stamverband en onderscheid van taal.

Mutatis mutandis zou hetzelfde gezegd kunnen worden van de ambivalente relatie van het indonesisch nationalisme ten opzichte van het Nederlands-Indisch bestuur. Sinds het eerste nationaal congres in Solo in 1928 is het ideaal van jong Indonesië uitgedrukt in het *Satu bangsa, satu tanah, satu bahasa,* één volk, één land, één taal. Een ideaal dat niet zonder fundament is in de werkelijkheid maar dat tevens in spanningsrelatie tot die indonesische werkelijkheid staat. In 1951 sprak ik voor studenten van de Theologische Hogeschool over kerk en volk op Sumba en had het daarbij zonder mij toen van een onjuiste uitdrukking bewust te zijn over *bangsa Sumba,* het sumbase volk. In de daarna volgende bespreking maakte een van de studenten daartegen bezwaar. *Bangsa Sumba,* een sumbaas volk zei hij bestaat niet in het zelfstandig Indonesia. Spreekt men terecht van *bangsa Indonesia*, het indonesische volk, dan kan dit woord niet meer op dezelfde wijze van de verschillende bevolkingsgroepen binnen het ene Indonesia worden gebruikt. U kunt alleen spreken van *suku bangsa Sumba,* de sumbase bevolkingsgroep, het sumbase volsdeel. Aldus mijn criticus. En dus met *bangsa Sumba* is hier te veel gezegd. Niet aan de orde gekomen is toen de vraag of gezien van andere zijde, van de zijde van de bewoners van een bepaald woongebied op Sumba ook met dat *suku bangsa Sumba* niet te veel zou kunnen zijn gezegd, te veel nl, in verhouding tot de dagelijkse werkelijkheid binnen het eigen leefmilieu.

In dit verband noem ik een tweede publicatie nl. Local, Ethnic and National Loyalties in Village Indonesia 2). Het gaat om de vraag in hoeverre die nationale of zelfs die etnische verbondenheid i.c. de verbondenheid als gezamenlijke inwoners van Sumba, als behorend tot eenzelfde sumbase samenleving een realiteit is in de dorpen of woongebieden waar de actuele relaties in het dagelijks verkeer met dorps- en tana-genoten, mogelijk, waarschijnlijk prevaleren. Ik noem enkele ervaringen die daarop wijzen.

In de eerste helft van 1946 woonde ik een ontmoeting bij van de vertegenwoordiger van het Nederlands-Indisch gezag met de bevolkingshoofden op het bestuurskantoor te Wai Kabubak. Aan hen werd meegedeeld dat een andere tijd was aangebroken; dat men zou gaan bouwen op andere grondslag om te komen tot een nieuwe staatkundige opbouw *atas alasan demokrasi*, op basis van de democratie. Een van de aanwezigen was toen zo verstandig te vragen: *Apakah itu demokrasi,* wat is dat democratie. De vertegenwoordiger van het Bestuur sloeg toen het bij de hand liggende woordenboek van Van Ronkel op en vond daar *pemerintahan rakjat* regering van het volk. Dat maakte de zaak niet veel duidelijker maar wekte toch bij enkelen de gedachte van een weg tot vervulling van lang gekoesterde wensen t.a.v. het eigen woongebied. In één geval heeft dit geleid tot een actie van de bewoners van een bepaald gebied, onder leiding van een man van de nieuwe elite om tot de vroegere eenheid van hun woongebied terug te keren; bij die van een ander werden verwachtingen in die richting gewekt, die niet zijn gerealiseerd. Het eerste was Tana Righu, het tweede was Mangili. Tana Righu welks grondgebied onder drie aangrenzende woongebieden was opgedeeld - het was daar dus bij gevoegd - is inderdaad weer een eenheid met eigen 'zelfbestuurder' geworden. Hoe men deze verduidelijking ook mag hebben verstaan en welke verwachtingen ook zijn gewekt, is daarmee het herstel van Tana Righu geworden tot een realisering van de democratie? En of hier sprake is van terugkeer naar *mema*, naar een herstel van de oorspronkelijke eenheid? Van deze terugkeer kon geen sprake zijn. Ook het herstelde Tana Righu werd niet weer het Tana Righu van vroeger; het was van de aanvang aan als administratieve eenheid opgenomen in een bestuurlijke organisatie, die formeel aansloot bij de vroegere administratieve in-

deling, waardoor het via district en *kebupaten* onderdeel werd van een provincie en zo ingevoegd in de *Negara Indonesia*. Formeel werd het daarvan een onderdeel. Dat de beleving van deze formele eenheid duidelijk achterbleef bij wat gewenst is om die werkelijk te doen functioneren, dat dus de local loyalty duidelijk prevaleerde boven de ethnic loyalty bleek toen hun voorman de consequenties trok die zij niet hadden voorzien en bedoeld. Deze man van de nieuwe elite stond niet alleen voor herstel van zijn eigen woongebied maar leefde mee in de nieuwe opbouw van heel Sumba binnen geheel Indonesia. Hij werd lid van het kort daarna ingesteld vertegenwoordigend lichaam dat o.m. beslissingsbevoegdheid had inzake nodige financiële maatregelen voor geheel Sumba. Toen hij naar eigen overtuiging trachtte deze maatregelen ook in eigen gebied door te voeren is hem dat bepaald niet in dank afgenomen. Zijn optreden bleek niet zonder gevaar voor hem zelf.
In het jaar 1946 werden ook de beide conferenties van Malino (15-25 juli) en van Den Pasar gehouden. Over beide conferenties is een publicatie verschenen, elk met een pakkende titel, nl. Malino maakt historie 3) en over Den Pasar, waar de deelstaat Oost Indonesia werd gesticht, Den Pasar bouwt een huis 4).
Wij woonden destijds in het stille Melolo aan de Z.O. kust van Sumba. Ik was in Den Pasar meer dan voorheen in aanraking gekomen met vertegenwoordigers van een levend en actief nationalisme. Als je dan weer terug bent in dat stille milieu waar de rimpeling van wat je in Den Pasar hebt meegemaakt zich maar nauwelijks laat bemerken dan ben je geneigd je af te vragen: Wat is nu waar? Het is of *dawa* en *mema* onbereikbaar ver van elkaar verwijderd zijn. Je moet ze beide als waar erkennen en je vraagt je af hoe je wat je daar beleefd hebt hier zult kunnen doorgeven. In Den Pasar kwam duidelijk naar voren dat men meende dat de nieuwe opbouw het meeste kans van slagen zou hebben als de traditionele leiders ook hier de leiding zouden kunnen nemen en bij deze vernieuwing zouden kunnen worden betrokken. In een gesprek met de jonge functionaris van Melolo heb ik de suggestie gedaan dat hij het initiatief zou nemen en zijn collega's van de naastbij gelegen woongebieden zou uitnodigen voor een ontmoeting, waarbij ik dan de gelegenheid zou krijgen iets te vertellen van wat in Den Pasar was gebeurd.

Dat leek hem ten enen male onmogelijk. Ik heb toen sterk de indruk gekregen dat er op politiek en bestuurlijk vlak geen aanraking tussen deze functionarissen bestond dan alleen via het kantoor van de vreemde bestuursambtenaar. De andere raakvlakken waren die van de traditionele verhoudingen en binnen die verhoudingen was een dergelijke uitnodiging niet mogelijk; dergelijke zakelijke verhoudingen bestonden tussen hen niet.

Ik werd toen herinnerd aan een gesprek dat ik in West-Sumba eens had met een in zijn opvattingen geavanceerde zelfbestuurder. Toen wij spraken over hun onderlinge relaties - het was na de aankondiging van de nieuwe staatkundige opbouw - antwoordde hij mij: Onze eenheid ligt daar en wees naar het bestuurskantoor in Wai Kabubak. Daar ontmoetten de vertegenwoordigers van *mema* tezamen de wereld van *dawa*. Vertegenwoordiger van *mema*? Mogelijk, maar de vraag is gewettigd of zij zelf in hun functie,welke ook hun plaats was in het traditionele bestel niet bepaald waren door *dawa*. Het blijft voor mij een vraag of deze functie daarin inderdaad enige basis had. Ja, traditioneel Sumba was geen politieke eenheid en had geen politiek centrum vanwaar unificerende invloeden konden uitgaan. De staatkundige eenheid en ordening van Sumba vond zijn basis in de westerse bestuursvoering en ordening.

Sumba hoorde tot de zogenaamde Zelfbesturende gebieden. Daarmee raken we aan een onderscheiding binnen de bestuursvoering in het vroegere Nederlands Indië, nl. die tussen de gebieden met direct en indirect bestuur. Bij direct bestuur zijn de bestuursfunctionarissen ambtenaren door de centrale regering aangesteld, die niet noodzakelijk van dit bestuurde gebied zelf afkomstig zijn. Bij indirect bestuur tracht men de gezagsdragers uit de bedoelde bevolkingsgroep zelf bij de bestuursvoering in te schakelen. Nu is het wat misleidend dat in de gangbare terminologie van indirect bestuur wordt gesproken als 'zelfbestuur'en van deze gebieden als 'zelfbesturende gebieden' en van deze gezagsdragers als 'zelfbestuurders'. Dat zou de gedachte kunnen wekken van een zelfstandige bestuurlijke activiteit. Deze is niet bedoeld, zoals blijkt uit de 3 artikelen van de zogenaamde 'korte verklaring' waarin de betrekking van de zelfbestuurder tot het Nederlands Indisch Gouvernement werd geregeld. De zelfbestuurder belooft niet alleen zich aan de Regering te onderwerpen maar ook alle regelen en bevelen van het Nederlands Indisch Gouvernement te zullen nakomen (de relatie is bij Ordonnantie Ind. Staatsblad 1914, no. 24, iets meer genuanceerd geformuleerd). In het vroegere Regeringsreglement wordt van de zelfbesturende gebieden gesproken als van gebieden waar de bevolking is gelaten in het genot van eigen rechten en instellingen voor zover die niet in strijd komen met het bepaalde bij Algemene Maatregelen van Bestuur en de algemeen erkende rechten van de mens. Dat is geen onbelangrijke beperking. En wat die 'algemeen erkende rechten van de mens betreft, welke die rechten zijn wordt niet ter beoordeling van de sumbase gezagsdragers gelaten.

Zo werd dus op Sumba het bestuur gevoerd met inschakeling van de sumbase gezagsdragers, de zelfbestuurders, officieel Radja genoemd, dus aangeduid met een vreemd woord. Door de Sumbanezen werden ze ook genoemd naar een bepaald attribuut van hun waardigheid, nl. de stok met gouden knop, door de vertegenwoordiger van het Nederlands Indisch Gouvernement aan deze functionaris uitgereikt, W.S. *tòko*, O.S.*tokungu*, staf. Bij de uitvoering van hun taak stond het administratieve apparaat en eventueel, maar dan niet anders dan via de bestuursambtenaar, ook politionele macht tot hun beschikking.

Nu kan men niet van sumbase gezagsdragers spreken zonder iets meer te weten van de aard van deze samenleving en in verband daarmee van de plaats en functie van de aangewezenen. Feitelijk kan men van besturen in westerse zin, gericht op de toekomst, op de verwezenlijking van bepaalde doeleinden van welzijnszorg in de vroegere sumbase samenleving niet spreken. Twee vragen doen zich dadelijk voor:

1. Wie zal die functionaris moeten zijn? Gezien de aard van de sumbase locaal politieke organisatie is die vraag niet zo makkelijk te beantwoorden. Elders heb ik er op gewezen, dat in meerdere woongebieden daarover verschil van mening was 5). Reeds in 1877 heeft de toenmalige Resident van Timor en Onderhorigheden daarop al geattendeerd in een artikel 'Aantekeningen over Sumba 6). Het is een kritiek op met 'zogenaamde Radja's' gesloten contracten. 'Wij wisten niet', aldus Esser, 'of de personen met wie wij contracteerden werkelijk waren die ze voorgaven te zijn'.

2. Welke taken worden van hen verwacht en hoe staat die opdracht in relatie tot hun traditionele positie. Afgezien van de vraag of de persoon in kwestie naar traditionele maatstaven de aangewezene is om als vertegenwoordiger van dit gebied op te treden hier worden hem taken opgedragen die, je kunt zeggen, uiteraard geen basis hebben in de traditionele ordening maar in het vreemde bestel en beleid als bijv. wegenaanleg, belastinginning, medewerking in de voorziening van school en onderwijzerswoning enz.

Wij kunnen ons maar moeilijk realiseren hoezeer de relatie van deze functionarissen tot hun volksgenoten naar het traditioneel bestel onderscheiden was van die waarin ze nu werden gesteld, ja hun *tana*-genoten vertegenwoordigend bij deze vreemde instantie maar ook deze instantie vertegenwoordigend tegenover de bewoners van eigen woongebied, vertegenwoordiger van een macht die hen o.m. opriep tot bepaalde activiteiten en diensten gericht op het functioneren van een vreemd bestel. En hoezeer onze'diensten' als lasten werden beleefd kan worden gehoord in een preek van een van de evangelisten over de nieuwe aarde, waar geen rouw, noch geklaag noch moeite meer zal zijn; de moeite werd verduidelijkt 'geen werken aan de wegen, geen belasting meer'. Het is onnodig te zeggen dat deze problematiek niet alleen voor Sumba gold. Ze is voor Midden Celebes besproken in artikelen van Dr. N. Adriani 7) en van Dr. A.C. Kruyt 8). Ook is te noemen Dr. J. Held, Papoea's van Waropen 9).

De mogelijkheid dat t.a.v. de persoon van de functionaris wordt misgetast ligt voor de hand. In meerdere 'landschappen' wist de aangestelde zijn figuur omstreden. Zo bijv. in het gebied waar wij woonden. Deze functionaris was een van de weinigen die zich een reële voorstelling had gevormd van wat wij kwamen doen en bij onze eerste ontmoeting beloofde hij mij in aanraking te brengen met vertrouwde informanten die op de hoogte waren van de *pata*, adat, en mij zouden kunnen helpen in het onderzoek van de samenleving. Die belofte is belofte gebleven.Hij was een voor het Bestuur bijzonder bruikbare kracht, die de bedoelingen van het Bestuur begreep en die wilde dienen, maar van wie ons al spoedig gezegd werd, dat hij op een plaats zat waar hij niet hoorde. Dat acht ik gezien de onderscheiden aard van de relatie binnen *mema* en *dawa* moeilijk uit te maken. Maar het was als voor ogen te zien dat het nieuwe bestel de vroegere ordening en de organen daarvan overschaduwde. Ook andere voorbeelden zouden te noemen zijn. Willen we dus inzicht krijgen in de aard van de vroegere structuur, van wat hier *mema* mag heten dan zullen we niet bij de figuur van de Radja, van de zelfbestuurder moeten beginnen, maar trachten daarachter terug te gaan.

Ik bezit een kaart van Sumba van 1929 waarop de administratieve indeling is aangegeven naar de laatste wijziging van 1928, 19 zelfbesturende landschappen, verdeeld over twee onderafdelingen, nl. die van Oost-Sumba en die van West-Sumba. De grenzen tussen deze zelfbesturende landschappen zijn hier gefixeerd, vastgelegd. Dat was wel wat anders vóór de werkelijke uitoefening van het Nederlands Indische Bestuur. Toen waren de grenzen meer beweegelijk, was er sprake van groter mobiliteit, was er herhaaldelijk sprake van grensoverschrijdingen, waarvoor menige aanleiding kon zijn. Met de Pax Neerlandica zijn de onderlinge grenzen vastgesteld. Dat betekent niet dat ze onveranderlijk zijn. Maar deze veranderingen zijn dan gevolg van een uiteindelijk door de vertegenwoordiger van het Nederlands Indisch Gouvernement genomen beslissing. Op mijn kaart vind ik bij elk zelfbesturend landschap ook een kolom 'Onderdelen'. Dat betekent meermalen dat woongebieden die vóór ons bestuur min of meer zelfstandig waren zijn opgenomen in een groter geheel. De tendentie was om het aantal zelfbesturende landschappen indien mogelijk te beperken met het oog op meerdere bestuurbaarheid van het geheel.

Zelf heb ik Sumba niet anders dan als *dawa* gekend. Maar de vraag heeft mij bezig gehouden. Waarin ligt de eenheid van deze 'landschappen' liever deze woongebieden; wat maakt Loura tot Loura en Mangili tot Mangili. Kunnen we daar dichter bijkomen?

Sumba is een eilandvan ongeveer11.000 km2 oppervlakte met een bevolking van tussen 200.000 en 300.000 zielen. Deze bevolking bewoont verschillende woongebieden van elkaar gescheiden door natuurlijke en traditionele grenzen. De bevolking van deze woongebieden, deze *tana*, is georganiseeerd in unilineale i.c. patrilineale verwantengroepen (*kabisu*, *kabihu*) patrilineale clans en zo is elke *tana* te zien als

een territoir bewoond door een aantal van dergelijke verwantengroepen. Het aantal van deze *kabihu* (*kabisu*) was willekeurig. Dat juist deze *kabisu* hier samen wonen kan zijn grond hebben in traditionele betrekkingen van verwantschap en aanverwantschap maar dit is zeker niet tussen alle het geval. Hoe men hier samengekomen is, daarvan vertelt een literatuurgenre, *na laku kabihu*, de tocht van de *kabihu*, dat ons spreekt van de weg die de *kabihu* hebben gevolgd, de plaatsen aangedaan tot ze hier hun plaats hebben gevonden of verkregen. Dit verhaal wordt (werd?) bij belangrijke ceremoniën gereciteerd; men ziet terug, het heden beleefd de band met vroeger, met eertijds.
Nu is het aantal *kabisu* wel willekeurig maar meermalen wordt het geheel van de een bepaald territoir bewonende *kabisu* in een viertal genoemd. Ik beperk me daarbij tot één voorbeeld, nl. tana Mangili. Volgens Nooteboom een politiek niet belangrijk gebied 10); mogelijk is dat voor ons doel niet ongunstig. Wel is te bedenken dat de verhoudingen in verschillende woongebieden onderscheiden kunnen zijn zodat niet zonder meer uit wat we aantreffen in het ene gebied tot de situatie in een ander kan worden geconcludeerd.
Het geheel van de bevolking van Mangili kan worden gevat in het viertal *kabihu* Māru - Watu Bulu, Matolangu - Wānggi Rara. In deze vier groepen zijn op een of andere wijze alle bewoners van Mangili begrepen. Niet in één van deze, maar in de vier. Deze vier kunnen worden onderscheiden in twee kabihu-paren waarvan het eerste paar het belangrijkste is. Gaan bewoners van Mangili voor welk doel dan ook naar een buurgebied, dan kan men daar, ook als ze niet tot één van deze vier groepen behoren zeggen: *Nāmunja Māru - Watu Bulu, Matolangu Wānggi Rara*, daar komt (komen) Māru - Watu Bulu Matolangu - Wanggi Rara aan. Men noemt niet met één van de vier. Dat zou onjuist zijn. Maar tezamen vormen ze de vertegenwoordigers van Mangili in wie de bewoners worden genoemd. Verder is nog op te merken dat meermalen tussen het eerste kabihu-paar een relatie van aanverwantschap bestaat, een vast connubium in die zin dat de één bruidgevend is t.o.v. de ander in een niet wederkerige betrekking. Zo is Watu Bulu vrouwgevend t.o.v. Māru, ze staan dus in relatie *mini - kawini*, mannelijk vrouwelijk.
Het spreekt wel vanzelf dat een en ander met de functie van de vier

in het geheel samenhangt. Zij zijn nl. de *Ina mangu tanangu Ama mangu lukungu*, Moeder bezitter van het land, Vader heer van de stromen. Ze zijn 'bezitter' want eerste bezetter van de grond en hebben daarmee over die grond beschikking. Zij zijn het die zeggenschap hebben over *paraingu* (stamdorp, locaal concentratiepunt van de bewoners van Mangili) en *mananga*, riviermonding, in welke woorden het gebied is begrepen; de beschikking over land en water is daarin uitgesproken. Dat betekent ook dat de andere bewoners beschikking over land en water aan hen hebben te danken. In parallelistische spreekwijzen wordt van deze vier, van hun plaats en betekenis gesproken, bijv. *na matanangu haupu na marumbangu hawàla*, wien elke handvol aarde toekomt en elke grashalm eigen is; *na mahulu rumba muru na matimba wai kahingiru*, die ons brandt het groene gras, ons put het zuivere water, door wier zegen wij groen gras en zuiver water ontvangen; *na malonda lima na maputu uru*,die leidt bij de hand en vasthoudt bij de neus (zoals men een buffel geleidt); *na maopangu madangu, na maringgingu harata*,die velen omvat en duizenden omhult, hen bescherming verleent; *na nggaha ora angu na katala hàmu lingu*, de gong die acht geeft op de ander, die goed is van klank. Het gaat hier over het samenspel bij het slaan van de gongs; de grote gong, *katala*, is goed van klank, de kleinere, *nggaha* die in het concert van slag en tegenslag steeds op de ander is betrokken. Zij zijn het dus die het spel van de samenleving weten te spelen en daarbij op de ander acht geven. Ook *na ngia patingi mbulu na ngia parongu ndàba*, naar wie allen luisteren, aan wie allen gehoor geven.
Door deze en dergelijke uitdrukkingen krijgen we enigzins een indruk van de wijze waarop de positie van de *ina mangu tanangu ama mangu lukungu* het geheel van deze vier *kabihu* wordt (werd?) gezien. Daarbij is dan te bedenken dat ze gelden van het geheel van de twee of van de vier *kabihu*. Het gaat dan daarbij niet om bepaalde individuen maar om deze als vertegenwoordigers van dit geheel. Zij nemen tezamen, zij het onderscheiden, deze plaats in. Bovendien bij elke belangrijke beslissing, zelfs de beslissing dat een gewend ritueel dat geheel de samenleving raakt, zal worden volvoerd, beslissen de *mangu tanangu* niet alleen maar worden de representanten van de andere *kabihu* samengeroepen opdat de beslissing door het geheel van de bevolking kan wor-

den genomen. Je denkt onwillekeurig aan *atas alasan demokrasi*. Want er zijn ook anderen, later gekomen. Nu staan watertoevoer, de leidingen waarlangs het water naar de velden zal worden gevoerd onder beheer van Màru en Watu Bulu en datzelfde geldt van de beschikking over het sawahareaal,maar binnen deze complexen zijn door de *mangu tanangu* velden toegewezen aan de andere *kabihu*, velden die steeds binnen het complex van Màru of Watu Bulu zijn gelegen. Ze worden hun toegewezen opdat die hun zouden zijn als etensbord en drinknap voor hun *marapu*. Dat is de zin van de bebouwing van de velden, opdat ook aan *marapu* spijs en drank zal kunnen worden gegeven.

Zonder te willen generaliseren, want de verhoudingen zijn zeker niet in alle woongebieden gelijk ben ik geneigd in de verbondenheid met éénzelfde *mangu tanangu* de eenheid van een bepaald woongebied te zoeken. Dan is het wel duidelijk dat, ook waar we hier van een gezagspositie zouden kunnen spreken, mogelijk ook wel een vorm van politieke organisatie, hier geen sprake is van een gezagsvoering naar wat wij in ons bestuurlijk bestel daaronder verstaan. Onder diegenen die worden geraadpleegd komen vooral die *kabihu* naar voren die een bepaalde functie in het geheel van dit samenleven hebben. Want door het toewijzen van plaats en grond ontstaat een relatie tussen gever en ontvanger die o.m. daarin uitkomt dat de *mangu tanangu* op hulp kan rekenen waar die binnen de samenleving noodzakelijk is telkens naar de functie die deze *kabihu* bij hun komst reeds hadden (naar de aard van hun *marapu*) of ontvingen. Op die toewijzing van grond doet de *mangu tanangu* dan ook een beroep en hij zal wanneer hij hulp behoeft daaraan herinneren: Daarom heb ik u indertijd gebonden als met *tuba*-stengels en u gesleept als een steen (ontleend aan de manier waarop een grafsteen wordt gesleept) opdat gij mij zoudt zijn als een stut in de rug, een steun in de zijde wanneer ik tegenkom wat zwaar is en ontmoet wat moeilijk is te tillen. Daarom gaf ik u rijstvelden als etensbord en drinknap voor *marapu*.

Naar de traditie heeft de *mangu tanangu* aan de later gekomenen een functie toebedeeld, misschien beter voor deze samenleving een beroep op hun functie gedaan. Zo zetelt bijv. in één *kabihu* de *Ratu Maràmba*, de plaats waar kinderzegen gevraagd wordt inzonderheid door vertegen-

woordigers van de hoogste stand; in een ander de *Ratu Wai Ndaungu*, beheerder van het jaarwater, de regen, waar het ritueel gericht op de vruchtbaarmakende regen wordt volvoerd; in weer een ander de *Ratu Kaborangu*, de Heer der strijders, waar men aanroeping doet in geval van strijd en oorlog; een ander is het weer die acht geeft op *marapu tolu mata wai maringu*, *marapu* van het rauwe vlees en het koele water, die betrokken is bij de verkoeling van wat heet is, de ontzondiging en wegneming van situaties die voor het welzijn van de samenleving een gevaar kunnen opleveren; of *na makatangu kabàla*, die de bliksem hanteert, zowel wanneer mens en vee door bliksem zijn getroffen of wanneer men deze straf over diefstal en andere overtreding inroept.
Het is nu in de samenwerking tussen deze functionarissen dat het welzijn van *na ihi paria Mangili, na ihi tána pariangu*, het geheel van de bewoners van land en dorp is gewaarborgd. Men krijgt de indruk van een interdependentie tussen de verschillende *kabihu* die tezamen *tana* en *paraingu* bewonen.
Het zal duidelijk zijn dat het niet zo eenvoudig is hier uit te maken wie de eerste is; wie de meest aangewezene zou zijn om de functie door het Nederlands Indisch Gouvernement bedoeld op zich te nemen. Het is niet zonder meer zeker dat deze functionaris tot de *mangu tanangu* zou moeten behoren. In het rangonderscheid en daarmee de invloed van de verschillende *kabihu* werken ook andere factoren als rijkdom, welbespraaktheid en kennis, individuele kwaliteiten mee. Het kan daardoor in een *tana* met anders genuanceerde verhoudingen anders liggen, maar ook waar een van de *kabihu* de aangewezene zou zijn is zijn positie toch fundamenteel van andere aard dan in het traditioneel bestel.
Het is dan ook niet te verwonderen dat in meerdere *tana* geen eenstemmigheid was t.a.v. de vraag wie deze functie zou moeten vervullen. In meerdere gebieden in West-Sumba was een zekere rivaliteit tussen elkaar deze plaats bestrijdende *kabisu* duidelijk.
Dit ten aanzien van de functionaris. En dan de taak hem opgelegd. Held zegt in zijn Papoea's van Waropen 11) dat de voornaamste taak van het bestuurshoofd is de inning van belastinggelden en voorts de levering van contingenten herendienstplichtigen. Ik dacht dat dit te ongenuanceerd is gezegd. Zij waren opgenomen in een geheel nieuw bestel met

nieuwe activiteiten dat inderdaad financiële voorzieningen vroeg en aanleg van wegen vereiste. Het waren wel de meer in het oog springende geldeelten van hun taak; ook die het meest op de bevolking drukten. Maar deze functionarissen konden van grote betekenis zijn als tussenpersoon tussen bestuur en bevolking. Het was ook een taak die ze alleen konden vervullen doordat ze achter zich hadden de sterke,dwingende macht van het Nederlands Indisch Gouvernement.
Zo is in deze administratieve organisatie een begin gemaakt met een nieuwe eenheid die bedoelde geheel Sumba te omvatten.
Geen terugkeer van *dawa* tot *mema*. Dat is onmiddellijk duidelijk wanneer wij letten op de huidige bestuurlijke organisatie.
Het huidige Sumba behoort tot de *propinsi Nusa Tanggara Timur*, tezamen met Flores en Timor. Elk van deze gebieden is verdeeld in een aantal bestuurlijke eenheden, *kebupaten*, met aan het hoofd een *bupati*. Sumba heeft er twee nl. Sumba Timor en Sumba Barat, Oost- en West-Sumba; Timor en Flores hebben er elk vijf dus telt deze *propinsi* twaalf *kebupaten* elk met eigen vertegenwoordigend lichaam, *Dewan Perwakilan Rakjat (D.P.R.)*. Iedere *kebupaten* is weer verdeeld in een aantal districten, *ketjamatan*, met aan het hoofd een *tjamat*, een districtshoofd. De *Bupati* wordt gekozen door het vertegenwoordigend lichaam en benoemd door de *Manteri Negeri*, de minister van binnenlandse zaken. Hij wordt bijgestaan door een *Badan pemerintah Harian*, een college van dagelijks bestuur waarvan de leden worden gekozen door de D.P.R. en benoemd door de Gouverneur, de hoogste functionaris in de *propinsi*, te Kupang. De districtshoofden worden benoemd door de Gouverneur op voordracht van de *Bupati*. Zo is meen ik in het kort de bestuurlijke organisatie en op deze wijze is geheel Sumba opgenomen in de staatkundige eenheid *Negara Indonesia*.
Wijzigingen daargelaten sluit de huidige organisatie geheel aan bij de administratieve indeling zoals die zijn vorm gekregen heeft onder het Nederlands-Indisch bewind. Ook toen twee onderafdelingen, Oost-Sumba en West-Sumba met aan het hoofd een Gezaghebber of Controleur opgenomen in de Residentie Timor en Onderhorigheden waartoe vroeger behalve de genoemde eilanden ook Sumbawa behoorde. De huidige *ketjamatan* zouden kunnen worden vergeleken - meer niet dan dat - met de vroe-

gere zogenaamde Zelfbesturende Landschappen met aan het hoofd een door het Nederlands-Indisch Gouvernement via de Resident benoemde en aangestelde Zelfbestuurder. De aansluiting van nu bij *dawa* is duidelijk, van terugkeer naar *mema* is geen sprake; de mogelijkheid daartoe bestaat ook niet.
Wijzigingen daargelaten, zei ik, maar dan in die zin dat de tegenwoordige organisatie zich, als we dat zo willen zeggen, nog verder van *mema* verwijdert. De *tjamat* zou men kunnen vergelijken alleen uit het oogpunt van de districtseenheden met de Zelfbestuurder. In werkelijkheid zijn ze niet anders dan ambtenaren opgenomen in een groter staatkundig geheel. Ze behoeven niet uit het district zelf afkomstig te zijn en vertonen in hun functie meer overeenkomst met een ambtenaar in direct bestuurd gebied. Verder zijn de eenheden vergroot en omvat menige *ketjamatan* meerdere dan de vroegere zelfbesturende gebieden, d.w.z. meerdere vroeger onderscheiden *tana*. Ook tracht men te komen tot een nieuwe dorpseenheid, *desa baru*, niet meer met een sumbaas woord aangeduid, die zijn basis vindt niet in gebieden die genealogisch bepaald zijn, maar in locaal verband. De ontwikkeling buigt radicaal af van *mema* als je dat zelfs nog kunt zeggen. Waar is hier *mema*? Misschien een herinnering daaraan in de figuur van de *pembantu tjamat*, helper van de *tjamat*, in de regel de figuur van de vroegere zelfbestuurder? Maar behoorde deze figuur tot *mema*? In een zwakke herinnering misschien? Die zou dan ook kunnen worden gezien in de geschiedenis van het vertegenwoordigend lichaam.
Ik heb al gesproken van de samenkomst in Wai Kabubak waar aan de hoofden van de bevolking mededeling werd gedaan van de nieuwe opbouw.Aanvankelijk is toen de suggestie gedaan dat men zou trachten de nieuwe staatkundige ordening een basis te geven in het traditionele bestel. Voor de verschillende woongebieden werden besturende lichamen ingesteld, landschapsraden. Zelfs is de gedachte geopperd de vertegenwoordiging binnen deze raden te regelen op basis van de onderscheiden genealogische groepen, *kabisu* of groepen van *kabisu* binnen het betrokken gebied. Een vertegenwoordiging dus niet op grond van politieke meningsvorming maar van de traditionele genealogische onderscheidingen. Dit heeft geen kans gehad. Wel stond aanvankelijk de politieke activi-

teit niet los van het streekbelang. Zo hebben we bijv. gehad de Partij Wewewa. Maar ook dit is van korte duur geweest.
Zoals ik heb gezegd leefde in Den Pasar de gedachte dat de opbouw het meeste kans van slagen had wanneer de traditionele leiders ook hier de leiding zouden nemen. Deze gedachte is nog duidelijk in de organisatie van het vertegenwoordigend lichaam na 1946. Sumba werd een eigen *daerah* regelrecht onder het centrale Gouvernement van de deelstaat Oost-Indonesië te Makassar. Het vertegenwoordigend lichaam op Sumba bestond aanvankelijk uit twee raden, nl. het hoogste gezagsorgaan de *Dewan Radja*, de Raad van Landshoofden, *dibantu*, d.w.z. met bijstand van de *Dewan Perwakilan Rakjat samentara*, de voorlopige volksvertegenwoordiging. Deze laatste had alleen adviserende, geen beslissende bevoegdheid. Deze berustte bij de *Dewan Radja Radja* , de Raad van Landshoofden. Destijds waren er nog zestien *swapradja*, zelfbesturende gebieden, negen in West-Sumba en zeven in Oost-Sumba. Het dagelijks bestuur werd gevormd door de *Dewan Harian Radja Radja* en dus uit vertegenwoordigers van deze *Dewan* samengesteld. De voorzitter van de *Dewan Radja Radja* was tevens voorzitter van het dagelijks bestuur, de *Kepala Daerah*, het hoofd van de *Daerah*. Deze had de uitvoerende macht tezamen met enkele andere leden door de *Dewan Radja Radja* aangewezen. Een duidelijke herinnering aan voorbijgegane tijden.
Deze figuur is gebleven tot de opheffing van de *Negara Indonesia Timur*, de deelstaat Oost Indonesia in 1951. Sindsdien is de *Dewan Radja Radja* verdwenen en heeft de *Dewan Perwakilan Rakjat* , nu niet meer *sementara*, niet meer voorlopig, de wetgevende bevoegdheid binnen het gebied haar toegewezen.
De beweging van *Mema* naar *Dawa* kan men zien als een beweging van veel heid naar meerdere eenheid. Denk aan de grotere eenheden die ook op Sumba zijn gevormd. Maar daarin is slechts één aspect genoemd. Feitelijk is het een beweging die de gehele mens raakt en is de mens met heel zijn bestaan daarbij betrokken. Het proces heeft meerdere aspecten. Feitelijk postuleert deze beweging een andere wijze van mens zijn. Het is maar niet alleen dat deze horizonten worden verwijd,terwijl elke bevolkingsgroep binnen deze verwijde gezichtskring eigen bestaan overanderd voortzet. De mens komt hier te staan in andere re-

latie tot de wereld waarin hij leeft, een andere relatie tot de mens naast wie hij leeft waar isolement wordt doorbroken en bijv. Oost-Sumba en West-Sumba elkaar ontmoeten. In 1946 kon het nog voorkomen dat leidende figuren in Oost-Sumba het westen van het eiland niet uit eigen aanschouwing kenden. Het is een beweging van traditioneel naar modern, van complex kosmisch religieus levensverband naar differentiering en desacralisering van de levensgebieden, van natuurlijke verbanden naar organisatorische groeperingen, van oude elite naar nieuwe elite, van oriëntatie op het verleden naar oriëntatie op de toekomst. Het raakt inderdaad de totale mens. Naast oude verbondenheden komen nieuwe naar voren; zij doorkruisen en relativeren de oude. Dat hierin juist de christelijke kerk een bijzondere roeping heeft in een nieuwe hechting van levensverband en menselijke gemeenschap zal ons allen duidelijk zijn.
Het is een tot ootmoed stemmende taak in dit proces dat op Sumba begonnen is en dat het leven van de sumbase mens raakt mee te mogen leven,mee te mogen denken, mee te mogen gaan op die voor de een stimulerende, voor de ander pijnlijke en moeilijke weg van *mema* naar *dawa*. Opdat ook dit *dawa* zal kunnen worden toegeëigend en de nieuwe sumbase mens in deze wereld als zijn eigen wereld zal kunnen leven.

1) Witnesses Together;
The specific European Responsibilities in relation to Africa and Asia, blz. 17 (Record of a consultation, Odense, Denmark,1958, Department of Church and Society, W.C.C. Geneva
2) Local,Ethnic and National Loyalties in Village Indonesia, A Symposion Ed. by G. William Skinner, S.E.A. Studies, Yale University, 1959
3) W.A. van Goudoever, Malino maakt historie, Batavia 1946
4) W.A. van Goudoever, Den Pasar bouwt een huis, Batavia, 1947
5) Zie: Grondrechten in verband met de structuur van een landschap, T.B.G. dl. 75, 1935, 125-133,hiervoor blz. 57-64
6) J. Esser, Aanteekeningen over Soemba, Tijdschrift voor Ned.Indië, Nieuwe Serie, 6e jaargang, dl. II, 1877, 161-170
7) N. Adriani, De Hoofden van de Toradja's van Midden Celebes onder

het N.I. Gouvernement, Kol. Tijdschrift 1924, 23-44

9) J. Held, Papoea's van Waropen, E.J. Brill, Leiden, 1947, 67 e.v.

10) C. Nooteboom, Oost Soemba, Een volkenkundige studie, Verhandelingen Kon. Inst. voor Taal-, Land- en Volkenkunde, dl. III, Den Haag, 1940, 143

11) o.c. blz. 77

WOORD EN ANTWOORD: ZENDING EN ADAT

Wat is de betekenis van de culturele antropologie voor de zending?Hierover handelt het in 1954 verschenen boek "Customs and Cultures" met ondertitel "Anthropology for Missionaries", geschreven door Dr.E.A.Nida, hoofd van het translation department of the American Bible Society.1)
In zijn voorwoord maakt Dr. Nida onderscheid tussen tweeërlei zendingarbeiders. Good missionaries, zegt hij, have always been good "anthropologists". Zij hebben altijd getracht zich in te leven, in te duiken (to immerse themselves) in de levenswijze van het volk waaraan ze het evangelie mogen brengen omdat ze begrepen dat alleen door het verstaan van de cultuur van dat volk "they could possibly communicate a new way of life". Er zijn ook andere zendingsarbeiders, die niet anders zijn dan "children of their generation" die naar het terrein van hun arbeid zijn gekomen met een bevangen, een verkeerde voorstelling van ras en cultuur,van progress and civilization. Zijn boek is bedoeld als een informatie aangaande de grote betekenis van de antropologie voor de christelijke zending. Op ditzelfde doel is gericht een periodiek waarop ik gaarne attendeer, nl. "Practical Anthropology" 2), waarvan Dr. W.A. Smalley, eveneens verbonden aan het translation department of the American Bible Society, de eindredacteur is.
Deze Dr. Smalley heeft in bundel "Modern Science and Christian Faith" een bijdrage geschreven "A Christian View of Anthropology" 3). Ik ga nu op dit artikel niet in; ik merk alleen op dat men het niet zonder recht ook zou kunnen noemen "An Anthropological View of Christianity" en wel om het accent dat gelegd wordt op de vraag door de antropoloog aan de christen, ook aan de zendingsarbeider gesteld "what in his christianity is cultural and changing and what not".
Daarnaast legt het artikel de nadruk op de betekenis van de antropologie en dan speciaal de functionele antropologie voor zendingsarbeider en zendingswerk. Deze richting in de antropologie wijst er op dat een cultuur een geïntegreerd, een samenhangend geheel is; elk onderdeel is te verstaan binnen dit geheel en elke verandering zal op dit geheel doorwerken. En zo vraagt de antropoloog aan allen die op een of andere wijze bij die veranderingsprocessen betrokken zijn: Weet je wat

je zegt en weet je wat je doet?Ze vraagt dit zowel aan regeringsfunctionarissen als aan zendingsarbeiders,want aldus Smalley,"the conversion of an individual has its reverberations in every part of his life 4).
Ten aanzien van enkele vraagpunten die in de geschiedenis van de zending op Sumba en de plaats van de christelijke kerk naar voren zijn gekomen zou ik deze vraag willen stellen: Weten we wat we doen? Vooraf enkele opmerkingen over:

I. *De relatie christen gemeenschap en adat*

Ja,wat gebeurt er wanneer een Sumbanees besluit aan de oproep van het evangelie gehoor te geven.Fundamenteel wordt daardoor zijn gehele wereld een andere.Tegelijk leeft hij(zij)en moet blijven leven binnen de eigen gewende gemeenschap en moet antwoorden op het beroep dat vanuit die gemeenschap op hem(haar) wordt gedaan.Inderdaad,overgang tot de christelijke kerk betekent een verandering van world-view.Wat zijn daarvan de consequenties?Het is duidelijk dat hier aan de orde komen vragen die samenhangen met de relatie tussen christendom en traditionele levenswijze.Ik denk bijv.aan de geldende huwelijksregels,de huwelijksgrenzen en de verboden relaties,de exogamie van de traditionele verwantengroep,de kabisu(kabihu),aan preferent huwelijk,de voorkeur voor een huwelijk met mo.br.do. en in meerdere gebieden een verbod van huwelijk met va.zu.do(de relatie tussen va.zu.do. en mo.br.zo. wordt daar met dezelfde term aangeduid als die tussen br.en zu.).Hebben we ons daaraan ook binnen de kring van de christelijke gemeente te houden? In de geschiedenis van het zendingswerk op Sumba zijn twee standpunten ingenomen: 1a. Een enkele heeft gemeend dat wij met deze de levenswijs en levensorde van de Sumbanees bepalende adat niets hebben te maken in die zin dat ze enigszins normerend voor ons beleid zou kunnen zijn.Voor de christen heeft alleen te gelden wat de bijbel aanwijst en gebiedt. Waar nu vandaar deze regel niet tot ons komt staan we daartegenover geheel vrij, zijn we daaraan op geen enkele wijze gebonden. 1b. Prevalerend was een ander standpunt, nl. dat geen veranderingen zullen mogen gelden dan die fundamenteel met de boodschap van het evangelie samenhangen. Het is toch van wezenlijke betekenis dat de

christenen de band met hun volksgenoten bewaren. Waar dus de bijbel niet verbiedt geldt de regel van de eigen samenleving. Dat betekent bijv. dat zolang bepaalde verwantschapsrelaties als belemmering voor een huwelijk binnen de samenleving gelden - denk aan de kabisu -exogamie - met deze belemmering binnen de christelijke kerk rekening wordt gehouden. Het betekent niet dat deze regels binnen de christelijke gemeente als het ware zullen worden voorgeschreven. Ook zullen ze niet worden gecodificeerd; ze zullen niet worden vastgelegd en aan het proces van beweging en verandering worden onttrokken. Met dit proces waarin ook de sumbase samenleving zich bevindt dient rekening te worden gehouden. Trouwens adat en adatrecht zijn bewegelijker dan men zich vaak voorstelt. Er is binnen het kader van de adat steeds mogelijkheid geweest door onderling overleg van de leidende figuren aanpassing aan nieuw ontstane situaties te realiseren. Volgens Snouck Hurgronje ligt"het eigenaardige van ieder inheems adat- of gewoonterecht in zijn vlottend karakter, in de gemakkelijkheid waarmee het zich voor de maatschappelijke toestanden, waar deze zich wijzigen, weder pasklaar laat maken" 5). Het is toch te verwachten dat de kabisu-exogamie niet onaangetast blijft. Toch, in 1955, het laatste jaar van ons verblijf op Sumba, bepaalden deze grenzen ook het gedragspatroon van de leden van de gemeente en werd een huwelijk en sexueel verkeer binnen de kabisu ook binnen de christelijke gemeente als meer dan gewoon bezwarend beleefd. Hoe dit thans is zou ik niet kunnen zeggen. Zeker is uiteraard dat deze dingen anders liggen voor hen die nog leven binnen de grenzen van de traditionele gemeenschap dan voor hen voor wie die grenzen meer of minder definitief zijn doorbroken. Ook individueel liggen ze verschillend. Ik herinner me een uitspraak van een van de vooraanstaanden onder de onderwijzers, die meende dat ter wille van de band met de ouderen hij zich in deze tijd nog had te voegen binnen de geldende kaders en daarmee ook in de keus van zijn a.s. vrouw had te rekenen. Ik signaleer dit slechts; ik spreek hierover geen oordeel uit; hij heeft ons dat ook niet gevraagd. Wel was het zeker een man die niet stond buiten het proces waardoor zijn samenleving werd bewogen.
De praktijk van de christelijke kerk was dat men zich aan de exogamie-

regel hield; de regel werkt ook voor velen als een vanzelfsprekende grens waarbinnen men zijn of haar partner zocht en vond. In geval van grensoverschrijding en daaruit voortvloeiende moeilijkheden zou elk geval afzonderlijk dienen te worden bezien. Het is duidelijk dat hier veel wijsheid van de leiding van de kerk wordt gevraagd.

II. *Polygamie*

Ik heb er steeds voor gepleit dat hetzelfde beleid, elk geval op zichzelf beoordelen, ook zou worden gevolgd in geval van een polygaam huwelijk binnen de christelijke gemeente. Ik heb dat verdedigd in het jaar dat ik tezamen met Dr. Bergema waarnam tijdens het verlof van Ds. W. van Dijk in 1939. Wel moet ik erkennen dat ver de meerderheid van de pandeta's en evangelisten in West-Sumba het toen niet met mij eens waren. Maar de vraag blijft een vraag in de sumbase kerken tot op vandaag. Het is een zaak die op de vergadering van de synode van de G.K.S.(Geredja Kristen Sumba) telkens weer terugkomt.
Om de betekenis van deze vraag te verstaan dienen we te bedenken dat we op Sumba in aanraking komen met een samenleving die een polygaam huwelijk kent en als rechtsgeldig erkent. We kunnen daarvan spreken waar het mogelijk is dat een man tegelijkertijd met meer dan één vrouw wettig, d.w.z. binnen de samenleving als zodanig erkend, getrouwd is. Het hoogste aantal waarvan ik weet was een aantal van 8 vrouwen allen gehuwd met dezelfde man. De wijze van samenwoning kan verschillend zijn. Het komt voor dat de man voor elk van zijn vrouwen een afzonderlijke woning heeft, daarnaast dat binnen hetzelfde huis verschillende kamers zijn te onderscheiden elk verbonden met een eigen stookplaats, een eigen haardvuur. Dat een polygaam huwelijk eigen complicaties met zich kan meebrengen ligt in de aard van de verhouding. Deze complicaties waren en zijn ook aan de binnen het geldend patroon levende Sumbanezen niet onbekend. Daarvoor kan ik herinneren aan een sumbase zegswijze *harui la pakaduangu*, het is niet eenvoudig met meer dan één vrouw te zijn getrouwd.
We zullen over deze huwelijksvorm ook niet kunnen oordelen zonder te weten van de sumbase verwantschapbetrekkingen en de bestaande preferentie voor een huwelijk met mo.br.do. een huwelijk dat voor het

geheel van de sociale structuur zijn consequenties heeft. Vooral voor vertegenwoordigers van de hoogste stand (*maràmba*) heeft deze preferentie meermalen de kracht van een voorschrift. Het kan voorkomen dat de aangewezene voor het huwelijk met de mannelijke partner te jong is en dat deze dan trouwt met een ander meisje die dan wel in tijd de eerste vrouw is, maar dit later, wanneer de eerst aangewezene de huwbare leeftijd heeft bereikt,naar haar positie in het huis niet zal kunnen zijn. De motieven voor een polygaam huwelijk zijn onderscheiden. Zoëven is reeds een genoemd. Maar het is bepaald niet zo dat ze exclusief of ook maar predominerend van sexuele aard zouden zijn. Wel is hier te noemen dat naar sumbase regel geen zwangerschap dient op te treden zolang het voorgaande kind nog niet is gespeend. Gebeurt dit wel dan spreekt men van *pangga ana*, over het kind heen stappen, we zouden zeggen over het kind heen lopen, met voor het kind nadelige gevolgen. Dit betekent een vrij langdurige beperking van sexueel verkeer en kan een overweging zijn voor het aangaan van een polygaam huwelijk.
Idealiter is het zo dat een man voor het aangaan van een tweede huwelijk de instemming, de toestemming van zijn eerste vrouw behoeft. Men kan niet zeggen dat de man zich daaraan steeds houdt. Eén geval is mij bekend dat een vrouw zich tegen de plannen van haar man effectief verzette en wel door haar man binnen de gemeenschap beschaamd te maken. Zij ging naar anderen om van hen de verzorging te vragen, *sirih-pinang*, kleding, die haar man haar naar ze zei onthield. Ze heeft dit voortgezet tot haar man van zijn plan af zag.
Er kunnen redenen zijn van economische aard. De vrouw heeft toch een belangrijke taak in het mee bewerken van de tuinen. Het komt dan voor dat het initiatief van de vrouw uitgaat, dat een tweede huwelijk door haar wordt gestimuleerd, dat ze haar man voorstelt eens naar een "jongere zuster"(W.S. *àli*, O.S. *ari*, *eri*) om te zien.
Onder de economische redenen moet ook worden gerekend, dat elk huwelijk resulteert in een relatie tot een nieuwe verwantengroep waarop men in geval van nood een beroep kan doen. Dat raakt dus ook de sociale betrekkingen die door een nieuw huwelijk worden uitgebreid. Vandaar ook is het te verstaan dat niet alleen jongens, zoons, maar ook meisjes, dochters en zusters, gewenst zijn. Zoals een van mijn kennissen

tot mij zei: Wanneer ik geen dochters of zusters heb, heb ik straks geen "familie" meer. Het woord dat wij hier met familie weergeven, *duwu*, betekent aanhechting, verlengstuk. Het kan bijv. worden gebruikt voor een stuk touw dat ik aan een ander knoop. Mijn *duwu* zijn de relaties die ik verkrijg door huwelijk van dochter of zuster, het is een uitbreiding van de sociale betrekkingen. *Paduwu* elkaars *duwu* zijn, familie van elkaar zijn, geldt dus steeds van aanverwanten. Steeds zal men een vrouwelijke partner als schakel vinden.
Ook kinderloosheid kan een aanleiding zijn tot het aangaan van een tweede huwelijk. Dit laat zich in het bijzonder verstaan in een samenleving waarin het nageslacht verantwoordelijk is voor het welzijn van de gestorvenen. Ik denk aan een uitspraak van een van onze kennissen, tot wie ik een verstandig woord meende te richten inzake het aantal buffels die bij gelegenheid van de begrafenis van zijn moeder werden geslacht. Wat denkt u, zei hij, denkt u niet dat ik veel meer zou slachten wanneer er geen slachtbelasting was. Als ik de gestorvenen geef zullen ze ook mij geven. Ik geef ze van het hunne. Hij doelde hier op de bepaling dat elk te slachten dier vooraf een stempel, teken van slachtvergunning, moet ontvangen van de vertegenwoordiger van de veterinaire dienst, waarvoor betaling verschuldigd is. Deze maatregel dient om te voorkomen dat voor de teelt gewenste beesten zouden worden geslacht en had dus goede economische zin. Maar hier hebben we tevens een voorbeeld hoe een "verstandige" bestuursmaatregel diep kan ingrijpen ook in het ritueel en religieus leven van de bevolking.Het gaat er maar om wat "verstandig" is en welke maatstaven men ter beoordeling gebruikt. Vooral van de Batak een bevolking met een sociale organisatie die veel met die van de Sumbanezen overeenkomt, is kinderloosheid als reden voor een polygaam huwelijk bekend.
Een opmerking in het voorbijgaan: Deze Sumbanees zou dus op de vraag tot de rijke man:"wat gij gereed gemaakt hebt, voor wien zal het zijn" (Luc. 12:20) kunnen antwoorden "Voor mij".
Ook politieke overwegingen kunnen motief zijn voor een pluraal huwelijk Mij is bekend het voorbeeld van een van de zelfbestuurders van West-Sumba, die door huwelijk in aangrenzende gebieden trachtte zijn positie als bestuursfunctionaris over een groter gebied uit te breiden

door een vrouw te vinden uit het bedoelde gebied en daar dus relaties te krijgen. Ook in de geschiedenis van de *maràmba* van Lewa en hun gebiedsuitbreiding heeft dit een rol gespeeld.
Dat wil zeggen, de sumbase samenleving reageert niet tegen een polygaam huwelijk. Het wordt integendeel gewaardeerd als een blijk van hogere status. Je moet het ook maar kunnen; je moet er de nodige goederen voor hebben. Het is dan ook niet te verwonderen dat het geweten ook van hen die tot de gemeente zijn toegetreden daarop anders reageert. Een polygaam huwelijk daar is geheel iets anders dan een verhouding van bigamie hier.
Hoe is nu het beleid van zending en kerk geweest? Van de aanvang aan is een polygaam huwelijk aangegaan vóór de overgang tot de christelijke kerk als zodanig aanvaard. Een polygaam gehuwd man werd met zijn vrouwen in de christelijke kerk opgenomen zonder dat van hem werd gevraagd dat hij een of meerdere vrouwen naar hun familie zou terugzenden. Men heeft dit terecht als een onrecht tegenover deze vrouw(en) gezien. Daarnaast gold de verbinding, dat men na overgang geen polygaam huwelijk zou aangaan. Men zou het aantal echtgenoten niet vermeerderen en hun aantal ook niet na eventueel overlijden van een van de vrouwelijke partners aanvullen. Het monogame huwelijk werd in onderricht en prediking als de binnen de gemeente geldende regel aangewezen en toegelicht, de *pata*, de *huri* waaraan men zich zou hebben te houden. Deze regel werd daar gevolgd en geldt daar.
In geval van overtreding van deze *pata karètena*, deze christelijke zede, levensregel, was er tweeërlei reactie. De distantie van de christelijke gemeente werd gemarkeerd door afhouding van het avondmaal. Hier was een gemeenschap geschonden. Volgens sommigen nu werd de nieuw aangegane huwelijksrelatie onbeperkt reparabel geacht. Dat wil zeggen dat herstel van de band met de gemeente alleen kon gaan via de ontbinding van het laatste huwelijk, ook wanneer uit deze nieuwe verbinding kinderen waren geboren. Anderen spraken niet zo absoluut. Dezen achtten de situatie na verloop van tijd niet reparabel. Zij meenden niet te mogen vragen dat de laatste vrouw dan weer zou worden heengezonden. Dit achtten zij onrecht en dus moest herstel van de band met de gemeente op andere wijze worden gezocht, nl. door terugkeer na

schuldbelijdenis.
Daarbij is te bedenken dat hoe ook, een dergelijk huwelijk, ook als dit door een christen wordt aangegaan binnen de samenleving niet onwettig is. Het is nl. niet zo dat door overgang naar de christelijke gemeente als zodanig, min of meer automatisch de rechtsverhouding verandert. Er is niet automatisch sprake van christelijk adatrecht. Adatrecht komt tot stand door onderling overleg en beslissing en zo zouden vormen van christelijk adatrecht kunnen ontstaan door een overleg waarin de leiders van de samenleving en de leiders van de christelijke gemeente als deel van die samenleving elkaar ontmoeten. Het beroep dat ik eens hoorde op een bestuursambtenaar "maar de christenen hebben toch hun eigen adatrecht" om hiermee de onwettigheid van een door een christen aangegaan polygaam huwelijk te betogen, was dus niet gegrond. Het moeilijke van de situatie was dat een en ander ook de bestuursambtenaar niet duidelijk was en hij zelfs geneigd was de juistheid van dit beroep te erkennen.
Ook heb ik de situatie meegemaakt dat van een zelfbestuurder, niet christen, door een van de zendingsarbeiders werd gevraagd, dat hij een dergelijk huwelijk ongeldig want onwettig zou verklaren. Ook hier speelt de vraag mee: Hoe komt een nieuwe rechtsregel tot stand? Zeker niet door een decreet van een buiten de samenleving staande instantie. Die kan wel tot stand komen door beslissing van de daarvoor aangewezen instanties genomen op grond van een klacht of eis voorgebracht door een van de deelgenoten binnen de gemeenschap; dus van een benadeelde of beledigde partij. Dat zou bijv. kunnen zijn de eerste vrouw als - wat onder christenen wel gebeurde - de mannelijke partij bij de huwelijksbesprekingen een op deze situatie betrekking hebbende belofte had gedaan. Of eventueel de familie van de eerste vrouw. In bedoeld geval werd echter van die zijde geen eis ingesteld. De eiser - als men die hier zo zou kunnen noemen - was een vertegenwoordiger van een buiten de samenleving staande instantie op grond van een nog niet formeel erkende rechtsregel.
Erkenning van een eigen rechtspositie van de christenen kan alleen resulteren uit een initiatief dat van de sumbase christengemeenschap uitgaat. Zolang dergelijke beslissingen niet zijn genomen heeft de

christelijke gemeente wel een eigen wijze van reageren, maar deze reactie is van andere aard, nl. in de weg van pastoraal vermaan en terechtwijzing. Daarvan zal dan ook invloed kunnen uitgaan op de vorming van het zedelijk oordeel en straks ook op de rechtsvorming binnen het geheel van de gemeenschap. Maar het is bepaald niet zo dat door overgang tot de christelijke kerk deze leden van de gemeenschap onttrokken zouden zijn aan het binnen die samenleving geldend recht. Hun enig recht is vrijheid van godsdienst en dus ook dat ze niet verplicht kunnen worden tot situaties die ingaan tegen de fundamentele keuze die zij hebben gedaan.
Om tot de kerkelijke reactie terug te keren, ik herinner me een geval van polygamie binnen de gemeente van Kodi. Het betrof hier een man die als een van de eersten van zijn woongebied zich bij de gemeente had gevoegd en anderen tot het evangelie had gebracht. Bij zijn overgang had hij twee vrouwen maar bij geen van beiden een kind. Niettegenstaande vermaan van de kant van de evangelist, van mede-oudsten en pandeta nam hij een derde vrouw. Toen zijn familie de reactie binnen de kring van christelijke gemeenschap merkte trachtten zij hem tot terugkeer binnen de gemeenschap met de voorouders te bewegen. Dit weigerde hij definitief. Hij verliet de familiewoning en bouwde zich een onderdak dicht bij de school met de verklaring: "Als ik dan niet meer in het huis mag zijn, dan wil ik bij de drempel wonen". Hij bleef met zijn drie vrouwen in de samenkomsten komen en na een jaar kon zijn derde vrouw worden gedoopt. Dat betekende dat zijn drie vrouwen wel, hij zelf niet aan het avondmaal konden deelnemen. In dit geval is op de vergadering van missionaire predikanten voorgesteld dat hij na schuldbelijdenis weer tot het avondmaal zou worden toegelaten. Tot mijn grote teleurstelling is dat voorstel toen bij staking van stemmen verworpen. Een wonderlijke zaak, waarbij wij echter in ons oordeel wel hebben te bedenken hoe gevoelig deze zaak lag juist binnen de kring van de sumbase christengemeenschap; men vroeg zich af wat de consequenties van een andere beslissing zouden zijn. Deze man heeft het nog lang uitgehouden maar later is de afstand tot de gemeente groter geworden. En weer klemt de vraag:weten we wat we doen?
Tot welke wonderlijke situaties men echter op deze wijze kan komen,

bleek in een naburige gemeente, waar eveneens een van de vooraanstaande leden een tweede vrouw had genomen. Ook hier werd deze man van het avondmaal afgehouden. Deze distantie kon echter weer worden opgeheven toen zijn eerste vrouw kwam te overlijden en hij dus weer "monogaam" was. Toen kon voor hem na schuldbelijdenis de weg terug weer worden geopend. Toch ook hier: weten we wat we doen?
Op grond van dergelijke ervaringen blijf ik bij mijn vroeger uitgesproken gedachte, dat elk geval op zich zelf moet worden beoordeeld. Het kan zijn dat het aangaan van een polygaam huwelijk niet op zich zelf staat maar symptoom is van een verwijdering van de gemeente.Dan zal dat ook op andere wijze tot uiting komen. Maar het staat voor mij vast dat zeker niet a priori de weg tot terugkeer mag worden afgesloten met als onafwijsbare voorwaarde scheiding van de laatst getrouwde vrouw. Ik heb indertijd daarvoor de sumbase voorgangers niet mee kunnen krijgen. Hun reactie was: Dan weten we niet meer waar we aan toe zijn; je zou kunnen zeggen dan is het hek van de dam. Het zou kunnen zijn dat een ander beleid inderdaad door hen bedoelde gevolgen zou hebben. Je kunt dan alleen maar zeggen dat de christelijke gemeente op andere wijze wordt beveiligd dan door dergelijke hekken.
Ik denk hierbij ook aan wat Jezus zegt in gesprek met de Farizeën op hun vraag naar de scheidbrief die door Mozes was toegestaan, waar Hij spreekt van de hardigheid van hun harten als de grond waarom Mozes hun die weg had gewezen 6). Hier wordt niet gezegd dat Mozes daarin verkeerd handelde. Hier is plaats voor het rekening houden met zedelijk peil en moreel besef. "Van den beginne aan is het zo niet geweest". In dit "van den beginne" is een kritische instantie gegeven tegen de feitelijke situatie in een bepaalde periode, welke dan ook. Met die situatie wordt echter wel gerekend. Ook ons beleid heeft daarmee te rekenen zonder er in te berusten.
Tot op dit ogenblik blijft het een kwestie binnen de christelijke kerk op Sumba. Maar de veranderingen binnen de samenleving, onderwijs en ontwikkeling ook voor meisjes en vrouwen, groei van een vrouwenorganisatie zijn krachten die het verzet tegen een polygaam huwelijk binnen de samenleving zelf sterken. Wat zoëven over de vorming van adatrecht is gezegd krijgt ook andere betekenis nu Sumba

eigen vertegenwoordigende lichamen met wetgevende en regelende bevoegdheid kent.
Van 15 tot 18 mei 1963 werd in Waingapu op initiatief van het bestuur van de daerah Oost-Sumba, een adatoverleg gehouden waaraan deelnamen vertegenwoordigers van het daerah-bestuur, van de verschillende bestuursdistricten (*ketjamatan*) in dit gebied en erkende kenners van de adat. De bedoeling van dit overleg was na te gaan op welke punten de traditionele adat in deze tijd zou dienen te worden gewijzigd. Het zou interessant zijn aan dit overleg opzettelijke aandacht te geven, maar ik beperk me nu tot de zaak die ons momenteel bezig houdt. Een van de punten van bespreking was nl. het huwelijksrecht naar de adat. Daarbij kwam ook de polygamie (*kawin tambah*) aan de orde en werd uitgesproken dat deze vorm van huwelijk diende te worden beschouwd als thans schadelijk (*tidak menguntungkan lagi*) met het oog op de positie van de vrouw als meesteres van het huishouden (*ratu rumah tangga*) en de eminent centrale betekenis van het gezin voor de opvoeding. Het is belangwekkend te zien in welke richting de gedachten en de verwachtingen gaan. Ook deze idealen zullen tijd nodig hebben voor hun realisering.
Een laatste opmerking. Polygaam gehuwde mannen werden wel met hun vrouwen tot de gemeente toegelaten maar konden daarin geen ambt bekleden, dus geen ouderling zijn. Bij de institueering van de eerste christelijke gemeente in West-Sumba, de gemeente van Tanggāba bleek dat de vooraanstaanden, de werkelijk leiding gevenden allen polygaam waren getrouwd. De kwestie is op de Generale Synode van Arnhem gebracht in 1930 door een gravamen van Ds. W. van Dijk, die van mening is dat "de man van één vrouw" (1 Tim. 3:2) niet kan slaan op de verhoudingen zoals we die op Sumba vinden. De synode is op zijn bezwaar niet ingegaan. Toen ik daarover sprake met Dr. B.J. Esser, toen missionair predikant in Purbilinggo, zei deze me: Je moet het natuurlijk wel doen; deze mannen zijn de aangewezen ouderlingen. Maar je moet het niet in Holland vertellen. Ik acht dat een wijs woord.

III. *Het accepteren van offervlees*

Een andere kwestie die van betekenis is geweest in de geschiedenis van

de zending op Sumba, is de vraag: Hoe dient de houding van de christelijke gemeente te zijn t.a.v. het accepteren van een vleesaandeel bij de slacht van dieren die gepaard gaat met offerritueel, die worden geslacht voor "marapu". En waar slachten zonder ritueel eigenlijk geen slachten is en je dus *teba* (in geval van een buffel) of *tunu*(in geval van varken of kip) zowel door slachten als door offeren kunt weergeven, zou dit gelden voor alle binnen de sumbase gemeenschap geslachte dieren. "Marapu" is in dit verband een samenvattende aanduiding voor alle bovenmenselijke machten tot welke elke Sumbanees al naar zijn plaats in deze samenleving in relatie staat, o.a. de groep van de voorouders, speciaal de mythische voorouders, maar deze niet alleen. Naast Marapu zijn te noemen *Ndewa-Pahomba*. Marapu zijn dan de cultuurheroën, de mythische voorvaders. *Ndewa-Pahomba* behoren niet tot de vroeger op aarde levenden. Het is, het zijn - men kan enkelvoud en meervoud vertalen - vertegenwoordigers, representanten van de Macht die zich in het leven van de Sumbanees laat gelden; een steeds durende aanwezigheid. Het verkeer met deze machten worden onderhouden in tal van rituelen en bij deze rituelen wordt in de regel geslacht, geofferd.
De genoemde kwestie is opgekomen in verband met de vraag die in 1 Cor. 8-10 aan de orde is. Men zou zeggen op elk zendingsterrein haast onontkoombaar, maar het eigenaardige is dat voor zover mij bekend deze zaak nergens de gedachten zo bezig gehouden heeft en de discussie bepaald als op Sumba.
Van de aanvang af is er tussen de missionaire predikanten hierover geen eenstemmigheid geweest. Het is een vraag die niet zozeer uit de christelijke gemeente zelf is voortgekomen, vandaar aan de orde is gesteld, maar ze was aan de orde tussen de zendingsarbeiders, die in hun verkeer met de sumbase bevolking een antwoord hadden te geven,nog voor op Sumba een sumbase christelijke gemeente bestond. Dat heeft ertoe geleid dat gedurende enige tijd de praktijk zowel van de missionaire arbeiders als later ook van de christelijke gemeente in Oosten in West-Sumba verschillend was; hier werd anders gereageerd dan daar.
Weer gaat het om de vraag: weten we wat we doen? Daartoe moeten we

trachten te verstaan wat het accepteren van vlees binnen de sumbase samenleving betekent.
Zoals al gezegd is: Men slacht geen beest zonder dat daartoe aanleiding is. Slacht alleen met het doel en vanwege de begeerte om vlees te eten kwam idealiter niet voor. Dat zou trouwens een gevaarlijke zaak zijn, want *da-pakaleha da banda*, de beesten zouden het vorderen, het er niet bij laten zitten. De aanleidingen tot slacht waren onderscheiden van aard. Ik noem er enkele.
a. Bij ontvangst van gasten. Bij een geëerd gast wordt niet alleen sirih pinang aangeboden maar richt men een maaltijd aan. En bij die rijstmaaltijd hoort vlees. Zonder deze bijspijs kan de rijst niet worden gegeten. Het woord voor vlees in West-Sumba, *kana'a* betekent eigenlijk middel om te eten, iets waarmee het eten inderdaad eten wordt. Aan de gast wordt dan een beest aangeboden dat wordt geslacht naar het ritueel van de gast; hij is het die aanroeping doet of laat doen. Bij die aanroeping behoort ook aanbieding van sirih-pinang en ook hier begint de aanroeping dan met het *mamana pamama marapu* (zo W.S.) of *hàpa pahàpa marapu* (zo O.S.) pruim pruimsel marapu.
Dezelfde regel gold als wij gast waren. Ons ritueel bestond dan in "aanroeping" bij de maaltijd. Al ben ik er niet zeker van dat het ritueel door de gastheer niet ook op andere wijze werd verzorgd. Je hebt gevaren te ontzien.
In dit verband wil ik een merkwaardige ervaring vermelden. Een van onze oude kennissen kwam op zijn weg terug van het ziekenhuis waaruit hij was ontslagen bij ons aan. Wij hadden meermalen samen gesproken en in het ziekenhuis was hij tot een beslissing gekomen. Toen we hem nu het gebruikelijke mandje sirih-pinang aanboden nam hij het voor zich en deed inderdaad aanroeping: *Mamana pamama wo'u Maràmba Alu, alangitangge langita atanangge tana; mamana pamama wo'u Maràmba Jezu, ba ana papatukananggu, ba lakawa papawendenanggu*, d.w.z. Pruim pruimsel Here God, wien hemel en aarde eigen zijn; pruim pruimsel Here Jezus, gij de zoon door Hem gezonden, gij de knecht door Hem gestuurd. Dat betekent dus dat deze man zijn gaven en aanroeping overbracht naar de nieuwe Heer die hij nu wilde volgen, een verplaatsing van zijn loyaliteit. Ik luisterde met aandacht en was benieuwd hoe dit

verder zou gaan, maar hij werd met een *ila lumukana*, zo moet je niet doen, door een van onze assistenten onderbroken. Ik denk niet dat hij begreep wat naar de mening van onze assistent verkeerd was, maar hij wendde zich tot mij en betuigde:Alles wat jij mij zegt zal ik volgen. Nu is duidelijk, dat bij deze aanbieding en slacht het sociaal aspect op de voorgrond staat, maar het gaat niet zonder ritueel. Want gastheer en gast staan beiden in relatie tot het onzichtbare, maar wel medelevende deel van de samenleving. Hun wordt de spijs allereerst geboden en de levenden eten *na uhu rihi ngaada na wai tàda ununguda,* het overschot van de spijs en de rest van de drank van marapu: wat hun wordt gelaten en geschonken.

b. Bij gemeenschappelijke werkzaamheden, liever bij een oproep tot medewerking bij wat men noemt *pawànda*. Dat gebeurt bijv. voor de bewerking van een uitgestrekt rijstveld, hetzij uitplanten of oogsten, bij het trekken van een grafsteen enz. In dergelijk geval doet de bezitter van de sawah of de heer van de steen een beroep op verwanten, aanverwanten, bekenden, elk met zijn mensen. Het "loon",*wunda* voor deze medewerking bestond (bestaat?) uit een rijstmaaltijd maar uiteraard niet zonder *pang'a wai*, iets waarmee men eet, bijspijs en dus slacht. Hier staat dus de slacht in het verband van het economisch-sociaal verkeer. Maar zoals te verwachten is niet zonder relatie tot de voorvaderen, tot de heer van de grond en van het water.

c. Meer specifiek op marapu gericht is de slacht bij een begrafenis. Deze beesten worden aan de gestorvene meegegeven op zijn tocht naar de *parai marapu*, de dodenkampung. Het zijn er meer naar mate de status van de gestorvene en van de *mori amate*, de heren van de gestorvene, zijn naaste verwanten, die voor de dodenverzorging allereerst verantwoordelijk zijn,hoger is. Dit is tevens een aanleiding de reeds eerder gestorvenen te gedenken; deze worden geacht in deze situatie meer nabij te zijn. Gedurende de dagen tussen dood en begrafenis moet bij de dode worden gewaakt, waaraan verwanten en aanverwanten deelnemen. Elke dag moet voor wakers en gestorvene worden geslacht en wordt hun een maaltijd aangeboden.

Voor nader verstaan van de omgeving waarin de vraag van het accepteren van offervlees ons plaatst is te bedenken, dat allen die deelne-

men aan de begrafenis, in de eerste plaats verwanten en aanverwanten, zowel kabisu-genoten, bruidgevers als bruidnemers in de kosten bijdragen (o.a. door beesten en geschenken te brengen) en van de slacht een stuk vlees dienen te ontvangen. Dit vlees wordt meermalen niet individueel maar naar verwantengroepen verdeeld. Wie niet aanwezig kan zijn krijgt zijn deel thuisgebracht. Hij zou "beschaamd" zijn als hij werd gepasseerd, niet in zijn positie werd erkend. Maar men is niet minder "beschaamd" of beledigd als men vlees thuis gebracht zou krijgen zonder te behoren tot degenen aan wie de *mori amate* dient te denken. Alsof ik om vlees verlegen zou zijn! In dit verkeer van brengen en geven ontstaat op verschillende manieren een schuldrelatie. Wie nu bijdraagt kan straks op steun rekenen en wie nu vlees ontvangt moet straks de wederkerigheid betrachten: men kan een beroep op hem doen.
Als zo bij deze gelegenheden de verwantschapsrelaties in steunverlening functioneren betekent dit niet dat de *mori amate* eventueel niet zelf in staat zou zijn de te slachten beesten op te brengen. Men geeft nl. wat ieder zelf ook heeft, maar in dit geven en ontvangen wordt de relatie tussen de op elkaar aangewezen groepen als het ware vernieuwd, opnieuw gerealiseerd en zo gesterkt. Deze verwantschapsbetrekkingen functioneren dus op veel breder terrein dan alleen bij het huwelijk. Zowel lijkbezorging als gemeenschappelijke arbeid zijn aanleidingen tot realisering van het economisch verkeer in de schenking van enerzijds mannelijke en anderzijds vrouwelijke goederen. Wie nu veel dergelijke schulden heeft is een man die veel relaties heeft. Toen iemand tegen mij zei: Wat zou ik u brengen en wat zou u mij geven, sprak hij daarmee voor een sumbanees oor duidelijk uit, dat we geen betrekking tot elkaar hadden, dat we niets met elkaar te maken hadden. In dit brengen en geven verkrijgt de onderlinge verbondenheid zijn expressie.
d. Bij feesten met een predominerend godsdienstig karakter, al ontbreken andere facetten daaraan niet: hetzij ze gegeven worden tot vervulling van een gedane belofte, bijv. na goede oogst, dan wel tot sterking in een existentiële onderneming, bijv. steentrekken, of ter afweer van dreigend gevaar, reactie op rampen (brand bijv.) waarbij het er om gaat de verstoorde orde te herstellen. Van deze rituelen wordt aan marapu kennis gegeven; ze worden daartoe samengeroepen en

in de nacht voorafgaande aan het besluit wordt in woord en antwoord, het *tauna li'i* (het woord voeren) de aanleiding van het feest besproken. Dit wordt dan gevolgd door een reciet van de geschiedenis der voorvaderen (*kanungga*), waardoor dit gebeuren in verbinding wordt gesteld tot het normatief geachte mythisch verleden. En ook van deze rituelen geldt wat gezegd is van lijkbezorging en gemeenschappelijke arbeid; het zijn tevens gelegenheden waarbij de onderlinge betrekkingen opnieuw door brengen en geven worden gerealiseerd.

Eerst tegen deze achtergrond kunnen we trachten ons een beeld te vormen van wat het zeggen wil als we uitspreken dat een christen geen vlees mag accepteren van een beest dat aan marapu is aangeboden, daarvoor is geslacht, geofferd. We hebben te rekenen met het feit dat 1. geen beest wordt geslacht zonder daarmee gepaard gaand ritueel. Slachten zonder ritueel wordt door een sumbanees *teba*(*tunu*) *majela*, ijdel slachten genoemd. Wil men het zeer strikt zeggen - en men was wel tot deze conclusie geneigd - dan is alle vlees binnen de sumbase samenleving geslacht offervlees. 2. de geschenkenruil hetzij in de vorm van levende have als in die van slachtvlees intrinsiek verbonden is met de functionering van de sociale relaties, inzonderheid van de verwantschapsbetrekkingen. Weigering daarvan is miskenning van deze relaties, is in feite *pamàke dènga*, beschaamdmaking en leidt tot isolering. Want ook hier geldt de reciprociteit: Wie niet geeft ontvangt niet, wie het geschenk weigert, verbreekt de verhouding, isoleert. De problematiek wordt bepaald door de noodzaak enerzijds dat de christenen de band met de volksgemeenschap bewaren zonder anderzijds zich te begeven in situaties die duidelijk van heidens godsdienstige aard zijn. Men heeft de oplossing wel gezocht in het wel meewerken waar op grond van bestaande relaties een beroep op hen kan worden gedaan, maar niet meedelen zowel als gevende en als ontvangende partij. De te verwachten reactie was duidelijk: Dan hebben we jelui niet nodig.

De oplossing is ook gezocht in het advies: Zorg dat er geen beroep tot tegengeschenk op je kan worden gedaan. Heb je op een of andere wijze hulp ontvangen, betaal dan die schuld af voordat naar aanleiding en in verband met een bepaald gebeuren een beroep op je kan worden gedaan. Maar deze raad miskent de eigenaardige aard van deze relaties en van

deze geschenkenwisseling. Men kan niet geven zonder aanleiding. Het is geen zakelijke kooprelatie zoals wij die kennen, maar in dit wederkerig op elkaar een beroep doen werken de samenbindende krachten van deze samenleving. Direkte afdoening als 'betaling' zou een belediging zijn, zou de relatie niet sterken maar die beëindigen. Men doet een beroep op de ander opdat de ander een beroep zal doen op mij. Men vraagt om straks te kunnen teruggeven; men schenkt om te kunnen vragen en zo de betrekking levend en blijvend te doen zijn. Tussen wie niets met elkaar te maken hebben bestaan deze relaties niet.
Door een geschenk kan men een relatie aanknopen en wie het geschenk aanvaardt gaat op die relatie in. Zoals een van onze kennissen met een kip aankwam met de mededeling: Ik kom die niet verkopen, ik kom hem je brengen; een geschenk met verwachting voor later. Wie geeft en verklaart niet op teruggave te rekenen maakt beschaamd en verbreekt de betrekking. Deze oplossing was geen oplossing.
Ik ben sterk onder de indruk gekomen van wat wij vragen toen ik zelf met een zelfbestuurder meende te moeten spreken, die met een beest op weg was naar een feest. Een man die in zijn positie werd erkend en op wie een beroep werd gedaan, dat hij wilde, dat hij moest honoreren. Kan ik dan over hem oordelen?
In 1934 heeft de vergadering van missionaire arbeiders een uitspraak gedaan waarbij aanvaarden van een dergelijk vleesgeschenk in alle situaties werd ontraden. Dit besluit is meegedeeld aan de gemeenten in een schrijven met een toelichting waarvan ik betwijfel of het de mensen aansprak. Eens hoorde ik een fundering die voor een Sumbanees dunkt mij moet aanspreken. Deze werd gegeven door een van de toenmalige evangelisten, Timotheus Umbu Bili. Hij verwees naar de gewoonte van het tegen elkaar opslachten, *patadina teba* waarbij twee strijdende partijen elkaar in het slachten van beesten trachten te overtreffen wie het het langst kan volhouden heeft de ander uitgeslacht en kan van zichzelf zeggen *napène kadunggu*, mijn horen is verhoogd; zijn sociale status is gestegen. T.U. Bili zei toen: Het is ondenkbaar dat ik vlees zou aannemen van een slacht waarbij de naam van mijn Vader wordt gehoond.
Persoonlijk ben ik geneigd onderscheid te maken tussen die rituelen die functioneren in specifiek religieuze ontmoetingen en die waarbij

het sociaal en economisch motief op de voorgrond staat.

IV. *Het sumbase feest*

In dit verband is ook iets te zeggen over het sumbase feest. Niet meer dan summier. Het moet wel genoemd omdat ook hier de vraag naar voren komt: Wat gebeurt er als men besluit "de nieuwe weg" te volgen. Afgezien van de vraag of deze consequenties worden doorzien - denk aan Adriani, die spreekt van *masuk agama kristen*, het christendom binnengaan, men gaat op weg - met deze overgang is de wereld waarin men leeft een andere geworden. Dat moet men leren verstaan, maar de inhoud van veel dagelijkse woorden is een andere geworden. Het woord *uma*, huis zal men natuurlijk blijven gebruiken, maar het is geen plaats meer van ontmoeting en samenleven met de voorvaderen; de relatie tussen levenden en gestorvenen is een andere geworden. Men bebouwt het land maar in sawah en tuin zal men geen *katoda* meer oprichten waar de macht wordt aangeroepen van wie gezegd wordt *na mamata nda puri na mawihi nda ndjili*, wiens oog niet slaperig en wiens voet niet moede wordt, die steeds waakzaam is voor het welzijn van het gewas en kwade machten afweert. Het dorp kent niet meer zijn concentratiepunt in de *katoda paraingu* voor de heer van het dorp en bij de ingang brengt men niet meer zijn gave aan "wie ons doet uitgaan in de morgen en doet ingaan in de avond" die onze uitgang en ingang bewaart. Dit is alles een proces, het wordt niet alles van de aanvang aan doorzien en beleefd maar de wereld waarin men leeft is fundamenteel een andere geworden; de motivering van handelen is een andere geworden. Wat vroeger noodzakelijk was is niet meer nodig, heeft zijn betekenis verloren. Een andere levensregel, een andere *huri* of *pata* gaat gelden en deze *huri* (*pata*) is naar zijn aard wezenlijk verschillend van wat vroeger *huri* (*pata*) betekende. Vanuit de oorspronkelijke betekenis van *pata* werd de vraag gesteld door een van onze oude vrienden, dat ik hem nu toch zou moeten zeggen hoe de *pata karètena*, de christelijke levenswijze was. Hier heeft het woord *pata* niet alleen de zin van beveiliging, van zekerheid, maar ook van bedreiging in geval van overtreding. Je moet het dus wel weten.
Dat de visie op de wereld een andere is geworden openbaart zich ook in

het wegvallen van de feesten. Meermalen wordt tegen de activiteit van zending en missie het bezwaar ingebracht dat deze aan de mensen de gelegenheid ontneemt tot dergelijke gemeenschapsmanifestaties met alles wat daaraan verbonden is. Van Baal o.a. heeft daarover geschreven in verband met een verbod van de feesten in Z.W. Nieuw Guinea, een verbod dat hier uitging van het Gouvernement - zeker met instemming van missie en zending - vanwege de hypertrofie van het sexuele aspect van deze feesten, waaraan de bevolkingsachteruitgang voor een deel werd toegeschreven. De noodzakelijkheid van dit verbod wordt door Van Baal niet ontkend, maar hij wijst op de onontkoombare gevolgen in economisch en recreatief opzicht. De schade voor het ludiek aspect van de cultuur die zijn repercussie vindt in de economische sfeer niet alleen, maar dreigde het leven te doen vervallen tot een monotonie die ondermijnend bleek te zijn voor levensvreugde en levenswil 7). Zonder doorbreking van deze monotonie, zonder vier-dagen schijnt het niet te gaan.

We hebben op een of andere wijze het feest nodig. We *vieren* feest, een woord dat samenhangt met midden nederlands "vieren", rusten, vrij zijn. Het betekent een doorbreking van de normale gang van zaken en tevens een nieuwe zingeving daaraan (cfr. H.Th. Fischer:De zin van het feestvieren 8). In een artikel Bezinning (ik meen 1953) wijst Van Baal op de noodzakelijkheid aan de Papoea's, speciaal de Marind Anim feesten te geven, een weg te zoeken naar nieuwe feesten.

Nu is een feest instellen geen eenvoudige zaak. Aan een gemeenschap nieuwe feesten geven betekent nieuwe zin geven aan het leven van die gemeenschap. Er moet een aanleiding zijn en bij die aanleiding moeten de feestgenoten tezamen zijn betrokken, zo dat dit samen zijn kan dienen om de band aan elkaar te sterken; te beleven dat men niet alleen staat, met elkaar is. Het is moeilijk als het "feest" de zin zou moeten creëren. De erkende band aan elkaar moet in het feest opnieuw worden geactiveerd. Van dit karakter van het feest als manifestatie van gemeenschap spreekt ook het sumbase woord *rame*(W.S.), *remi*(O.S.)= indon. *ramai*. Het staat tegenover *karingi*, onbewoond, eenzaam. Het gaat dan niet alleen om het aantal feestgangers, dat ook, want alleen viert men geen feest, maar ook om de intensiteit waarmee dit samenzijn

wordt beleefd. Zegt men van een gebeuren dat het *rame pòngu* (*ramai betul*) is, dan wordt daarin gezegd dat men het samen-zijn op intense wijze beleeft.
Dat samenzijn zoekt en arrangeert men bij verschillende gelegenheden. Enkele zijn reeds genoemd bij wat gezegd is over de "slacht", want een maaltijd is een van de wezenlijke gebeurtenissen van een feest. In Oost-Sumba kan het woord *pamangu* te eten geven, worden weergegeven met feest en feest geven. Samen eten is een vorm van gemeenschapsoefening. Denk aan 1 Cor. 10:17: Omdat het één brood is zijn wij, hoe velen ook, één lichaam. We hebben immers allen deel aan het ene brood. Dat geldt al van ieder werkelijk bezoek. Dat functioneert niet zonder maaltijd. Anders ben je eigenlijk niet op bezoek geweest.
Men arrangeert dit samen-zijn bij gelegenheden waar men in zekere zin van crisissituatie kan spreken. Daar waar of de grootheid of de broosheid van ons menselijk bestaan wordt beleefd. Mogelijk zowel het een als het ander. In alle grootheid bedreigd. Het is alsof men zich aan elkaar sterkt, in de gemeenschap beschutting en sterking zoekt van eigen bestaan. Van hieruit kunnen we de sociologische verklaring van de religie verstaan 9). Daar waar de verschillende clans samenkomen om de stameenheid in alle onderscheidenheid te vieren, verkrijgt het leven een exponent, een diepere intensiteit. Het wordt anders; we komen in aanraking met wat Durkheim sacraal noemt. In deze gemeenschapsbeleving ziet hij het eigenlijk karakter van de religie. Gemeenschapsbeleving en religie zijn met elkaar gegeven. En in deze gemeenschap is ook de natuurlijke wereld opgenomen. Die is er wezenlijk mee verbonden. Het is geen vreemde wereld. De ordening van de gemeenschap vindt zijn reflex in de ordening van de natuurlijke wereld. Het is als één grote familie. De kracht die in de natuurlijke dingen schuilt, dient de kracht van mens en samenleving. Het is één symbiose. Deze symbiose vindt zijn fundament en expressie in de mythe en wordt telkens weer gerealiseerd in de rite en deze rite wordt gedramatiseerd, als opgevoerd daar waar de gemeenschap samen is en dient het leven van de gemeenschap. Zo is dit een samenzijn van existentiële aard.De relatie tussen sociale, natuurlijke en kosmische ordening komt daarin uit.

Nu *rame* heeft dit wezenlijke karakter van gemeenschapsmanifestatie. Niet als bij de Australische stammen die Durkheim koos als uitgangspunt van zijn beschouwing. Maar toch de gemeenschap der levenden is hier in de grotere gemeenschap die ook het voorgeslacht omvat opgenomen en de grens tussen de wereld der gestorvenen en die van de goddelijke machten is vloeiend. Vandaar dat dit samenzijn steeds een religieuze zijde heeft. Daaraan zijn ook andere aspecten te onderscheiden en nu eens komt het ene en dan het andere aspect meer naar voren, maar de religieuze relatie doet daarin steeds mee. Een feest is ook een godsdienstig gebeuren. Ik noem alleen het "jaarfeest" in het landschap Loliina aan het eind van de *wula pòdu*, de verbodsmaand. De Sumbanezen spraken ter verduidelijking van *tahun baru sumba*, sumbaas nieuwjaar. Dat is niet onjuist mits men bedenkt dat "nieuwjaar" hier iets anders is dan een loutere jaarovergang in onze zin. De verbodsmaand is de maand die de afsluiting van de ene en het begin van de nieuwe landbouwperiode markeert. Deze *rame pòdu* wordt besloten met wat men noemt *lòdo kalàngo* waarop de normale regels niet gelden. Het geheel draagt duidelijk het kenmerk van de ontmoeting van de beide geslachten. Aan het eind wordt ritueel een kleine tuin beplant: het is dunkt mij te zien als een vruchtbaarheidsrite. Menselijk en natuurlijk gebeuren zijn hier duidelijk verbonden.
Vanuit dit karakter van het "feest" als gemeenschapsmanifestatie is het te verstaan dat zij die op bijzondere wijze deze gemeenschap representeren van tijd tot tijd een feest moeten arrangeren. Van een "grote" die nooit feest, daarin voorzichtig, karig,is wordt die voorzichtigheid niet geprezen. Het is geen lof wanneer van een *maràmba* wordt gezegd *nda napara'a pòngu-ki-ngge natarana,* hij stort nooit bloed op zijn dorpsplein, d.w.z. hij doet niet wat hij aan de gemeenschap verplicht is, hij zoekt geen gelegenheid waar de gemeenschap die hij vertegenwoordigt zich kan manifesteren. Daarin schaadt hij eigen status, eigen positie in de samenleving. Omgekeerd kan iemand door een feest te geven eigen positie, status verhogen, herstellen. Meent iemand in zijn status te zijn geschaad, beschaamd gemaakt, bijv. door bij het *pasola* (een soort sumbaas toernooi) publiek van zijn paard te vallen, dan geeft hij een feest, brengt de gemeenschap waar-

toe hij behoort samen opdat zijn plaats daarin opnieuw wordt gehecht en erkend, *pakai wai màke*, om de beschaamdheid weg te nemen, eigen *ndewa*, levenskracht weer op te richten.
Het feest heeft zo uiteraard naast de religieuse een uitgesproken sociaal karakter; kan dienen om eigen sociale positie te sterken. Deze dingen zijn te bedenken als we zien hoe men zich voor eigen sociale status zware offers getroost. Natuurlijk spelen daarin ambitie, eerzucht, behoefte om naam te maken mee. Het "bekend worden van de naam" behoort dan ook tot datgene wat men vat binnen de aanduiding van "heil" van "wat koel is". Een factor die meespreekt in het huidige Indonesië en bepaald niet in Indonesië alleen, dat men mee wil doen in de volkerenwereld waarin men is opgenomen. Eenzelfde status behoefte kan een van de remmende factoren zijn in de financiële zelfstandigheid van de christelijke gemeente. Dat gaatterug op een naar wij menen onjuiste scala van waarden. Maar inderdaad wat men in het indon. zegt *tjari nama* is een van de stimulantia tot het geven van een feest. En ook onze eigen samenleving is daarvan bepaald niet vrij.
Evenzeer heeft het feest een economische zijde. Voor een feest reserveert men. Men bebouwt eventueel een groter areaal dan men voor eigen onderhoud zou behoeven. Daarvoor legt men weg in natura, vormt een kapitaal van natuurlijke goederen ook al wordt dit kapitaal bij die enkele gelegenheid van het feest verbruikt en al maakt men daarvoor schuld. Het is het waard dat men dit doet. Dat verband tussen feest en economische activiteit wordt meermalen vermeld. Bij de Moejoe (Z.W. Nieuw Guinea) zijn het de gelegenheden waar de handel floreert, oude relaties worden vernieuwd en nieuwe worden gelegd.10)
Het kan gebeuren dat dit economisch motief predomineert. Ik herinner me een feest waarbij dat wel niet expressis verbis werd vermeld, maar waarbij de grond voor het feest gelegen was in het feit dat de feestgever veel vleesschulden had uitstaan. Men schept dan een gelegenheid waarbij men op zijn schuldenaars een beroep kan doen. De kost gaat dan voor de baat en de baat valt wel eens tegen. Dus een feest is een gecompliceerd gebeuren, een samenspel van religieuze, sociale en economische factoren in onderscheiden verhouding.
De aanleidingen kunnen vele zijn. Ze worden bijv. gegeven bij de cri-

sissituaties waardoor het menselijk leven zich beweegt. Vandaar de merkwaardige - voor ons merkwaardige - verbinding *rame amate*, feest naar aanleiding van een gestorvene. Men komt samen voor de begrafenis, ja, maar ook om als levenden de geschonden gemeenschap te schragen en te herstellen. Denk aan het huwelijk waarbij de verwantengroepen van beide partners samenkomen om de nieuwe status van deze partners te bevestigen en te realiseren binnen het geheel van deze verwantengemeenschap, waarbij tevens de relatie tussen deze groepen wordt hernieuwd en gesterkt.
Dergelijke feesten vinden dus hun aanleiding in de gebeurtenissen binnen het bestaan van de naast betrokkenen, al staan deze daarin uiteraard nooit op zich zelf. Te denken is ook aan de feesten gegeven tot vervulling van aan de voorvaderen gedane belofte of bij activiteiten die de medewerking van velen vragen of niet zonder gevaar zijn, als bouwen van een huis of het trekken van een grafsteen (*wolekana uma* of *wolekana watu*, een *woleka* geven naar aanleiding van huis of steen). Men zou kunnen spreken van een "zakelijk doel", maar door het reciet van de geschiedenis van de voorvaderen wordt dit gebeuren in een wijd verband opgenomen; het is op bijzondere wijze "zakelijk". Van de feesten die men *woleka* noemt worden onderscheiden een *zaiwo*. In zeker opzicht zou men ze naar de bedoeling als positief en negatief kunnen onderscheiden. *Woleka* viert het wel-zijn, *zaiwo* bedoelt geleden schade te herstellen, dreiging af te weren. *Zaiwo* doet men bijv. tot terugroeping van de *ndewa* van een die een dood gestorven is die men als *mbangata*, heet, onheilvol kwalificeert, dood door geweld of door ongeval; ook wanneer bij brand de rijst verloren is gegaan om de *ndewa* van de rijst terug te roepen. Van wie in de strijd omkomt werd gezegd dat hij *pène langita* opgestegen is in het luchtruim en niet de weg is gegaan naar de *pandou ata mate*, de plaats van de gestorvenen. In een verwensing kan men zeggen: stijg ten hemel, d.w.z. sterf een gewelddadige dood. Ook hier vormt het reciet van de geschiedenis van de voorvaderen een wezenlijk deel van het gebeuren.
Daarnaast zijn te noemen die feesten die wel worden gekarakteriseerd als ceremonie totale, rituelen die het geheel of een groter deel van de gemeenschap raken. Zo het genoemde *rame pòdu* of in O.S. *Langu Pa-*

raingu dat in de naam er van al doet horen dat het hierin om het geheel van de *paraingu*, van de bewoners van een bepaald territoir gaat. De overgang tot de christelijke kerk schept ook hier een leegte die om vervulling vraagt. Een van de fundamentele bedoelingen van het feest, verzekeren van welzijn, van vruchtbaarheid, van afweer van dreiging, is weg gevallen. De machten die daarin worden gezocht worden - bij alle nuancering van beleving - niet meer als bepalende machten erkend. Maar de sociale en economische betekenis van het feest blijft zijn waarde behouden. Bovendien zet het niet christelijk deel van de gemeenschap de feesten naar oude motivering en wijze voort; de christenen delen daarin niet maar zijn van de sociale relaties niet los.

Enkele malen heb ik meegemaakt een herinterpretatie van het religieus motief, waarin ik om advies werd gevraagd. Het ging om een feestgever die een feest wilde geven om zijn dankbaarheid aan God daarin te betonen. Hij was ontkomen aan een smadelijke situatie en wilde zijn dankbaarheid daarvoor publiek tonen. Een suggestie om de niet sterke kas van de gemeente te sterken vond geen ingang. Duidelijk ging het hierin om herstel van de geschonden sociale status; om wegneming van de schande. We zouden zeggen een samenspel van heterogene motieven. Maar wie is daarvan vrij? Het gaat hier om een proces van onthechting en van nieuwe integratie. De doorwerking van het leven vanuit een nieuwe achtergrond, waarbij enerzijds vroegere vormen zullen verdwijnen, anderszijds oude vormen vanuit nieuwe achtergrond een nieuwe inhoud ontvangen.

Nieuwe feesten veronderstellen een nieuwe gemeenschap, een nieuwe binding die de oude bindingen (genealogische bijv.) wel niet wegneemt maar doorkruist en relativeert. Ik denk aan de viering van het zelfstandig worden van de gemeente in Mata. Met gong en dans en *tauna li'i* ter bespreking van de zaak van het evangelie. Dat laatste gebeurt ook meermalen bij de viering van het kerstfeest, open voor de gehele gemeenschap; het pinksterfeest wordt meermalen ook als oogstfeest gevierd. Feest met maaltijd in een gemeenschap die de oude bindingen niet opheft maar vernieuwt en nieuwe binding realiseert. Het feest is dan geen noodzaak meer maar geschenk. Niet om te bewerken maar om te gedenken; niet 'supuja' maar 'sebab'.

1. Eugene A. Nida, Customs and Cultures, Anthropology for Christian Missions, New York, Harper & Brothers, 1954.
2. Adres: Box 307, Tarrytown, N.Y., U.S.A.
3. Modern Science and Christian Faith, Scripture Press Book Division, Chicago 1950; Ch.V. William A. Smalley and Marie Fetzer, A Christian View of Anthropology
4. o.c. blz. 132
5. C. Snouck Hurgronje, Advies over codificatie van adatrecht, Verspr. Geschriften IV, I, Kurt Schroeder, Bonn und Leipzig 1924, blz. 257.
6. Matth. 19:8
7. J. van Baal, De Bevolking van Z.W. Nw. Guinea onder Nederlands Bestuur, Tijdschrift v.d. Ind. Taal-, Land- en Volkenkunde, dl. LXXIX.
8. H.Th. Fischer, De Zin van het Feestvieren, Rect. Oratie, Utrecht, 1961.
9. zie Emile Durkheim, Les Formes élémentaires de la Vie Religieuse, Paris, Librairie Félix Alcan 3e ed. 1937.
10. J.W. Schoorl, Cultuur en cultuurveranderingen in het Moejoe-gebied, hoofdstuk II.

NAAR EEN NIEUW RESPECT

Beste Van Klinken,

Je hebt me gevraagd je iets te schrijven over de weerstanden die onze goed bedoelde pogingen tot vernieuweing van de sumbase landbouw, door het volgen van andere methoden en de teelt van andere gewassen van uit de sumbase samenleving zouden kunnen ontmoeten en wat in dit verband is de opdracht aan drs. Miedema 1)gegeven,de taak die voor hem ligt om te trachten deze verhouding te doorlichten. Nu moet ik wel voorzichtig wezen want ik ben tenslotte al weer een goede vijftien jaar van Sumba weg en je kunt hier moeilijk uitmaken wat dat in deze tijd betekent. Ik heb herhaaldelijk de mening horen verkondigen dat ook de Sumbanezen nuchter en verstandig genoeg zijn om wanneer ze zien dat een nieuwe methode meer oplevert, die methode dan ook te volgen. En dus: laat ze zien dat "it works" en je hebt de zaak gewonnen. Ik moet je zeggen dat ik daarvan niet overtuigd ben. Wel bij een negatief resultaat. Wanneer onze vernieuwingspogingen zouden mislukken dan zal een Sumbanees zeggen: Zie je wel? Hadden we dat niet gedacht? Maar dan spreekt in dit oordeel zijn eigen gedachtenwereld mee, d.w.z. ook dit oordeel is gesproken vanuit de achtergrond van hun wijze van beleven van onze relatie tot de wereld waarin wij als mensen, in elk geval waarin wij als Sumbanezen leven. Dat wil dus zeggen dat het van het uiterste belang is dat geen experiment wordt begonnen zonder dat men duidelijk weet wat men wil en kan bereiken, ook al weet je van de aanvang af, dat we de zaak nooit in de hand hebben. Maar ik ben er niet van overtuigd, dat met een positief resultaat de weerstanden zijn overwonnen. Deze zijn nl. niet van rationele aard en we miskennen de situatie wanneer we niet trachten ons te verdiepen in de wijze waarop een Sumbanees de relatie tot zijn wereld beleeft, een samenleving die gehecht is in door de generaties heen bewaarde tradities, die het geheel van hun leven dragen en daaraan hechting, houvast geven. Ervaring leert trouwens dat dergelijke weerstanden ook in onze eigen wereld zeer taai zijn.
Nu heb ik er al eerder op gewezen, dat een van de moeilijkheden gele-

gen is in de verhouding tussen de verschillende generaties, speciaal in de verhouding tussen ouderen en jongeren. Weer moet ik bedenken dat we voorzichtig met conclusies moeten zijn want ook deze relatie is in beweging. Maar ik ben er wel van overtuigd, dat niet slechts de jongeren, maar vooral de ouderen moeten worden gewonnen. De ouden, dat zijn de *makaweda*, en dit woord betekent eigenlijk de wetenden, de kundigen. Het levensideaal was (is?) het volgen van de *Lii Ina, Lii Ama*, de woorden van Moeder en Vader, van de voorgeslachten. Daarin is het heil, zoals de Sumbanees dat verstaat gewaarborgd. Degenen die dat doen zullen "tot het eindpunt geraken", ze zullen "hun leeftijd voleindigen" d.w.z. ze zullen tot hoge ouderdom komen. En als je nu weet dat tot datgene wat "koel" is, wat als "heil" wordt erkend, ook behoort "dat gekromd zijn de sporen van de haan en dat uitgroeien de tanden van het varken", beide beeldende uitdrukkingen voor hoge leeftijd, dan beleef je iets meer van de waarde die hier in het geding is.

Ja, onze rationele instelling tegenover de natuurlijke wereld waarin we onze plaats hebben; onze nuchtere zakelijke instelling, waarin de dingen "voorwerpen" worden die wij in de hand schijnen te hebben, waarmee wij manipuleren. Ik sprak eens met een oude Sumbanees, een van onze naaste buren. Weer een geval dat een Sumbanees mij vertelde waarom hij geen christen kon worden. "Wanneer ik christen word zou ik niet meer kunnen slachten, ik zou geen vlees meer kunnen eten". En toen ik hem antwoordde dat hij toch wist dat wij ook slachten en dat wij ook vlees eten, zei hij: Ja, dat doen jelui wel, maar jelui slachten is *teba majela*, d.w.z. slachten buiten de orde, in het wilde weg, zonder aandacht en zonder respect. Want een Sumbanees slacht niet zonder dat daartoe aanleiding is, vergrijpt zich niet zo maar aan het leven van zijn beest. En die aanleiding moet aan het beest worden meegedeeld , men moet *parèngeni li'i*, hem het woord doen horen, of ook *patutuni lara*, de weg wijzen. Doet men dit niet dan dreigt gevaar. Als je dit hoort gaat er een deur voor je open. Wij bekijken de Sumbanezen, zij hebben ook hun oordeel over ons: Mensen zonder respect. Ze gaan het bos maar in en zetten hun bijl in de boom zonder eigenlijk te weten wat ze doen, zonder ook maar even te bedenken dat dit hun

terrein niet is, maar dat ze hier zijn op het terrein van de "Heer van het bos".
Want de Sumbanees weet niet van onbezette grond. Elke grond heeft zijn Heer, de macht die deze grond beheert. Toen we nog maar kort woonden op de plaats waar ons huis was gebouwd kwam een van onze overburen en vroeg of hij ons niet een geitje zou brengen om de Heer van de grond te vragen dat hij "met zijn potten en pannen zou verhuizen" naar elders. Zo moet ook de grond die voor het eerst zal worden bebouwd worden vrijgemaakt en op de grens tussen bebouwd en niet bebouwd terrein vindt men de plaats van aanroeping van deze *wàndi tana*, de macht van de grond. Het merkwaardige is dat nu in de tuin eveneens een aanroepingsplaats wordt gevonden, hier voor de *ndewa tana*, de beschermheer van de grond, "wiens ogen nooit slaperig en wiens voeten nooit vermoeid worden" de altijd gerede bewaker. Het gaat in deze rituelen om afweer van het kwade en om hulp van de goede machten. En zo is ook de rijst maar niet louter rijst. Heel de groeiperiode van dit gewas dat voor de Sumbanees van levensbetekenis is, wordt ritueel begeleid. Het gedrag van de mensen en de verschillende rituelen zijn niet in alle woongebieden van Sumba gelijk. Het gaat om een zaak die voor de komende leefperiode van beslissende betekenis is en het schijnt dat het leven ligt onder de klem van deze ernst.
Daar waar wij woonden lag (ligt?) het leven in de eerste groeiperiode onder tal van verbodsbepalingen, om toch deze ontwikkeling niet te schaden. Wanneer "de vlakte zwanger is", de rijststengels zwellen en de vrucht zich begint te zetten gaat men "de rijst ontmoeten" een ritueel analoog aan dat waarmee de nog jonge vrucht wordt bevestigd in de moederschoot. Als de rijst rijpt herneemt het leven zijn vrijheid. Dan begint de tijd van vertelling en zang. Dat is dan niet maar geoorloofd, het dient te worden gedaan. Want de rijst moet met vreugdebetoon worden ontvangen. Deze is toch "een vriend en gezel, een gast en bezoeker", die komt van ver, van overzee en na lange tocht nu het doel van zijn reis heeft bereikt. Een hartelijke ontvangst moedigt het komen aan en daarom zegt men "moeten de woorden vele zijn, dan is ook de spijze overvloedig". Dit alles, dier, gewas, het land dat zal worden bebouwd is gevat in een alles omvattend levensverband.

De mens op Sumba weet van een geheimzinnige tegenwoordigheid in alle levensverhoudingen waardoor zijn relatie tot de dingen in zijn wereld wordt bepaald.
Het zou te verstaan zijn, dat vanuit deze beleving alle verandering met zekere argwaan wordt beschouwd. Het gaat maar niet om een nieuwe techniek en om nieuwe soorten van gewas, het gaat om een geheel nieuwe levensinstelling. Ik ben geneigd te zeggen: Het gaat om een nieuw respect, om een andere wijze van beleven van de relatie tot de eigen wereld en om de verklaring en het begrip van dit nieuwe leven niet *majela* is, niet buiten de orde, maar vervuld wordt vanuit een nieuwe achtergrond. Ik heb een van onze onderwijzers eens met een zekere spot horen zeggen: Ze menen dat deze gewassen als mensen zijn. In deze spot is het geheim niet gepeild.
Eens was ik aanwezig bij een ritueel waarbij gezocht werd naar de oorzaak van een ziekte. Het was duidelijk malaria. Kun je verstaan dat ik tegenover deze ernst niet kon volstaan met een eenvoudig advies in het ziekenhuis pillen te vragen? Ook het medisch werk ontmoet deze verbanden. In de hal van het hospitaal *Lande Moripa* (Brug ten Leven) in Wai Kabubak, zijn te lezen de woorden "Ik, de Here ben Uw Heelmeester". In dergelijk verband staat ook het werk van drs. Miedema. Hij mag trachten deze levensverbanden open te leggen. Niet om zo te voeren tot een kille rationaliteit, maar om de weg te openen tot een nieuw respect voor Hem die de Heer ook van dit leven is. Ik geloof niet aan "louter" grond en "louter" dier en "louter" gewas.Dit "louter" bestaat niet. Onbewijsbaar is het alles gevat in een dragend verband. Hierin heeft het werk van drs. en mevrouw Miedema een wezenlijke plaats in het werk van kerk, zending en diakonaat. Zo verstaan we ook iets van de plaats van dit werk in het geheel van de ontwikkelingssamenwerking. Ja, "of gij dus eet of drinkt of wat ook doet..."
Met hartelijke groet,

1) drs.A,W.F.Miedema,cultureel antropoloog,heeft onderzoek gedaan naar een landbouwproject en zal in dienst komen van de Raad van Sumbase Kerken voor Community Development

B. De taal van Sumba en de opdracht tot vertalen

ENIGE OPMERKINGEN AANGAANDE SUMBASE TAAL EN LITERATUUR

Vergeleken, ook met de naaste verwanten buiten Sumba, kan al wat op Sumba gesproken wordt op grond van overeenstemming in woordenschat en structuur, als een eenheid worden gezien: het umbaas. Dit neemt echter niet weg, dat binnen deze eenheid de onderlinge verschillen belangrijk zijn, op grond waarvan de spreekwijzen in de verschillende landschappen althans in twee groepen, oost-sumbaas en west-sumbaas zijn te onderscheiden.

De grens tussen deze beide groepen dekt zich niet met de grens van de beide onderafdelingen. Het oost-sumbaas bestrijkt het gehele gebied van de onderafdeling Oost-Sumba en een belangrijk gedeelte van de onderafdeling West-Sumba (Umbu Ratu Nggai, Mamboru, Anakalang,Wanukaka). Het westers taalgebied vindt men in de landschappen Wewewa,Loura, Loliina, Lamboja. Onder de oostelijke dialecten vertoont dat van Mamboru onder de westelijke dat van Lamboja belangrijke afwijkingen ten opzichte van de eigen groep. Het kodisch en het dialect van Nggaura staan nader bij de oostelijke groep, al kunnen ze daarmee niet zonder meer worden verbonden. In de grensgebieden zijn velen tweetalig, bijv. in Mbu Kambero, tussen Loura en Kodi; Ende en Rara tussen Kodi en Wewewa (plaatselijke nuanceringen laat ik hierbij buiten beschouwing; het kodisch zou hier nog niet lang geleden belangrijker plaats gehad hebben dan tegenwoordig); een deel van de bewoners van het landschap Loliina spreekt het dialect van Wanukaka, Aan de oostzijde vormen Tana Righu en Mamboru de grens van westelijk en oostelijk taalgebied. De bewoners van Tana Righu verstaan zowel de taal van Wewewa als van Mamboru. Verder naar het zuiden vindt men in Ponduk een ontmoetingspunt van oosten en westen.

Vooral in het oosten is bij de Sumbanezen zelf gangbaar een onderscheiding van de verschillende spreekwijzen naar het woord voor "hoe". Zo zijn de Kambera-sprekers *tau ma-nggikina, nggikina*-mensen, die van Mangili *tau ma-wàkina, wàkina*-mensen (kamb. *nggikina*, mang. *wàkina*, hoe). In het westen schijnt deze aanduiding niet zo gangbaar te zijn. Toch worden de bewoners van Loliina naar hun taal onderscheiden als *peina*-sprekers, de Wewewa-sprekers en de *nggàra*-sprekers, de sprekers

van het dialect van Wanukaka, al is daar het woord voor "hoe" *nggikina* en in Anakalang *nggàrikina*. Zo hoorde ik, verbaal geconstrueerd *"nda ku-peinaki"* *peina* niet, ik behoor niet tot de *peina*-sprekers (*peina*, hoe).
Het hier nu volgende bedoelt niet anders dan in enkele algemene trekken een sumbaas dialect te karakteriseren. Daarbij wordt uitgegaan van het wewewaas, voorzover nodig, met verwijzing naar andere dialecten.

Woordvorm, Klanksysteem

Het sumbaas is een halfvocalische taal, d.w.z. slechts een gedeelte van de in de taal gebruikelijke consonanten kan sluiter van een woord zijn. Als zodanig komen alleen voor de tenues, p, t, k, en verder l, r, s (h) en ng. Deze sluiters worden klinkend gemaakt door middel van een steunvocaal, die ze voor wegvallen bewaart, nl. *u* in het gehele oostelijke taalgebied, behalve Mamboru, *a* in het gehele westelijke taalgebied en in Mamboru en *o* in het kodisch. Invloed op het accent, dat als regel valt op de eerste lettergreep van het stamwoord, heeft deze vocaal niet, behalve in Kodi. Speciaal de steunvocaal *u* en in verband daarmee dan ook de sluitende consonant, wordt veelal onduidelijk uitgesproken; bij de steunvocaal *a* is dit minder het geval.
Het kodisch laat onder invloed van de steunvocaal het accent verspringen, indien de vocaal in de eerste lettergreep kort is, bijv.

Mamboru	Anakalang	Wewewa	Kodi	
bàndjala	*bidjalu*	*bòndala*	*bandálo*,	wegbergen
làpita	*làpitu*	*lèpita*	*lepéto*,	vouwen
		wòlota	*hawóloto*,	blaasriet
sàlata	*sàlatu*	*èlata*	*haláto*,	bezien

Deze verspringing van het accent ook bij aanhechting van grammatische elementen, heeft op het klankbeeld van de zin in het kodisch een belangrijke invloed geoefend.

Ook in het woord kent het sumbaas geen gesloten lettergreep, dus geen onmiddellijke opeenvolging van twee consonanten. De open *a* in de eerste lettergreep van *ngamba*, steile rotswand, verschilt niet van de *a* in *kako*, gaan. Een uitzondering vormt alleen het dialect van Lamboja.Het lambojaas vertoont een sterke tendentie de klinker, speciaal *i* en *u*, nooit *a*, in de niet geaccentueerde lettergreep van het stamwoord te doen uitvallen, wat een onmiddellijke opeenvolging van twee consonanten ten gevolge heeft, bijv.

Mamboru	Anakalang	Wewewa	Lamboja	
tasika	*tasuku*		*taska*,	zee
làpita	*làpitu*	*lèpita*	*làpta*,	vouwen
kikira	*kikiru*	*kikira*	*kikra*,	scheren
		riwuta	*riwta*,	regentijd
ikita	*ikitu*	*wikita*	*wikta*	kiekendief.

Ook in grotere klankcomplexen laat deze tendentie haar invloed gevoelen, bijv. *tàl manu (tàlu manu)*, kippenei; *kad kari (kadu kari)* karbouwenhoren; *paak daan nim bal (paku daa-ni nimi bali)* bindt het (paard) daar aan de andere zijde (van het huis);*amagun nam (amaguni nàmu)*, dat (die daar aankomt) is mijn vader.
Aan het begin van, en in het woord kunnen alle consonanten voorkomen. Wat de klinkers aangaat, de à en de gerekte klinkers(e, i, o, u) komen alleen voor in de geaccentueerde lettergreep van het stamwoord (een gerekte klank in een eenlettergrepig stamwoord is als regel uit samensmelting ontstaan en wordt door mij met verdubbeling van het teken geschreven). De andere klinkers vindt men in de westelijke dialecten in de beide lettergrepen en in elke combinatie (a-a,a-e, a-o, a-i, a-u, enz.). Hierin zijn de oostelijke dialecten van de westelijke onderscheiden.
Het gehele oostelijke taalgebied, Mamboru inclusis, kent geen e- of o-klank in de niet-geaccentueerde lettergreep van een stamwoord. Aan westelijk e en o beantwoordt in het oosten i en u, bijv. wew. *panewe*, anakal. *panewi*, spreken; wew. *longge*, mamb. anakal. *longgi*, *logi*, hoofdhaar. Wew. *moro*, mamb. anakal. *moru*, medicijn; wew. *Ndelo*,mamb. anakal. *Ndelu*, eigennaam. Kodi volgt hierin het westen.
De palatalen ndj,dj, nj die de oostelijke dialecten bezitten, hebben in een groot gedeelte van het westen, wewewa, Loura en Kodi de palatalisatie verloren. Bijv.

Kambera	Mamboru	Anakalang	Wewewa	Kodi	
bàndjalu	*bàndjala*	*bidjalu*	*bòndala*	*bondàlo*	wegbergen
djala	*djala*	*djala*	*dala*	*dala*	net
		njamba	*nòmba*		aanroeping doen

Daarentegen wordt in het kodisch elke na een i volgende consonant gepalataliseerd:
ina, moeder, kod. *inja*; wew. *bina*, deur, kod. *binja*; wew. *hito*, kod. *ghitjo*, wij (incl.); wew. *ziboka*, overstorten (water uit een vat) kod. *hibjóko*; wew. *mori tana mori watu*, kod. *muri tjana muri wjatu*, heer van grond en gesteente. Aangaande de invloed daarvan op het gehele klankbeeld en de grammatische waarde die palatalisatie van een consonant kan hebben in de dialecten van Kodi, Wewewa en Loura, moge ik verwijzen naar *"Palatalisatie in eenige Soembaneesche dialecten"*, Feestbundel 150 jarig bestaan Bat. Gen. dl. II, pag. 234-246.

De naast de tenues p, t, k staande mediae zijn over een groot gedeelte van het taalgebied steeds geprenasaleerd, mb, nd, ngg. Daar waar ze dat niet zijn is de nasalering verloren gegaan, zoals bijv. blijkt uit een vorm anakal. *djala*, naast kamb. *ndjala*, wew. *ndala*, overtreding, indon. *salah*. Het sumbaas kent geen geprenasaleerde tenuis. In equivalenten van woorden met mp, nt, nggk elders heeft sumb. steeds mb, nd, ngg, bijv. *ngèmbita*, baardtangetje, cfr.indon. *kepit*, jav. *kempit*; kamb. *mandai*, wew. *mando'i*, lang van duur, bim. *ntoi*; sumb. *nangga*,*naga*, indon. *nangka*.
Van deze mediae zijn te onderscheiden de nooit geprenasaleerde b en d, die met lichte inspiratie worden uitgesproken. 1)
De mal.-pol.*s* die in enkele dialecten (bijv. Mamboru, Anakalang, Lawonda, Loliina, Lamboja) is bewaard gebleven, wordt over een groot gedeelte van het oostelijke gebied door h, in Wewewa en Loura door *z* vertegenwoordigd (Kodi: h), indon. *susu*, kamb. *huhu*, wew. *zuzu*. Omgekeerd beantwoordt niet elke *z* in Wewewa aan *s* elders. Met deze *h* is niet gelijk te stellen de *h* aan het begin van enkele woorden in Wewewa, een zachte, achter in de mond gevormde spirant (Loura en Kodi

----
1) Vgl. mijn: De mediae in het Soembanees en het Soewanees

gh) als bijv. in indon. *hantar, hampir*.

Afleidingselementen

De van elders bekende in- en achtervoegsels zijn in het sumbaas geheel, althans zo goed als geheel verloren gegaan. Van de achtervoegsels is te noemen het afleidingselement -n(a),zo in West-Sumba en Mamboru,-nqu zo Oost-Sumba,-ngo,zo Kodi,waarin een rudiment is te zien van mal.-pol-*an*.
Van de voorvoegsel zijn in levend gebruik: *a-, ma, pa- ka-*.
Van de voorvoegsels zijn in levend gebruik: *a-*, *ma-*, *pa-*, *ka-*.
-na vertoont als afleidingselement een eigenaardig karakter. De verbale stamwoorden zijn te verdelen in twee groepen.
De werkwoorden tot de ene groep behorend zijn steeds met het achtervoegsel *-na* verbonden, die behorend tot de andere groep als stamwoord, nooit, verg. *dedekana*, opheffen, met *deke*, nemen, halen. Een regel waarnaar a priori is vast te stellen of een bepaald werkwoord al dan niet met *-na* verbonden is, is niet te geven. Uit de beide voorbeelden blijkt reeds dat de onderscheiding zich niet dekt met die tussen transitieve en intransitieve werkwoorden. Vele transitieven zijn niet met *-na* verbonden. Anderzijds komt het ook na intransitieven wel voor,bijv. *mutu-na*, verbranden, intr. Tot die transitieven dienen ook te worden gerekend een aantal adjectieven, die, predicatief gebruikt, deze vorm hebben. Bijv. *uma ki'i*, een klein huis, naast *na-ki'i-na*, hij (het) is klein; *na-kalada-na*, hij (het) is groot; *rara-na*, rood zijn; *moro -na* groen zijn.
Hoewel noodzakelijk, is de verbinding van werkwoordstam met *-na* los. Bij bepaling door een adverbium volgt *-na* na het bijwoord, bijv. *na-ki'i-po-na*, hij is nog klein; *kole-na*,, verkrijgen, *pòngu*, graadwijzer, *na-kole pòngu-na pare*,hij heeft behoorlijk rijst gekregen, hij heeft een goede oogst gemaakt.
Ditzelfde *-na* wordt nu verbonden:

a. met een transitief werkwoord, dat daardoor gericht wordt op een indirect object: *bòndala*, neerleggen, *bòndala-na pamama ata mate*, sirih-pinang voor de gestorvenen neerleggen; *ba'i pare*, rijst stampen, *ba'ina pare kula*, rijst stampen voor de gasten.

b. met een intransitief werkwoord, waardoor dit verbinding verkrijgt met een object: *la'o*, gaan, *la'ona we'e*, om water gaan, water gaan halen; *mbeika*, nederliggen, *mbeikana wuta*, overnachten bij een schuldenaar, daar verblijven om hem alzo tot betalen te bewegen. Cfr. ook: *màro*, ver, *màrona we'e*, ver zijn van water.

c. met een zelfstandig naamw. De afleiding betekent dan iets hebben tot, beschouwen als, bijv. *ana*, kind, *ana-na ranga*, beesten voor kind hebben, voor de bruidsprijs zorgen, omdat men voor de rechthebbende geen dochter ter beschikking heeft; *ata*, slaaf, *atana lima*, *atana wa'i*, handen en voeten als slaven hebben, op iemands arbeidskracht aanspraak maken.

Ook daar waar *-na* afleidingselement is kan het door bijwoordelijke bepalingen van het werkwoord worden gescheiden: *bòndala-do-po-na pamama ata mate*, men moet eerst sirih-pinang voor de gestorvenen neerleggen.

Voorvoegsels:

1. *a-* voor werkwoordstam of bijv.naamw. vormt deelwoordelijke vormen met betekenis: degene die de handeling verricht, in de toestand verkeert, de eigenschap vertoont. Wordt steeds gebruikt als in de zin de nadruk valt op het onderwerp, dus ook steeds waar het vragend voornaamw. *nggàra*, wie, vraagt naar het onderwerp van de zin. Bijv. *a-oke we'e, a-dio wazu ndukana kedu,* alleen de aap putte water en zamelde hout; *nggàra-ni a-tèki-nggu-we,* wie heeft het je gezegd?
Voor telwoorden: *a-ija, a-duada, a-touda, a-pata,* enz. de een, twee, drie, vier, enz. vormenden. Gebruikt, wanneer het getal op bepaalde personen of zaken betrekking heeft.
In de oostelijke dialecten is *ma-* het voorvoegsel, dat het tegenwoordig deelwoord vormt. In Lamboja *ka-: wu lakawa kabani ka-wal(i) ta led(u)-na ka-pota,* Een jongen die te voorschijn kwam uit zijn been, dat open ging.

2. *pa-* (Kodi: *ha-*voor woorden met een labiale aanvangsconsonant, bijv. *mate, ha-mate)* vormt:

a. causatieven: van werkwoorden, *duki*, komen tot, bereiken, *padukina* doen komen tot, tot zijn eind brengen, vervullen; van adjectieven:

ndua, goed, *pandua*, goed doen zijn, goed maken. Bijwoorden van deze vorm zijn causatieven in samenstelling met het bepaalde werkwoord: *kète pandua-ni*, bind hem goed vast; van een zelfst. naamw. *lakawa*, kind (jong van jaren), *palakawa*, als kwajongen behandelen; van een telwoord: *dua(da)*, twee, *padua*, twee doen zijn, in tweeën delen, *pàndo-na* (*pandua-na*) twee maal doen ten aanzien van, *pata wunda*, vier maal, *papata wunda-na*, vier maal doen ten aanzien van enz.

b. reciproque werkwoorden: van werkwoorden: *tuku*, stompen, *patukuna*, elkaar stompen. Veelal in verbinding met *wèki*, zelf, of *woro*, gezamenlijk, *daupa*, omarmen, *padaupa wèkina*, of *woro padaupana*, elkaar omarmen; *aro*, voor, *arona* met de voorzijde gericht zijn naar, *paarona*, zich tegenover elkaar bevinden; van zelfst. naamw. *angu mawine*, zuster, *paangu mawinena*, zuster zijn ten opzichte van elkaar, elkaars zuster zijn; correlatie tussen twee partijen wordt eveneens door deze vorm uitgedrukt; *wòto*, broers zuster, *na'a*, zusters broer, *pawòto pana'ana*, elkaars zuster en broer zijn.

c. intensieven: vormen met de betekenis gedurende langere tijd hier en ginds, al maar, met zorg doen wat het grondwoord zegt, geaard zijn naar wat het grondwoord uitdrukt. Deze vormen kunnen zowel predicaat als bepaling bij een substantief zijn. Bijv. *tua*, vragen, *patuana*, rondvraag, onderzoek doen bij of naar; *palu*, slaan, *kaneina*, schelden, *zazara*, verwensen, *tàka na Kjazi ina màrena napapalu napakaneina, napazazara*, maar zijn stiefmoeder Kjazi sloeg maar en schold maar en verwenste maar; *dawa*, bewaken, *padawa*, met zorg bewaken; *ika*, stoten, *paika*, plegen te stoten, stoterig zijn, *karàmbo paika*, een karbouw die pleegt te stoten.

d. denominatieven: vormen met *pa-* van een zelfst. naamw. afgeleid, met betekenis: voorzien zijn van, doen voorzien zijn van, gelijkenis met, aard vertonen van wat het grondwoord uitdrukt, enz. *Wa'i*, been, *ondi pawa'i*, een grafsteen op poten, een grafsteen door vier stenen zuilen gedragen; *ana*, kind, *karàmbo paana*, een karbouw met jong, *paanana*, kinderen voortbrengen, baren; *katopo*, kapmes, *napakatopo ndu'angge ba napanewe*, lett. hij gedroeg zich als een kapmes, hij sloeg er in 't wilde op los in zijn spreken, lette niet op wat hij zei.

e. nomen verbale, naast het grondwoord als nomen verbale.
De afleiding wordt zowel zelfstandig als ter bepaling van een substantivum gebruikt. Betekenis: plaats, tijd (in dit geval gebruikt men in West-Sumba in de regel een afleiding van een samenstelling met *wai*, zie beneden), voorwerp van de handeling: *la'a*, gaan, *nggjee-ngge pa-la'a-mu*, waar is uw heengaan, de plaats waar gij heengaat, waar gaat gij heen;
duki, aankomen, *pira paduki-mu*, wanneer was uw aankomen, wanneer zijt gij aangekomen; *kalete*, berijden, *ndara kalete*, rijpaard,meer algemeen, naast het meer concrete *ndara pakalete*, paard door iemand bereden; *ndodo*, afdalen, *pandodo*, plaats van afdaling, helling;men ontmoet de afleiding in meerdere plaatsnamen: *Pamate Ronda*, plaats waar de Endenees stierf; *nggonggila*, vallen, *panggonggila Gheda*, plaats waar Gheda viel. Is het door deze afleiding bepaalde substantief voorwerp van de handeling, dan is de vorm door een verleden deelwoord weer te geven: *ndara paeta-nggu mànana*, het paard dat ik gisteren gezien heb, het gister van mij geziene paard. Zelfstandig bijv. *mama*, kauwen, pruimen,*pamama*, pruimsel, sirih pinang.
f. Ten slotte wordt het voorvoegsel *pa-* gebruikt tot vorming van de van een ander werkwoord afhankelijke infinitief: *kako*, gaan, *oke we'e*, water putten, *kako paoke we'e*, water gaan putten; *wali*, terugkeren van, *kuwali papamula*, ik komt terug van het uitplanten (*pamula*); *nda napànde-ki papanewe*, hij kan niet spreken (*panewe*).
3. *ma-*. Het voorvoegsel *ma-* komt in tweeërlei functie voor:
a. tot vorming van intransief passieven: *todi*, sluiten, *na-matodiwe bina*, de deur is gesloten, geeft aan de toestand van gesloten zijn, zonder dat men zich afvraagt door wie of op wat wijze de deur gesloten is; *ka naungu mawuke dowwe ne bina kalada*, daarop werd de grote deur vanzelf geopend, ging vanzelf open; *lengga*, overstorten, *malengga*, overgestort; *lèndana*, losmaken, *malènda*, losgeraakt; *ira*, scheuren, *maira*, gescheurd.
b. Tot vorming van duratieven:*wanana*,vlechten, *mawana*, aan het vlechten zijn; *wewa*, zoeken, *mawewa*, aan het zoeken zijn; *wo'i*, kopen, *mawo'i*, aan het kopen zijn, inkopen doen.
Deze afleiding kent naar haar aard niet de verbinding met een bepaald

voorwerp; in dat geval wordt de niet verlengde stam gebruikt: *dèngi* vragen, *madèngi*, al maar vragen, vragerig zijn.
In dit voorbeeld is reeds duidelijk de overgang naar het attributief gebruik van deze vormen als bijv. in: *tònu-na*, weven, *mawine matònu*, een weefster, een vrouw die goed kan weven; cfr. *Amawolo Amarawi*, de Schepper en Maker.

4. *ka-*: dit voorvoegsel is nog in levend gebruik, alleen voor telwoorden, tot vorming van distributieven: *kaduada-na*, *katoudana*, *kapatana*, enz. een tweetal, drietal, viertal er van, met zijn tweeën, drieën, vieren, enz.: *deito kapatana*, met zijn vieren dragen, *a-kapata-ndi baa deito-wi*, zij deden het bij vieren tegelijk dat ze droegen, ze droegen ze bij viertallen; *a-kali-limana baa kako*, ze gingen bij vijven tegelijk. Dezelfde vorm dient tot weergave van de rangtelwoorden, de tweede, de derde, enz.

Samenstellingen

Genoemd dienen 3 verbale samenstellingen waardoor voor een deel in het gemis van de elders bekende achtervoegsels is voorzien:
a. Samenstelling van een werkwoord met *wai-na*, gebruiken, tot vorming van de instrumentalis. Betekenis: de handeling verrichten met, of ook de handeling verrichten op een bepaalde tijd. Bijv. *oke*, water scheppen, *oke waina wiro*, met een watervat scheppen; *deito*, dragen, *deito waina wo'o*, dragen met een bamboe (draagstok); *duki*, komen tot, *duki waina*, met iets (een geschenk) of op een bepaalde tijd komen tot; *nga'a*, eten, *nga'a waina*, eten met, d.w.z. eten bij de rijst; *kendu*, vluchten, *kendu waina nggèdè*, in het donker vluchten; *bau kako kau ngindi wai-ngga-we katopo-nggu*, als je gaat, neem dan tegelijk mijn kapmes mee. Door het voorvoegsel *pa-* wordt van deze samenstelling een nomen verbale gevormd met betekenis: het instrument waarmee, de tijd waarop de handeling wordt verricht: *pira paduki wai-mu*, hoeveel is de tijd waarop je bent aangekomen, wanneer ben je aangekomen; *panga'a wai*, iets om bij de rijst te eten.
Op deze wijze worden ook ranggetallen gevormd van de afleidingen

met *ka-, pakatouda waina,* waarmee het een drietal vormt, de derde enz.

b. Samenstelling van een werkwoord met *wa'i* (zelfstandig gebruikt in de betekenis "er zijn", cfr. *wa'i-ni*, hij, het is er), tot vorming van de locativus. *Wa'i*, is een algemeen plaatsaanduidend woord.Het karakter van deze samenstelling wordt ons meer duidelijk uit enkele andere dialecten, die ook de aanwijzende woorden van de eerste, tweede en derde persoon, als ook de richtingwijzende demonstratieven, op dezelfde wijze in samenstelling met een werkwoord gebruiken, om daardoor aan te geven of de handeling zich richt op een voorwerp bij, of in betrekking gedacht tot spreker, aangesprokene of derde persoon, dan wel op een voorwerp dat in beweging is of gedacht is naar spreker toe of van spreker af.
Zo kan bijv. Anakalang onderscheiden *deki jaa*, hier bij mij nemen, van *deki nani*, bij de aangesprokene, *deki nai*, bij de derde persoon, *deki nau*, buiten de directe gezichtskring liggend, *deki ami*, iets nemen wat in beweging naar spreker toe, *deki nutu*, iets nemen wat in beweging van spreker af gedacht wordt. De samenstelling met *wa'i* is localiserend, accentueert de richting van de handeling op dit bepaalde voorwerp. Zuiver locaal: *ndou lii wa'ika-nina lara,* ga die weg niet; *akendu wa'i ne'e mbàrana,*zij vluchten daarheen, tot hem; accentuering van de richting op het object: *a kau mbani wa'i-ngga zaua*, waarom ben je boos op mij. De localisering kan ook gelegen zijn in accentuering van de betrekking tot het subject: *na-rei panduawe ba kumate wa'i-ko zaua*, het ware beter indien ik gestorven ware.

c. De verbinding van een predicaatswoord met *dènga*, met, tezamen met. Daarbij legt *dènga* een schakel tussen het predicaatswoord en een mee bij de behandeling betrokken persoon of zaak. Deze betrekking kan onderscheiden zijn al naar de aard van de handeling, zodat *dènga* op verschillende wijze moet worden weergegeven. Bijv. *nda na-panewe dènga-ki-ngga, (panewe,* spreken) hij spreekt niet met mij; *deito dènga po-nda-i na pàti,* draag tezamen met mij deze kist; *pànde*, weten, *nda ku-pànde dènga-ki-ni,* ik heb er geen weet van,ik heb er niets van gemerkt; *bokala*, ondeugend, onbehoorlijk, *na-bo-*

kala dènga-ni ama-na, hij behandelde zijn vader onbehoorlijk, handelde onbehoorlijk ten aanzien van. Dikwijls wijst de verbinding met *dènga* op oorzaak of aanleiding: *màke dènga*, beschaamd zijn over; *na-ngi'o dènga-ngge*, hij huilde er om, *dai*, dinges, een of ander, *nda na-dai dènga-ki-do-nggo*, er is niet een of ander mee, het veroorzaakt niets, het heeft geen kwade gevolgen; *teba*, slachten, *nateba dènga-ngge*, hij slachtte ter oorzake daarvan. Door voorv. *pa-* wordt van deze verbinding een nomen verbale gevormd met de betekenis "de reden van, de aanleiding tot", bijv. *pamate dènga-we*, het is iets waaraan men sterft, het is een doodsoorzaak; *mai*, komen, *wa'i pamai dènga-nggu mbàra-mu*, er is iets waarom ik tot u kom; *pamàke dènga-na*, de reden waarom hij beschaamd is; *patuka*, zenden, *papatuka dènga-nggu-ni*, de reden waarom ik hem zend.

Nog dient in deze algemene karakteristiek van het wewewaas te worden genoemd:

a. het systeem van ordening van de aanwijzende woorden.
Zakelijk zijn ze te onderscheiden als "algemeen""of in betrekking staand tot een van de drie personen; bovendien als betrekking hebbend op wat zich naar spreker toe of van spreker af beweegt of zo wordt gedacht. Vormelijk naar de aard van het substantief waarheen zij wijzen.
Het west-sumbaas en het dialect van Mamboru kennen toch een onderscheiding tussen de zelfst. naamw., die vormelijk alleen blijkt in de enkelvouds vorm van de aanwijzende woorden en de gesuffigeerde vormen van het pers. voorn. 3e pers. Voor Wewewa kan men naar de vorm van het algemeen aanwijzend woord spreken van *na-* en *ne-* substantieven. Zakelijk zijn deze groepen in Mamboru onderscheiden als persoonsaanduidingen enerzijds en alle andere substantieven anderzijds. Wewewa heeft zo duidelijke onderscheiding niet. Wel zijn enkele groepen van *na-* subst. aan te wijzen nl. alle persoonsaanduidingen, alle namen van dieren, bomen, planten; wel behoren de subst. door *pa-* van een werkwoord afgeleid met betekenis van voorwerp of resultaat van de handeling in de regel tot de *ne-* groep, maar in vele gevallen is a priori niet te zeggen tot

welke groep een bepaald subst. behoort.
Een indruk, zij het niet volledig, moge het volgende schema geven:

	algemeen		naar spreker toe		van spreker af	
	na	*ne*	*nami*	*nemi*	*nati*	*neti*
1e pers.	*nàwa*	*nèwe*	*nàwami*	*nèwemi*	*nàwati*	*nèweti*
2e pers.	*nèna*		*nènami*		*nènati*	
3e pers.	*nàka*	*nèke*	*nàkami*	*nèkemi*	*nàkati*	*nèketi*;

Meervoud niet naar personen onderscheiden:

zichtbaar:	*hida*	*hidami*	*hidati*
zichtbaar maar verspreid:	*haida*	*haidami*	*haidati*
niet zichtbaar, en aangesprokene bekend:	*hidi*	*hidimi*	*hiditi*

b. de verschillende vormen van het persoonlijk voornaamwoord:

zelfstandig	als voorvoegsel	achtervoegsel I	II	III
zaua	*ku-*	*-nggu*	*-wangga*	*-ngga*
wo'u	*mu-*	*-mu*	*-wu*	*-nggu*
nia	*na-*	*-na(we)*	*-wa,we*	*-ni,ngge*
hito	*ta-*	*-nda*	*-wanda*	*-nda*
zàme	*ma-*	*-ma*	*-(wa)ma*	*-nggama*
zèmi	*mi-*	*-mi*	*-(wu)mi*	*-nggumi*
hida	*(d)a-*	*-da*	*-zi, wi*	*-ndi*

Als voorvoegsel voor een werkwoordstam verwijzen *ku-* enz. naar het onderwerp. Het sumbaas kent nl. "vervoeging" bij alle werkwoorden, zowel transitief als intransitief in alle personen van enkelvoud en meervoud. Van de achtervoegsels zijn onder groep I de possesiva vermeld. Door toevoeging van *we* na het achtervoegsel van de 3e persoon enkelv. wordt aangeduid dat dit betrekking heeft op een *ne-* substantief. De vormen van reeks II en III dienen tot aanduiding van het direct (II en III), of het indirect object (III). Ook waar deze in de zin volledig worden uitgedrukt, worden zij toch steeds door een met de werkwoordstam verbonden suffix-vorm van pers. voornw. aangeduid (*we* en *ngge* verwijzen naar ne-substantieven). Bovendien dienen de vormen van de reeksen II en III tot aanduiding van het onderwerp in naamwoordelijke zinnen, en die van reeks III als aanduiding van het onderwerp na enkele predicaatswoorden, die de subjectswijzer steeds na de woordstam hebben.

c. dat het sumbaas een ruim gebruik maakt van modale woordjes (bijv. wew. *do, ko, mo, po, do-po, ko-po*), die elk met eigen nuance het woord waarmee zij worden verbonden accentueren.

Ook aangaande de sumbase literatuur kunnen hier slechts enkele opmerkingen worden gemaakt. Het sumbaas heeft geen eigen letterschrift.Als we dus spreken van sumbase literatuur bedoelen we de overleveringen, verhalen, zangen, raadsels, spreekwijzen, die door mondelinge traditie van geslacht op geslacht overgaan. Men vindt daarin zowel fundament als neerslag van de huidige sumbase levensvorm.
In het literair bezit van het sumbase volk worden over heel Sumba twee groepen duidelijk onderscheiden.

I. Als eerste wordt hier genoemd de *Lii Marapu*, de geschiedenis der "Marapu", der voorvaderen, in een groot gedeelte van het oostelijk taalgebied ook genoemd *Lii Ndai*, geschiedenis van de voortijd.Deze naam wijst onmiddellijk naar de inhoud. De *Lii Marapoe* vertellen ons van de voortijd, hoe de mensen en dingen geworden zijn en geraakt tot hun huidige vorm en plaats. Ze spreken van de wording van mens en wereld, van hun verblijf in de "bovenwereld", in de hemel (*langita*, O.S. *awangu*), hun neerdalen op de aarde, hetzij direct op Sumba bijv. op de Jawila, dan wel eerst "overzee", *ta tana djawa*, hun komst daarna naar hier, het uiteengaan van de verschillende "marapu" en"kabihu", de weg die zij over het eiland volgden hun ervaringen daarbij opgedaan, de plaats, de geschiedenis, de functie van elk van de"kabihu" met zijn *pamandi'ina*, wat door hem bezeten wordt, zijn "bezit" of (zo Oost-Sumba) zijn *patutuna*, wat door hem verzorgd,zijn *padaina*, wat door hem bewaard en bewaakt wordt, d.w.z. wat door hem vereerd, als marapu gehouden wordt. De *Lii Marapu* doen zien waarom de dingen zijn zoals ze nu zijn, want ze vertellen van de tijd, dat, *kawunga ndende ndara,kawunga sada tau*, de tijd. dat voor het eerst het paard zijn bouw en de mens zijn gestalte ontving, van de aanvang der dingen; of ook van *kawunga tumbu kowe, kawunga dadi manu*, het eerste groeien van de kowe, het eerste worden van de kip; van de *pakiri ana huduna, pamata ana djalana* (zo kamb.), wat vrij te vertalen is als de opzet van het breisel, het begin van het knoopsel; van *kawunga tèngi tuwa, kawunga wela watu*, het eerste voorttrekken met de liaan-strengel, het eerste slepen van de steen, dus de wijze waarop voor het eerst een grafsteen werd gesleept; van *kawunga wolo pondi, kawunga rawi rato*, wat betrekking heeft op het voor de eerste maal bouwen van het marapu-huis; van *kawunga tau katoda, kawunga wolo andung*, het eerste oprichten van de strijdpaal, waaraan de gesnelde koppen zullen worden gehangen, de eerste strijd die werd gevoerd. Of zoals bijv. in het oosten gezegd wordt *kawunga pakakangu lii kiring lii andung, lii lalei lii mangoma, lii ndewa lii pahomba*, het eerste beraden over twist en strijd, over huwen en ten huwelijk geven, over de verzorging van geestelijke machten die als "ndewa" en "pahomba" worden onderscheiden. Wat vroeger was geldt nu. De wijze waarop deze dingen voor het eerst geschieden, levert de norm voor de wijze waarop het zou moeten geschieden tot nu toe. De geschiedenis van Umbu Luu, die zijn "uma liling" (zijn verbodshuis, zijn heilig huis) heeft in het landschap Mangili, vertelt hoe naar diens voorschrift dit huis voor het eerst werd gemaakt, wie in die bouw aandeel hadden en welk aandeel en geeft daarin tevens aan van wie de nieuwe bouw moet uitgaan en hoe die heeft te geschieden als die woning tot verval komt, opdat *lii ndaung lii urang*, getijde en regen een gunstig en gewenst verlopp hebben. Want zoals men daar zegt: *nda madjungga hau pitaku, nda manggunggi hau wàdjilu*, wij bespelen de luit niet met andere slag, noch de mondharp met andere wijze. En in West-Sumba: *dekunggungge ruku ndara Lewa, manenggungge mbepa ruta ngaingo*, ik volg de treden van het Lewa-paard, ik volg de sporen in kruid en gras; daar waar de voorvaderen de weg hebben

gebaand en het gras is vertreden, daar volgen ook wij. Wij begaan de van ouds betreden paden.
Deze *Lii Marapu* kunnen niet op een willekeurige tijd worden gereciteerd (*pakako lii marapu*, de geschiedenis der voorvaderen doen gaan, of *pakede lii marapu*, die opwekken). Het reciet is verbonden aan wat men in Oost-Sumba noemt *wulu lii*, de behandeling van een aangelegenheid als bijv. de *lii ndewa lii pahomba*, het brengen van gaven aan de "ndewa" en de "pahomba"; de *lii kiring lii andung*, de strijdvoering; de *lii heda lii mati*, de dood van een *maramba* ; de *lii konda lii ratu*, het vernieuwen van een *uma ratu*. Deze verrichtingen gaan met een godsdienstig feest gepaard, zo in het Westen met een *woleka* of een *zaiwo*-feest. Een woleka kan bijv. gegeven worden bij het vernieuwen van een marapuhuis(*wolekana umà*) of bij het trekken van een grafsteen (*wolekana watu*) of bij de rijstoogst, wanneer het reciet van de Lii Marapu op het rijstveld plaats heeft (*wolèkana pare*). Gedurende de nacht voorafgaande aan de dag waarop het feest met het slachten van de toegezegde offerdieren wordt besloten, wordt dan de *Lii Marapu* gereciteerd, waarin wordt verteld van de wijze waarop voor het eerst het huis werd gebouwd, de grafsteen werd getrokken enz. Het *zaiwo*-feest wordt gegeven naar aanleiding van de gewelddadige dood van een verwant (*mate mbangata*, onheilsdood, *mate mangu ra'ana*, dood met bloedstorting), of indien met de dader van een diefstal niet kan achterhalen,, of ook wanneer de rijst op het veld of in huis is verbrand, en het heeft ten doel enerzijds de *ndewa*, de "ziel" van de verslagene, van het gestolene, van de rijst terug te roepen en tevens vloek in te roepen over de bekende of onbekende dader (*patamani marapu dana*, hem in marapu te doen ingaan, hem de marapu over te geven). Ook een beslechting van strijd, de vredesluiting tussen twee partijen, zodat zij elkaars dorp en huis weer betreden, gaat met een *zaiwo*-feest gepaard, waarbij nu de vroeger ingeroepen vloek wordt teruggenomen.
Het reciet gaat voort tussen twee personen, een spreker, *atauna li'i*, d.w.z. een woorvoerder, en een zanger *andondo*(zo bij woleka) of *azaiwo* (zo bij het *zaiwo*-feest). Wanneer een periode door de spreker is gereciteerd, wordt dit reciet door de zanger overgenomen,

die dus volgt, wat door de spreker is gezegd en dit door zijn met tromslag, *woleka*, of met trom- en gongslag, *zaiwo*, begeleide zang krachtiger effect verleent. Dit reciet is niet zonder gevaar. Wordt toch de zanger slaperig, zou hij zich vergissen, dus niet juist volgen wat door de woordvoerder is gezegd, dan heeft dit voor hem bedreiging met onheil tot gevolg (*nakatiwa bòngga lòdo bòngga wula*, zonne- en maanhond zou hem bijten), welk gevaar dan ook met het aanbieden van een offer dient te worden gekeerd. Spreker en zanger zullen dan ook hun werk niet beginnen, zonder onder aanbieding van *pamama*, sirih-pinang, geleide en bewaring te hebben gevraagd op de weg die zij hebben te gaan, waarbij bijv. wordt gezegd:

Doe mij niet feil gaan de slag van de gong,
laat mij niet los de manen van het paard;
hul mij niet in duisternis de steile afgrond,
bedek mij niet met donkerheid het diepe ravijn;
niet zij er een garnaal die de watergang verspert,
niet zij er slibsel dat de stroom afsluit;
doe mij volgen de rechte weg,
het zij niet als een bochtig hout;
doe mij treden het rechte pad,
het zij niet als een kronkelende stroom.

Het spreekt dus vanzelf, dat niet maar een ieder deze Lii Marapu kan reciteren. In de eerste plaats kunnen het geen jonge mensen zijn. Degenen wier gelaat nog niet vast is, wiens trekken zich nog niet hebben gevormd, *ata ndaa katòpona matana*, moeten zich hiervan verre houden, laat hij niet naderen tot marapu, *ila natukekana mbàra marapu*. Het betreft een zaak die alleen toekomt aan de *ata arato*, aan degenen die *rato* zijn, in welk verband *rato* is weer te geven met "op jaren". En onder die ouderen behoren degenen die de Lii Marapu weten te reciteren tot de *ata manggotu manggèna, maneila mangàne*, de mannen van tref en kunde. Zo zegt men in Oost-Sumba, dat ze behoren tot de *muni manggàna*, de mannen die het juiste treffen, *na madangu dihana, na maworu pekana*, van veel overweging en vruchtbaar in mededeling, *na maati rau karara, na mangaru rau manggitu*, met een hart, gedeeld als sukunblad, een tong vertakt

als lontarblad, die dus meerdere zaken weten te overdenken en te bespreken. De algemene naam is daar *wunangu lii marapu (wunangu,* de kam in het weefgetouw, die dus telkens de draden van de schering opneemt en de weg voor de inslag opent). Van Oost-Sumba noteerde ik, dat de *Lii Marapu* iets is wat *mbotu*, zwaar, gewichtig, van betekenis is; of ook dat die *matua*, oud, eer-waardig, heilig, te ontzien is; dat die is *bàkalu*,groot, te achten, of *mbana*, warm, en dus met omzichtigheid te behandelen. Degenen die ze reciteren dienen dus ook *matua* te zijn, wat wijst zowel op ouderdom als op gedraging (oud, dat is ook wat regel stelt en naar de regel is), zijn gedrag dient behoorlijk, naar behoren te zijn. Want wat *matua* is, mag men niet behandelen als een *ana rara* (*paana raraja*), als een zuigeling, als een *anakeda*, als een kind (*paanakedaja*, als een kwajongen behandelen); wat zwaar is niet als licht, als *halela* (cfr.*mahalela,* de lichten, die niet van gewicht zijn, de jonge mensen), wat *bàkalu*, groot is, niet klein (*màrahu*, *kudu*) achten, niet kleineren,wat *mbana*, warm is niet als *maringu*, koel,voor ieder toegankelijk,niet profaan maken. Dit alles doet ons gevoelen, dat de *Lii Marapu* geen zaak is van iedereen, bijzonder ook niet van jonge mensen.
Het zou levensgevaar voor hen meebrengen, want *na malalu manggàna hahangu, naluu mbata dita,* wie voor zijn tijd kundig is,wordt daarmee spoedig van boven afgeknot, d.w.z. sterft vóór zijn tijd (cfr. in West-Sumba de uitdrukking: voor iemand die jong sterft: *wino mbata detanawangge, pare ndjuru moronawengge,* hij is als een pinangstam van boven geknot, als rijst, die, nog groen, is afgevallen).
Het kan zijn, dat het reciet van de *Lii Marapu* aan een bepaald huis gebonden is, zoals voor de *Lii Marapu*, die worden gereciteerd bij het pòdu-feest dat elk jaar in de *wula pòdu*, de verbodsmaand, in het landschap Loliina wordt gevierd, het geval is. Degene,die bij die gelegenheid het reciet doet, moet op een of andere wijze tot dat huis in betrekking staan of daartoe in betrekking worden gesteld, Maar ook, waar ik meen dat dit niet het geval is staat de beslissing wie bijv. in een volgende generatie de *Lii Marapu* zal bewaren niet aan de huidige functionaris en diens eventuele opvolger.

Veelal wordt die opvolging door natuurlijke verhoudingen mee bepaald, gaat de functie bijv. over van vader op zoon, of van moeders broer op zusters kind. Deze zijn meer dan anderen in de gelegenheid deze *Lii Marapu* telkens weer te horen, en men bewaart dit aanzien gaarne in zijn geslacht. Maar ook in dit geval dient het oordeel van de marapu, met het schouwen van de kippendarm te worden gevraagd en eerst het resultaat van dit onderzoek beslist of de kennis op de betrokkene zal overgaan. Ook anderen kunnen zich om onderricht tot de *rato kanungga*, de rato die de *Lii Marapu* reciteert, wenden.Behalve een kip voor het nodige onderzoek, brengen deze wat pinang en rijst om de marapu aan te bieden, een mes, een speer en een stuk rood doek. Deze laatste drie geschenken zouden dienen om zich de weg begaanbaar en veilig te maken, het mes om zich de door het verstrengelde gewas versperde weg open te kappen, "dat mijn voet niet blijve haken achter een tak of zich stote aan een steen", de speer als wapen tegen de gevaren op de weg, waarvoor men dient voorzien te zijn van een stok van karakisahout, waarvoor de slangen vrezen, en van uien "met opstaande staart" tegen de krokodillen, opdat "wanneer ik kom bij de krokodillen met opengesperde mond, zij hun mond niet tegen mij sperren; wanneer ik kom bij de kronkelende slangen, zij hun staart niet tegen mij opheffen" terwijl het rood katoen dient tot *kabaila mata wula, tonda mata lòdo*, een scherm voor de maan, een schut tegen de zon, een bescherming tegen de blik van de marapu.
De taal waarin de *Lii Marapu* is gesteld en wordt overgeleverd zou men een ceremoniële taal kunnen noemen, die steeds daar wordt gebruikt waar een bespreking gevoerd wordt ten overstaan van de geestelijke machten, wanneer men deze aanroept of zoals bij de *Lii Marapu* het geval is, de geschiedenis der voorvaderen, der marapu reciteert. Behalve dat daarin tal van woorden en uitdrukkingen voorkomen, die in de dagelijkse taal niet worden gehoord, wordt deze taal gekenmerkt door een beeldende wijze van spreken en daarbij veelvuldig gebruik van paralèllisme, waarin twee uitdrukkingen van gelijke of zeer verwante zin tot één uitspraak worden verbonden. De beide delen *panggobàna*, zijn elkaars *nggòba* (kamb. *papa*), elkaars "genoot". We hebben hier met meer te doen dan met wat wij

noemen een literaire figuur; de ene uitdrukking bestaat steeds in de verbinding van de twee. Het past niet, het zit niet als men slechts een van beiden gebruikt. Zoals men zegt *ningu budi papana* (wew.*enga wa'ingge nggòbana*) er moet een "genoot", een pendant van zijn (*nggòba*, *papa*, een van een bijbehorend paar zowel tegen-partij als partij-genoot). Het hier beneden volgend voorbeeld kan van deze taal waarin de *Lii Marapu* zijn gesteld een indruk geven, blz.193-196.

II. Zien we zo de *Lii Marapu* steeds verbonden met godsdienstige feesten die naar aanleiding van bepaalde verrichtingen en ervaringen worden gegeven, ook ten aanzien van de *vertellingen* (kamb. *lii pangerang*, gelijkenis; wew. *newe*, sprake) is het verband met het godsdienstig leven der Sumbanezen duidelijk. "Vertellen"is meer dan vertellen alleen. Dit blijkt al dadelijk uit het feit, dat dit "vertellen" aan een bepaalde tijd is verbonden; het is gedurende enkele maanden van het jaar verboden. Wij komen hier in aanraking met de orde der getijden van het sumbase jaar.
In meerdere van de landschappen treffen wij onder de maanden van het jaar één verbodsmaand aan, zo bijv. in Loliina de *wula pòdu* (*pòdu*, bitter, gebruikt, voor wat naar zijn aard gevaarbrengend, te ontzien is) of in Mangili *wula kahanang*, de stille maand. Eigenaardig is de naam van die maand in Mamboru, nl. *wula nda padisa*, maand die niet meetelt, niet meerekent, uitgeschakeld is voor de gewone verrichtingen, *pemali* (verg. *nda padisa* als naam voor de middenvinger, die eveneens als *pemali* geldt, waaraan bijv. in Oost-Sumba geen ring mag worden gedragen; de vinger zou er door afstompen). In deze maand gelden tal van verboden. In Loliina mag men bijv. in deze maand niet slechts niet vertellen, maar alle luidruchtigheid en rumoer is in deze maand verboden (cfr. de naam *wula kahanang*, in Mangili). Men mag in die maand, behalve in de beide kampungs Tarung en Bondo Maroto, die de "pòdu" vasthouden, regelen, niet *woleka* noch *zaiwo*; de kinderen mogen geen rumoerige spelen doen, ze mogen alleen *kanako* (mang. *kanakang*)"opdat ze daarmee toch wat te spelen hebben". Men mag geen rijst stampen bij avond, geen karbouw of varken slachten (men eet die maand alleen *wawi ruta*,

wild varken, *wawi pakaloka*, gejaagd varken). Men mag niet op de gong slaan of gestorvenen bewenen. Wanneer iemand in die maand sterft, werd deze vroeger niet uit huis gedragen en in het steengraf begraven, maar door een gat in de vloer neergelaten en onder het huis in de grond begraven. Wanneer de *wula kòba* (*kòba* i.g.indon. tawar) is aangebroken kon dan het lijk worden opgegraven en in het graf worden gelegd. In Mangili wordt de *wula kahanang* ook genoemd de *wula kanduruku*, de dondermaand, of de *wula dundangu*, de omroepingsmaand, omdat in die maand door de *matanggu dundangu*, de omroeper, de afkondiger, op de *ana mongu dundangu* de omroepersgong geslagen wordt om aan allen mee te delen, dat in deze stille maand alle rumoer moet worden nagelaten. Bij overtreding zou de regen niet goed doorkomen en zou allerlei onheil treffen, want *nakalehaja tana awangu*, aarde en hemel zouden het zoeken. De pòdu-maand vormt ook de grens tussen de twee getijden van het sumbase jaar, en daarmee de grens tussen oud en nieuw jaar, tussen de afsluitende en nieuw beginnende levens- en landbouwperiode. De pòdu-maand en de pòdu-tijd, de verbodstijd, zou dienen *ka tapadirawe ndou, ka tapànde waingge dira riwuta dira mara tana*, opdat we het jaar begrenzen, opdat we daarmee weten de begrenzing van regentijd en droge tijd. Als liggend tussen oude en nieuwe jaarkring heeft de pòdu-maand verbinding met beiden, en het is dus niet ten onrechte als bij het feest waarmee de pòdu-maand wordt afgesloten gesproken wordt van *tahun baru Sumba*, sumbaas Nieuwjaar.

In de eerste maanden nu na de *wula pòdu*, de eerste maanden van de landbouwverrichtingen, staat de literaire activiteit stil. Hier en daar mag men bij het uitplanten van de rijst bepaalde wijzen zingen, maar veelal geschiedt dit uitplanten zonder zang. Gedurende de tijd dat de vlakte zwanger is (*napati'a marèda*), in de groeiperiode van de rijst ligt het leven nog onder tal van verbodsbepalingen. Men mag bijv. geen levend hout, alleen maar dood hout dragen; geen pandanblad snijden; geen keladi-blad op het hoofd dragen; geen eieren van de boskip opgraven; niet met een rood watervat op het hoofd lopen enz. Al deze dingen zouden een bedreiging vormen voor de ontwikkeling van de rijst, straks zouden de aren loos blijken te zijn.

Eerst wanneer de rijst rijpt, *ba nararai pare*, begint de tijd van vertelling en zang en ze gaat voort tijdens de oogstwerkzaamheden tot de oogst is binnengehaald. Waar zaai- en oogsttijd voor droge en natte rijst, *pare mara*, *pare we'e*, niet gelijk zijn en verder in de verschillende landschappen niet gelijk vallen, verschilt in verband daarmee ook de tijd waarin men kan vertellen. In het landschap Loliina bijv. is vertellen in de tuinen al geoorloofd (*nakòbawe oma*, de tuin is "tawar", is vrij van verbod) als het in de kampung nog verboden is, daar de kampungs bij het sawah-gebied gelegen zijn (*nabisawe wàno*, de kampung is verboden). Waar de rijst rijpt, daar begint de tijd van luidruchtig spel, van raadsels, vertelling en zang, daar verkrijgt heel het leven een ruimere en vrijere beweging. Vertellen is in die tijd niet maar geoorloofd, maar het is regel, niet alleen in de zin van gewoonte, maar ook van wet. Want deze verhoogde activiteit is niet maar uiting van vreugde, bedoelt niet alleen elkaar aangenaam bezig te houden, of de tijd te korten wanneer men de nacht wakend moet doorbrengen. Met dit vreugde betoon moet de rijst ontvangen worden, die is, zoals men in het oosten zegt, een *jora,nàlu*; *kula, arijaa*, een vriend en gezel, een gast en bezoeker, die komt van ver van overzee en na lange tocht nu het doel van zijn reis heeft bereikt. Zij is *na karanggi pamanjàrangu, na kurangu pawuku,* de gezochte krab, de begeerde garnaal, d.w.z. degene (hetgeen) die (wat) we met verlangen zoeken. De bereidheid tot hartelijke ontvangst enerzijds wekt tot komen anderzijds. Daarom ontvangt men de rijst met vreugdebetoon, *ka nakasakai wa'ina, ka nakanjokai ngorana,* opdat ze de voeten heffe en het gezicht voorwaarts richte, d.w.z. op weg ga en tot ons komen;(kamb. *djia hi napahuharu kapongungu, hi napanunda wai la iwangu,* dan zal de rijst zich ophopen als drijfhout, in ononderbroken stroom als een bandjir; of ook: *naworu na panü budi hi naworu na pangangu,* de woorden moeten vele zijn, dan is ook de spijze overvloedig).
Ook dit vertellen heeft zijn regel, die niet zonder gevaar kan worden overtreden. Hierbij onderscheidt men onder de *newe* de *newe bua male* de korte verhalen die worden verteld als de "avond nog jong is", in de vooravond, en bij de *lii pangerang* de *pangerangu bàkulu,*

de grote vertellingen van de *pangerangu kudu*, de kleine verhalen. Deze laatste worden ook onderscheiden als de *pangerangu mbana*, de warme, dus gevaarbrengende verhalen, die alleen door de *ina matua, ama matua* worden verteld, naast de *pangerangu maringu*, de koele verhalen, waaraan men zich zonder gevaar wagen kan. Deze grote verhalen zijn *mbana* (zo. kamb.) of *biza*, krachtig (zo wew.),omdat ook deze op de marapu betrekking hebben. Men mag er evenals bij de *Lii Marapu* niet mee beginnen voordat de ster *kataru nggède* zichtbaar is, d.i. tegen middernacht en men moet ze beëindigen als de morgenster de *mata ràmu* opkomt. Begint men met een van deze verhalen, dan moet men ze vertellen tot het einde toe, men mag ze niet door de dag laten onderbreken. Zo ook wie begint het verhaal aan te horen, moet het aanhoren tot het eind en mag daarbij niet inslapen. Dat zou toch het gevaar meebrengen, hij zou zijn levenstijd niet voleinden, d.w.z. hij zou jong sterven indien deze overtreding niet tijdig zou worden weggedaan. Daarom gaat wie bang is slaperig te worden vóór het begin van het verhaal weg en wordt niet begonnen voor slapenstijd van de kinderen:*tunggu tau matuaha*,de verhalen koren bij de *matua*, de "ouderen". Datzelfde gevaar bedreigt de verteller als hij over de gestelde tijd gaat. Zo zegt men in Oost-Sumba: als de kippen met de vertelling van stok gaan (dus als het verhaal nog niet is afgelopen als de kippen van stok gaan), stappen de kippen er over heen en zal de verteller niet zijn leeftijd voleinden (*djàka napuru karianja-ka manu pangganan ja-ka manu, nda namalundunguapa na mapeka;* westen: *ba namburu ngindiwe manu, nia ka na'i apanewe nda namalondokina*, als de kippen er mee van stok gaan, zal de verteller niet tot het eind komen). Ook zou het op verlies van de kippen kunnen komen te staan, want *djàka nambangatu na pangerangu damatì da manu*, als het verhaal "warm" is, gaan de kippen er aan dood. Voor het begin en na afloop van het verhaal wordt *pahàpa*(kamb.) *pamama* (wew.) d.w.z. "pruimsel", sirih-pinang of een kippetje *ana manu pakiku urang*, een kippetje met een staart als één garnaal, dus een nog jong kippetje (wew. *pakende kura loko*) aangeboden aan *umbu ràmbu*, de heer en vrouw wier lotgevallen zullen worden verteld, om geleide en besturing te vragen en afwending van

mogelijk gevaar.
Ook voor het vertellen van een verhaal zijn twee personen nodig. De verteller moet toch een *nggòba*, een *papa* hebben tot wie hij zich richt en wiens taak het is te antwoorden (*matanggu hema*). Men moet iemand hebben tot wie men spreekt:*ngga'i ila kunggòbana kundo*, dat ik niet mijn knieën tot gezel, tot partner hebben(kamb. *àmbu kupapanja na kambàkunggu*)en die door zijn geregelde reactie blijk geeft het verhaal te volgen en er in mee te leven. Dat gaat bijv. op de volgende wijze: De verteller begint:*Dapakanoma i Umbu Ndjiru Ndjara dàngu i Ràmbu Lingga Wàndalu wàda ...o;*de antwoorder *Aa..oo.* Verteller: *Dapakanomakika nàhu, ka pakambunanjaka i Ràmbu Lingga Wàndalu, wàda..oo;* antwoorder: Aa...oo, enz.(verteller: Naar men zegt waren i Umb Ndjir Ndjara en i Râmbu Lingga Wândal met elkaar getrouwd. Antw.: Aa-oo. Vert.: Men zegt, ze waren niet lang getrouwd, toen werd i Râmbu Lingga Wândal zwanger. Antw. Aa...oo. enz.)
De vertelling kan al dan niet door gezang worden onderbroken, waarin dan de lotgevallen die zoëven verteld zijn weer worden gevolgd. Bij de *Ana lalu* is dit steeds het geval. Bij de *ana lalu kudu* geschiedt dit twee of vier maal, maar compleet is het eerst bij de *ana lalu bàkulu*, waar de vertelling acht maal met gezang wordt afgewisseld, met dien verstande, dat indien er meer personen in het verhaal optreden wier lotgevallen worden bezongen, liever, die hun lotgevallen bezingen, elk dit acht maal moet doen.
Het woord *ana lalu* brengt ons op de inhoud van de vertellingen.Het zou te ver voeren nu op de verschillende verhaalmotieven in te gaan. In het algemeen kan worden verwezen naar groeperingen in werken als Tontemboanse Teksten van Schwartz-Adriani, of Bare'e Verhalen van Adriani, of Batakse Volksverhalen van Dr. Voorhoeve. Een aantal sumbase verhalen is bovendien gepubliceerd door Ds.D.K.Wielenga (*Schets van een Soemb. Spraakkunst; Soembaneesche Verhalen,* Bijdr. Kon. Inst. 1913) en in mijn dissertatie *"Eenige Soembasche Vertellingen".*
In de dierverhalen speelt in de regel de *lambàku* (kamb.), *lambòku* (Wew.) de musang of civetkat, de rol van het kleine listige dier, dat door zijn list zich in tal van situaties weet te redden. Afzonderlijk

dient genoemd een groep, die naar haar inhoud een eigen naam heeft ontvangen, nl. die van de *ana lalu*. "Ana lalu" betekent "wees" en het geregeld kerend motief in deze groep verhalen is dat van het kind, of de kinderen, die, nog jong, hun ouders hebben verloren, in diepe ellende geraken, maar door velerlei beproeving heen bewaard blijven en weer tot welstand en voorspoed komen. Het goede einde maakt het al goed. Het is of het leven in zijn voortdurende verbinding en tegenstelling van ongeluk en geluk, van leed en vreugde, van *mbana* (*mbangata*) en *maringu* (*maringi*) wordt gevat. Op zoek naar het "geluk", naar i Râmbu Kâhi, de gewenste bruid, heeft de held tal van ervaringen door te maken voor hij tot het gewenste doel komt. Want in de regel wordt dit alles getekend als een strijd om de verbinding, de hereniging, van de twee hoofdpersonen, een manlijke *Umbu Ndilu* (wew.:*Umbu Ndjelo*) en een vrouwelijke, i Râmbu Kâhi (wew.: Kjazi)en met de gelukkige verbinding eindigt het verhaal. Zijn speciale sumbase kleur verkrijgt de uitwerking van dit thema ook daarin, dat het steeds gaat om de verbinding van *Umbu Ndilu* met zijn *ana pulangia* (kamb.), zijn *ana loka* (wew.), het huwelijk van de man met de dochter van zijn oom, de broer van zijn moeder. Dat het verkregen geluk steeds met die verbinding gepaard gaat, sterkt de gedachte, dat, ook al worden in de tegenwoordige tijd, zoals wel steeds, vele andere huwelijken gesloten, toch de bewaring en voortzetting van deze verhouding, van dit normaal-huwelijk, als mee bepalend voor de levenswelstand werd en ook nog wordt geacht.

Bijgaande korte vertellingen mogen dienen om van de taal enige indruk te geven.

PROEVEN VAN ENKELE DIALECTEN

Wewewa

Kapopoka mòno pake

Ne apaia lòdona nakako keila kapopoka laa paau we'e niri limbu. Tèngera ne'eni aenu we'e, ka àmini ia pake. Ta rato kapopoka, nina pake. Wee, hina kapopoka. Maiwu ka tanarèngana umanggu, hinangge pake, ba napangadewa na kapopoka, ngga'i ka namate we'e dana, hinawe pakàmbu atena. Tauna na kapopoka: nda kunauki, màla peikungu ba kutama we'e dana, ba nda kupàndemo panangi, hina kapopoka. Takazonggo amowu hito, hinangge pake. Nataluwe patèkina pakengge, ka napadeku tàka, natakeidaka bendo detana pake ka nawapunani kapola kokona, ka naungu tana ngindiwa we'e dana, ba nanangi ngindiwa limbu dana. Paradua piawe na limbungge, ka ungu pòra-pòrawa kapopoka, oro ndukanawe ngauna mòro oro inda batanawe mawenggela we'e. Papène balindangge, onda rato pake, matenda hitongge, hina kapopoka.

Kaa papène bali pòngu tàkani. Ndukukida pònu we'engge ka natakeidaka bali tana mara kapopoka. Ngga'i ka kutau ndelungge, hina kapopoka. Nja ka taunawe kapopoka. Rato pake, hina. Wee, hina pake. Ne ba hinawengge, umaiwu wo'ungge, ka kukazonggowu, ka kulera ngindiwu bjondo, kau etanggawe umanggu zauangge, hina kapopoka. Màla amo, hina pake. Napatutungge bendona kapopoka, ka naungu takeidaka pake. Pelenggenawe na kapopoka, ka nalera ngindiwa na pake, natakotika ngindi pònguwa. Nalèngana pamandeta-ndendeta pia ba nalera ngindiwa, ka naungu patalebaka wèkina kapopoka, ba napawàrakawa na pake, kere kaboulana tana deta. Nariaka tana detangge ka naungu mate, engani ba namate talenga. Hinawe larana, ka zupu mate talenga dua-dudua pake baa mate làpata ne ba hinawe. Orona kapopoka ba natau ndelu pangade.

Van de kapopoka en de kikvors

Op zekere dag ging een kapopoka 1) water drinken aan een kolk. Terwijl hij daar aan het water drinken was, kwam er een kikker aan. Heer Kapopoka, zei hij. Ja, zei de kapopoka. Kom, laten we samen naar mijn huis gaan, zei de kikker, hem bedriegend, dat hij in het water sterve,

1) kapopoka: een klein vogeltje.

zo was de overlegging van zijn hart. De kapopoka zei: Ik wil niet, hoe kan ik in het water gaan, daar ik toch niet kan zwemmen. Ik zal je dragen, zei de kikker. De woorden van de kikker wonnen, de kapopoka gaf toe en sprong boven op de rug van de kikker en pakte hem om zijn hals, en daarop bracht hij hem het water in en zwom met hem naar de diepte. Halverwege kreeg de kapopoka het benauwd, daar hij achter adem was en de nattigheid van het water niet kon verdragen. Breng me weer naar boven,vriend heer kikker, ik ga dood, zei de kapopoka. Daarop bracht hij hem inderdaad weer naar boven. Net boven water, sprong de kapopoka weer terug op het droge. Dat moet ik betaald zetten, dacht de kapopoka. Daarop riep hij: Heer kikvors, zei hij. Ja, zei de kikvors. Komt gij nu, laat ik u dragen en met u naar boven vliegen, dat ge nu mijn huis ziet, zei de kapopoka. Vooruit dan maar, zei de kikker. De kapopoka keerde hem zijn rug toe en de kikvors sprong er op. Daar ging de kapopoka, en vloog met de kikvors weg, hoog steeg hij met hem op. Toen hij héél hoog gekomen was in zijn vlucht met hem, gooide hij zich plotseling om en liet de kikvors vallen, zodat die ter aarde stortte. Hij raakte de grond en dood was hij, dood bleef hij liggen, liggend op zijn rug. Zo komt het dat de kikvorsen als ze dood zijn altijd op hun rug liggen. Door die kapopoka die zijn bedrog betaald zette.

Anakalang

Kauki

Aidja da madua, da lakeda da mapaaja panàkangu. Na nàkana i Luwaja na ngarana. Ba àtunjaka ta oma na inada nau waiga nai, di napekanja na anana na mamatua, winanja: Nai pesaku ba nakarebakanguka na nàkamu, ba nasaukaka, ka mutununaja na luwa, ka mupasobanaja wai! Abu bulakanja,namu tàkaja winanja. Oa wina duna na anana, palekunajaka na nàkana. Tàka na inana enganaka ta oma, lodu malunaja.

Ba nasirunguka na làdu, saudinanjaka i Luwa na nàkana. Jaji oli na nàkagu di nasauka, djiaka karebangu memakanaja ka winaka ba napataja ta atina; di napadowija na pawàru, di napadukuja na api. Ba namarobusuka na api, di nadekija na nàkana, nai deta ta pinu lawaa di nasailanja tununajaka na nàkana i Luwa. Na luwapa, tunuja na pawinangu na

inana, da natunuma-aka, djiaka i Luwa nakana na pasadarana. Djia ba na-mamika na nàkana, di nasailanja ta sedi; djiapaka ba kadjidji-djidji wua ngiduja ta sedi api. Na malunguka, di natàka na inana walina ta oma. Tàkaka, di nakatanaja na anana: Beekijaka na nàkamu? Da nasauka-dika? Mutunukadinajaka na luwa? . Kutunujaka waiga làduga. Djiapaka ba taliwumuka dumu waiga baruga, ba nasau kuduku, dedi naukadinaka na sauna; ainja ta sedi ba kukugulunja. Làbu duna mapulungu piakadijaka winaka na inana: Maa mulauka padekidaja ka tapasusuja di winaja na anana. Àtunjaka na anana, di napapurunja i Luwa, na nàkana, walina ta sedi api; djiapa biliaka ba nakadji-djidji da wua ngiduna. Baninajaka na inana: waa oliee, natunu tàkakaja na nàkana; aipanja na luwa, ka mutunaja na pawigungu, tàka na nàkana di natunu naukaja, winaka, di najabali na inana.
Bani tàkanagaka na inagu wina,palaidinajaka, ba napalai ngidisa da kaba kalibaruna djeka da kidjina na inana; detanajaka ta pungi ai, ba lautaku-lautakuna, da naselu tukimaka ta uma. Atunja na inana ba nalau palamadaja,ka nabali ta uma winangu. Ka kirangu-kirangu bilia-naka ta kasanga ai; dadi kaukinajaka. Da kaba kalibaru di nawulu ka-litudja, tàka na kidji di nakaikunja. Tau naudinaka ba napangadanja-ka ta atina ba inanaja, djeka wolunaja ta ati memanaka na anagu, ka taugu nau winangu, winaka na inana.
Nauja na wewina di wida da mabokulu: Ba mulau ta k uki mapasira, ba mulauwu ta wawi mapakawu.

<u>De aap</u>.
Er waren eens twee kinderen, een ouder en een jonger zusje. De jong-ste heette Luwa. Eens toen hun moeder naar de tuin ging, zei ze tot haar oudste kind: straks als je zusje honger krijgt, als ze huilt, rooster haar dan deze luwa(knol) en geef haar die te eten. Vergeet haar niet, pas goed op haar, zei ze haar. Ja, zei haar dochter en speelde met haar zusje. Maar de moeder bleef tot de avond in de tuin. Toen de zon begon te steken, huilde Luwa, haar zusje. Nu huilt me al mijn zusje, misschien heeft ze nu al jonger, zei ze bij zich zelf; daarop schikte ze het hout toe en legde er vuur bij. Toen het vuur vlamde, nam ze haar zusje,daar op het gloeiende hout legde ze haar en

ze roosterde haar zusje Luwa. De luwa (ubi) waarvan haar moeder gezegd had die te roosteren, die roosterde ze niet. Luwa, haar zusje, die roosterde zij. Toen haar zusje gaar was, legde ze haar op het rek; daar lag ze nu maar met grijnzende tanden op het rek. Het was avond, toen kwam de moeder van de tuin. Aangekomen, vroeg zij haar dochter: Waar is je zusje? Heeft ze niet gehuild? Heb je haar ook de luwa geroosterd? Die heb ik straks, bij vol dag al geroosterd. Nadat u vanmorgen weg was, heeft ze een beetje gehuild; dat beetje huilen alleen maar; ze is op het rek, waar ik ze gelegd heb. Het lijkt wel of ze de waarheid zegt, dacht haar moeder: Ga haar mij eens halen, dat ik haar de borst geef. Weg ging haar dochter en haalde Luwa van het haard rek; grijnzen deden haar tanden maar.
Boos was haar moeder: Schepsel, daar heeft ze me toch haar zusje geroosterd; er was nog wel een luwa die ik haar zei te roosteren en daar roostert ze haar zusje, zei de moeder en sloeg haar.
Wat is mijn moeder boos op mij, dacht ze en ging er van door, weg liep ze met de gezuiverde kapok en met het spinklosje van haar moeder; al springend klom ze in een boom en kwam niet weer dicht bij huis. Haar moeder ging naar haar toe om haar te stillen, ze wilde dat ze naar huis zou terugkomen. Maar kira .... kira ... deed ze maar op een boomtak. Ze was een aap geworden. De kapok had ze als lichaamshaar en de spinklos als staart. Aldus was de overlegging van de moeder in haar hart: misschien was dat wel van de aanvang de opzet van haar binnenste en wilde ze het zo doen, zo dacht de moeder. Vandaar dat de ouden zeggen: straks wordt je nog een verscheurende aap, straks wordt je een bijtend varken.

Mamboru

<u>Bangara Karoku</u>

Lolukandai nggia walika ni pabangara dàngana ni Karoku kambànga wabu. Di lau nai ti karasa tasika rini, dumu etai ni pasalai mati, ba naili ndaku djuai, ata o ruta matumbunggi.
Hai di lina: Nggiakadandja ni oma ni paata djàra dànga pamangami. Kàmbangamakanasa nia ni tu, lina. Hàlumakani lau pateki wini watara. Bali natàndunggi. Maa pani ata hàminggu, ba ngalunga kaladawu, dumu irusari

nai watara patànduna, maa ka mbani walinasa ni tasika.
Ai ka pakewamadanasa ni tasika, ndàngu ka kulaupu pateki nàmbu soraka nika tamungu tapi, kapatau dènganggi ni tasika, lina. Hàlumakani. Ata nataruna hàmi, nabali. Tàka hai bawa nakodja-kodjai ni wee tasika ba ndjaa-ndjaana.
Jini rini ni tasika ba sini nangganggarai ka nambangata pungusa ni ngalunga; napabali-balindi nai nàmbu nai soraka. Arau nambani walisa ni tasika linaka, sajaa tundjuna hai ba natauna nàmbu.
Maa pani di ata hàmipinggu ba ngalunga kaladawu, dumu pabalinggi ni nàmbu ba sapunguì,di nawanai ni wisina. Arau, ka ata patarasa lina wali, hàluka palai walinasa.

Gocheme Karoku

Laat ik nu nog vertellen van de verbazing van die domoor Karoku.
Eens ging hij naar het zeestrand en zag daar een zandplaat, dat die helemaal schoon was, ze was in 't geheel niet begroeid.
Daarop zei hij: dat is nu eens een tuin waarin je je niet met wieden hoeft te vermoeien. Wat zijn deze mensen hier dom! Weg ging hij om pootmais te halen. Teruggekeerd pootte hij die. Nu, hoe zou je niet komen als je toch een grote golf bent, en je sleept mee de mais die hij had gepoot, daar de zee weer woester werd.
Onhebbelijk is toch die zee, ik moest een werpbamboe en een wanschild halen, om met haar te vechten, zei hij. Daar ging hij heen. Hij talmde ginds niet en kwam weer. Beneden gekomen stak hij met luid geschreeuw op de zee in.
)ie zee nu, daar juist de vloed opkwam, werden zijn golven zeer ontstuinig; hij gooide zijn lansen en bamboe maar terug. Ai, die zee is geweldig woest, zei hij en hield even op met speerwerpen.
Hoe zou je dan niet weer komen, waar je een grote golf bent en je smijt een speer terug, en die treft hem in zijn been. Au, dat is niet vol te houden, zei hij en weg vluchtte hij.

ii Marapu

t onderstaande is een episode uit de traditie aangaande Marapu van de abisu We'e Lowo, Koda Laija Bili, Lota Lara Seingu, wiens huis te vinden is in de kampung Tarung, landschap Loliina. Dit gedeelte verklaart hoe het kwam tot de verering van Umbu Pende, de mori tana, de heer van de grond, *matutu katowa lele wula, madawa kiku mata rawa*, de bewaker van de sawah genaamd *lele wula, mata rawa*.

Tomanangge Pende Tunu Pare, Pende Kàsa Ina,
Raja Konda Tana, Raja Kàsa Ama.
Nga'anangge pare Pende Tunu Pare olemu,
maka nangarangge Pende Tunu Pare,
ne'ena ba napakangge kikuna langita deta,
ne'ena ba nadòlungge katowana tana deta.
Pamatewu lidani, maka ilakana linangge.
Peikuwu, lidani.
Pakuakongga wasu, ka tauwangga api dana, linangge.
Maka kere dekunawe patèkina,
supu pakua tàkana wasu, ka powi api.
Nabaa pawenggarawe api, ka deke tàkawa ka tauwa api dana
Hinawena maka Pende Tunu Parewa.
Kondangga tana, ka tauwangga tana dana, linangge.
Maka konda tàkani tana ka tauwa tana dana.
Hinawena maka nangarangge Raja Konda Tana.
Ne'ena pandakaponawe tananangge, olemu na,
ne'ena ledakaponawe langitangge, olemu,
maka piakuni, hinawe na kèdena, nda namangeda-apo ata.
Hinawena olemu kere marapu mangu tanawa ningo,
hinawena olemu kere marapu mangu lokowa ningo.
Kawunga mburu ura, maka jaani nga'a panga'a we'e paenuna.
Mere tanawe, maka jaani nga'a panga'ana we'e paenuna.
Ne'e hinawe kawunga ndjeli ndàra,
ne'e hinawe katobo lendju bòngga,
ne'e hinawe kawunga dadi manu,
ne'e hinawe kawunga timbu kowe,
ne'ena ba namabiwawe,
ne'ena ba namabawewe.
Hinawena nia ka supu wangu rahi ndarani,

hinawena nia ka supu pasa lima tondani.
Maka namanenggengge wuli wuana pare koni,
maka namandaupani pola ro'ona pare ndima.
Maka nanga'a parei dèngangge,
maka napote pasela dèngangge;
maka napawa lade mone,
maka nadewa dendo ngara.
Ne'e hinawe lara kako bisana Konda Laija Bili,
ne'e hinawe lara kako mandina Lota Lara Seingu.

Vertaling (die noodzakelijk hier en daar enigszins vrij moet zijn):

Komen deed hij (nl. Koda Laija Bili Lota Lara Seingu) tot:
Pende Tunu Pare, Pende, in wie de Moeders één zijn,
Raja Konda Tana, Raja in wie de Vaders verbonden zijn.
Rijst eten deed Pende Tunu Pare,
en verkreeg zo de naam Pende Tunu Pare,
eertijds toen hij zijn staart bond boven aan het luchtruim
eertijds waar hij zijn kop neerliet tot de aarde.
We doden u, zeiden ze hem: niet alzo zei hij.
Hoe moet ge, zeiden ze hem.
Brengt me samen hout, en legt mij in het vuur, zei hij.
Toen, met volgen van zijn woorden,
zo bracht men dan hout samen en blies het vuur aan.
Het vuur was tot vlammen gekomen, zo nam men hem en legde hem in het vuur.
Vandaar is hij Pende Tunu Pare (hiermee is het woord tunu, (roosteren, verbranden in zijn naam verklaard).
Graaf mij de grond en leg mij in de grond, zei hij.
Zo groef men hem de grond en legde hem in de aarde.
Vandaar is zijn naam Raja Konda Tana (konda tana: in de grond graven).
Eertijds, waar kort was de afstand tot de aarde,
eertijds waar laag was de hoogte van het luchtruim,
zo vermocht men tegen hem; zo was de aanvang ervan,niet velen

nog waren de mensen.
Vandaar, dat hij is marapu, bezitter van de grond,
Vandaar, dat hij is marapu, bewaker der rivieren.
Bij het eerste regen vallen, geeft men hem zijn spijze en zijn drank.
Is droog de aarde, men geeft hem zijn spijze en zijn drank.
Zo was het bij de eerste sprong der paarden,
de eerste loop der honden,
alzo bij de eerste wording van de kip,
het eerste groeien van de plant kowe,
alzo toen het verdeeld werd,
alzo toen het beschikt werd.
Vandaar dat hij hem hield als de teugel in de bek van het paard,
vandaar dat hij hem vatte als de hand die het schild houdt.
Vandaar dat zwaar hing van vrucht de aar van de koni-rijst,
dat breed was en dicht stengel en blad van de ndima-rijst.
Daardoor was zijn spijze in overvloed
en zijn rijkdom boven mate;
vandaar was vruchtbaar zijn kroost
en roemruchtig zijn naam.
Zo was de weg van betoning van macht van Koda Laija Bili,
zo was de wijze van blijk van vermogen van Leta Lara Seingu.

TAALVERNIEUWING *UIT HET EVANGELIE*

Wanneer ik over dit onderwerp iets schrijf, doe ik dit vanuit het werk van de bijbelvertaling op het zendingsveld.
Men heeft mij na onze terugkeer uit Indonesië eens gevraagd te spreken over: Hoe vertaal je een bijbel. Daarop heb ik geantwoord: Dat doe je niet; dat doe ik niet, dat doen wij niet, dat doen mensen niet. Ja, inderdaad, daarin zij mensen wel mee bezig en daarbij is wel menselijke activiteit betrokken. Er moeten talen worden onderzocht en gekend, voor zover dit mogelijk is; er moet een tekst worden vastgesteld en verstaan en er moet worden overgezet van de ene taal in de andere. En dat alles dient te geschieden op verantwoorde wijze; linguistiek en filologie en exegese dienen noodzakelijk daarin het hunne bij te dragen en niet deze alleen. Maar de bijbel vertalen .....
Het is hiermee als met alle arbeid in het koninkrijk Gods en goed verstaan wil dit zeggen met al onze arbeid - ons 'doen' heeft in de bijbel een merkwaardige kwaliteit, cfr. Joh. 15:5 - dat wij daarin wel mogen en moeten bezig zijn met geheel ons verstand en met al onze kracht, maar dat wij het beslissende juist niet kunnen doen, dat dat juist buiten onze greep ligt; dat dat ook niet voor onze rekening ligt en dat we alleen daarom in vrijheid kunnen en mogen bezig zijn in alles wat ons te doen gegeven is. De apostel Paulus wist daarvan, van deze verantwoordelijkheid en van deze begrenzing en hoezeer alle roem hier is uitgesloten. "Wat is dan Apollos? Of wat is Paulus? Dienaren door wie gij tot geloof gekomen zijt (dat wil dan zeggen, die daarin als instrument dienstbaar zijn geweest) en wel zoals de Here dit aan een ieder geschonken heeft" (1 Cor. 3:5). Daar geldt het "Ik heb geplant en Apollos heeft begoten, maar God gaf de wasdom. Dat hebben Paulus en Apollos niet gedaan. Nu, zo zouden we kunnen zeggen: De een onderzoek en verklaart en de ander is bezig in overzetting, maar God vertaalt de bijbel.
Met *dit* vertaalwerk zijn we toch op het terrein van het wonder. Omdat de bijbel het boek van het wonder is. Van dit wonder, dat God spreekt, dat Hij tot ons spreekt; dat Hij in dit spreken, in deze woorden Zich aan ons verstaanbaar maakt, aan ons kenbaar maakt, ons antwoord zoekt

en ons Zijn gemeenschap biedt.
Wat kunnen mensen nu in woorden zeggen? Al datgene wat op een of andere wijze valt binnen de kring van onze gedachten en van onze ervaring. Maar wat hier wordt gesproken is in geen mensenhart opgekomen. Hoe kan menselijke taal daarvan de drager zijn?
Dit wondere spreken Gods wordt toch hierdoor gekenmerkt, dat het zich niet een eigen specifiek uitdrukkingsmiddel schept, maar tot ons komt in menselijke taal. Dat is voor het karakter van het spreken van God van wezenlijke betekenis. Want dit betekent, waar er geen algemene voor alle mensen, voor alle volken verstaanbare taal bestaat, dat God om dit woord te spreken gebruik maakt van een bepaalde taal, gesproken door een bepaald volk, levend in een bepaalde tijd, in een bepaald land, in een bepaalde situatie. Gods Woord verkrijgt uitdrukking in de woorden van hier en nu levende mensen. En dat niet om deze bepaalde talen - want het zijn er meer dan één - definitief uit te lichten uit de veelheid der talen, ze daarvan te isoleren als de enig mogelijke voertuigen voor het spreken van God, maar integendeel om ons zo te doen gevoelen, dat Hij steeds en overal wil spreken tot mensen in een taal die zij verstaan. In het Hebreeuws en Aramees en Grieks worden principieel de talen der mensen tot voertuigen voor het spreken Gods bestemd. Is God alleen de God der Joden? Niet ook der heidenen? Niet ook der volken? Zeker ook der heidenen. Want er is geen onderscheid! Zo, dat tot elk volk in de taal die zij verstaan de boodschap wordt gebracht: Zie hier is *Uw* God!
Zo gaat dan dit goddelijk spreken in de verscheidenheid der menselijke talen en daarmee is gezegd, dat de vertaling van de bijbel ons ook stelt voor de problematiek die aan alle vertalen eigen is door de onderscheidenheid der talen; dat nl. het spreken der mensen hier en ginds verschilt onder meer omdat de wereld waarin zij leven in tal van opzichten onderscheiden is. Onderscheiden al dadelijk in natuurlijke omgeving. Het is niet te verwonderen dat een van mijn assistenten, die geheel in het binnenland was opgegroeid, juist in verband daarmee meer moeite had met de weergave van enkele gedeelten van Hand.27. Onderscheiden naar economische activiteit, de wijze waarop ze in hun levensonderhoud voorzien; onderscheiden naar de bouw van hun samenle-

ving, die bij het ene volk een ander patroon kan vertonen dan bij het andere, of naar de vorm van het staatkundig leven. Onderscheiden naar wat de mensen hebben gedacht en vermoed van de geheimzinnige achtergrond van ons leven en hun relatie tot een andere dan deze onze menselijke werkelijkheid. Zij zijn onderscheiden naar cultuur en naar historische situatie en al deze verschillen vinden hun neerslag in de taal die ze spreken. Wat niet in het leven van een volk wordt gevonden vindt geen uitdrukking in zijn taal.

Nu is vertalen trachten deze afstand te overbruggen. En de brug die hier moet worden gelegd rust op twee pijlers; men kan ook zeggen: elke vertaling vraagt tweeërlei gehoorzaamheid. Allereerst gehoorzaamheid aan de tekst die moet worden weergegeven. Want vertalen betekent niet, dat deze boodschap nu zo moet worden gebracht alsof ze origineel tot dit volk zou zijn gekomen. Ik kan en mag deze boodschap niet uitpellen uit, niet losmaken van het historisch en cultureel milieu waarin ze is gesproken. Dat is een verantwoordelijkheid die niemand zou kunnen dragen. Maar wat hier en nu is gezegd en geschied moet ik zo overbrengen dat het hen kan aanspreken voor wie deze vertaling is bedoeld. Dat wil in feite zeggen, dat nu in deze taal dingen moeten worden gezegd, die daarin vroeger geen uitdrukking hebben gevonden, dat deze taal een verandering moet ondergaan, dat ze moet worden vernieuwd.

Met dit laatste woord moet ik voorzichtig zijn. Het zal ons duidelijk zijn, dat de afstand waarvan we spraken ons voor eigenaardige moeilijkheden kan stellen, wanneer we ons afvragen hoe wat vroeger niet werd benoemd nu uitdrukking in deze taal zal moeten vinden. Maar dit bedoel ik niet wanneer ik spreek van taalvernieuwing uit het Evangelie.

In zijn dissertatie "Enkele aspecten van de missionaire bijbelvertaling" heeft Dr. Koper erop gewezen, dat de problematiek van de bijbelvertaling niet is opgeheven, wanneer maar in de taal waarin vertaald wordt een "equivalent" als gereed ligt om een bepaald bijbels begrip weer te geven. Ik meen, dat men daarvoor onder de bijbelvertalers meer oog gehad heeft dan hij vermoedt, maar hoe dit ook zij, hier heeft Dr. Koper gewezen op een essentieel aspect van de bijbelvertaling, een aspect waaraan we mogelijk kunnen doen gevoelen, dat inderdaad niet wij de bijbel vertalen.

Een woord toch is maar niet een bepaald complex van klanken, dat ik eventueel door een klankencomplex uit een andere taal kan vervangen, dat dan als "equivalent" van het eerste geldt; alsof daarmee dan hetzelfde zou zijn gezegd. Want elk woord heeft zijn plaats in een bepaalde taalgemeenschap; ze wordt gesproken in een bepaald sociaal milieu en tegen een bepaalde geestelijke achtergrond. In dat milieu en tegen die achtergrond verkrijgt dan dit woord zijn specifieke inhoud en bepaaldheid. Daarom, hoe nuttig en onmisbaar woordenboeken ook zijn, een woordenboek is de meest ongelukkige plaats waar we een woord kunnen aantreffen en elk woord dient hier wel vanuit het taalgebruik overvloedig te worden toegelicht.

Ik wil trachten u dit met een enkel voorbeeld duidelijk te maken. Op zekere dag vond ik onze erfjongen in gezelschap van een andere sumbase jongen en ik vroeg hem naar hun relatie. Het bleek een jongere broer van hem te zijn. Ik heb er toen aan gedacht dat een sumbaas huwelijk polygaam kan zijn, dat dus een sumbase man tegelijkertijd met meer dan één vrouw wettig getrouwd kan zijn en ik vroeg hem dus of dit een broer was van dezelfde moeder. Neen, was het antwoord, dit is een broertje van een andere vader en een andere moeder. Een dergelijke verduidelijking zou in onze samenleving onmogelijk wezen, maar is in de sumbase verhoudingen geheel op zijn plaats, omdat ik de broers van mijn vader benoem met hetzelfde woord als mijn vader en diens kinderen ook mijn "broers" en "zusters" zijn. En dus, wanneer iemand mij vraagt: Wat betekent vader in het sumbaas? - dan dien ik ongetwijfeld te zeggen *ama* en een ander woord zou niet mogelijk zijn. Maar dat wij bepaald niet zeggen, dat *vader* en *ama* equivalent zijn, dat ik zou kunnen zeggen vader = ama, omdat elk van beide zijn omvang en begrenzing ontvangt in relatie tot de hier en ginds geldende verwantschapsordening. En dus wanneer ik *vader* weergeef met *ama*, dan heb ik inderdaad overgezet, ben ik in een andere wereld terecht gekomen.

En wat sociaal geldt geldt evenzeer geestelijk. Dat wil zeggen, dat ik in een taal als de sumbase in aanraking kom met een taal die ik voor velen nog als een heidense taal moet kwalificeren. Daarmee is natuurlijk niet bedoeld, dat bepaalde taalvormen als heidens zouden dienen te gelden naast andere die dan als christelijke zouden kunnen worden benoemd, maar dat heel deze taal gesproken wordt tegen de achtergrond van heidens denken en gevoelen en vanuit die achtergrond zijn inhoud ontvangt. Dat geldt niet alleen van die woorden die specifiek met het religieus leven zijn verbonden, maar telkens treft het ons ook bij "neutrale" woorden, dat ze voorkomen in verbanden die door die achtergrond worden bepaald, dat ze gevoelens wekken, die alleen vanuit die achtergrond kunnen worden verstaan.

Ons woord *huis* kan ik niet anders weergeven dan met sumbaas *uma*. Maar wat zijn de gevoelens verbonden met het ene en met het andere woord onderscheiden. In deze beide woorden spreken twee werelden. Om niet meer te zeggen, het sumbase *uma* verbindt woning en tempel en beide woorden hebben een andere inhoud dan wanneer ze in onze wereld worden gesproken. Het sumbase *uma* is een plaats van samenleving met de levenden, maar tevens een plaats van ontmoeting met gestorvenen, die hier worden samengeroepen en aangeroepen. Woorden als *tana*, grond, *watu*, steen, *manu*, kip, *bòngga*, hond, *wawi*, varken, om niet meer te noemen, ze kunnen alle voorkomen in verbindingen die van die heidense achtergrond spreken.

Zo kan het gebeuren dat er een discrepantie bestaat tussen spreker en hoorder bij het spreken en verstaan van hetzelfde woord. Ik denk aan het woord *zurata*, geschrift, een wel overgenomen woord, door ons aangetroffen en gebruikt o.a. tot weergave van ons woord bijbel in de verbinding *zurata bia*, het boek der waarheid. Maar met dit gebruik is allerminst gezegd, dat deze verbinding zo wordt verstaan als wij die bedoelen. Ook dit overgenomen woord kan klinken tegen een heidense klankbodem en vandaar klank en inhoud ontvangen. Op zekere dag kwam een van onze kennissen bij ons binnengelopen en vroeg of we voor hem in het boek wilden zien. Bij navraag bleek dat zijn zoon werkzaam was op het bestuurskantoor op de hoofdplaats Waingapu, dus buiten de sumbase levenssfeer. Hij had nu bericht ontvangen, dat zijn zoon ziek was en zou graag willen weten of hij nog zou herstellen en wat tot dit herstel zou dienen te worden gedaan. Daarom vroeg hij ons in het boek te zien. Hij had dus dat woord *zurata* geappercipieerd naar een verwant woord, dat hem eigen was, nl. *urata*, wat betekent lijn, ook lijn van de hand en lijn in een kippendarm of varkenslever die in het verkeer met de gestorvenen bij het wichelen met de lans worden geschouwd, om daaruit het woord en de wens van de gestorvenen te kunnen kennen. Een van onze oude vrienden zei eens tegen mij: Wij kregen de *urata* en jullie kregen de *zurata* om de weg te kunnen weten. Heel het ritueel bij een dergelijk schouwen van kippendarm of varkenslever kan ook met het woord *urata* worden aangeduid en je zou het dus met "wichelen" kunnen weergeven. Zo had onze kennis de functie van de *zurata* uit die van de *urata* verstaan. Dat wil dus zeggen, dat de een spreekt en de ander hoort, maar wat gehoord wordt kan geheel iets anders zijn dan de spreker bedoelt te zeggen.

Ok ik denk aan het woord waarmee we ons "bidden" weergeven, nl.*parengena li'i*,wat letterlijk betekent iemand het woord doen horen, het woord richten tot, een woord dat inderdaad in het dagelijks spraakgebruik in die zin wordt gebruikt. Nadat eens een door mij in een godsdienstoefening gebruikt woord door een van de ouderen was afgewezen meenden we hiermee op "veilig" terrein te zijn. Maar dit "veilige terrein" bestaat niet. Een van de keren, dat ik de aanroeping voor het slachten van een kip meemaakte, werd tot een van de officianten gezegd: *parengeni li'i na manu,* d.w.z. doe de kip het woord horen, opdat zo straks de kippendarm inderdaad zou spreken wat de voorvaderen bedoelden te zeggen, als orakel zou kunnen dienen. En in ander verband, waar wat "heet" en dus gevaarvol was diende te worden "verkoeld", werd gezegd *parengengge li'i ne we'e,* doe het water het woord horen, dus "bespreek" het water zodat het inderdaad zal kunnen "verkoelen". En dus ben ik hier in de omgeving van het magische woord, dat dwingend kracht verleent aan datgene waarover het wordt gesproken. En nu gebruiken wij dit woord in ander verband en wij zeggen *parengeni li'i Mjori,* de Heer het woord doen horen. Zal dit woord steeds duidelijk zijn voor hen die het horen?

Ik zou verder kunnen gaan met woorden als "vergeven","verzoenen", "belijden". Maar het genoemde moge voldoende zijn om te doen gevoelen hoezeer men bij deze "vertaling" als machteloos staat om de woorden dat te laten zeggen wat ze naar hun bijbelse inhoud zeggen moeten. Hoe zal een taal zozeer door het heidens leven bepaald voertuig kunnen worden van het woord van God?

Ja, ook daar waar we menen een bruikbaar equivalent te hebben, hoe verkrijgt dit woord zijn specifiek bijbelse inhoud? Ik noem het woord waarmee we *pisteuein*, geloven, hebben weergegeven. Een woord ontleend aan het dagelijks spraakgebruik, in de zin van aanvaarden, voor waar aannemen wat een ander zegt, wat altijd veronderstelt een relatie van vertrouwen tussen spreker en hoorder. Dat woord gebruiken we en waar we het gebruiken, willen we daarin leggen heel de rijke inhoud, van wat "geloof" in de bijbel zeggen wil. Maar niet ons gebruik alleen is bij machte de door ons gesproken woorden zo te doen spreken als ze in de bijbel doen.

Is het hier met het Sumbaas anders dan in andere talen? Of moeten we zeggen, dat geen enkele taal ter wereld, ook niet de talen waarin de bijbel tot ons gekomen is, uit zichzelf, als gesproken binnen een bepaalde mensengemeenschap dat kunnen zeggen wat er in de bijbel mee gezegd wordt? Kittels Wörterbuch is mij in deze meermalen tot troost geweest. Het gebeurt, dat een taal iets anders gaat zeggen dan deze tot nu toe gezegd heeft, want elke taal draagt andere en meerdere mogelijkheden in zich dan daarin in een bepaalde periode worden gerealiseerd. God kan er beslag op leggen, zoals Hij op mensen beslag legt, want het is de taal van mensen naar Zijn beeld geschapen. Dan wordt de taal vernieuwd en vervuld, omdat daarin gesproken wordt wat in geen mensenhart is opgekomen. En hierin staan alle talen gelijk. Er is geen taal ter wereld, die het uit zichzelf zegt. Maar in elke taal waarin de bijbel vertaald wordt komt het tot een taal van de bijbel.

In dit wondere werk hebben dan mensen een plaats. Naar de regel van 1 Cor. 3. Wij vertalen de bijbel niet, maar wij zullen daarin bezig zijn zo opzettelijk, zo doelbewust, zo met alles wat deze taal ons aan mogelijkheden biedt, alsof wij het werkelijk moeten doen. Tevens met de wetenschap, dat wij het eigenlijke juist niet kunnen doen. Ik denk hier aan de belangrijke plaats van de christelijke gemeente in de vertaling van de bijbel, aan het meeleven en meewerken van de christelijke kerk op Sumba en waar ook; in het samen lezen van de bijbel, in de catechesatie en in de prediking. Ik denk ook aan het voorbeeld van Dr. Adriani, wanneer hij trachtte de woorden als met nieuwe inhoud te laten spreken, de woorden van de Toradja-taal te openen naar wijder perspec-

tief en er een nieuw uitzicht in te leggen. Ik noem hier alleen de wij
zw waarop hij getracht heeft licht te brengen in het woord *mate* sterven, door het te kwalificeren als *mewontju*.

Mewontju, een Toradja-woord, betekent "van gedaante verwisselen", zoals bijv. een slang zijn huid aflegt. De Toradja's beweerden nu, dat in de oude tijd ook de mensen konden *mewontju*, dat zij wanneer ze oud geworden waren hun gedaante konden afleggen en in verjongde vorm konden te voorschijn komen. Dat wil dus zeggen *mewontju* betekent niet sterven, maar opnieuw beginnen. In verbinding en in tegenstelling tot deze woorden van de Toradja's heeft toen Adriani gezegd: *Mate*, sterven, dat is eigenlijk *mewontju*, het is de oude gedaante verlaten en een nieuw bestaan aanvangen. Daarom behoeven wij niemand te beklagen die sterft, indien hij werkelijk weet dat zijn sterven *mewontju* is. Dan is de angst voor het sterven weggenomen.

Zo kan het gebeuren dat je een woord als nieuw hoort. Ik noem het sumbaas woord *maringi*, dat koel betekent. Een woord, dat in het sumbaas godsdienstig leven een belangrijke plaats inneemt. We komen hier in aanraking met de tegenstelling koel-heet, waarbij koel verbonden is met heil, heet met onheil. Zo wordt wel van het Evangelie gesproken als *li'i amaringina*, het woord dat koel is, dat heil brengt. En in aanroepingen, bij onderscheiden gelegenheid gedaan, vinden we bij de Sumbanezen meermalen de bede, dat aan de betrokkenen zal worden gegeven een plaats *ndonga we'e maringi*, te midden van het koele water, d.w.z. ver van alle dreiging en gevaar. Herhaalde malen heb ik met sumbase kennissen gesproken over de inhoud van datgene wat ze "koel" noemen, wat dit voor hen zegt. Een van hen antwoordde daarop: Wanneer wij vragen om wat koel is dan vragen we

> dat gedije de rijst, welig groeie de mais;
> dat de kippen leggen, dat de varkens werpen;
> leggen de kippen, dat het goede eieren zijn,
> werpen de varkens, dat het schone jongen zijn;
> dat er spijze zij in overvloed, rijkdom boven mate;
> dat gekromd zijn de sporen van de haan, uitgroeien de tanden van het varken;
> dat uitkome mijn naam, bekend worde mijn roem.

In beeldende woorden werd hier gesproken van de levenswelstand van de Sumbanees, van een leven zonder de dreiging van gebrek en honger, van kinderzegen, de goede eieren en de schone jongen, van hoge leeftijd, de gekromde sporen en uitgegroeide tanden, van aanzien in de samenleving. En nu gebeurt het dat men verstaat, dat iemand alles kan missen wat onder de Sumbanezen als *maringi* geldt en dat toch van hem of haar kan worden gezegd *namaringingge tutuna*, zijn deel is koel, hij heeft deel aan het heil. Maar ook omgekeerd, dat het kan gebeuren, dat iemand heel deze sumbase wereld gewint en dat toch van hem geldt *nambangatawe pandouna*, zijn plaats is in de hitte. En waar dit wordt verstaan is het woord maringi van nieuwe inhoud vervuld en wordt in de taal de overwinning van Jezus Christus gehoord.
Ik keer nog eens terug naar het woord *mate*, dat ook in het sumbaas sterven betekent. Meermalen heeft men ons gevraagd: Wanneer iemand christen wordt, behoeft hij dan niet te sterven? En als we dan daarop antwoordden dat allen door deze poort van de dood hadden te gaan,heeft men wel gezegd: Wanneer dit zo is, wanneer het sterven voor allen geldt, dan heeft het ook geen zin christen te worden. Er ligt een waarheid in dit woord. Want wat voor de dood blijft staan kan het fundament van ons leven niet zijn. Daarom hebben we later gezegd: Inderdaad,wie christen wordt sterft niet. Ja, het lijkt wel zo, maar zo bijziende zijn wij mensen nu eenmaal hier in de wereld. Maar hier is wat wij *mate* noemen in werkelijkheid de weg tot het leven.
Nu, dat heeft men in Rara, een gemeente in West-Sumba, wonderlijk verstaan. Gedurende enige maanden waren ziekte en sterfgevallen voorgekomen juist binnen de kring van de christelijke gemeente. Alsof daar in het bijzonder gevaar dreigde. Toen hebben heidense familieleden bij hun christelijke verwanten aangedrongen op terugkeer tot de vroegere gemeenschap,die zij hadden verlaten. Maar deze christenen hebben dit afgewezen:"Wij zijn geen christen geworden om niet te hoeven sterven, maar om te kunnen sterven". Dood, waar is uw prikkel; waar uw overwinning? Hier is *mate* geen *mate* meer; hier is dit woord vanuit de overwinning van Jezus Christus vervuld.
Zo wordt in deze taal met schijnbaar dezelfde woorden gezegd, wat daarin vroeger niet gezegd werd; zo spreekt ze van nieuwe dingen.

LUCAS 2 IN HET SUMBAAS

Onlangs heeft prof. Schippers in het Amsterdams Kerkblad van 17 oktober 1958 onze aandacht gevestigd op het bekende,maar niet minder merkwaardige feit, dat het ene evangelie door de verschillende evangelisten, telkens op eigen wijze wordt verkondigd en dat de onderscheidenheid van uitdrukking, die we tegenkomen,samenhangt met de bedoeling de boodschap zo over te brengen, dat ze verstaanbaar is voor hen die de boodschap moeten horen. Het is een opmerkelijk feit, schrijft hij, dat de Heilige Geest blijkbaar meer hecht aan een goed verstaan dan aan een "letterlijke" weergave, die onbegrijpelijk zou blijven.
Het éne evangelie gaat toch in in de onderscheidenheid der vele talen. Alle volken moeten tot discipelen gemaakt worden van Hem wien alle macht gegeven is. En het is een opmerkelijk ding, dat, wanneer we horen van de éne grote schare die uit alle volken vergaderd is, deze in zijn onderscheidenheid ook wordt genoemd met het woord "talen", een grote schare uit alle volk en stammen en talen en natiën. Blijkbaar is dit geen onverschillige zaak maar hebben we hier te doen met een geldend en erkend onderscheid.
Wanneer toch het evangelie ingaat in een andere taal, gaat het in in een andere wereld van voorstellingen, onderscheidingen en gedachten, die nooit in de ene en in de andere taal elkaar geheel dekken. Hier is steeds verschil in omgrenzing. Wanneer wij bijv. "huis" zeggen dan is dat iets anders dan het sumbase woord *uma*, al moet ik het daarmee zeker "vertalen", en dat raakt niet alleen de huisvorm, maar heel de plaats en betekenis die deze *uma* en dit *huis* in heel het leven van hen en van ons inneemt. Als we in Marcus 4:21 lezen: "De lamp komt toch niet om onder de korenmaat of onder het bed gezet te worden", dan wordt door dit woord "lamp" bij een Sumbanees iets anders gewekt dan bij ons en samen verschillen we dan weer van de lezers van het griekse evangelie. Hier is een ruimte van onderscheid, die met de verscheidenheid der talen als zodanig is gegeven en die ook tot de op zich zelf staande "woorden" niet is beperkt.
Vanaf het eerste moment dat ik een sumbaas woord gebruik in de verkondiging van het evangelie klinkt dat evangelie in een andere wereld en wordt mee uit die wereld verstaan. En nu geldt enerzijds dat vanaf dat-

zelfde moment in een sumbaas woord als een nieuwe kiem gelegd wordt, die een nieuwe beweging in die taal in gang zet en anderzijds dat onontkoombaar vanuit deze wereld de vorm van de prediking wordt beïnvloed.

Daar ging dan een gebod uit van de keizer Augustus. Gebod geven we hier weer door *lii* woord, als we maar bedenken dat in dit *lii* woord en zaak ten nauwste zijn verbonden; het woord heeft hier het gewicht van degene die het woord spreekt. We zeggen dan niet dat het woord "uitgaat", maar dat de keizer Augustus zijn woord doet gaan, d.w.z. hij vaardigde een bevel uit.

Keizer Augustus. Het zou de moeite waard zijn ons eens te realiseren welke voorstelling bij ons door het woord "keizer" wordt gewekt en hoe de inhoud van dit woord al naar de plaats waarop we staan kan worden vervuld en ontledigd. Ook om ons eens af te vragen hoe Theophilus en de eerste lezers van Lucas' evangelie dit woord hebben verstaan. Maar wanneer we keizer weergaven met *hangandji* zijn we allereerst binnen de grenzen van de sumbase wereld. We hebben getracht die grens te verwijden door te vertalen de grote *hangandji*, een bepaling die in het sumbase taaleigen bij *hangandji* niet voorkomt. Nu spreekt het vanzelf dat deze grenzen anders komen te liggen al naar mate die bijv. door onderwijs en catechesatie zijn verwijd. Maar met *hangandji* zijn we ver van de praal van het keizerlijk hof en ver van de uitgestrektheid van een heel de bekende wereld omspannend rijksgebied. Hier spreekt allereerst de verbondenheid met en de eerbeid voor de oudste vertegenwoordiger van het oudste "huis" van de voornaamste onder de verwantengroepen die een bepaald sumbaas woongebied bewonen; de *ina ama*, de moeder (en) vader, die het geheel van de *ana alli*, de"onderdanen" omvat, ze samenbindt meer dan dat hij hen bestuurt. Dat naar zijn bevel "de gehele wereld" zal worden beschreven verruimt op zichzelf nog niet de omvang van het gebied van de *hangandji*. Want hetzij we uitgaan van "wereld" of van "rijk" we zullen moeten weergeven met het ene woord *tana*, dat aarde, grond, land kan betekenen, maar gezegd van *hangandji* toch allereerst de gedachte wekt aan het gebied waarin hij als *hangandji* wordt erkend.

Ik ga niet in op het woord "beschrijven". We hebben vertaald, dat alle

naam moest worden opgeschreven, iets wat in "de nieuwe tijd" sinds de komst van de "vreemden" menig Sumbanees bij onderscheiden gelegenheid heeft meegemaakt. Maar daarvoor gaat hier ieder naar zijn *eigen stad*, dat wil zeggen de plaats van zijn afkomst, zijn *paraing* zegt men in Oost-Sumba. Het is wel onmogelijk het woord, dat wij in het nederlands door "stad" weergeven anders te vertalen dan met dit *paraing*, maar daarmee is een uitgesproken ander geheel van voorstellingen verbonden dan voor ons met het woord stad. Want de *paraing* is het stamdorp, het dorp waarin de "grote" huizen te vinden zijn, vroeger door een bekend voorvader gebouwd. Grote huizen zijn het niet vanwege hun grote afmetingen, maar huizen die een belangrijke functie hebben in het maatschappelijk leven. Tevens huizen, die het ontmoetingspunt vormen voor al degenen die vanuit dit huis afkomstig zijn, wanneer zij bij bijzondere gelegenheden daar samenkomen. En voor een Sumbanees schijnt het verband wel geheel duidelijk, wanneer wordt verklaard dat Jozef optrok naar de stad, de *paraing* van David, de grote voorvader, omdat hij uit het huis en geslacht van David was. De woorden voor huis en geslacht liggen in het sumbaas als het ware gereed. Want het woord voor huis, *uma*, kan inderdaad dienen waar wij van woning spreken, maar wordt tevens gebruikt om aan te duiden allen die in mannelijke linie van de voorvader, wiens naam aan dit huis verbonden is afstammen. Dit "huis" is dan weer een onderdeel van een verwante groep van ruimer opvatting evenals het "huis" door afstamming in mannelijke linie bepaald. Met het gebruik nu van de hier vanzelf aangewezen woorden "huis" *(uma)*, "geslacht" *(kabihu)* en "stad" *(paraing)* is heel het gebeuren dat in het begin van Lucas 2 wordt meegedeeld voor een Sumbanees verstaanbaar, het is gevat in een geheel van onderscheidingen, die hem eigen zijn, het heeft min of meer een sumbase kleur gekregen.
Wordt nu Bethlehem genoemd als de *paraing*, de stad van Jozef - en de verklaring in zijn afkomst uit het huis *(uma)* en het geslacht*(kabihu)* van David bevestigt dit - dan kan Nazareth Jozefs *paraing* niet meer zijn. Ieder heeft slechts één *paraing*, de plaats van zijn afkomst, waarheen hij bij bepaalde gelegenheden terugkeert. Maar het kan zijn dat men woont in een ander "dorp", een andere nederzetting, die echter niet zijn *paraing* maar zijn *kotaku* heet. En zo gaat Jozef van de

kotaku Nazareth naar de *paraing* van David, die Bethlehem heet, omdat hij uit het huis *(uma)* en het geslacht *(kabihu)* van David was.
Komt een Sumbanees hier met zijn onderscheidingen klaar? Het lijkt zo en wanneer een Sumbanees de sumbase weergave van Lucas 2 leest of hoort lezen kan hij de indruk krijgen van een hem gewende en vertrouwde wereld. Maar toch is hier een wonder ding. Hoe in de wereld is het bestaanbaar, dat Jozef in de stad *(paraing)* van David, die dus voor Jozef de eigen *paraing* moet wezen, waar hij zijn "huis" zijn *uma* zou moeten hebben waar hij vanzelfsprekend thuis hoort, niet tot dit eigen huis gaat? Waarom tracht Jozef een plaats te vinden in een "herberg" in de "stad" waarin toch zijn "huis" moet te vinden zijn. Afgezien nu van het feit, dat er in de herberg voor Jozef en Maria geen plaats blijkt te zijn, moet iemand die uit het huis en het geslacht van David is een onderkomen zoeken in een herberg? Dit is bepaald niet sumbaas. En zo brengt wat in vers 7 wordt verhaald het gehele vertrouwde beeld in beweging. Sumbaas? Ja, de gebruikte woorden wekken onontkoombaar voorstellingen die gefundeerd zijn in het sumbase leven. Maar werkelijk sumbaas is het niet. Dat vreemde woord "herberg" verstoort het vertrouwde beeld. Eem sumbase *paraing* heeft geen"herberg"; heeft geen specifiek logeerverblijf en de weergave van dit woord moest dan ook wel worden georiënteerd naar een niet oorspronkelijk sumbaas gegeven, het huis voor overnachting waar een doortrekkende "vreemde" thans ook op Sumba verblijf kan vinden.
Eigen en vreemd, vreemd en toch eigen, het geldt in de verwoording van het evangelie in veel wezenlijker zin dan daar waar het spreekt in de onderlinge afstand en verbinding van twee mensenwerelden zoals ze in hun taal uitdrukking hebben gevonden. Dit evangelie is ons zo eigen dat daarvan in mensenwoorden en in menselijke taal kan worden gesproken en het is zo vreemd dat het in geen mensenhart is opgekomen en dat geen enkele taal uit eigen vermogen hier zegt wat gezegd wordt en moet worden.
Daar is de boodschap van de engel, de ene grote vreugde waarbij elke andere vreugde klein is. En we hebben een sumbaas woord voor blijdschap en vreugde en we spreken van *ndeta ate*, verhoogd van lever (denk aan ons hartverheffend), vreugde is onze levenshoogte. De vorm

ligt gereed, maar wat gevoel je je onmachtig om dit woord te laten spreken van deze wondere blijdschap die al ons denken overtreft. Hier is de Heiland, de Redder geboren en we spreken van *Mapamànang*, hij die doet ontkomen(zo in Oost-Sumba) of van *Tjanggu lizu*, de loskoper als in West-Sumba. Hier is de uitdrukking ontleend aan de vroeger zo bekende situatie dat een verwant in handen van een vijandelijke groep was gevallen of dat een schuldenaar onder beschikking was gekomen van een schuldeiser. Dat is voor een sumbaas oor te verstaan. Maar weet hij daarmee ook hoe machteloos we gebonden zijn en dat geen "verwant" maar dit kind komt om ons vrij te maken?
Zelfs wanneer Jozef regelrecht had kunnen gaan naar zijn eigen huis in zijn eigen stad, dan was daarmee nog niet gezegd dat er in dit huis in deze stad, in deze *paraing*, voor dit kind plaats was. En het wonder van de verwoording en vertaling van het evangelie, het woord van God in woorden en talen van mensen, overgebracht door hen die zelf machteloos zijn dient op voor ons onbegrijpelijke wijze dit wondere werk, dat dit kind plaats ontvangt in *uma* en *paraing* en dat de lever wordt verhoogd om de ontkoming die is bereid. Het dient alles de vreemde boodschap in de eigen sumbase vorm. Evangelie, *lii engge*, woord van blijdschap zegt men in West-Sumba; dit woord van blijdschap is *lii mànang* woord van ontkoming en overwinning zegt men in Oost-Sumba. Een kracht Gods tot zaligheid.

OVER DE WEERGAVE VAN *PNEUMA* in de vertaling van het Nieuwe Testament in de taal van Oost- en die van West-Sumba (resp. Kambera en Wewewa)

Voor de weergave van het griekse woord pneuma daar waar dit spreekt van de Geest, de Heilige Geest, de Geest Gods, de Geest des Heren, is evenals in verschillende andere indonesische talen (Sawu, Bare'e, Sa'dan, Mori) het woord gekozen dat in de eerste plaats "adem" betekent, kamb. *ngahu*, wew. *ngau*. Gebruikt als weergave van de Geest kunnen deze woorden worden verbonden met een persoonslidwoord *i*, kamb. *i Ngahu*, wew. *Ngjau* (met incorporatie van de i). De voorstellingen met blazen en adem verbonden geven enig hechtingspunt voor de vulling van deze woorden met een nieuwe inhoud. Zo kent men verlenen van kracht en effect door middel van blazen. In een van de Sumbaspraakgebieden kent men een uitdrukking voor wichelen die betekent "het touw beblazen". Voordat men toch het orakelsnoer bespreekt brengt men het bij de mond en blaast er op; de aanroeping begint met fuuuu.... mowala.
In Oost-Sumba blaast men bij het afscheid nemen in de hand van iemand die vertrekt; men blaast op een steen waarmee men wil gooien om het raken te verzekeren. De relatie tussen *ngahu* en *àtalu* of *mbiha mendi* (*ngau* en *pawèzi*) tussen pneuma en dynamis is niet vreemd. Dat de woorden *ngahu* en *ngau* aangewezen zijn voor de weergave van pneuma in plaatsen als Luk. 8:55, Matth. 27:50, Luk. 23:46, Joh. 19:30, Hand. 7:59, 2 Thess. 2:8 spreekt vanzelf.

1. *Ndewa*

Een enkel woord moet gezegd aangaande sumb. *ndewa* (kamb. en wew.), dat o.m. wordt gebruikt tot weergave van psyche en ook enkele malen de weergave is van pneuma. De beslissing is tussen deze beide woorden gevallen. De meervoudsvorm van *ndewa* vinden wij in het Sa'dans *deata* en de betekenissen daarvoor opgegeven zijn ook die van het sumb.*ndewa*, levenskracht die alles bezielt, de levenskracht in de mens, ziel, god. *Ndewa* is datgene in de mens waardoor hij is zoals hij is; door iemands *ndewa* is zijn aard en voor een belangrijk deel ook zijn lot bepaald. Met *ndewa memanawe*, zo is nu eenmaal zijn *ndewa* wordt iemands gedrag verklaard en verontschuldigd. Het kan de waarde hebben van een, we zou-

den zeggen, onpersoonlijke macht, die over iemands leven beslist, zijn lot, zowel in gunstige als in ongunstige zin. *Ndewa* in parallelisme met *ura* pees, ader, vezel, tekening bijv. van de lever bij leverschouwen, kan dienen tot weergave van ons "lot". Van de overlevende partner van een echtpaar zegt men *nataluwe ndewana*, zijn (haar) *ndewa* heeft overwonnen, was de sterkste, wat de gedachte wekt van een zekere rivaliteit in de huwelijksverhouding; bij een "goed huwelijk" d.w.z.een verbinding die met zegen d.i. welstand wordt bekroond, kinderzegen en materiële welstand, zegt men *apamera ndewana*, hun *ndewa* is gelijk, "ze passen bij elkaar". *Pandewa* zegt men van iemand van bijzondere *ndewa*, die zich op een of andere wijze onderscheidt in de kring van zijn volksgenoten, wiens woorden en verwachtingen bijv. blijken uit te komen. Ook niet-mensen hebben hun *ndewa*, bijv. de have en bezittingen, *ndewa pote ndewa wolo*, de *ndewa* van rijkdom en bezit, die bij een van de vier huispalen plaats van verering en versterking heeft. Een meer persoonlijke klank heeft *ndewa* in een verbinding als *ndewa tana*, aardgeest, *ndewa wàno*, dorp-geest. Men ziet de *ndewa* van de gestorvenen in de droom. Het Sawu-equivalent *deo* kan men weergeven met godheid.
Ndewa is gebruikt als weergave van pneuma bijv. in wew. Rom. 11:8 in de vertaling van de verbinding *pneuma katanuxeoos*, nl. *ndura ndewa*, slaperigheid van *ndewa*; het is gebruikt als weergave van psyche in Luk. 1:46 (wew.); het met *ndewa* vaak in parallellie voorkomende *ura* is hier weergave van pneuma. De weergave *ndewa* is ook gevolgd waar pneuma staat naast *aggelos* in Hand. 23:9 (kamb. en wew.).
Pneuma wordt verder niet door *ngahu(ngau)* weergegeven in alle gevallen waar sprake is van boze geesten, pneuma al of niet verbonden met *ponèron* of *akatharton*. Zonder uitzondering wordt dan in kamb.*wàndi*, in wew. *zora* gebruikt, al of niet van een nadere bepaling voorzien.

2. *Ngahu*

Evenwel het constant gebruik van *Ngahu(Ngau)* daar waar van de Geest van God sprake is heeft zijn consequenties voor het gebruik van *ngahu (ngau)* in ander verband, ook daar bijv. waar sprake is van het pneuma van de mens. In een bepaalde context is dan dunkt me aan het gebruik van *ngahu(ngau)* moeilijk te ontkomen en dat afgezien van de vraag of dit woord thans in het sumbaas in dergelijk verband en in deze zin voorkomt. Op grond van de vertaling van *pneuma tou theou* met *na Ngahuna i Ala* (kamb.) *Ngauna 'jAla* (wew.) in 1 Kor. 2:11b is in 11a de weergave van *pneuma tou anthroopou*, het pneuma van de mens met *na ngahu wikina na tau* (kamb.), *ngauna na atapi'a* (wew.) aangewezen. Doet men dit niet dan wordt de congruentie tussen de beide vershelften verbroken. Dat wil zeggen, ik gebruik de op zichzelf mogelijke verbinding *na ngahuna na tau*, de adem van de mens, maar nu in een verband dat van weten door deze ngahu spreekt, een verband dat aanvankelijk voor Sumba vreemd is.

In 1 Joh. 4:6 vraagt de weergave van *to pneuma tès alètheias* door *Ngau pandounawe abia* (wew.), letterlijk: de Adem (Gods) die de zetel der waarheid is, die van *pneuma tès planès* met *ngau atilira*, de *ngau*, die afwijkt van de rechte weg. En weer hebben we te doen met voor het sumbase oor vreemde verbindingen. Vertalen we in 1 Kor. 2:12 *to pneuma to ek tou theou* met *na Ngahu na mawelingu lai Ala*(kamb.), de Adem, die van God afkomstig is, dan brengt dit met zich het gebruik van *ngahu (ngau)* in de verbinding *ngahu pinu tana*, wereld-adem, voor *pneuma tou kosmou*. In Rom. 8:15 is *pneuma huiothesias*, de Geest van het zoonschap, weergegeven met *i Ngahu paana wàngu* (kamb.), de Ngahu waardoor men kind is of wordt; daarmee corresponderend is de vertaling van *pneuma douleias*, geest van slevernij, *ngahu paatangu*, slaven-ngahu. Het wewewaas leest hier: de ngau, die gij hebt ontvangen is niet van slaven-gezindheid *(nda napaate paangukingge)*maar gij hebt ontvangen de Geest (de Adem) die de kindsgezindheid wekt *(ate paana)*zodat wij roepen: Abba, Vader.

Vanuit dergelijke verbanden d.w.z. vanuit de voorstelling van *na Ngahuna i Ala* als de Adem Gods, moet dan het gebruik van *ngahu (ngau)*ook elders worden toegelicht. Zo hebben we in 1 Joh. 4:1, zij het niet zonder aarzeling het gewaagd in de waarschuwing *mè panti pneumati pisteuete*, pneuma weer te geven met *ngahu(ngau)*.Ook in de Sa'dan-vertaling wordt hier zonder meer *penaa*, de geregelde weergave van pneuma, gebruikt. Dat wil zeggen, vanuit het opnemen van *i Ngahu (Ngjau)* als voertuig voor wat met *to Pneuma* is gezegd en het geregeld gebruik daarvan waar van de heilige Geest en de Geest van God sprake is, dienen de woorden *ngahu(ngau)* ook in ander verband te gaan spreken. Dit is een wat andere kwestie dan ons nu bezig houdt, al hangt die daarmee wel samen en interesseert me die als vraag van methode. Onze vraag is nu echter niet hoe de woorden *ngahu(ngau)* in verschillende verbanden tot hun inhoud zullen komen maar eerst of we in die "andere verbanden" steeds pneuma door *ngahu(ngau)* zullen weergeven. Om een grens aan te geven - al blijft hier discussie mogelijk - hoe vertaal ik pneuma, afgezien van de plaatsen waar sprake is van boze geesten, daar waar de N.V. "geest" leest in onderscheiding van "Geest", waarbij het inzonderheid gaat om het pneuma van de mens.

3. *Pneuma van Jezus Christus*

Aan een aantal plaatsen waar sprake is van het pneuma van de mens doe ik voorafgaan die waar sprake is van het pneuma van Jezus Christus. Behalve in de reeds genoemde plaatsen Matth. 27:50, Luk. 23:46, Joh. 19:30 is er in de evangeliën enkele malen sprake van het pneuma van Jezus, nl. Markus 2:8, *epignous tooi pneumati*, Mark. 8:12, *anastenaxas tooi pneumati*, Joh. 11:33, *enebrimèsato tooi pneumati*, Joh.13:21, *etarachthè tooi pneumati*. In al deze plaatsen is in het kamb. pneuma niet weergegeven door *ngahu* maar door *eti (la etina*, in zijn binnenste, in zichzelf); zo door *ate* in het wew., alleen heeft dit in Mark. 8:12 een weergave waarin het woord ngau voorkomt, maar in de betekenis adem.
Van het pneuma van Christus is sprake in Rom. 1:4 en 1 Petr. 3:18. In Rom. 1:4 staat *kata pneuma* tegenover *kata sarka*, in 1 Petr. 3:18 *pneumati* tegenover *sarki*. In beide plaatsen spreekt het verband van de openbaring van dit pneuma in de overwinning van de dood en in Rom.1:14 wordt het gekwalificeerd door de gen.*hagioosunès;*het is geheel pneumatisch gevuld. Vanuit de weergave van *to Pneuma* met *Ngahu(Ngau)*kan hier niet anders dan *ngahu(ngau)* worden gebruikt, zozeer zelfs, dat men kan vragen of hier niet eer *Ngahu(Ngau)* op zijn plaats zou zijn.
In 1 Kor. 15:45 wordt niet gesproken van het pneuma van Christus, maar wordt van de tweede Adam gezegd, dat deze is geworden tot *pneuma zooopoion*. Ook hier spreekt het verband van de overwinning op de dood. Men moet hier denken aan wat gezegd wordt in 2. Kor.3:17, 18, waar de

nauwe betrekking tussen Christus, de Here, en de Geest wordt gevat in de uitspraak *ho de kurios to pneuma estin,* de Here nu is de Geest. Ook hier is de weergave van Pneuma met *ngahu(ngau)* de aangewezene.
In dit verband noem ik,al gaat het daar niet over het pneuma van Christus, Joh.6:63b,de woorden,die ik tot U spreek zijn geest en zijn leven. Het verband wijst onmiddellijk terug op 63a,de Geest is het die levend maakt. Grosheide (Johannes 1.blz.482)herinnert ook hier aan 2 Kor.3:17: "Wat door pneuma is gewerkt en dus een pneumatisch karakter draagt, wordt zelf pneuma genoemd". "Wat een pneumatisch karakter draagt"daaraan hebben we ook bij de vertaling gedacht.Enerzijds wilden we geen distantie stellen waar de tekst de verbinding zo direct en zo hecht legt; *rèmata* enerzijds en *pneuma* en *zooé* anderzijds zijn hier zo op elkaar betrokken,dat een andere verbinding licht aan de inhoud kan tekort doen.Toch kwam hier(evenals bij Joh.3:6b)de vraag op of we zouden mogen vertalen *napapata ngaundi,* ze zijn van ngau-aard.Daarbij zal *ngau(ngahu)*voor het oor van een mens van Sumba allereerst de gedachte aan adem wekken.Daartegen is ook geen bezwaar.In dergelijk verband spreekt sterk het voordeel van de keuze van *ngahu(ngau)*boven *ndewa.* De woorden van Christus zijn een levenwekkende adem.Zouden we dat mogen vertalen:De woorden die ik tot u spreek zijn een levenwekkende adem?

Vóór de vermelding van enkele plaatsen waar sprake is van het pneuma van de mens is nog te noemen 1. Kor. 6:17, *ho de kolloomenos tooi kuriooi hen pneuma estin(*sc. *syn. autooi,* Grosh.Comm. blz. 218). Ook hier verwijst Grosheide naar 2 Kor. 3:17: "De verheerlijkte Heiland is de adem der nieuwe bedeling, de geest die deze bedeling bezielt" (een ontmoeting in een zin van adem, geest, ziel). Kamb. heeft hier vertaald *nakahau ngahu dànja,* is van een *ngahu* (adem, geest)met Hem, en evenzo wewewa *nakaia ngau dèngani.*

4. Pneuma van de mens

Ten aanzien van pneuma gebruikt in betrekking tot de mens kan dunkt me worden onderscheiden tussen een concreet algemeen menselijk en een pneumatisch gebruik van het woord pneuma. Het laatste kan het eerste zo doordringen dat met *ngahu(ngau)* indien mogelijk moet worden weergegeven. Zelden is de tweede inhoud geheel afwezig, deze klinkt mee,maar brengt niet noodzakelijk tot gebruik van *ngahu(ngau)* waar een andere idiomatisch vertrouwde weergave zonder bezwaar kan worden gevolgd. Ik denk in dit verband aan Joh. 3:6b. De betrekking tot *to Pneuma* kwalificeert zo totaal, dat met pneuma wordt gepredideerd: .... en wat uit de Geest geboren is is geest; *pneuma, ngahu,ngau* is daarvan de bepalende kwaliteit. Het zou mogelijk zijn ook hier letterlijk te vertalen en het is zeker niet zonder bedoeling dat de tekst zo radicaal spreekt. Een van de leden van de leescommissie stelde zonder meer,dat, waar we letterlijk konden weergeven, d.w.z. de taal formeel de mogelijkheid biedt, wij, ook al is de verbinding van ongewoon zware inhoud en van ongewende vorm, letterlijk moeten vertalen. Sterker nog dan bij Joh. 6:63 kwam hier echter de vraag naar voren of we niet mogen vertalen naar de zin en bedoeling van dit woord. Doen we daaraan tekort wanneer we een van de gestelde mogelijkheden zouden volgen en vertalen *napapata ngauna*, is van geest-aard, van deze Adem doortrokken; zijn en wijze van bestaan zijn door *to Pneuma, na Ngahu(Ngau)* bepaald. Het geldt dus radicaal, dat het leven van hen die uit de Geest geboren zijn pneumatisch is. Dit neemt echter niet weg, dat van het pneuma van deze mens gesproken kan worden in algemeen menselijke zin, ook al functioneert deze mens in al zijn verhoudingen niet zonder pneumatische kwalificering. Daarom hoeft men niet steeds door *ngahu(ngau)* weer te geven.

Reeds was sprake van het pneuma van de mens in 1 Kor. 2:11a en we hebben hier op grond van het verband met 11b ook het menselijk pneuma weergegeven met *ngahu(ngau)*. Dit betekent echter niet dat we pneuma in Hand. 17:16 *parooxuneto to pneuma autou*, waar sprake is van het pneuma van Paulus, met *ngahu(ngau)* moeten weergeven. We hebben hier kamb.*eti*, wew. *ate* gebruikt evenals in Hand. 19:21, waar de N.V., *ehteto en tooi pneumati* weergeeft met "nam zich voor". Hetzelfde geldt van 1 Kor. 16:18, 2 Kor. 7:13, verkwikking van geest en 2 Kor. 2:13, heb ik geen rust gehad voor mijn geest. Hier beslist het sumbaas idioom.

Uit de Evangeliën zijn de volgende plaatsen te noemen:

Matth. 5:3, *hoi ptoochoi tooi pneumati*. Bode vertaalt hier met *rendah hati*, nederigen van hart, waardoor het woord "arm" verloren gaat,wat

in verband met Luk. 6:20 bepaald een verlies is. *"Kabar Baik"* neemt het woord arm weer op in de weergave *jang papa djiwanja*. Wij hebben vertaald *apàndengge ndengona* (wew.; kamb. mut.mut. idem), die weet hebben van hun armoede, (cfr. Comm. Grosheide 2e dr. blz. 66: "arm van geest of naar hun geest, dat is tevens in eigen schatting").
Matth. 26:41 (Mark. 14:38)*to men pneuma prothumon*. In de tegenstelling met *hè sarks* is *pneuma* hier te verstaan als door *to Pneuma* bepaald menselijk *pneuma*. In dit verband hebben we weergegeven met *ngahu*.
In Lukas 1:15 wordt gesproken van Johannes, die met de Heilige Geest vervuld zal zijn van de schoot zijner moeder aan. Hij zal voor zijn aangezicht uitgaan *en pneumati kai dynamei 'Eliou*. In kamb. is hier gebruikt een afleiding van *ngahu* nl. *pangahungu*, een *ngahu* hebben als, in wew. een overeenkomstige afleiding van *ate*. Toch is gezien het gehele verband te overwegen of niet ook in wew. een afleiding van *ngau* zou moeten worden gebruikt. Waarbij niet te vergeten is, dat momenteel de nu gevolgde weergave voor de lezers meer sprekend is.
Lukas 1:80 zegt van Johannes *ekrataiouto pneumati*, wat Greijdanus verstaat van Johannes' geestelijke groei naar denken en willen en heel zijn innerlijk bestaan. In die zin hebben we indertijd vertaald en leest wewewa *àti2ngge màndungo atena*, hij werd steeds vaster van binnenste. *Màndungo ate*, stevig van hart, lever,binnenste wordt gezegd van iemand van vaste levenshouding. De N.V. vertaalt hier: En werd gesterkt door de Geest en meent dus dat pneuma niet slaat op het pneuma van Johannes. Eventueel kan de Lukas-vertaling naar deze opvatting worden gewijzigd.
Hoewel hier niet gesproken wordt van het pneuma van de mens, dient uit de evangeliën nog te worden genoemd Joh. 4:23,24, het woord van Jezus tot de Samaritaanse over de aanbidding *en pneumati kai aletheiai*. De aard van deze aanbidding zal moeten worden verstaan in verband met het begin van vrs. 24, *pneuma ho theos* en met de vraag van de Samaritaanse, zo dus dat deze aanbidding zal zijn overeenkomstig het wezen van Hem die ze geldt, niet gebonden aan een bepaalde plaats, maar geestelijk en werkelijk *(alètheiai)*. We hebben *en pneumati* hier weergegeven met *napangauwe*,, d.w.z. in de aard daarvan door *ngau* bepaald.
Wat de gegevens in de brieven aangaat herinner ik aan 1 Kor.2:11a(zie

boven).Overeenkomstig het in dat verband gezegde is ook in Rom.8:16, *auto to pneuma symmartyrei tooi pneumati hèmoon, ngahu(ngau)* de weergave in de verbinding *pneuma hèmoon*. In 1 Thess.5:23 worden naast elkaar genoemd *pneuma, psychè, sooma*. *Psychè* is weergegeven met *ndewa* (wew.) *hamangu* (kamb.) en *pneuma* met *eti(ate)*. Evenzo in de zegengroet Gal. 6:18,Filipp.4:23,Filemon: 25, 2 Tim. 4:22, tenzij we zouden mogen vertalen: Zij (is) met ulieden.

Pneuma naast sooma vinden we 1 Kor. 7:34, naast sarks 2 Kor. 7:1.Het gebruik van sooma de ene maal, van sarks de andere, in verwant verband doet wel zien dat het bepaald niet gaat om een soort antropologische structuur. In sooma en pneuma evenals in sarks en pneuma is de gehele mens bedoeld die in deze wereld sooma en pneuma is. Ook hier is pneuma weergegeven met *ngahu(ngau)*.

Een antropologische onderscheiding is evenmin bedoeld in Rom. 8:10, een lichamelijk bestaan waarin de dood zou heersen en een geestelijk bestaan waarin het leven zou heersen. Midden in de dood is het leven. Met sooma en pneuma wordt het geheel van het bestaan van de gemeente van Christus naar een bepaald aspect gekwalificeerd. Opmerkelijk is *to de pneuma zooè*, maar het pneuma is leven. *Ngahu(ngau)* is de hier gebruikte weergave.

In 1 Kor. 14., waar het gaat over de geestes-gaven vinden we pneuma in onderscheiding van *nous*. In de glossolalie wordt wel het pneuma van de betrokkene gegrepen en bewogen maar in een activiteit die niet door de *nous* kan worden gevat en verwerkt. Hoe we dat ook hebben te verstaan, de weergave van pneuma is ook hier *ngahu(ngau)*.

Een en ander zegt niet persé dat we in Rom. 1:9, in de vertaling van *en tooi pneumati mou* ook *ngahu(ngau)* zouden moeten gebruiken. Het gaat hier, men zou kunnen zeggen "uiteraard" om een dienen dat door *to Pneuma* wordt bepaald (cfr. Philipp. 3:3 *hoi pneumati theou latreuontes*, die door de Geest Gods Hem dienen). Deze dienst heeft betrekking op heel Paulus' arbeid in het Evangelie, op gebed en verkondiging beide. *En tooi pneumati* zal betekenen dat hij bij die dienst in het centrum van zijn ik en zo met heel zijn leven is betrokken. Idiomatisch kan ik hier met *ngahu(ngau)* nog weinig bereiken, omdat het in deze waarde nog op weg is, eerst begonnen is toegeëigend te worden. Een weergave met *wali kalaki atenggu* (wew.)of *la eti dalunggu* (kamb.), uit het diepst van mijn hart, doet aan het pneumatisch bepaald zijn van deze dienst niets af. In deze uitdrukkingen is ook *ate(eti)* niet zonder meer door *ngau(ngahu)* te vervangen, want de wewewa-woorden spreken alleen vanuit de vorm van de concrete lever. Vertaal ik letterlijk *ngau danganggu*, in mijn adem, dan heb ik een verbinding die voor de hoorders niet spreekt.

Ten slotte, enkele malen wordt gesproken van de geest die God ons niet en van de Geest die Hij ons wel gegeven heeft, De N.V. onderscheidt hier tussen geest en Geest. Zo Ef. 1:17 ...... u geve de Geest van wijsheid en van openbaring; maar 2 Tim. 1:7: God heeft ons niet gegeven een geest van lafhartigheid, maar van kracht enz. (cfr. ook Rom. 8:15, een geest van slavernij naast de Geest van het zoonschap).
In alle verbanden waar van pneuma door een genitief bepaald gesproken wordt als van God gegeven (c.q. niet gegeven hebben we vertaald met *Ngahu(Ngau)*, *ngahu(ngau)*. Daarentegen waar pneuma bepaald door een genitief bedoelt een bepaalde wijze van handelen te kwalificeren is *ate(eti)* gebruikt, als 1 Kor. 4:21 *pneumati prautètos*, kamb. *eti màdjangu*, wew. *ate amawu*, zachtmoedig van binnenste; zo eveneens Gal. 6:1, kamb. *kendaru eti*, wew. *mazalu ate*. Hier worden tot deze wijze van handelen aangespoord degenen die als *pneumatikoi* , als geestelijke mensen, kamb. *mapangahu*, wew. *apangau* worden aangesproken.

OVER DE WEERGAVE VAN 'HEILIG'

In de maand april 1936 maakte ik een tocht naar het landschap Mamboru en naar de kampung Lenang in het gebied van het zelfbestuurderschap Umbu Ratu Nggai. De bedoeling van deze tocht was voornamelijk het verkrijgen van beter inzicht in de structuur van deze gebieden. In Lenang zou nl. het religieus-sociaal verbindingspunt gelegen zijn van de tot het zelfbestuurderschap Umbu Ratu Nggai verbonden landstreken. Veel laat zich dienaangaande nu nog niet meedelen. Waar ik in het landschap Mamboru goede relaties heb in de persoon van de tegenwoordige Zelfbestuurder, is het onderzoek daar allereerst voortgezet. Wij volgden daarbij de methode van kampungbeschrijving, waardoor van elke kampung gegevens worden verkregen ten aanzien van de verschillende *kabihu*, de genealogische groepen, waartoe de bewoners behoren, en nader in elke kabihu van de functie die de verschillende huizen die we daarin aantreffen in het geheel hebben te vervullen, indien enigszins mogelijk met de overleveringen waarop de tegenwoordige functie teruggaat. Door het opnemen van genealogieën van al de in een bepaald huis aangetroffen bewoners werd stof verzameld voor onderzoek van de huwelijksrelaties in enkele opeenvolgende generaties en voor de bepaling van de wijze waarop elk van de bewoners tot zijn plaats juist in dit huis is gekomen. Een en ander kan wegens andere werkzaamheden op dit ogenblik niet anders zijn dan materiaalverzameling. Het is mijn bedoeling dit verzamelwerk voort te zetten, in de eerste plaats daar, waar ik door relaties gemakkelijker toegang heb.
Etnografische gegevens werden verder alleen verzameld daar, waar ze zich door bijzondere gebeurtenissen waarmee ik in aanraking kwam, boden. Zo bijv. aangaande de *marapu kabàla*, de bliksem-marapu, naar aanleiding van het feit dat enkele karbouwen, die aan de Mori tana, de grondvoogd van het landschap Loliina toebehoorden, door de bliksem waren getroffen, wat een gevolg bleek te zijn van het kappen van bomen in een *kandawu bisa*, een verboden bos, en aangaande wat in verband daarmee is geschied.
Op een vergadering met school-guru's en evangelisten werd door mij, met het oog op de uitgave van het bijbels leesboek voor West-Sumba ge-

sproken over de wijze van vertaling van verschillende bijbelse begrippen. Als voorbeeld moge ik enige mededelingen doen aangaande de groep van voorstellingen waarmee ons de vertaling van het woord heilig en de afleidingen daarvan in aanraking bracht.
In de jaargang 1910 van het Zendingstijdschrift *De Macedoniër* heeft Ds. D.K. Wielenga, in een artikel *Boomen en Verboden dingen*, de vraag van de weergave van het woord "heilig" al geraakt. Hij kwam toen tot de conclusie, dat één van de beide woorden *hàri* of *maringu* zou moeten worden gebruikt. Niet dat een van die beide zich geheel zou dekken met wat in het woord "heilig" in de bijbel ligt uitgedrukt, maar "men zal een van deze twee moeten nemen en er dan langzamerhand een juiste betekenis aan geven" (pag. 135).
Nu hebben wij in een enkele verbinding ook wel aan het woord *maringu* als weergave van het woord "heilig" gedacht, maar *maringu* is in het zich vormend christelijk spraakgebruik drager geworden van een andere inhoud. Het kan als tegenstelling van *mbana*, warm, gevaar brengend, dus met omzichtigheid te behandelen, aanduiden wat koel, niet warm, zonder gevaar, dus toegankelijk voor ieder is. Zo zegt men bijv. van de Lii Marapu, de geschiedenis der voorvaderen, o.a. dat deze *mbana* is, dus alleen met voorzichtige inachtneming van de juiste vorm en door de daarvoor aangewezen persoon kan worden gereciteerd. Men mag ze niet behandelen als iets wat *maringu*, koel, is, als iets waaraan ieder raken mag. Meer positieve zin heeft het woord al in een verbinding als *maringu lima*, het koele, de koelte van de hand, bijv. als aan een vrouw die bij een bevalling geholpen heeft, een gave gegeven wordt voor de *maringu lima*; koel nadert hier de betekenis "heilzaam". En bepaald is dit zo waar in de aanroepingen gevraagd wordt om wat *maringu* is (Westen: *amaringina*). In dat geval duidt *maringu* (*maringina*) tegenover *mbana* (*mbangata*), warm, onheilbrengend, de levenswelstand aan in de ruimste zin.1)
Zo zijn de woorden *maringu* (*maringina*), koel, verkoeling, heilzaam, in gebruik gekomen voor "heil". In het Westen spreekt men bijv. van het Evangelie als van de *li'i amaringina*, het koele woord, het heil-

----

1) vgl. blz. 204 ; voor sumbase tekst: TBG LXXVIII(1938), blz. 126.

brengend woord.
Tot weergave van "heilig" werden tot nu toe verschillende woorden gebruikt. Zo in het Oosten bijv. het woord *maliling* of *pamaliling*.Het grondwoord *liling* ken ik alleen in de verbinding met *uma*,huis,*uma liling*, als bijv. het huis van Umbu Luu, waar de *maii*,de schaduw, en de *tanggu*, het deel, het eigendom, van Umbu Luu worden bewaard, dat we vinden in de vroegere stamkampung van het landschap Mangili. De gangbare vertaling is "heilig huis".Wat met *liling* is gezegd, blijkt nader uit de afleidingen, bijv.*maliling* d.i. zowel *maliling* zijn voor een ander,als: een ander als *maliling* behandelen. Van twee partijen die voor elkaar *maliling* zijn wordt gezegd *dapamaliling*,ze zijn *maliling* ten opzichte van elkaar. Dit geldt van *jera kawini dàngu lajia mini*, schoonzuster, vrouws broers vrouw, en schoonbroeder, mans zusters man; tussen *rii ana dàngu ama jiamu*, schoondochter en schoonvader. In hun onderling verkeer is het *palili papadjonggaru* verboden, dat ze met elkaar in aanraking, zij het ook onwillekeurige aanraking komen; *palili papakei limangu*,met de hand iets van elkaar aannemen.Moet de een de ander wat geven, dan moet dit toegeschoven, niet met de hand aangereikt worden.Het is *palili kalumbutu paparàma mbola*, verboden elkaars sirihtas of sirihmandje aan te raken; *palili papajobu* verboden op enige wijze gekheid met elkaar te maken. En bij menige andere gelegenheid komt uit, dat beide partijen *maliling* voor elkaar zijn; bij het vertellen mogen bijv.verteller en "antwoorder"(*matanggu hema*,die moet antwoorden;*matanggu djiaja*,die *djiaja*,juist zo,moet zeggen,niet in deze relatie tot elkaar staan.In dezelfde betekenis als het transitieve *maliling* wordt ook gebruikt *pamaliling*, als *maliling* beschouwen, behandelen.Hier valt reeds op te merken, dat in enkele andere dialecten(Anakalang, Mamboru)in deze relaties gezegd wordt dat de ene partij voor de andere *sàri* (kamb.*hàri*) is.In ruimer zin wordt *maliling* (trans.) en *pamaliling* ook gebruikt van de inachtneming van bepaalde verbodsbepalingen door partijen tussen welke overigens de zoëven genoemde verboden niet gelden.Zo geldt het *palili patolang*, het is verboden te schelden of te vervloeken, ten aanzien van *ina*, *ama*, moeder en vader: *angu kawini ina*, *angu paluhu ama*, moeders zuster en vaders broer; *pulangia mini kawini*, moeders broer en diens vrouw;*ina jera*, *ama jera*, mans schoonmoeder en schoonvader;

mamu kija, vaders zusters man; *ina jianu*, vrouws schoonmoeder; tussen *jera lajia*, vrouws broer en zusters man enz. Het is *pajili pajobu makaweda*, de ouden te bespotten, want ze behoren al bij marapu(*naangundjaka marapu*);straks zouden ze de overtreding vinden en eventueel zou het meisje dat spotte met een oude man, de jongen met een oude vrouw trouwen.

De verbodsbepalingen tussen *rii ana* en *ama jianu* strekken zich ook uit tot de marapu van schoonvaderszijde. Voor een schoondochter is het *pajili patàngaruha da tanggu marapu papajianu*, de marapu-voorwerpen van schoonvaderszijde te zien, evenals diens *pahomba*, diens plaatsen van verering in de vlakte, of de *katoda papajianu*, de schoonvaders-offerstenen; *djàka dangiangu la mbara mata*, als ze in haar gezichtsveld komen, moet ze de ogen bedekken of het hoofd omhullen. Ze mag niet aanraken de kookpot, de lepels, de sirihmandjes,de rijstborden en waternappen, die bij de offeraanbieding aan de *marapu papjianu* worden gebruikt, noch ook het marapu-kapmes of de marapu-lans. Het is voor haar *palili* in, zij het ook onwillekeurige aanraking te komen met de sirihtassen en mandjes van de gestorvenen van schoonvaderszijde. Ze mag niet schelden of grof optreden tegen kinderen die dezelfde naam dragen als haar schoonvader en schoonmoeder. In al deze verhoudingen is *maliling* of *pamaliling* het ten aanzien van de ander in acht nemen van de betreffende verbodsbepalingen.

Het komt mij voor, dat in *uma liling* de bepaling *liling* oorspronkelijk dezelfde betekenis heeft als het trans. *maliling*. Het is dus een samenstelling van dezelfde aard als *ata ngàndi*, een slaaf, die bij het huwelijk meegebracht wordt, en betekent: het huis dat te ontzien is. We komen de betekenis van *liling* het meest nabij met: om iets heengaan. Nader blijkt dit uit het equivalent in West-Sumba, waar de stamvorm *lelena* betekent: om iets heengaan en zo de afstand bewaren tot. Bijv. *lelena lara*, om een weg heengaan, niet de kortste weg nemen, in een boog om heengaan, een om-weg maken. Dit kan onopzettelijk zijn, doordat men de kortste weg niet kent, maar ook opzettelijk, wanneer men een weg ontwijken wil en dus een om-weg maakt. Verder: *lelena panewe*, om het spreken heengaan, voorzichtig spreken, niet meer uitlaten dan men wil, ergens omheen draaien (cfr. Bare'e *lele* en *lili*: *nalilimi mpo-mpau,* hij heeft het al sprekend vermeden, er omheen gepraat). Als zodanig geldt het als synoniem van *manggana,* zich wachten, oppassen: *nda nalelekingge* (= *nda namanggakingge*) *ba natèkiwe,* hij paste niet op, gaf zich dadelijk bloot in zijn spreken; of ook: hij hield zich niet in, nam geen blad voor zijn mond. *Lelekingge mama kaleku ata,* wees voorzichtig met het pruimen uit de sirihtas van een ander (je weet immers niet wat je binnen krijgt).

Malele: namalele lara, de weg is om, waarvan de afleiding *pamalele,* rond doen lopen, *mupamalele-lelelena olemu bau panewe,* je laat je hoorders al maar in een kringetje rond lopen, je zegt ze niet waar het op staat, waar je op af wil.

Zoals men nu om een te bespreken zaak heengaat, kan men ook om iemand of iets van aanzien, van betekenis heengaan, men neemt er zich voor in acht, is er voorzichtig mee, betoont er respect voor, bijv.*lelekini maròmba,* ga wat om mijnheer heen, hetzij letterlijk, ga niet vlak voor hem langs, of ook: bewaar de afstand wat, doe niet zo familiaar;*lelekindi màtomu aèri,* neem de afstand in acht ten aanzien van je schoonouders die *èri* zijn (*èri,* equivalent van Oost-Sumba *hàri*, hier dus in het verband waar Oost-Sumba *maliling* gebruikt); *nda nalelena uma marapu naungu pene-pepene mawela awa,* hij "omgaat", ontziet marapuhuizen in het geheel niet, hij gaat er zo maar binnen.

Een enkele maal trof ik aan de afleiding *palele,* die vormelijk overeenkomt met Oost-Sumba *palili*. In onderscheiding van dit laatste, dat veel voorkomt en gebruikt wordt van alle verboden handelingen (het is nooit bepaling van een substantief), hoorde ik *palele* slechts een enkele maal, en wel als bepaling bij een zelfst. naamw., bijv. *uma palele*, een huis, dat te ontzien is. Waar Oost-Sumba *palili* gebruikt zegt men in West-Sumba *inda zarawe,* het is niet naar de regel.

De verhouding tussen genoemde familieleden (Oost-Sumba: *pamaliling*) geeft wewewa wel weer met *palelena,* maar meer met *paelana,* voor elkaar uitwijken, elkaar uit de weg gaan, of *pamomona,* respect voor elkaar betonen, schuw zijn voor elkaar.

Voor kamb. *maliling* (trans.), wewewa *lelena* wordt elders (bijv.Mamboru) gebruikt een afleiding van het grondwoord kamb. *hinggilu*, wew. *zinggila,* mamb. *singgila*, afgezonderd, afgescheiden. Het grondwoord wordt bijv. gebruikt als iemand wil zeggen, dat zijn woorden (schelden, vervloeking) een bepaalde andere, die mee tegenwoordig is, niet betreffen. Bijv. *hinggilumu njumu* (kamb.), *singgilakamu ka joo*(mamb.), met uitzondering van u, u staat er buiten, het raakt u niet; soms is het ook te vertalen door "met permissie"; *singgila male-lerukani sa ni liimu*, je woorden zijn ver afgezonderd, raken in het geheel niet, gaan ver om buiten wat ik gezegd heb. Kamb. *hinggilung*, afstand nemen ten aanzien van, uit de weg gaan voor; *hinggilunja na maràmba*, ga mijnheer uit de weg. De afleiding *pasinggila* (kamb. *pahinggilu*) betekent "afzonderen" en dit in verschillende zin, o.m. onderscheiden, met onderscheiding behandelen, niet algemeen maken, ontzien; *ata napasinggila pungukawu*, hij ontziet u (bijv. in zijn woorden) in het geheel niet; kamb. *nda napahinggilu ndokunggau*, hij praat maar (hoewel u er bij bent) zonder *hinggilumu njumu* te zeggen; *uma sàrikadai hai, nata-tama pandokuka, ata napasinggila pungunggi*, dat daar is een *uma sàri* maar hij betreedt het maar zonder meer, hij ontziet het in het geheel niet. Met *pasinggila* wordt hier dus aangegeven de houding die men heeft aan te nemen ten aanzien van wat *sàri* (kamb. *hàri*) is. Een andere richting heeft de causatieve vorm in *pahinggilung* (kamb.), *pasanggilana* (mamb.), afzonderen voor, ten behoeve van. Zo zegt men van de *manu ndewa, wei marapu*, de kippen en varkens die voor de ndewa en marapu zijn bestemd, *pahinggilunguha marapu*, afgezonderd ten behoeve van marapu zijn ze, of ook: *tungguda da marapuha*, het deel van de marapu, aan de marapu toebehorend zijn ze, ze mogen dus niet voor ander doel worden gebruikt. Elders (bijv. in Karera) wordt in dezelfde betekenis gebruikt *pambanahung*, als *mbanahu*, warm, ongenaakbaar, onaantastbaar beschouwen ten behoeve van; of *paèri, èri* verklaren; zo in Wewewa.

Het woord *èri* is equivalent van mamb., Anakalang *sàri*, kamb. enz. *hàri*. In Mamboru troffen we het aan in de verbinding met *tu* (wew. *tou* , kamb. *tau*, mens) ter aanduiding van de personen van welke men in het Oosten zegt dat ze *pamaliling* zijn; verder in de verbinding *uma sàri* als het huis, dat men heeft te ontzien (*pasinggila*), daar het de woonplaats en plaats van aanroeping van *marapu* is. In deze laatste engere zin, wordt *èri*, *sàri*, *hàri* over heel Sumba gebruikt voor wat op een of an-

dere wijze met 'marapu' of andere geestelijke machten in verbinding staat,hetzij als zetel,bijv. *uma èri,wàno èri,wazu èri,pari'i èri,kandawu èri, mata we'e èri, èri*-huis, -kampung, -boom, -huispaal, -bos, --bron, enz., hetzij als ten dienste van godsdienstige handelingen afgezonderd, als bijv. *nombu èri, tonda èri, katopo èri, koba we'e èri, ònga èri* enz.,*èri*-lans, -schild, -kapmes, -drinknap, -etensbord enz. Zo ook *pamba èri, èri*-sawah, ook genoemd *koba we'e, ònga nga'a,* drinknap en etensbord, de sawah behorend bij de *uma marapu*, waar dus de rijst wordt verbouwd, die de marapu tot spijs zal dienen. In deze laatste verbindingen gebruikt men in het Oosten niet *hàri* maar *marapu,* dus *nimbu marapu, kabela marapu, wurung marapu, làtang marapu, marapu*-lans, -kapmes, -kookpot, -sawah, enz. Naast *hàri* wordt in het Oosten ook veel gebruikt *mbana,* warm, onheilbrengend, daar al wat *hàri* is gevaar meebrengt voor degene *mapangga hida hàrina* die regel en verbod daarvan overtreedt. Ook *hàri* heeft zo de betekenis van wat met verbodsbepalingen verbonden en dus te ontzien is (cfr. mamb. *tu sàri*).
Een zaak of persoon kan ook in bepaalde omstandigheden *èri* zijn. Zo geldt het bijv. van het huis, waarin men voor een zieke medicijn, *moro* gevraagd heeft. De *mori moro*,de medicijn-heer, deelt na aankomst in het huis de regels en verboden van de medicijn mede, *najaawe lii latana*. Het kan bijv. zijn, dat de *moro* zich niet verdraagt met *mei*, zout, (*nazudana mei*, hij mag zout niet) of *mbaku zawu*, spaanse peper. Dan mag de zieke dat niet gebruiken. Zolang nu de zieke met de *moro* wordt behandeld geldt het huis als *èri*: men mag daar niets komen vragen (bijv. vuur, ligmat, kalk, sirih-pinang); een ander mag daar 's avonds niet naar binnen gaan: hij zou toch de *moro* kunnen tegenkomen (*natàboka dèngani moro*) en de *moro* zou zijn kracht kunnen verliezen (*nawedawi moro*). Ook een vrouw is gedurende de eerste dagen na haar bevalling, nl. tot het afscheren van het hoofdhaar en het afvallen van de navelstreng *èri*, evenals het huis waar ze verblijf houdt. Anderen komen er niets vragen en de mensen in huis gebruiken niets wat aan de vrouw toebehoort, ze pruimen bijv. niet uit haar sirihtas, of doen dit niet dan na eerst gezegd te hebben: *inda kalekukimawe wou,*het zij jouw sirihtas niet, of: *inda ii kalekukimawe wo'u*, het zij geen sirihtas-inhoud, geen sirih-pinang van jouw.

Het caus. *pahàri* komt in het Oosten niet voor. Wel daarentegen in het Westen, *paèri*, in *èri*-toestand brengen, bijv. van iemand die voor het eerst als *rato* een functie zal vervullen bij de godsdienstige handelingen. Eerst na dit *paèri* te hebben ondergaan kan hij de *èri*-voorwerpen hanteren en plaats nemen op de *katonga èri*, het gedeelte van de huisvloer, dat *èri* is, of in de *koro èri*, binnen de *èri*-heining. Bij dit *paèri* wordt water geschept uit een *mata we'e èri*, een *èri*-bron, welk water dan op de huisvloer bij het slachten van een kip "besproken" wordt (*parengengge li'i we'e,* het woord richten tot het water):

Renge wo'u limbu moro limbu mète,
　　　　　　　ba'a kaori ba'a kangali.
Ne ba hinawe
ka naoundawe kamoka wawi,
ka naoundawe kaoula bõngga,
ka naoundawe kedu kalãmita,
　　　　ndoku ndènga,
　　　　zala dèngana wòto,
　　　　zala dèngana ina,
　　　　zala dèngana loka,
lòdo mbangata,paringi mbangata,
kapore pålaka, paringi rabata,
ngga'i ka nabiza waingge rato,
ka namandi waingge konda.

Hoor gij,groene kolk, donkere bron 1),
walopening, heiningpoort.
Nu dan,
moge uitgaan het varkensgeschreeuw,
moge uitgaan het hondengehuil,
moge uitgaan diefstal en vergrijp,
　　　　　　　feil en misgaan,
moge uitgaan overtreding met zuster,
　　　　overtreding met moeder,

overtreding met ooms vrouw,
moge uitgaan de brandende zon,
de zengende wind,
de smettende ziekte,
de bijtende wind,
opdat door u machtig zij de vorst,
door u krachtig de bestuurder.
Nadat zo het water van mogelijke smet gereinigd is, moet de a.s. *rato* daarmee zeven maal zijn mond spoelen, waarbij men hem toespreekt:

ba wa'ikongge pakazala nga'a
pakazala enu,
luba kau lowangge,
muta kau merangge;
ka namakaiwi kawitara ta wa'i,
kametingu ta mata.

Mocht er iets zijn verkeerd gegeten,
verkeerd gedronken,
geef het op en spuw het uit,
braak het uit en geef het over;
dat weggedaan zij het slijk van de voeten,
het vuil van het gezicht.

Vervolgens schrapt men hem met een rietgrasstengel of een stukje bambu de tong af (*ware lòma*), opdat weggenomen worde het giftig slangenspeeksel (*ilora kaboko*) en het jeukend *kabota*-sap (*lakera kabota*); men reinigt hem de tanden met een tandenstoker, *ka namakaiwi kazala nga'a, uta pàlaka winu pakedu, aengana kadanga nundu danana,* opdat weggenomen worde al wat verkeerd gegeten is, resten van gestolen sirih en pinang, die nog mochten zijn tussen de tanden. Daarna wast hij zich zeven maal de handen, opdat het vuil van de handen worde weggenomen en kort men hem de nagels (*watowi ku'una*) opdat als nog iets van vergrijp (*pakazala dekena*) onder de nagels mocht zijn, ook dit weggedaan worde. Het lichaam wordt hem gewreven met klapperkauwsel, opdat hij gereinigd worde van de *tana wèkina, ruta longgena*, van het

stof op zijn lichaam en grasssprieten in zijn haar, sporen van eventuele overtreding. Ten slotte wordt hij verkoeld, met "koele bladeren", sprenkelt men op hem een mengsel van klapperkauwsel met *karanu*(een geurig poeder, verkregen door drogen en stampen van verschillende bladeren en wortels), men verkoelt hem men seraibladeren (*ringi ro'o madawa*). Dan zegt men tot hem: *ana ratowu, ana kondawu,* gij behoort nu tot de *rato,* tot de *konda,* tot de "vorsten" en "voorgangers", wat in dit geval zeggen wil: tot degenen die deel hebben aan het aanzien dat aan dit huis, dat een *uma rato,* ook wel *uma marapu* is, verbonden is. Wat in het Westen *paèri* heet, noemt men in het Oosten *pamatua,*van het grondwoord *matua,*oud. Wat oud is, is eerwaardig, het is naar de regel en geeft de regel aan. In die zin spreekt men van de *ina matua,* de "moeders", waarbij *matua* niet slechts op ouderdom ziet, maar op het feit, dat deze oude vrouwen van invloed zijn en het voorbeeld voor de jongeren in haar levenswijze aangeven, alzo haar eer waardig zijn, in dezelfde zin als van de "vaders" gesproken wordt als van de *ama bokul* (*bokul,* groot). *Matua* is zo: wat op de rechte wijze, naar behoren geschiedt. Men zegt bijv. *namatua na ngangura na hàpana,* zijn eten en pruimen is *matua,* het is naar de regel, behoorlijk, hij houdt zich daarbij aan regel en verbod; *namatua na laleina,* zijn trouwen is *matua,* zijn huwelijk is met inachtneming van alle te stellen eisen tot stand gekomen en dus eerbaar (speciaal gezegd van het huwelijk met betaling van bruidsprijs). Nu moet degene die in aanraking komt met wat *hàri* of *mbana* is, *matua* zijn; *napamatua pàku budi wikina,* hij moet zichzelf matua maken, zichzelf reinigen, zich "heiligen". Bij het *langaingu paratu,*het met klapperolie zalven van degenen die bijv. bij de aanbieding van offergaven aan *ndewa pahomba* tot *ratu* worden gemaakt, wordt door wichelen met het wichelsnoer (*mowalu*) aangewezen *mamatua matana, maleu limana, mamatua ngangura maleu hàpana,* die zuiver van oog en rein van hand is, die eerbaar is in zijn eten en zonder smet in zijn pruimen; of ook *mamatua liina mamatua puluna,* wiens woord eerbaar, wiens spreken waardig is.
Het caus. *pamatua* is o.m. synoniem met *langaingu,* zalven, in reinheidstoestand brengen, wat moet vooraf gaan aan hun voor een bepaalde handeling als *ratu* optreden. Wanneer dit *pamatua* betrekking heeft op za-

ken, betekent het tevens: aan aanraking en nadering onttrekken, verboden verklaren, zoals naast *rotuja na mihi*, het door de *mangu tanang* (de grondvoogd) verboden verklaren van de standgronden, zodat men daar geen standdieren mag gaan zoeken, ook gezegd wordt *pamatuaja na mihi*. Behalve *matua* verklaren, in *matua*-toestand brengen, betekent *pamatua* ook: als *matua* behandelen, eerbiedigen, behandelen naar behoren, en staat als zodanig tegenover *paana rara*, als klein kind behandelen, niet ontzien, ontheiligen, bijv. *paana raraja na uma marapu*, het marapu-huis niet ontzien, het ontheiligen; *paana raraja na mihi*, de verboden strandgronden verontreinigen. In meer neutrale zin zegt men bijv. in Loliina (West-Sumba): *nda napamatua pòngu ole atana* (mamb. *pasinggila*) hij ontziet zijn medemensen in het geheel niet, waarbij tegenover *pamatua* staat *palakawa* (West-Sumba), *paanakeda* (O.S.) als knaap, als kwajongen behandelen, bijv. bij een verzoek aan iemand van stand: *palakawa laitopowu zodi ole, dekepowa na*, ik moge u even als een knaap behandelen, geef me dat even aan (cfr. kamb. *ka kupaanakedakau kàdi*, mag ik u even als knaap behandelen, of *nda paanakedandanggau*, niet dat ik u als knaap beschouw).
Aan deze groep van voorstellingen werden de woorden ontleend tot weergave van het woord "heilig" in zijn verschillende betekenissen en van zijn verschillende afleidingen.

----

1) Zo noemt men de bron, die zich bevindt *langita deta*, boven het uitspansel, waaruit de bronnen op aarde hun water ontvangen. Ook om deze bron is een stenen wal gestapeld, door welks opening het water uitstroomt. Hier is bedoeld het water te reinigen van alle mogelijke verontreiniging als gevolg van overtreding begaan bij de bron, of door hen die bij de bron baden, welke overtreding weer de ziekte met zich brengt.
Alle smet, alle overtreding en de gevolgen daarvan zijn nu samengevat in het "moge uitgaan varkensgeschreeuw en hondengehuil". Bedoeld is het geluid van opgeschrikte, in hun rust gestoorde varkens en honden, waarmee dan wordt aangeduid, alles wat onrust en verstoring brengt, nader alle overtreding die de welstand bedreigt, diefstal en bloedschande

(overspel door partijen tussen welke een huwelijk verboden is).
Een verwant beeld, maar enigszins anders gericht, noteerde ik in Oost-Sumba. Men spreekt daar van *buti makakàraku wei mapatombu,* krijsende apen en schreeuwende varkens. Ook hier is bedoeld het geluid van apen en varkens in hun rust gestoord, maar daarmee worden aangeduid partijen, die bij onrecht, dat aan hun verwanten geschiedt, opwaken om hen te helpen en te beschermen. Zo wordt bijv. genoemd de familie van een vrouw, die voor haar rechten opkomt, wanneer ze door haar man niet goed wordt behandeld; de familie van een die verdacht wordt *mamarung* te zijn, *suangi* te zijn, die voor de verdachte opkomt. Zo zegt men nu van het Bestuur, dat het is als *buti makakàraku, wei mapatombu,* omdat het de rechten van de zwakken ook tegen de sterken beschermt.
De gevolgen van overtreding worden aangeduid met "brandende zon, zengende wind", enz. Ook hier verenigt *mbangata* de betekenissen van "warm" en "onheilvol". Men spreekt ook van *lòdo kapoka wo'o*, zonnehitte zo sterk dat de bamboe er van kraakt (Mangili: *làdu kapoku au*); dit gekraak wordt als teken van dreigend onheil beschouwd. Algemeen is ook de voorstelling, dat de winden de ziekte aanbrengen: *timiru waratu ngilu paringu,* Oost en West, waaiing en wind, is in het Oosten een aanduiding van menigerlei ziekte; men vraagt *kabaila Ngila Warata,patonda Ngila Timira* (zo Loliina), bescherming tegen Ngila van het Westen, beschutting tegen Ngila van het Oosten. Warmte en wind zijn verbonden in de uitdrukking *na làdu mapanonu, na ngàlu maparudu* (Mangili), de brandende zon, de waaiende wind (= Loliina: *lòdo apanono, paringi apapowi*), met welke uitdrukking eveneens de ziekten worden aangeduid.

VAN ZANG EN PSALM

Toen in het jaar 1914 de plannen van opleiding en uitzending van een afgevaardigde van het Nederlands Bijbelgenootschap voor het werk van de bijbelvertaling op Sumba vaster vorm verkregen, heb ik daarover een gesprek gehad met Prof.Dr. H. Bavinck. Onder meer zei hij mij toen: Leer de mensen vooral zingen. Het geestelijk lied is van de grootste betekenis voor de bewaring en sterking van het geestelijk leven. Daarin hebben de mensen een schat.

Ik heb dat nooit vergeten, maar het is te begrijpen, dat het geen eenvoudige zaak is deze goede raad op te volgen. Daartoe is niet alleen vereist dat men goed met de literaire taalvorm van het sumbaas, met de sumbase poëzie bekend is, dat men die verstaat en de achtergronden van de daarin gebruikte woorden doorvoelt, maar men moet die ook weten te gebruiken en benutten, men moet beschikken over een beeldend vermogen, zodat men in beelden sprekend in deze omgeving en voor dit volk uitdrukking kan geven aan wat men in zijn lied wil zeggen. Men beeldt in deze literatuur de dingen meer af, dan dat men ze in begrippen formuleert. In het algemeen kan men zeggen dat voor deze mensen het beeld de dingen meer vastlegt dan het min of meer abstracte begrip. Men moet als het ware weten te tekenen. Ik noem nog maar weer eens het voorbeeld van een van onze oude vrienden, van wie men de meest onverwachte en verrassende antwoorden kon horen, wanneer men hem vroeg op de wijze zoals wij dat gewoon zijn. Maar op de vraag: Wie is de Here Jezus?, antwoordde hij: Hij is het hoofd dat draagt en de schouder die torst, en ik denk dat we die beeldende woorden allen zullen verstaan. Maar daaruit zal het u ook duidelijk zijn, dat eigenlijk àlleen iemand die in dit sumbase leven zelf leeft, wie dit leven eigen is, aan het sumbase volk liederen, "nieuwe liederen" kan geven.

Nu waren en zijn er onder onze sumbase assistenten en medewerkers meerderen, die een goede beschikking hebben over het literair sumbaas, ik noem hier in zonderheid onze medewerker voor Oost-Sumba, de heer Umbu H. Kapita, zodat een poging gewaagd is tot uitgave van een nog maar kleine bundel sumbase psalmen en liederen, die nog juist voor de oorlog hier uitbrak, medio 1941, is verschenen en dus tijdens de oorlog

voor de gemeenten in Oost-Sumba ter beschikking is geweest. Daarvan wil ik zo dadelijk iets meer zeggen, maar ik wil u eerst wat laten zien van het karakter van deze sumbase poëtische stijl.
Deze wordt voornamelijk door twee trekken gekarakteriseerd. In de eerste plaats, door een ruim gebruik van beeldende uitdrukkingen. En dan daarnaast door een parallelistische wijze van zeggen, waarbij dus telkens twee tot eenheid verbonden beelden de gedachte weergeven.
Deze twee vormen een eenheid; men noemt ze elkaars partner, maar dan zo wezenlijk, dat de een zonder de ander niet compleet is, wie de een gebruikt, moet ook de ander laten volgen. We kennen ze zelf, deze parallelistische wijze van uitdrukking uit de poëtische gedeelten van de Bijbel. Ik sla bijv. juist op psalm 37:

Wees niet afgunstig op de bedrijvers van ongerechtigheid,
benijd niet wie onrecht plegen;
want zij verdorren snel als het gras,
en verwelken als het groene kruid.

Beter dan op welke andere manier, kan ik u een indruk geven van deze stijl, door u een sumbaas lied te laten horen. Het is een zang, gezongen op een feest in Oost-Sumba. De jonge meisjes hebben de dansplaats betreden en voeren daar hun trippeldans uit. Van andere dorpen zijn velen samengekomen om dit elegante spel te zien en door omstanders worden ze met zang aangemoedigd:

Goed zo, gij daar! Zo!
Daar op de fijn gevlochten mat (waarop de dans wordt uitgevoerd)
de breed gespreide;
daar op het ivoorkleurig vlechtsel,
het wel gelegde.
Treedt het met de voet, (het rhythme van het lied nl.)
rank als van een kuiken;
grijp het met de hand,
slank als een boon, (hier is een lang soort boon bedoeld)
Strek daartoe het been,
het been dat het paard omklemt, (dus zeker is op zijn paard)
als één die rijdt in de avond;

Strek daartoe de arm, de arm die het varken steekt,
als één die steekt in het duister (die ook in het donker niet mist)
Af, sta niet af, het plein van uw vaste woning,
los, laat niet los, de grond van uw eigen huis. (d.w.z. kom op voor de eer van uw dorp)
Waarop nu gezonnen,
waarvoor nu bezorgd!
Zijt ge niet gelijk de maan in het eerste verschijnen?
Zijt ge niet gelijk de zon in de vroege morgen?
Straks eerst komt de tijd dat ge neergaat als de zon;
straks eerst komt de dag dat ge afgaat als de maan.
Springt dan als de kanaka, kanaka in de mond van de stromen;
spring op als de marau, marau in zijn diepe kolk, (twee soorten van vis, die boven water springen)
Zo zijn de rechten, die geen prijs behoeven;
zo zijn de echten, die op aandrang niet wachten.
Schuw zijn ze niet, ze zijn niet schuw van blik;
slap zijn ze niet, ze zijn niet slap van mond.
Die kennen de kunst, zegt de Vrouw die hen ziet;
die weet hoe het moet, zegt de Heer die 't aanschouwt.
Genoemd worde uw naam in Rindi Uma Lilu;
verbreid zij uw roem in Wula, Wai Djilu (namen van landstreken)
Zo gelde van u als een woord dat niet ophoudt,
zo gelde van u als een lied dat niet verstilt;
Deze alleen waren rood als het oog van een slang;
deze alleen waren hoog als de horens van een hert.
Hun naam was bekend als de naam van een held;
hun naam werd genoemd als de naam van een paard,
dat zeg ik, moge men zeggen.

Het is goed te verstaan dat onze assistent voor Oost-Sumba verwachtte dat men van deze taalvorm bij de vertaling van de psalmen een ruim gebruik zou maken. Men zal de beeldende vormgeving daar ook zeker meer kunnen benutten dan elders. Toch wordt het gebruik in de vertaling beperkt door het feit, dat er geen overeenstemming is tussen de hier en ginds gebruikte beelden, en ook doordat meermalen de beweging van het parallellisme niet gelijk loopt met die van de tekst. Zet ik toch met een van die parallellen leden op, dat moet ik de ander laten volgen. Ik geef u een enkel voorbeeld om te laten zien hoe bijv. de vertaling van Psalm 77:2 en 3 zou moeten verlopen, wilden we daarbij de regel van de sumbase poëzie volgen. Spreek ik in het ene lid van het neigen van het oor, dan moet in het andere lid volgen het wenden van het oog.

2. Tot hem, tot God
doe ik komen mijn stem
dat Hij het oor tot mij neige, zeg ik.
Tot Hem, tot de Heer
doe ik klimmen mijn woord,
dat Hij het oog tot mij wende, zeg ik.

3. Wanneer ik woon temidden van benauwing en beklemming
zoek ik God;
als ik verkeer in wat moeilijk en onontwarbaar is,
zoek ik de Heer.
Ook in de dikke duisternis,
vermoeid, niet vermoeid wordt ik
te heffen mijn handen naar boven;
ook, in de koelte van middernacht,
vermoeid, niet vermoeid word ik
te smeken met heel mijn hart.
Mijn ziel,
willens, neen niet willens is ze,
wanneer ik haar wil stillen;
mijn hart,
genegen, neen niet genegen is het,
wanneer ik het wil troosten.

Maar het is zeker dat deze taalvorm het oor van de mensen heeft, en het is nog steeds een gedachte die we graag eens zouden uitvoeren, om bepaalde bijbelgedeelten op deze wijze te verdichten. Ik denk bijv. aan de geschiedenis van Ruth als een bijbelgedeelte, dat op deze wijze weergegeven, bij het snijden van de rijst, of daar waar men bij de gesneden rijst op het rijstveld waakt, zou kunnen worden gezongen. Daar waar we vrijer zijn in de weergave, is van deze literaire stijl dan ook wel gebruik gemaakt. Ik denk aan enkele gedeelten van het bijbels leesboek in de taal van West-Sumba, waarin bijv. Davids klacht over de dood van Saul en Jonathan op de volgende wijze is weergegeven:

Wee, hoe zijn vergaan de hanen van Israël,
gevallen, ja gevallen op het hoog gebergte;
Wee, hoe zijn verloren de bokken van Israël,
gestort, ja gestort op hoge heuvel.
Laat het niet komen ter ore
van de jonge vrouwen van Gad, dat ze er geen vreugd over bedrijven;
laat het niet komen ter kennis
van de jonkvrouwen van Askalon,
dat ze het niet vieren in blijdschap,
O gebergte van Gilboa!
Op u dale geen regen neer,
gij die hebt ontwijd het klinkende schild van de dappere mannen.
O, gebergte van Gilboa!
U bevochtige geen dauw,
gij, die ontkracht hebt de scherpe speer van de kloeke strijders,
O, vrouwen van Israël,
weent en wekt tot rouw over Saul, het puikje der dapperen.
O, vrouwen van Israël,
klaagt en brengt tot droefheid over Jonathan, de kern der helden.
Gevallen, ja gevallen is hij,
de drager van het zware schild, hij Israëls Koning,
midden op het slagveld.
Gedood, ja gedood is hij,
die voerde de scherpe lans, Jonathan, de vriend van mijn hart.
Gij Jonathan, mijn binnenste is om u beklemd,
als ik gedenk uw liefde zo bijzonder;
Gij Jonathan, mijn hart is om u benauwd,
als ik gedenk uw genegenheid zo buitengewoon.
Wee! Hoe zijn vergaan de hanen van Israël,
gevallen, houdend het schild op hoge heuvel.

Wee! Hoe zijn verloren de bokken van Israël,
die stierven, voerend de lans op het hoog gebergte.

En ook bij de berijming van meerdere psalmen is van deze dichtvorm gebruik gemaakt. Het geldt niet van alle; het is niet bij alle psalmen gelukt. Maar ook daarvan laat ik een enkel voorbeeld horen, enige verzen van Psalm 138, zoals die voorkomt in de bundel Ludu Pamalangungu, Erkenningsliederen (erkennen in de dubbele zin van erkennen van Gods weldaden en van onze schulden) in de taal van Oost-Sumba:

Pawelina la etinggu
na wotungu lai Njumu, Miri.
Kuludu mbaha etika
la mbimbilu marapu dangu.
Pawelina la kukunggu
na hailungu lai Njumu, Miri.
Kuludu riki mataka
la mbâbaku na ndewa dangu.

Kutama pamarubuku
la umamu pawotunggamu.
Nda ningua mahipuja
na pulumu, bau namukama.
Kutama pakaruduku
la maümu pahailanggamu.
Nda ningua malânganja
na pekamu, bau aïkama.

I Miri, hi kumiripu,
na ngiangunggu la mahanduka.
Na lima nggii kalaimu
namanggangga la papangguka.
I Miri,hi kutulihu,
na ndaungunggu la mahandânga.
Na lima nggii kawanamu
narimangga la nggâbangguka.

Uit mijn hart voorkomend
is de lofzegging tot U, o Heer.
U zing ik vochtig van lever,
temidden der marapu.
Uit mijn binnenste opkomend,
is de lofprijzing tot U, o God.
U zing ik lachend van oog,
temidden der ndewa.

Ik ga binnen in Uw huis,
om mij neer te buigen, u prijzend.
Niets is er wat te boven gaat
Uw woord, dat gij ons gedenkt.
Ik treed binnen Uw woning,
om mij te bukken U lovend.
Niets overtreft wat gij zegt,
dat gij ons gedachtig zijt.

Het is van de Heer, dat ik leef,
waar ik woon in benauwing,
Uw linkerhand bewaart mij
van al mijn tegenstanders.
Het is van de Heer dat ik leef,
terwijl mijn plaats is in bedrukking.
Uw rechterhand beschermt mij
tegen mijn vijanden.

Ik zou u meer voorbeelden kunnen geven, maar het bovenstaande zij voldoende om ons de waarde van dit psalmbundeltje te doen verstaan. 37 psalmen en 11 gezangen zijn daarin opgenomen, benevens de vertaling van de tien geboden, het Onze Vader en de apostolische geloofsbelijdenis. De sumbase kerken hebben nu om uitbreiding van deze bundel gevraagd.
Naar dit bundeltje is zeer veel vraag. Juist vandaag zei Ds.Windig mij: Er wordt om gevochten. En keer op keer bereikt ons hier in Paje-

ti, waar we een kleine christelijke boekhandel hebben, een verzoek om dat boekje. En telkens moet ik denken aan wat Prof. Bavinck mij zei: Laat de mensen zingen. Nu, deze psalmen worden gezongen. Maar telkens gevoelen wij het zelf als een grote teleurstelling als we moeten antwoorden, dat dit boekje niet meer te krijgen is. Het is meer dan uitverkocht.

C. Levensberichten

IN MEMORIAM, DR. N. ADRIANI
15 september 1865 - 1 mei 1926

Op de 1ste mei van dit jaar is te Posso in Midden-Celebes na een korte ongesteldheid overleden, Dr. N. Adriani, de oudste taalafgevaardigde van het Nederlands Bijbelgenootschap. Ook vele van de Macedoniër-lezers, die Dr. Adriani door persoonlijke ontmoeting, van Zendingsconferenties of in zijn geschriften kenden, zal het bericht van zijn sterven diep hebben ontroerd, en het is ons een natuurlijke vrucht van dankbaarheid met hen enigszins te gedenken wie hij ons is geweest.
Wij willen Dr. Adriani gedenken als man van de Zending, hij is daarbij niet los te maken van Adriani, de taalgeleerde. Een van de dingen toch, die in zijn leven sterk tot ons spreken, is de natuurlijke, hechte verbinding van wetenschappelijke arbeid en Zendingsdienst. Dr. Adriani was taalafgevaardigde van het Nederlands Bijbelgenootschap, en hij was dit geheel. Maar door de wijze waarop hij dit was, strekt zich zijn betekenis uit ver buiten de directe kring van het Genootschap. Als taalonderzoeker wist hij zich zendingsarbeider, maar tevens was het zijn levende overtuiging, dat taalonderzoek wezenlijk tot de arbeid van de zending behoort. Door de levende verbinding van deze beide is zijn naam met de arbeid van de zending in de Indische Archipel onafscheidelijk verbonden, en aan velen is de rijke en levende inhoud van het woord "Zending" door zijn persoon en werk openbaar geworden. Zozeer waren persoon en werk in hem een, dat zijn naam tot een symbool is geworden voor de aard van zijn werk.
Dr. Adriani werd op 15 september 1865 te Oud-Loosdrecht geboren, als zoon van de predikant Ds. M.A. Adriani. Aanvankelijk ging hij te Utrecht theologie studeren. Maar toen niet lang daarna het Nederlands Bijbelgenootschap iemand zocht, die na een voorbereidende studie te Leiden, en de verkrijging van het doctoraat in de taal- en letterkunde van de Oost-Indische Archipel, naar Indië zou kunnen worden uitgezonden voor het werk van de Bijbelvertaling, meldde Adriani zich aan. In 1887 ving zijn studie te Leiden aan, en 1 juni 1893 beëindigde Dr. Adriani die, na met lof gepromoveerd te zijn op een proefschrift over de Sangirese Spraakkunst.
In datzelfde jaar trad Dr. Adriani in het huwelijk met mejuffrouw M.L.

Gunning, dochter van professor J.H. Gunning. Is het in het algemeen waar, dat de zendelingsvrouw in het Zendingswerk niet minder betekenis heeft dan haar man en dat zij, zij het minder openlijk, voortdurend in nauw contact met het Zendingswerk staat, dit geldt van Mevrouw Adriani in bijzondere zin. De taal- en zendingsarbeid van Dr. Adriani is wezenlijk de arbeid van Mevrouw Adriani mee.
Het Nederlands Bijbelgenootschap bestemde Dr. Adriani voor de arbeid in Midden-Celebes, waar eerst sinds korte tijd Dr. A.C. Kruyt als Zendeling werkzaam was. In juni 1894 verlieten hij en Mevrouw ons land en kwamen na een verblijf van een half jaar op Java, in het voorjaar van 1895 te Posso in Midden-Celebes aan. Toen is die merkwaardige arbeid begonnen, waarin Dr. en Mevrouw Adriani, in samenwerking met Dr. Kruyt, meer dan dertig jaar zijn bezig geweest; waarin hun leven in gehele overgegevenheid op zeer nauwe wijze verbonden is geworden met dat van het volk waaronder zij niet werkten slechts, maar leefden; waarin zij de weg tot het volk van de Toradja's hebben gezocht en gevonden; waarin het karakter van de arbeid, die het Nederlands Bijbelgenootschap door zijn afgevaardigden in dienst van de Zending wil verrichten, zijn stempel heeft ontvangen. Dr. en Mevrouw Adriani hebben aan die arbeid zijn diepte en vorm gegeven. In zekere zin kan men zeggen dat hun arbeid normatief is geweest voor wie later volgden. Ook waar andere afgevaardigden na hen komen blijft Dr. Adriani *de* afgevaardigde van het Nederlands Bijbelgenootschap.
Zendingsdienst en taalstudie waren in Dr. Adriani één. Dit was voor hem niet een toevallige maar een noodzakelijke verbinding, met het doel van de Zending natuurlijk gegeven. De inhoud van de woorden "Prediking van het Evangelie" kan toch niet worden bepaald zonder contact met, en kennis van diegenen, tot wie zich die prediking richt. Want in die enkele woorden ligt toch opgesloten dat God ons wil gebruiken om er toe mee te werken, dat Zijn Evangelie gebracht wordt tot het hart van het volk waaronder wij mogen werken; dat het werkelijk wordt geconfronteerd met het denken en gevoelen van dat volk; dat het daarmee in levend verband wordt gebracht, opdat de vernieuwende kracht van het Evangelie in heel het volksleven kan doorwerken. Zal dit werkelijk mogelijk zijn dan is het nodig zich geduldig en met een overgegeven hart

in het leven van dat volk te verdiepen en na te speuren welke de geestelijke machten zijn, die hun gevoelen, hun denken en hun handelen beheersen. En het spreekt zo vanzelf, dat onderzoek van taal en literatuur, waarin de neerslag van denken en gevoelen te vinden is, in wezenlijke zin tot Zendingsarbeid wordt. Dit zich verdiepen in het leven van de Toradja's was voor Dr. Adriani verre van een nu eenmaalopgelegde noodzakelijkheid. Zijn ontvankelijke geest was als van nature met belangstelling geopend voor wat in anderen leefde. En in het licht van de wondere liefde van God, waarvan Christus' gemeente mag spreken,verkrijgt deze actieve belangstelling het karakter van een roeping waarin wij mensen onverdiend worden gesteld en die ons met dankbare verwondering vervult. De eerste periode van hun verblijf bij de Toradja's werd door Dr. Adriani gekenmerkt als de tijd waarin zij van de Toradja's leerden; en deze periode heeft nooit geheel opgehouden.
Op geheel enige wijze is Dr. Adriani in moeizame arbeid in de geestelijke wereld van de Toradja's doorgedrongen en heeft die als van binnen uit verstaan. Als hij sprak over animistische voorstellingen en gebruiken, was het ons alsof deze ook voor ons klaar en levend werden en of wij dichter tot de achtergrond daarvan werden gebracht. Meerdere artikelen van zijn hand getuigen van deze gave. Maar sterk spreekt Dr. Adriani's vermogen hierin wel bijzonder in het prachtige boekje "Het animistisch heidendom als godsdienst", waarin hij ons doet gevoelen, hoe de animistische denkwijze het persoonlijk leven beïnvloedt en bindt, en op welke wijze een animistische gemeenschap op invloeden van buiten, op de aanraking met het Christendom reageert. Hier spreekt iemand die dat proces maar niet heeft beschouwd, maar daarin met zijn Toradja's heeft meegeleefd, die met hen de weg gegaan is, waarlangs zij, zoals zij het zelf noemen "het Christendom binnengaan". In hetzelfde boekje zijn ook meerdere voorbeelden gegeven, op welke wijze hij in de taal van het volk zelf, met hun beelden en zegswijzen, in aansluiting aan of in tegenstelling met hun uitspraken, het Evangelie wist te brengen. Andere zijn te vinden in zijn artikel "De Christianisering van een taal" 1). Als een enkel voorbeeld hoe Dr. Adriani de

1) Tijdschrift "Eltheto", december 1916

Bijbelse verhalen wist te doen spreken, door ze over te zetten in de Toradjase verhoudingen, neem ik iets over uit het artikel dat door Dr. H. Kraemer aan Dr. Adriani is gewijd 1). Hij schrijft: Een van de schoonste voorbeelden daarvan heeft mij altijd toegeschenen de wijze waarop hij de gelijkenis van de barmhartige Samaritaan geheel in Toradjase stamverhoudingen overbracht en hoe zijn gehoor toen emphatisch verklaarde dat dit verhaal een leugen is. Als fijn mensenkenner liet Adriani een der protesterenden het verhaal doen zoals het naar diens oordeel op historische waarheid kon bogen. De grondtoon van het verhaal werd in de mond van de Toradja niet het liefdebetoon van de Samaritaan aan de tot de vijandige stam van de Joden behorende Jood, maar de vreugde over de gevaarloze wijze, waarop de kop van een lid van de vijandige stam gesneld kon worden. Adriani bleef de waarheid van zijn verhaal volhouden, zich beroepend op het boek dat onbedriegelijk is. En toen kwam het prachtige, de krachtigste Evangelieverkondiging die men zich denken kan, en die niet de Zendeling, maar de mensen zelf gaven. De toehoorders riepen uit: "Als dat verhaal onder ons waarheid zal worden dan moeten onze harten veranderen".
Sterk spreekt mij in heel de arbeid van Dr. Adriani steeds toe, de diepe eerbeid voor het werk van God in elk mens en in elk volk; voor het beeld van God, dat, zij het nog zo verwrongen en overwoekerd, toch ook hier niet verloren is. Het Evangelie van Christus is de levenwekkende, levenvernieuwende kracht. Het wekt de sluimerende krachten en maakt alle banden los. Waar Gods Woord waarlijk wordt gehoord, daar blijft het antwoord niet uit. Daar komt het uit voor elk levensgebied. En zo bedoelt ook de arbeid van de Zending niet maar iets geheel nieuws te brengen,niet van voren af aan te beginnen, maar het eigen karakter te bevrijden en te vernieuwen. Ook hier doet de herschepping de schepping niet teniet. De Zending begeert, dat door de prediking van het Evangelie de Christengemeente tot eigen actie wordt gewekt. Liever dan gereedliggende uitdrukkingsvormen uiterlijk over te nemen, bedoelt zij de daarin vervatte schatten in te dragen in het leven van het volk, opdat de Christengemeente zelf meewerke tot het vinden van

---

1)o.a. in de Opwekker, Orgaan van de Ned.Ind.Zendingsbond, mei 1926.

de eigen uitdrukkingswijze en tot vorming van de eigen stijl.
Zending is zo een opvoedingswerk van het fijnste gehalte, dat heel het leven omvat. Het is een medeleven met een groeiend volk waarin door Gods Geest de nieuwe krachten zijn gewekt. Het was deze eerbied ook, die Dr. Adriani zo voorzichtig deed zijn in het overnemen van vreemde woorden voor voorstellingen en begrippen die met de prediking van het Evangelie zijn verbonden. En menigmaal is het antwoord van de zijde der Toradja's ondubbelzinnig gekomen, zodat het bleek, dat de inhoud van die voorstelling waarlijk in hun eigen leven was opgenomen. Zo bijv. waar zij de"prediking" zelf noemden *nuntungkatuwu*,woord van het leven, in plaats van het elders wel overgenomen vreemde woord *chotbah*. Hier was het eigen woord gevonden waarvan de zin voor ieder duidelijk sprak en niet kon worden misverstaan.
Zo was het ook diepe eerbied voor het Woord van God en zijn overtuiging dat de Christelijke gemeente daarin mee actief moet zijn, die Dr. Adriani zo schuchter deed zijn met de vertaling van de Bijbel. Het was zijn overtuiging dat de Bijbelvertaling slechts kan voortgaan in verband met de groei van de Christelijke gemeente, met haar voortgaan op de weg het Christendom binnen. Bijbelvertaling is een levend werk. Eerst wanneer de gemeente zelf meer is ingeleid in de voorstellings- en gedachtenwereld van de Bijbel, wanneer door haar en in samenwerking met haar de uitdrukkingsvormen worden gevonden, de taal wordt "gechristianiseerd", kan ook de vertaling van de Bijbel zijn voortgang hebben. Tot die tijd is het gewenst de vorm van uitdrukking niet te vast te leggen en ruimer mogelijkheid voor wijziging te laten. Vandaar dat hij het noodzakelijk achtte, dat aan de Bijbelvertaling een uitgave van de Bijbelse geschiedenis voorafging, waarin de stof op vrijer minder gebonden wijze onder het volk kon worden gebracht.
Zo is het hart en leven van Dr. en Mevrouw Adriani aan het volk van de Toradja's verbonden geweest. In het werk waarin zij van God waren gesteld, maar dat, zoals Mevrouw Adriani eenmaal zei, ook is geweest Gods werk aan hen zelf. Dat was voor hen ook niet anders mogelijk. Een verhouding tot de Toradja's als zij zochten, kan niet anders dan wederkerig zijn. Daarin zijn wij met ons eigen hart geheel betrokken, en wij ondervinden daarook de terugslag van. Er is geen verstaan zonder

herkenning. Waar wij werkelijk liefdevol in het leven van een ander doordringen worden wij tevens aan ons zelf ontdekt. Het was een meermaal uitgesproken gedachte van Dr. Adriani, dat wie in de Zending gaat, niet maar gaat om de mensen tot wie hij gezonden wordt, maar dat God hem ook zendt om hem zelf. Wij mogen maar niet iets doen aan deze mensen, maar deze mensen, het verkeer met hen, moet ook iets doen aan ons. Ons werk dat wij ontvangen, dat is tevens Gods werk aan ons, en het is voor onze persoon niet het belangrijkst wat wij bereiken, maar wat het werk doet aan ons. Zoals Mevrouw Adriani eenmaal sprak over "De verheldering van ons geloofsbewustzijn door aanraking met het heidendom"[1].

Dr. en Mevrouw Adriani stonden aan het eind van hun leven onder de Toradja's. Zijn laatste dagen daar, waren dagen van afscheid, en het is ontroerend te horen hoe toen de verbondenheid ook der Toradja's aan hem uitkwam. Nog enige jaren dachten zij op Java te zijn, om daar de Bare'e Spraakkunst en Woordenboek, de vrucht van zijn jarenlang verblijf en studie onder de Toradja's uit te geven. Velen hoopten ook daar op zijn raad en steun. Het heeft zo niet mogen zijn. God heeft hem weggenomen. Maar wat Hij ons in de persoon en het werk van Dr. Adriani eenmaal geschonken heeft, dat blijft ons geschonken ook na zijn heengaan. En het is mee onze roeping Hem daarvoor onze dank te betonen.

---

1) Eltheto, februari 1919.

DR. SAMUEL JONATHAN ESSER

26 april 1900 - 14 april 1944

Het was geloof ik 8 september 1945, dat we samengedromd stonden voor de deur van een van de kamers van de politie-kazerne te Pare-Pare. Daarbinnen werden de namen afgelezen van hen, die in het krijgsgevangenkamp te Makassar waren overleden. Jan van Baal stond daar met mij, en onze aandacht was gespannen in het bijzonder om te weten hoe het met Sam Esser was gegaan. Samen hebben we toen in een reeks van vele, mij niet bekende namen, ook zijn naam gehoord. Op dat ogenblik wisten wij nog niets van zijn vrouw en zijn kinderen. Wij wisten toen, dat wij een steeds bereid vriend, dat de volken van Indonesië een bewogen, een onvermoeid arbeider, dat de Indonesische taalwetenschap een van zijn bekwaamste beoefenaars had verloren; dat het leven leger was geworden.

In het correspondentie-dossier Dr. S.J. Esser van het Nederlands Bijbelgenootschap vond ik een brief van hem uit Kulawi, N. Celebes, 11 januari 1940 geschreven. Op deze brief staat genoteerd: "Door de oorlog onafgedaan". Als je die brief onder de ogen krijgt en deze notitie leest, ben je een ogenblik geneigd deze woorden te zetten boven een levensbericht van Sam Esser, als je bedenkt al wat we, op verschillend gebied nog van hem hadden mogen verwachten. Ja, daartoe zijn wij mensen geneigd. Maar als we het deden zouden wij ongelijk hebben.
Het is niet te opzettelijk, niet geforceerd, als we een "In Memoriam" van Sam Esser hechten aan zijn arbeid ten behoeve van, haast zeg ik, in dienst van - al zou dat officieel niet geheel juist zijn - het Nederlands Bijbelgenootschap, zijn arbeid voor het werk van de Indonesische bijbelvertaling. En dat niet alleen omdat deze een zo belangrijke plaats in zijn werk gedurende de laatste jaren van zijn leven heeft ingenomen, zodat de stroom van de arbeid van heel zijn leven daarin als het ware uitmondt; niet alleen omdat hij zelf het Evangelie van Lucas in twee talen, het Kulawies en het Kailies vertaalde en meerdere andere vertalingen nog op zijn program stonden; niet alleen omdat hij gedurende de laatste jaren van zijn arbeid aangaande uit te geven vertalin-

gen waardevolle adviezen gaf; niet slechts omdat hij op uitbreiding van het vertaalwerk door het Bijbelgenootschap zo nadrukkelijk en zo aanhoudend heeft aangedrongen en daarvoor jaarlijks een belangrijke bijdrage aan het Bijbelgenootschap schonk; ook niet alleen omdat hij eind 1939 nog getracht heeft gedurende twee jaar te worden vrijgesteld van zijn verbinding bij het Ned. Ind. Gouvernement, om, geheel in dienst van het Bijbelgenootschap een vertaling van het Nieuwe Testament te verzorgen in twee belangrijke Sumatra-talen, het Atjehs en het Minangkabaus; niet alleen zelfs omdat deze arbeid hem zo na aan het hart lag, dat hij zelf in 1938 verklaarde, dat hij zich, indien mogelijk, met vreugde zou laten inschakelen, en in januari 1940, hoezeer het hem zou spijten als hij dit werk van vertaling zou moeten loslaten, want "het is het werk, dat ik het liefste doe", maar omdat al deze feiten openbaringen zijn van de gerichtheid van zijn geest, van een verbondenheid, die veel verder teruggaat en die reeds spreekt in de jaren van zijn Leidse studententijd. We zouden enerzijds kunnen zeggen: Sam Esser had afgevaardigde van het Nederlands Bijbelgenootschap moeten zijn, en hij zou een brillante afgevaardigde zijn geweest. Anderzijds heeft hij wellicht juist buiten het verband van een bepaald terrein en van een bepaalde kring van mede-zendingsarbeiders, zich in deze dienst rijker kunnen ontplooien.
Dr. Esser was vanaf februari 1927, nadat hij 7 januari daaraan voorafgaande cum laude was gepromoveerd op een proefschrift, onder leiding van Dr. N. Adriani te velde bewerkt, "Klank- en vormleer van het Morisch", taalambtenaar in dienst van het Ned. Ind. Gouvernement. In zekere zin was dat tegen zijn bedoelen. Reeds in 1922 heeft de student Esser zich bij het Bijbelgenootschap gemeld, om, indien mogelijk, in dienst van het Bijbelgenootschap te worden uitgezonden. En, na een op die aanmelding gevolgde ontmoeting, wordt gerapporteerd dat Esser inderdaad begeert in dienst van het genootschap uit te gaan. Is daarop een uitzicht dan zal hij geen andere toekomst zoeken, *desnoods* in het buitenland, maar ook dan in de *zendingsdienst* en niet bij het Gouvernement. De beide cursiveringen zijn van mij. Zij zijn beide van betekenis voor de richting van zijn bedoelen. Door de toenmalige voorzitter van de Indische Commissie wordt dan bevestigd, dat Esser altijd de

zending heeft willen dienen, maar dat hij zelf niet met zekerheid kan zeggen, dat hij een geschikte medewerker voor de zending zou kunnen zijn.
In deze laatste woorden spreekt reserve; hier is verbondenheid en afstand beide. Ze zijn, zij het in verschillende verhouding, in het leven van Esser telkens weer te zien. Als hij medio 1923, na zijn doctoraal, naar Poso vertrekt, om te velde, te midden van de levende taalgemeenschap, onder leiding van Dr. N. Adriani, de stof voor zijn dissertatie te vinden, en te bewerken, is wel geen vaste afspraak aangaande een hechter verband met het Bijbelgenootschap na de voltooiing van zijn studie gemaakt, maar zou dit toch goed in het verlengde hebben kunnen liggen van het werk dat toen begon. Tot een dergelijk verband is het echter niet gekomen. Na zijn terugkeer van Midden-Celebes, medio 1926, buigt zijn weg van het Bijbelgenootschap af.
Sam Esser, zoon van de aan velen onzer wel bekende Rector van het Gereformeerd Gymnasium te Kampen, komt in 1917 te Leiden aan voor de studie van de Indonesische talen. Naar wie hem vroeger kenden is hij overbegaafd; hij is 17 jaar en heeft uit de 5e klas gymnasium zonder moeite staatsexamen A en B gedaan. Nu is hij zeer begerig in vrijheid en ruimte de universitaire studie te beginnen, een prachtig, schichtig, ongetemd veulen. Hij laat zich niet makkelijk temmen en makkelijk nemen. Reageert hij gaarne op medelevende vriendschap, anderzijds is hij uiterst gevoelig en kritisch tegenover alles wat zweemt naar opgelegde binding. Hechting zoekend en hechting vrezend. Het is vanzelfsprekend, dat hij dadelijk lid wordt niet alleen van de S.S.R. maar ook van de N.C.S.V. Dat zou niet anders mogelijk zijn geweest. Maar waar hij aan beide binding erkent, bewaart hij ook tegenover beide duidelijk de afstand. Geen organisatie krijgt hem geheel. Als in 1918-1919 de Gereformeerde studentenbeweging inzet is hij daarbij sterk betrokken. Niet alleen omdat ook in hem leeft het verlangen, waaraan Kraan in zijn openingswoord op het eerste congres in Zeist uitdrukking gaf, maar tevens om de richting naar buiten, waardoor deze beweging van de aanvang af mee werd gekenmerkt en die daarvan een wezenlijke zijde was. Sterk was in hem een verzet tegen de beslotenheid waarnaar alle menselijke organisatie, ook de christelijke organisatie - ook waar hij de waarde daar-

van geenszins ontkende - onwillekeurig tendeert. Als men over het leven van Sam Esser denkt, komt telkens als vanzelf op het beeld van zijn grootvader, de Resident en Straatprediker, Isaac Esser, die zich protesterend lid van de Gereformeerde Kerk van Batavia noemde. Sam is, ook waar hij zich zijn belijdenis niet schaamde, voor zover ik weet, nooit belijdend lid van enige kerk geworden.

Ook van Leiden heeft hij de grenzen en de beslotenheid gezien. Ik beschik niet over voldoende gegevens om in concreto te spreken van wat de jaren in Leiden aan Sam Esser hebben gedaan. Het is misschien niet toevallig, dat bij het zoeken naar informatie, elk van zijn vrienden naar een ander verwijst. Ook in het verkeer met zijn vrienden, hoezeer hij dat nodig had en waardeerde,bleef hij zijn reserve behouden. Hij studeert makkelijk en graag en trekt de grenzen niet eng. Hij doet het ook niet"goedkoop" en heeft zich niet buiten schot gehouden. Zijn bijzondere begaafdheid en uitgesproken wetenschappelijke aanleg zijn ook in Leiden spoedig opgevallen. Niemand minder dan Prof. Snouck Hurgronje zei reeds in zijn eerste studiejaar van hem:"Zo kan men nu al van de jonge Esser zeggen dat deze wat men noemt 'een taalknobbel' heeft". En deze aanleg is onder meer onder de strenge maar zeer belangstellende leiding van een man als Snouck Hurgronje gescherpt. Esser heeft de eigen rechten van het wetenschappelijk bedrijf geacht en gerespecteerd, en waar die naar zijn mening werden overtreden, zich daartegen gekeerd met felle, mogelijk te felle kritiek. Stipte acribie en zuivere eerlijkheid was hier voor hem hoge eis. Maar de wetenschap is nooit zijn hoogste waarde geweest, ook niet in de jaren toen de gelding van andere hoogste waarde in zijn leven niet duidelijk aan de dag trad. Eigenlijk ben ik van mening, maar ik zou dat niet met zijn woorden kunnen aantonen, dat de verhouding tot God *steeds* voor hem het fundamenteel belangrijkste is geweest en dat hij wist, dat hier de laatste reserve moest worden doorbroken. Mogelijk schuilt juist hier de grond van zijn vaak felle, de perken te buiten gaande kritische reactie. Hoe dit zij, als de tijd van zijn doctoraal examen nadert, meldt Esser zich bij het Bijbelgenootschap en verklaart in ieder geval in de zending te willen werken. Hij breekt uit buiten de beslotenheid van de universitaire voorbereiding en wil onder de mensen zelf. Augustus 1923 komt hij te

Poso aan.
Daar blijft hij tot eind 1925. In deze jaren wordt onder leiding van Dr. Adriani zijn dissertatie voorbereid. Ook voor deze periode ontbreken mij te zeer concrete gegevens. Enkele dingen zijn te noemen. Als straks als rijpe vrucht van deze jaren van arbeid, van studie en samenwerking, de systematische beschrijving van het Morisch gereed komt - een studie die zich verheft boven het peil van een normale dissertatie - en het eerste deel daarvan als proefschrift aan de faculteit wordt voorgelegd, is Dr. Adriani de enige die hij van zijn leermeesters met name noemt. Zijn dankbaarheid gaat in de eerste plaats uit naar "mijn betreurde leermeester Dr. Adriani, die door zijn voortreffelijk onderricht, dat niet tot het Bare'e beperkt bleef,mij de studie van het Morisch heeft ontsloten, mij steeds op zijn bekende onbekrompen wijze heeft doen profiteren van de schatten van kennis en ervaring waarover hij beschikte. Zonder zijn hulp zou dit boek niet geschreven hebben kunnen worden". Deze woorden zijn geschreven zoals ze zijn bedoeld. Het is niet mogelijk hier niet te noemen zijn kritiek op het boek van Kraemer over Adriani, een kritiek die Esser naar mijn mening niet had moeten schrijven, zeker niet zo en toen had moeten schrijven. Maar daarnaast mag en moet zijn verklaring staan, dat hij daarmee niet bedoeld heeft aan de persoon en het werk van Dr. Adriani ook maar enigszins afbreuk te doen.
In deze jaren heeft hij in Mejuffrouw Tawalujan haar ontmoet, die als zijn Vrouw voor hem van zo grote betekenis geweest is, ook in zijn taalkundig werk, waarin zij hem door haar kennis van meerdere Celebes-talen veel hulp heeft kunnen geven en die in zonderheid in zijn bemoeiing met het werk van Bijbelvertaling met heel haar hart met hem meeleefde.
Maar als het doel bereikt is en de promotie geschied, volgt niet de verbinding bij het Nederlands Bijbelgenootschap, maar de benoeming tot taalambtenaar bij het Ned.Ind. Gouvernement. Wel heeft het verblijf bij Adriani ook voor de toekomst de richting van zijn arbeid en studie bepaald. Hij treedt wel niet in dienst van het Bijbelgenootschap, maar bewijst aan de nagedachtenis van Adriani en daarin ook aan het Genootschap een grote dienst door de wijze waarop hij de wetenschappelijke

nalatenschap van Dr. Adriani verzorgde en voor uitgave gereed maakte, het werk dat hem allereerst werd opgedragen. Als resultaat daarvan verscheen eerst Adriani's woordenboek en daarna diens spraakkunst (1931) van de Bare'e-taal, beide belangrijke aanwinsten voor de Indonesische taalwetenschap. Door deze arbeid was Esser belangrijk langer in Holland gebonden dan zijn bedoelen was. Naar ik meen is hij eerst tegen 1929 naar Indonesië teruggegaan. Zijn Vrouw woonde die tijd bij Dr. en Mevrouw Esser te Poerbolinggo en was ook toen voor hem een bron van informatie.
Ook voor de volgende jaren kan ik slechts enkele dingen aanstippen. Omstreeks 1930 is het gezin Esser in Padalarang, later in Bandoeng. Hij was toen bepaald een niet gemakkelijk mens voor zijn omgeving. Geestelijk zijn dunkt mij voor hem de jaren 1925-1930 de zwaarste jaren geweest. Als Ds. Fernhout van Bandoeng in die jaren met het in aanraking komt vindt hij een cynisch, sarcastisch man, die zeer moeilijk te benaderen is, iemand met een sterk kritische en agressieve houding tegenover samenleving en kerk. Wanneer ze in Bandoeng komen wonen, komt hij vrij geregeld in de kerk, maar dit leidt niet tot persoonlijk contact, door de sterke afweer waarmee hij op pogingen daartoe reageert. Hij was niet klaar met zichzelf, met zijn eigen levenservaring en levensproblemen. Zijn kritieken in die tijd worden door Dr. Fernhout vergeleken met een explosie van een vulkaan, die door de harde korst heenbreekt. Maar cynisme is vaak een vlucht voor zichzelf, een vlucht voor wat dieper leeft en geen uitweg en mogelijk ziet. En in spot en hoon wondt men niet alleen anderen, maar niet minder zichzelf. Zoals Dr. Fernhout het uitdrukte: Hij was het in die dagen kwijt, maar het was hem niet kwijt.
De bevrijding in zijn leven is toen gekomen door de aanraking met de groepbeweging. Ook daar kwam hij met een houding van afweer en agressie, maar is daar gegrepen en overwonnen. Hij heeft daar dunkt me de laatste reserve laten varen. Ik ontmoette hem in 1937 in Makassar. Toen ik daar's zondags had gepreekt, zei hij tegen me: "Wat ik mis in je preek is de ongeremde vreugde van het Evangelie". Dat was een eenvoudige, vriendschappelijke, tegelijk zeer zware kritiek, waaraan ik nog menigmaal heb gedacht. Hij wilde dat de Evangelie-prediking inder-

daad *Evangelie*-prediking zou zijn. Ik meen, dat Esser gevonden had, waarnaar hij ook in de periode van wankeling, van spot en kritiek en ontoegankelijkheid heeft gezocht, de rust van de kennis van de Vader, en als ik hem toen goed heb verstaan was de vergeving van zijn zonden om Jezus' wil de eenvoudige vreugde van zijn leven geworden.
Deze vreugde vindt nu ook betoning in zijn werk. Steeds duidelijker is zijn wetenschappelijk werk, dat voortgaat, ook dienst aan het Evangelie en vindt hij daarin aanleiding om tot die dienst te roepen. Tot zijn eerste verlof - ik meen in 1935 - en ook daarna, heeft hij als taalambtenaar van het Ned.Ind. Gouvernement zijn plaats in N.Celebes. Daar heeft hij gerealiseerd wat hij schreef in 1934 in verband met de zaak van de landstaal bij het volksonderwijs:"De taak van de taalbeoefenaar hier te lande wordt dikwijls te zeer gezien onder de gezichtshoek van haar wetenschappelijke waarde, maar de praktische kant is zeker van evenveel belang"(T.B.G. 1934). Steeds weer heeft hij gewezen op de cultuurtaak, d.w.z. de geestelijke taak, die Nederland heeft tegenover de volken van Indonesië en betoogd, dat het onmogelijk is die taak te volbrengen zonder daarbij gebruik te maken van het orgaan dat dit volk zelf voor de functionering van zijn cultureel en geestelijk leven eigen is, nl. zijn eigen taal. Zowel in publikaties als in schrijven aan Regering en Hoofdbestuur van het Bijbelgenootschap heeft hij gewezen op de noodzakelijkheid, dat de eigen taal haar plaats zou hebben op school als eerste eis voor volksopvoeding. Zending zonder taalarbeid was volgens hem een misvatting en in strijd met het wezen van de zendingsarbeid, een zeer grote schade aan dit werk zelf. Hier zouden te noemen zijn verschillende artikelen uit het Zendingstijdschrift "De Opwekker" (1934, 1935), in Kol. Studiën (1938) in het T.B.G.(1934). Het was Essers overtuiging dat dit land gebaat was bij het Nederlands gezag, maar dat deze bate alleen was te realiseren wanneer dit gezag gezien werd als een opdracht, als een hoge verantwoordelijkheid. Speciaal zag hij die verantwoordelijkheid en roeping voor christelijk Nederland. Hier zag hij ook grote schuld: "Wanneer zal de geest over ons vaardig worden, dat we deze mensen geven waar ze recht op hebben, het *Woord van God* in hun eigen taal" (part. brief 1938).Het was hem duidelijk, dat dit grote doel in de weg van bezetting van alle

terreinen niet zou zijn te bereiken. En vooral na de ontmoeting met Dr. H.C. Rutgers in 1937 ziet hij steeds meer de mogelijkheden en de ontzaggelijke noodzakelijkheid van colportage, inzonderheid van bijbel vertaling en bijbelverspreiding. De Bijbel in de eigen taal van de vol ken van Indonesië is hem het machtige zendingsmiddel.
Realisering van dat doel heeft hem de laatste jaren van zijn arbeid voortdurend beziggehouden, die taak lag hem als een last op zijn geweten. Daartoe achtte hij onder meer nodig sterke uitbreiding van het aantal afgevaardigden van het Bijbelgenootschap en daarop heeft hij dan ook zowel bij het Genootschap als bij de Regering sterk aangedrongen. In een memorie aan de Directeur van Onderwijs en Eredienst (1937) schat hij het aantal benodigde taalbeoefenaars van het Genootschap op minstens 12 "waarvan er drie in functie zijn". En waar hij beseft, dat daaraan voor het Bijbelgenootschap zware kosten zijn verbonden stelt hij een millioenplan voor ten bate van het Genootschap, met een indeling van Nederland in delen elk met een eigen comité en een vast bedrag, dat zulk een stad of streek moet opbrengen; met een Amerikaanse reclame voor de zaak, katoenen banen dwars over de straat, opschriften in publieke gebouwen en op vervoermiddelen, alles met de ene schlager: "Ieder Indisch volk zijn Bijbel". Mij dunkt, er had moeilijk een object kunnen worden gevonden, waarvoor christelijk Nederland met meer toewijding, met meer eenheid en met minder reserve een millioenplan zou kunnen organiseren.
In dit alles was Esser sterk overtuigd van de wondere aard van het zendingswerk dat er, naar de aard van de zaak, met middelen naar menselijke maatstaven bepaald, niet komt; dat zendingswerk betekent leven uit het wonder. Ik citeer enkele uitspraken uit zijn brieven:"Wat we nodig hebben is meer geloof. Het kan aan mij liggen, maar ik vind nergens in de bijbel, dat we bidden moeten om geld, wel om *arbeiders*, en dan zal God wel zorgen, dat het hun aan niets ontbreekt. Wanneer wij er niet rotsvast van overtuigd zijn, dat God uit de stenen van Rotterdam een millioen gulden kan te voorschijn brengen, laten we dan maar niet beginnen met zending". Of ook:"En dan heb ik ook steeds het gevoel, dat als ons gebed maar gelovig, vurig, volhardend genoeg werd opgezonden, het koninkrijk Gods opschiet als een wonderboom. Zonder

gebed schijnt het niet te kunnen groeien. Zou er eigenlijk wel iets werkelijk geestelijks tot stand komen, vraag ik mij soms af, dat niet door het gebed is tot stand gebracht?" Wie moet hier niet aan zijn grootvader Isaac Esser denken? Uit de brieven uit deze tijd zou veel meer te citeren zijn, maar dit zou te ver voeren. Ik meen dat we in deze laatste jaren de Esser zien mogen, die zijn doel, zijn vervulling heeft gevonden; die alleen telkens weer gebukt gaat onder de zwaarte van de taak en de moeite die het kost om hier de deelneming en activiteit te bewerken, die hier nodig is.
Esser behoorde ongetwijfeld tot de meest bekwame beoefenaars van de Indonesische taalwetenschap. Zijn vreugde lag daarbij in het werk te velde en het leven onder het volk. Een man, die veel en vlug werkte, niettegenstaande het feit, dat hij veel door zware hoofdpijn werd gehinderd, die zeer sober leefde en in dit opzicht voor zichzelf zeer geringe eisen stelde. Voor de oorlog is hij gevraagd voor de leerstoel Indonesische taalvergelijking in Batavia en hij was daarvoor zeker de aangewezen man, maar hij heeft daarvoor bedankt. Hem trok meer dan de universitaire arbeid de wetenschappelijke exploratie onder het volk waar hij zijn stof vond. Nadere overweging in de tijd van zijn krijgsgevangenschap bracht hem tot de conclusie dat hij toch zou moeten aannemen en het was zijn plan dit na de bevrijding te doen. Zijn wetenschappelijke betekenis is door Prof. van Ronkel herdacht in een vergadering van de Afdeling Letterkunde van de Kon. Akademie van Wetenschappen, waarvan Esser correspondent was. Deze herdenking is opgenomen in het jaarboek van de Akademie 1946-1947. Daar is ook te vinden een opgave van zijn verschillende publicaties. Op een bijeenkomst van Leidse beoefenaars van de Indonesische talen op 5 augustus 1946 is melding gemaakt van de vele door hem nagelaten papieren, waarbij door Prof. Cense toelichting werd gegeven. Van deze papieren die een schat van materieel bevatten, waaronder meerdere vertalingen, een spraakkunst van het Enkisch, Z.O. Celebes, en vele andere projecten is niets teruggevonden. Het is alles verloren gegaan.
De jaren van krijgsgevangenschap - Esser was als landstormer opgeroepen - zijn hem zwaar geweest. Naar Dr. Nanning,die hem vroeger tijdens zijn arbeid in het Donggalase eerst in Külawi en later in een

pasanggrahan aan het Lindumeer had ontmoet, heeft hij aanvankelijk veel moeite gehad dit alles over te geven, waar nu gebeurd was, wat hijzelf zag als een van de zwaarste rampen die dit land konden treffen, waar hij ook was afgesloten van de voortzetting van het werk, dat hem steeds meer als zijn levenswerk duidelijk was geworden. Later heeft hij daarin leren berusten en vroeg zich af hoe dit alles hem kon dienen. In deze jaren werd hij ook veel meer begrijpend en milder in zijn oordeel over anderen. Het verblijf in het kamp heeft hem echter blijvend moeite gekost. Tactisch in zijn optreden is Esser nooit geweest. En het vereiste tactiek, waar hij voor vertaalwerk was aangewezen, zich zoveel mogelijk aan de aandacht van de commandant van dit kamp, "de beul" genoemd, en wiens opmerkzaamheid op Esser was gericht, te onttrekken. Een van de dingen die hem daar heeft beziggehouden was de samenstelling van een soort leerboek, een soort catachismus, om op de meest eenvoudige en duidelijke wijze aan de Christen Indonesiërs en aan de volken van Indonesië te zeggen "dit is de prediking van het Evangelie".
Het was hem een moeilijk ding toen de bestuursambtenaren, aanvankelijk in het krijgsgevangenkamp ondergebracht, onder welke hij meerdere goede vrienden had, in Januari 1944 naar Pare-Pare werden overgebracht. Dat heeft de laatste maanden van zijn leven eenzamer gemaakt. Dr. Nanning was een van degenen die tot het laatste toe bij hem zijn geweest. Deze zou feitelijk op de Paaszondag van 1944 in de godsdienstoefening voorgaan, maar in zijn plaats heeft Esser die dienst geleid en het Paasevangelie verkondigd. Dat was 's avonds zeven uur. Die morgen had hij echter al last van buikpijn. Na de dienst is hij dadelijk naar het hospitaal overgebracht, waar hij 14 april 1944 aan dysenterie is overleden. De begrafenis werd geleid door Dr. Nanning, waarbij gelezen werden woorden van onze vergankelijkheid en van een onvergankelijke hoop (Pred.1: 2-11; 3:1-15; 1 Cor. 15: 20-26).
Ik keer nog even terug naar de notitie op zijn brief van 10 januari 1940: "Door de oorlog onafgedaan". Het geldt voor zijn leven niet. Wel leert dit ons, dat de zin van ons leven niet ligt in datgene wat wij kunnen doen en doen, zelfs niet in wat we kunnen "doen" in de dienst van het Koninkrijk Gods. God gaat met al Zijn dienaren Zijn eigen souvereine weg, en we verstaan het niet. En de taak, die onafgedaan is,

blijft ook als Esser weg is, de taak waaraan hij ons heeft herinnerd.
Hij herinnert er ons aan, dat het zendingswerk moet worden gezien als het werk van God: dat daarin dus andere maatstaven gelden en dat we met menselijke berekening niet klaar komen.
Hij herinnert ons aan de les van Lucas 14, dat wij nl. de kosten *niet* kunnen berekenen, maar dat God die bepaalt.
Hij herinnert ons evenals zijn grootvader Isaäc Esser aan de schuld van ons volk tegenover Indonesië, en dan hieraan, dat het juist de kerk van Christus is, die van die schuld weet en die voor ons volk ook de hoogste nationale roeping heeft te vervullen.
Hij herinnert eraan, dat nog de onafgedane taak roept:"De Bijbel voor de volken van Indonesië"en dat er periculum in mora is.
Hem gedenken kunnen wij niet zonder dat we zijn roep tot die taak horen.

D. Algemeen

CULTUUR ALS ANTWOORD

Het is niet zonder aarzeling dat ik in de enkele woorden 'Cultuur als Antwoord' tracht te vatten wat ik ga zeggen. Wanneer je je bij de overdenking daarvan afvraagt wat in dit eerste woord 'Cultuur' is gezegd en tracht je een uit de aard van de zaak zeer onvolkomen beeld te vormen van de grote verscheidenheid van verschijnselen, vaak van zeer gecompliceerde aard, die in dit woord worden benoemd; wanneer je je verder realiseert dat maar zeer ten dele kennis kon worden genomen van de literatuur die doordenking en interpretatie van deze verschijnselen bedoelt, dan vraag je je onwillekeurig af of dit voornemen niet te overmoedig is en of aan deze verschijnselen in de korte vatting 'Cultuur als Antwoord' recht kan worden gedaan. Nu is de moeilijkheid van elk opschrift, van elke samen-vatting,dat deze licht een te massief en daarin eenzijdig karakter draagt, dat een bepaald gezichtspunt accent verkrijgt waarbij dan geen mogelijkheid is gevoelde reserves en erkende nuances tevens tot uitdrukking te brengen. Laat ik dan voor dit ogenblik zeggen: Toch meen ik dat ook dit een gezichtspunt is, zelfs van fundamentele aard; dat een bepaald aspect van cultuur waar en wanneer ook daarin is genoemd.

Verschillende redenen hebben mij er toe gebracht mijn aarzeling te overwinnen en toch in deze woorden het onderwerp van mijn voordracht te noemen. Allereerst dat het eindelijk wel eens wezen moet, dat ook uitstel en welwillendheid grenzen hebben en dat een toezegging ten slotte moet worden gehonoreerd. Vervolgens: Wij zijn hier bijeen, verbonden in de beoefening van dezelfde wetenschap. Dat betekent dat wij voor elkaar de aangewezen gesprekspartners zijn; dat hier de kring is waar wij tegenover elkaar rekenschap mogen geven van de wijze waarop wij trachten daarin bezig te zijn. En verder, ook waar wij ons bewust zijn in de zaken die voor ons aan de orde zijn het laatste woord niet te kunnen spreken, heeft het toch zin elkaar te doen delen in de vragen die ons bezig houden. Ook al antwoordt men met reserve, zelfs al zou men het antwoord niet bevredigend kunnen geven, het is van waarde te zien dat een vraag legitiem kan worden gesteld.

Er zijn bijkomende redenen. Ik denk daarbij aan de reactie van Locher

nadat ik in 1956 mijn oratie 'Wij Mensen' had gehouden: Werk het maar uit. Het is mogelijk dat hij wat ik nu ga zeggen nauwelijks als een uitwerking zal accepteren; mogelijk is het niet meer dan een meer expliciete vormgeving aan wat minder duidelijk toen reeds door mij is gezegd. Toen ik die oratie nog eens ter hand nam ben ik inderdaad tot de ontdekking gekomen, dat feitelijk toen al dezelfde dingen door mij zijn genoemd. Ik heb naar het schijnt meer gezegd dan ik meende te zeggen. Maar ook een nadere explicatie heeft zijn waarde.
Ten slotte ben ik in mijn besluit gestimuleerd door het niet geheel ongegronde ongeloof van mijn vriend Van Baal, die me heeft voorzegd dat ik aan een bespreking van dit onderwerp niet zou toekomen voor mijn emeritaat. Het leek me zinvol voor die tijd althans te beginnen; zij het dan in onverstand.
Na deze preliminaire opmerkingen dan tot de zaak die ons bezig houdt, die mij althans bezig houdt juist in de geïnteresseerde bemoeiing met de grootheden in de aanduiding van ons vak genoemd; ik zou willen zeggen in wezenlijke verbondenheid met wat Evans-Pritchard heeft genoemd 'This wondrous creature Man'1) en waarvan Linton spreekt als 'this curious Biped and his still more curious behavior' 2). Daarbij houd ik me ten aanzien van de woorden 'still more' althans een reserve voor. In dit curious behavior, dit merkwaardige gedrag komt immers juist de eigen-aardigheid van het subject van dit behavior uit, deze is daarin een,beter de bepalende factor. Of het zou moeten zijn, dat vanuit de eigen aard van dit subject in het 'still more curious' een kritische verbazing besloten is over *dit* gedrag van *deze* mens, wat dunkt mij,niet het geval is.
Ik mag beginnen met een uitspraak waarover wij het allen eens zullen zijn, dat wij nl. in de culturele antropologie op bepaalde wijze in aanraking komen met de specifieke plaats die de mens in deze natuurlijke wereld inneemt. Deze specifieke plaats vindt zijn uitdrukking in een specifieke wijze van doen - ook al is dit in aller leven voor een belangrijk deel meedoen - die we cultuur noemen. Hiermee is gezegd dat deze wijze van doen, deze bestaanswijze, als specifiek menselijk zowel universeel menselijk als exclusief menselijk is, d.w.z. geldt voor alle mensen waar en wanneer ook en dat ze geldt voor mensen

alleen. Om met Locher te spreken: Het is de karakteristieke levensvorm waardoor de mens zich onderscheidt van de andere levende wezens in de natuur 3). En dus de verbinding tussen cultuur en mens, die de achtergrond vormt van de benaming culturele antropologie is niet van incidentele maar van wezenlijke aard; deze beide staan in correlatie tot elkaar zodat ik enerzijds kan zeggen: Waar cultuur, cultuurprodukten, sporen van cultuur, daar mens, maar evenzeer: Waar mens, daar cultuur. De relatie tussen beide is van zo fundamentele aard dat mensbeschouwing en cultuurbeschouwing op elkaar zijn betrokken. We komen hier dus in aanraking met een vorm van antropologie, een eigen wijze van benadering van de mens, nl. via de cultuur, een benadering die allereerst via de studie, het onderzoek van de vele culturen wordt gerealiseerd. De vele culturen; dat we bij de ene mens kunnen en moeten spreken van een veelheid van culturen zegt ons iets aangaande de aard van deze specifiek menselijke bestaanswijze. Trachten we die nader te bepalen dan ligt het voor de hand ze te onderscheiden van een andere wijze van bestaan en dat gebeurt ook meermalen. Locher noemde ik reeds. Ik denk ook aan W.A. Smalley in een bijdrage'A Christian View of Anthropology', een artikel waarop ik nader terugkom. Deze beschrijft the subject of Anthropological study as Man as a biological organism together with the culture in which he lives, a phenomenon unique to him among all biological organisms 4). Een onderscheiding dus binnen het natuurlijke vlak waarin de mens zich te zamen met deze andere natuurlijke wezens bevindt.

Daarbij valt het op dat allereerst negatief wordt bepaald. Zo bijv. in de omschrijving gegeven door J.P.B. de Josselin de Jong: Het systeem van niet overerfelijke levensuitingen inclusief de produkten daarvan van een zelfbewuste mensengemeenschap 5). Locher spreekt van cultuur als een kwalificatie van de menselijke bestaansvorm voor zover deze niet direct door de natuur is bepaald 6) en Ruth Bennedict in haar Patterns of Culture: Culture is not a biologically transmitted complex. The human cultural heritage, for better or for worse, is not biologically transmitted 7). Ten slotte, de reeds genoemde Smalley schrijft onder het hoofd 'Definition of Culture': The term culture as used in anthropology is an extremely broad one, referring to all human

activity, which is not completely due to biological inheritance. It consists of those ways of thinking, feeling and acting which are learned and not biologically transmitted 8).
Dat wil zeggen, we komen bij de overweging van de aard van deze menselijke bestaanswijze in aanraking met de relatie natuur - cultuur, een relatie die tweezijdig is, daar de mens hier wel niet direct door de natuur bepaald is maar van de natuurlijke basis ook in de rijkste bloei van zijn cultuur niet loskomt; zijn cultuur is zelfs op deze natuur gericht.
Als in het voorbijgaan noem ik de afkomst van het woord cultuur van latijn colere, cultura. Niet alsof vanuit de etymologie zou kunnen worden geconcludeerd tot de inhoud van dit woord in de verbinding culturele antropologie. Toch wel om zo een verschil in accent te markeren. Want met colere en cultura wordt een activiteit van de mens genoemd, die wordt gerealiseerd in tal van verbanden, een bemoeiing van de mens met zijn wereld, de wereld waartoe hij ook zelf behoort. Ook hier gaat het om de relatie cultuur - natuur. Deze relatie is hier van dynamische aard; de natuur is het gegeven waarop de bebouwende, bewerkende, oefenende mens zich richt. Bij dit gegevene blijft de mens nooit staan; hij grijpt het aan, neemt het in dienst, vormt het om, zet het in nieuw verband, de verbanden waarin zijn leven is gehecht, vormt zich zijn wereld: Man and his Works. Nergens is dit handelen louter natuurlijk, zelfs daar waar het zijn dadelijke analogie vindt in het doen van andere natuurlijke wezens. Ik denk bijv. aan de wijde verbanden waarin het menselijk eten en drinken zijn plaats heeft, waar dit bepaald iets anders is dan alleen voldoen aan biologische behoeften van het menselijke organisme, dan een aan dit organisme verschaffen van de nodige voedingsstoffen. Ook dit is een menselijk handelen geworden. Ik zeg niet dat dit dynamisch aspect in de beschrijving van de culturen der mensen niet tot uitdrukking komt, maar wanneer het gaat om de bezinning op de aard van deze bestaansvorm is het een ander aspect dat de aandacht krijgt. Mogelijk beter, afgezien van de vraag welke andere aspecten daaraan te onderscheiden zouden zijn wordt deze naar een bepaalde zijde daarvan gekwalificeerd, nl. naar de wijze van overdracht, de wijze waarop elke generatie opnieuw,binnen welke samenle-

ving ook tot de eigen openbaring van deze bestaansvorm komt. Tylor heeft het reeds gezegd aan het eind van zijn bekende omschrijving ... and all other capabilities acquired by man as a member of society.Dat was in 1871 10) en in 1952 schrijft Kroeber in zijn Introduction op het eerste deel van zijn Nature of Culture: Anthropologists as a whole .... have tended to concern themselves with its manifestations *while taking it for granted* (cursivering van mij, L.O.) 11). Wat Tylor in 1871 formuleerde is in latere formuleringen terug te vinden. Linton stelt in het zesde hoofdstuk van zijn Study of Man, The distinctive Aspects of Culture, culture gelijk met social heredity. Hij laat dan volgen: It is unnecessary to invoke anything supernatural to account for it 12). Waarover dunkt mij te spreken zou zijn. Lowie in de Introduction van zijn History of Ethnological Theory: By culture we understand the sum total of what an individual acquires from his society ... a legacy from the past conveyed by formal or informal education 13) wat dus de vraagstelling naar het verleden verplaatst. In het eerste hoofdstuk van zijn Introduction to Cultural Anthropology omschrijft hij culture as the whole of social tradition. Na de omschrijving van Tylor the hebben geciteerd, stelt hij 'all these capabilities' uitdrukkelijk in tegenstelling to those numerous traits acquired otherwise namely by biological heredity 14). Clyde Kluckhohn in zijn Miror for Man: A culture is learned by individuals as the result of belonging to some particular group, and it constitutes that part of learned behavior which is shared by others. It is our social legacy as contrasted with our organic heredity 15). Inderdaad juist als het gaat om 'a culture', maar geeft dit antwoord wanneer we vragen naar de eigen aard van dit eigenaardig menselijk gedrag dat we cultuur noemen? Maar het is duidelijk, tegenover biologisch bepaald en biologisch overgedragen staat hier sociaal bepaald en sociaal overgedragen.

Niet overerfelijk, niet biologically transmitted, dit zegt over die eigen aard bepaald wel iets, het zegt nl. niet dwingend bepaald. Het moet niet onontkoombaar op één enkele wijze; er is hier ruimte, zij het geen onbegrensde ruimte voor verscheidenheid. Ik heb het niet zo bijzonder op het woord selectivity en ik zeg het Clyde Kluckhohn nog

niet na wanneer hij in zijn Miror for Man uitspreekt dat *the essence* (cursivering van mij) of culture is selectivity 16) maar toch deze specifiek menselijke bestaanswijze laat ruimte voor keus en keur en beslissing, voor onderscheiden reactie, ze verkrijgt haar vorm door aanvaarden en afwijzen, door volgen en niet volgen. Ik vergeet daarbij niet de grote betekenis van de samenleving voor de vormgeving van het individuele gedrag noch dat deze woorden keus, keur, beslissing niet voldoende recht kunnen doen aan de geheimzinnigheid van deze processen. Toch zou ik deze woorden niet graag willen loslaten. Juist als *menselijke* bestaanswijze vertoont de cultuur in alle aspecten daarvan een grote verscheidenheid van vormen. We zouden deze verscheidenheid een kenmerk kunnen noemen dat cultuur typisch van natuur onderscheidt Lévi-Strauss heeft in het eerste hoofdstuk van zijn Les Structures élémentaires de la Parenté daarop uitdrukkelijk gewezen 17). Zo staan wij dan voor de diversity of culture.
Niettegenstaande deze verscheidenheid, zelfs waar deze wordt erkend, beleeft iedere mens de vormen van eigen cultuur als vrijwel vanzelfsprekend en is geneigd het eigene als het algemeen geldende te zien, terwijl het daarvan afwijkende als merk-waardig, als opvallend,als vreemd wordt ervaren. Tal van beoordeling van ver van ons afstaande levensvormen zijn als reactie vanuit de eigen levenswijze te verstaan. Nu is het een van de erkende vruchten van de studie van de culturele antropologie dat ze ons distantie leert ook ten aanzien van de eigen levensvorm, dat ze ons wat Ruth Benedict noemt culture conscious maakt, zodat we ook de eigen cultuur zien als een van de mogelijkheden naast andere dat ze de zgn. etnocentrische instelling, waarnaar we dus vreemde levensvormen beoordelen naar de maatstaven aan de eigen cultuur ontleend, doorbreekt. Kroeber verwijst voor deze voor de antropologie kenmerkend geachte niet etnocentrische benadering van vreemde culturen naar Tylor, die reeds in 1871 established not only the name and definition of culture, but the characteristic anthropological attitude to it, een houding die dan nader wordt gekwalificeerd als the relativistic approach 18). Wanneer nu met deze woorden niet anders is bedoeld dan ook gezegd is in de niet etnocentrische benadering, de erkenning dus dat we beginnen moeten te trachten elke cultuur

van binnen uit te verstaan naar de in die cultuur geldende normen en waarden dan zou ik ter voorkoming van misverstand liever van niet etnocentrisch blijven spreken maar dan verdient deze anthropological attitude onze erkenning al zullen we daarbij met P.E. de Josselin de Jong nog wel telkens kunnen ontdekken hoe diep dit etnocentrisme in ons leeft en werkt 19). De niet etnocentrische benadering is ongetwijfeld voor ons de aangewezene.

Ik zou u dit gemakkelijk kunnen toelichten vanuit het cultuurgebied van de taal. Het zou zonder meer dwaasheid zijn wanneer ik in het sumbase woord *ama*, dat zeker het sumbase equivalent is van ons *vader* dezelfde inhoud zou leggen die dit woord vader in onze samenleving heeft en op grond daarvan met *ama* zou gaan opereren alsof ik met *vader* had te doen. Zo is *uma* iets anders dan huis en *tana* iets anders dan grond en *duu* iets anders dan familie; *na'a* is iets anders dan broer, *wòto* iets anders dan zuster en *wàno* iets anders dan dorp al zal ik onontkoombaar deze sumbase woorden met deze nederlandse moeten weergeven. En wat geldt voor de taal die daaraan uitdrukking geeft geldt evenzeer van de andere levensgebieden: Ik ben in een andere wereld terecht gekomen. En wie deze wereld zal willen verstaan vanuit de maatstaven geldend binnen de eigen cultuur - hoe waardevol deze ook moge zijn - heeft zich van de aanvang af de toegang tot de wereld die hij zou willen bereiken afgesloten. Het merkwaardige is alleen dat wat men meermalen wel erkennen wil wanneer het gaat over de taal reserves ontmoet zodra het andere levensgebieden geldt. Trouwens wat de taal betreft, ik herinner me dat ik eens aan een collega heb trachten duidelijk te maken de inhoud van het woord *wili*, bruidprijs, etymologisch verwant aan het indon. *beli*, kopen en de functie van deze bruidprijs in de samenleving; ook dat wij wel meermalen wanneer we nu eenmaal vertalen moeten het woord kopen moeten gebruiken, maar dat 'kopen' toch niet steeds en overal dezelfde transactie is als in ons woord 'kopen' binnen onze samenleving is aangeduid en dat het dus onjuist is de daaraan binnen onze samenleving geldende voorstellingen en consequenties te verbinden. Maar zijn enige reactie was: Maar laten ze het dan ook geen kopen noemen. Ja, de niet etnocentrische benadering van een vreemde cultuur is de juiste.

Toch is met niet etnocentrisch niet genoeg gezegd en toch is daarmee het laatste woord niet gesproken. Want toch is er een weg tot verstaan en toch staan we niet louter als vertegenwoordigers van twee andere werelden naast elkaar. En bij alle erkenning van de verscheidenheid als wezenlijk verbonden met de aard van cultuur als specifiek menselijke bestaanswijze dient daarin een eenheid als niet minder wezenlijk te worden erkend en gehonoreerd. Een eenheid maar onlosmakelijk met verscheidenheid verbonden, zich in verscheidenheid openbarend; een verscheidenheid aan een eenheid gekend. Eenheid en verscheidenheid beide zijn tezamen conditio sine qua non voor onze wetenschap. Het is te verstaan dat de vraag naar de verhouding van die beide,de vraag naar de basis van die eenheid en naar de oorzaken van die verscheidenheid in onze wetenschap telkens aan de orde is geweest en mij dunkt moet blijven. Is het mogelijk achter deze verscheidenheid door te dringen tot een in die verscheidenheid openbaar wordend, werkend fundament aan allen gemeen; een stuwende kracht die ons allen waar en wanneer ook ter wereld beweegt?
Ik noem hier de naam van Lévi-Strauss, een studie waaraan een artikel van Locher mij weer herinnerde 20), het eerste hoofdstuk van zijn Anthropologie Structurale, Histoire et Ethnologie 21), waarin hij betoogt dat het bij historicus en etnoloog beide er om gaat door te dringen tot de structures inconscientes die stuwen in de op de voorgrond onderscheiden cultuurvormen - hij licht zijn bedoelen toe aan de op onderscheiden wijze in verschillende samenlevingen functionerende vormen van tweedeling, die parce qu'inconscientes, doivent être également presentes chez eux qui n'ont jamais connu cette institution 22).
En ik noem een bijdrage van G.P. Murdock, The Common Denominator of Cultures in het onder redactie van R. Linton verschenen The Science of Man in the World crisis 23). Daar hebben we dus mee te maken. Bij een analyse van een groot aantal etnografieën, aldus Murdock, blijkt dat vele voorstellingen, verhoudingen, ordeningen, voorwerpen, zij het in verschillende onderlinge betrekking telkens op eigen wijze in deze samenlevingen aan de orde komen. Hij noemt er in alfabetische orde zo ongeveer 70 zonder de pretentie daarmee volledig te zijn. Deze

eenheid in de verscheidenheid spreekt zo duidelijk dat hij daarin meent te mogen zien a basic culture pattern, een fundamenteel patroon dat in elke samenleving op eigen wijze naar voren komt. De verhouding tussen overeenkomst en verscheidenheid meent hij te kunnen vatten in similarities in classification not in content. Dit basic culture pattern kan, aldus Murdock, zijn grond niet hebben in toevallige geografische of historische omstandigheden juist om de algemeenheid daarvan, maar moet zijn grond hebben in de biological and psychological nature of Man and in the universal conditions of human existence. Natuurlijk komt dan dadelijk de vraag op naar deze universal conditions en het is zeker mogelijk ten aanzien daarvan met Murdock van mening te verschillen, maar de waarde van zijn conclusie acht ik gelegen in de erkenning dat de vraag naar de cultuur in de onderscheidenheid der vormen daarvan leidt tot de vraag naar de mens, naar zijn natuur en zijn plaats, ik ben geneigd te zeggen zijn taak in deze wereld; dat er binnen deze veelheid een plaats is waar geldt 'daar is geen onderscheid', waarin allen één zijn. Dat er kan worden gesproken van een plan waarin de grondlijnen voor dit specifiek menselijk handelen zijn aangewezen, van kaders onafhankelijk van de mens waar ook ter wereld waarbinnen dit handelen zich heeft te bewegen. Dan blijft wel de niet etnocentrische benadering, maar komt er plaats voor de vraag of hier of daar de biological and psychological nature of Man tot zijn recht komt en of de universal conditions of Man erkenning vinden. Dit zijn vragen die naar mijn mening vanuit Murdocks woorden kunnen worden gesteld. Ik zeg niet dat hij dit doet, maar indien ja dan zou een steriel pluralisme als beschouwingswijze van de veelheid van culturen zijn doorbroken.

Daar komt nog iets bij. Men kan toch op meer dan één wijze niet etnocentrisch zijn; deze benadering kan onderscheiden achtergrond hebben. Het kan zo zijn, dat er niet alleen methodisch sprake is van een relavistic approach, waarin dus relativistic overeenkomt met niet etnocentrisch maar dat men principieel niet uitkomt boven een veelheid van culturen. Ruth Benedict in haar Patterns of Culture maakt die indruk wanneer ze na de schets van de door haar exemplarisch beschreven culturen zegt dat deze alle zich bewegen langs verschillende wegen tot bereiking van een verschillend doel and these ends and means in one society cannot be judged in terms of those of another society - tot zover mogelijk accoord - because essentially they are incommensurable 24). Dat wil dunkt mij zeggen: Er is geen maatstaf die alle te boven gaat, geen norm die voor alle geldt. Ik meen dat immanente kritiek op deze positie mogelijk zou zijn; dat de uiteindelijke teneur van haar boek dat bedoelt een appèl op de lezer te doen hiermee in strijd is; dat het enkele spreken van hypertrofie van bepaalde tendenties in een cultuur een normerend beeld veronderstelt, maar ga daarop nu niet in. Een dergelijk pluralisme kan worden gehoord in de woorden van Margaret Mead gesproken op een conferentie over Education and Anthropology, dat een van de fundamentele stellingen waarmee de antropologie heeft gewerkt is that you treat each culture as dignified in itself; it is a kind of theoretical democracy of cultures 25). Men zou hier kunnen vragen wat is te verstaan zowel onder theoretical als onder democracy, maar de bedoeling is duidelijk.

Men kan echter ook niet etnocentrisch zijn vanuit een geheel andere achtergrond; niet omdat each culture zou moeten worden beschouwd as dignified in itself, maar omdat men meent dat no culture is dignified in itself 26). Ik heb zoëven gesproken van een plaats waar ten aanzien van alle culturen geldt 'daar is geen onderscheid', hier zijn ze alle één. Ik heb dat woord ook gebruikt in mijn oratie, een niet tevoren overdacht slot, de laatste zin:'Want er is geen onderscheid. Het geldt fundamenteel en dus inclusief'Wij Mensen' 27). Deze woorden hebben me telkens weer bezig gehouden, zijn me waardevol geworden juist in het overwegen van fundamentele vragen waarvoor onze wetenschap ons stelt. Ze zijn te vinden in het derde hoofdstuk van Romeinen, waar inderdaad iets gezegd wordt dat van alle mensen geldt en dat zijn effect heeft op alle culturen: Want zij hebben allen gezondigd en derven de heerlijkheid Gods 28). Als ik tracht deze woorden tot mij te laten doordringen dan wordt mij alle etnocentrische instelling fundamenteel onmogelijk gemaakt. En dat niet omdat ze het allen elk op zijn wijze goed doen, maar omdat er niet een is die het 'goed' doet zodat deze als norm voor andere zou kunnen gelden. Hier ben ik niet etnocentrisch, niet omdat er geen voor allen geldende maatstaf zou zijn, maar omdat er geen is die daaraan ten volle beantwoordt, omdat dit woord van een geschonden relatie spreekt. Nu hebt u het volle recht tot mij te zeggen: dat is een bepaalde mensbeschouwing en daar hebt u gelijk in. Ook Murdock heeft zijn mensbeschouwing. Het is dunkt me niet toevallig dat Murdock wel spreekt van the biological and psychological maar niet van the spiritual nature of Man, een woord dat ik zou willen toevoegen, spiritual in de zin van betrokken op een wereld van waarden en normen. En zonder die versta ik niet hoe er van culturele antropologie sprake kan zijn waarin het gaat om de specifieke bestaanswijze van de mens.

The universal condition of human existence. Inderdaad het gaat in wat we bedoelen om een kwalificatie die voor alle culturen geldt. Om iets nader toe te lichten wat ik niet en wat ik wel bedoel maak ik eerst enkele opmerkingen aangaande het reeds genoemde artikel van W.A. Smalley. De schrijver werkt daarin met een onderscheiding tussen cultural and supercultural, zoals hij zegt naar analogie van de door Kroeber gemaakte onderscheiding tussen organic and superorganic. Ik meen nu dat er naast analogie een wezenlijk verschil is met de wijze waarop Kroeber onderscheidt. Als ik de schrijver goed versta bedoelt hij daarmee niet dat er in de menselijke bestaanswijze, om in de taal van Kroeber te spreken, naast of boven de cultural level een supercultural level zou zijn te onderscheiden. Hij meent dat het voor meelevende christenen tot wie hij zich richt van veel betekenis is, dat deze weet te onderscheiden tussen wat is cultural en niet cultural in christianity. Onder meer opdat deze niet aan wat duidelijk cultural is een supercultural karakter zal toekennen en het geheel speelt dan ook in de sfeer van een waarschuwing tegen een etnocentrisch christendom en deze waarschuwing heeft zeker zijn waarde. Als verwante tegenstellingen gebruikt hij changing, d.i. cultural tegenover eternal thruth, d.i. supercultural; human and what is not human; man made, developing through the natural process of cultural dynamics en divinely revealed and ordained; christianity of historical accident and christianity of the supercultural; our patterns of behavior and the ordained absolutes of God 29). Het gaat er hem zeer bepaald om dat we enerzijds niet als absoluut geldende waarde zullen beschouwen wat aan plaats en tijd gebonden is en anderzijds in het christelijk leven hechting te geven aan wat meer dan menselijk is. Ik hoop de schrijver geen onrecht te doen, maar wanneer mijn indruk juist is zou dat wat ik dan in navolging van de auteur dan maar supercultural noem speciaal functioneren binnen de christelijke levenssfeer. Wanneer dat zo is dan is dit bepaald niet wat ik bedoel. Integendeel is het mijn bedoeling dat deze universele specifiek menselijk bestaanswijze juist als menselijke bestaanswijze nog een andere dimensie kent, dat er een andere relatie in het spel is en dat de voor de hand liggende afgrenzing van dit specifiek menselijk gedrag tegenover dat van andere natuurlijke wezens ons niet de weg tot het geheim van mens en cultuur opent. Want het is mogelijk dit specifiek menselijk gedrag in al zijn binnenwereldlijke en intermenselijke verbanden na te gaan naar the fundamental biological and psychological nature of Man en naar de universal conditions of human existence zoals wij die zien en toch aan het eigenlijk geheim van de mens voorbij te gaan, aan de meeste primaire en fundamentele relatie waardoor hij is die hij is en waardoor het geheel van zijn bestaan wordt gekwalificeeerd, dat is de relatie tot God. Gogarten spreekt van der Mensch der ohne Gott gar nicht gedacht werden kann 30).

In dit verband noem ik het boek van Peursen Cultuur en Christelijk Geloof, dat een hoofdstuk heeft over Cultuur als de zone van het goddelijke, werkingssfeer van het goddelijke 31). In dit hoofdstuk gebruikt hij deze algemene term omdat daaronder zeer uiteenlopende verschijnselen vallen, en de ervaring van het goddelijke door de mens op talloze manieren wordt uitgedrukt. Het kan zijn dat de mens spreekt van goden of van een godheid, maar het kan ook dat hij slechts spreekt van het hogere, het andere of van het onbekende. Er is in ons handelen meer in het spel dan wat wij doen. We gevoelen dat meermalen in de meest beslissende ervaringen van ons leven, dat ons handelen een wonderlijke mengeling is van activiteit en passiviteit. We ervaren het als iets dat door de mens geschiedt en tegelijk als iets wat over de mens komt. Hij vermeldt de ervaring van een westers denker hoe juist wanneer hij na lang beraad een uiterst diepgaande keuze doet in zijn leven en die keuze werkelijk vanuit eigen overtuiging, strikt

persoonlijk tot stand brengt hij daarin toch tevens ineens de beleving heeft, dat hij daarin meer dan zichzelf, ja niet meer zichzelf was, maar als het ware raakte aan het vreemde en andere. Er is in ons menselijk handelen meer in het spel.
Uitdrukkelijk verwijst Van Peursen - daar raakt hij ons terrein - naar de gebruiken die wij gewoon zijn te ordenen onder het religieus aspect of het aspect van het supranaturele. Ik acht het een merkwaardig feit dat wij geen volk kennen waar dit aspect aan de cultuur ontbreekt. Van Baal spreekt er van als iets dat door zijn eigenaardigheid opvalt. Eén zaak is verondersteld nl. 'het bestaan van een werkelijkheidselement, anders van aard dan die de mens gegeven' - ik weet niet welke inhoud ik hier aan dit woord gegeven mag hechten - 'empirisch bepaalbare werkelijkheid, waarbij tevens is aangenomen dat deze andere werkelijkheid c.q. werkelijkheidsmoment met de empirisch bepaalbare werkelijkheid in verbinding staat en haar op andere dan natuurlijke wijze beïnvloedt' 32). Hij wijst er verder op dat de hechtheid van deze zijde van de menselijke bestaanswijze niet kan worden verklaard uit de pragmatische doeleinden die men zegt daarmee te willen bereiken. In zijn bespreking van deze verschijnselen in zijn Human Types wijst R. Firth er op dat een Polynesische kano-bouwer enerzijds een merkwaardig juiste rationele benadering van de werkelijkheid kent; hij weet met de werktuigen die hem ten dienste staan het materiaal te bewerken en heeft een juist besef van de factoren die de kano zeewaardig doen zijn. Hij handelt daarin geheel zoals wij zouden handelen. Maar dit alles gaat gepaard met andere handelingen not dictated by technical principles. In action they are supplementary to ordinary human effort 33). 'Ordinary human effort'; van niet etnocentrisch gesproken! Het is inderdaad een merkwaardige uitspraak: Bijkomend bij gewoon menselijk handelen. Zo'n woord kan ineens een vraag voor je worden; zijn vanzelfsprekendheid verliezen. Gewoon menselijk handelen, wat is dat eigenlijk? En als het nu eens zo was als Van Peursen zegt, onze beleving in beslissende momenten: Er is meer in het spel. Als nu eens wat in dergelijke situaties tot ons doordringt, zodat het een beleving wordt, in al ons handelen meespeelt; als er nu altijd meer in het spel is. Zo vrij en toch zo afhankelijk. Zo je zelf en toch in relatie, ja juist

in relatie je zelf. Ordinary human effort, de Polynesiër is het in elk geval met Firth niet eens. En hij staat daarin waarlijk niet alleen. De Ngaju Dayak staat naast hem met zijn cultuur, zijn leven door de 'Gottesidee' bepaald. Naar Schärer is uit de bronnen duidelijk 'dass die Gottesidee wie een roter Faden durch die ganze Kultur und Religion hindurchzieht und dass sie tatsächlich der Mittelpunkt des Lebens und Denkens ist' 34). En ook de bewoners van Bali die weten van goden en daemonen, van Boven en Beneden, van Oosten en Westen; hun dorp vertoont in zijn bouw een reflex van kosmische verbanden waarin hun leven is gehecht 35). Of de Sumbanees die in huwelijk, sociale betrekkingen, economisch verkeer, in het bevloeien van de velden bedoelt te zijn een *maü* een afschaduwing van de verbanden waarin hun leven vastheid heeft; die hen te boven gaan maar waarin zij tevens staan, waaraan ze deel hebben 36). Dan noem ik J.P.B. de Josseling de Jong. Als hij ons de fundamentele structuur van de oud-indonesische samenleving toelicht zegt hij ten slotte dat de volle betekenis van deze structuur eerst in het zicht komt wanneer we die zien als in samenhang met een existentiële werkelijkheidsbeleving en wereldbeschouwing waarin de menselijke verhoudingen hun analogie vinden in een kosmische tweedeling waarin hemel en aarde, bovenwereld en onderwereld zijn opgenomen. Deze wereldbeschouwing, aldus De Josselin de Jong, is geen primitieve filosofie, geen produkt van naïef wijsgerig denken dat de praktijk van het leven niet raakt maar een godsdientig geloof dat het leven van enkeling en gemeenschap draagt en beheerst op een wijze als wij ons maar moeilijk kunnen denken. Hij spreekt van een leven sub specie aeternitatis 37). Hier tast de mens in zijn cultuur naar antwoord op de fundamentele vragen van zijn bestaan, hij wil antwoord geven.
Nog eens 'ordinary human effort'. Het lijkt simpel, maar ik noem u een passage waarin er sprake van is dat er meer in het spel is. Het gaat over een israëlitische boer. 'Is het altijd door dat de ploeger ploegt om te zaaien, zijn land openscheurt en egt? Immers wanneer hij de oppervlakte gelijk gemaakt heeft dan strooit hij dille en werpt komijn uit; tarwe zaait hij op rijen, gerst in vakken en spelt langs de rand. En zijn God onderricht hem over de juiste wijze en onderwijst hem'. Het gaat dan voort over de wijze van dorsen onderscheiden naar het ene of

naar het andere gewas en het geheel loopt uit in een loflied: ook dit gaat uit van de Here der heirscharen; Hij is wonderbaar van raad,groot van beleid. U vindt het in Jesaja 28.
Hier gaat het dan over een israëlitische landbouwer die zijn land bewerkt met onderscheid precies zoals hij het van voorgaande generaties heeft geleerd, traditioneel bepaald, met gebruik van de middelen en instrumenten die hem ter beschikking staan en als het goed is met al zijn aandacht en met de nodige kracht. Het is gewoon menselijk handelen, ordinary human effort. Maar er is meer in het spel en dat is bepaald niet supplementary. Het kwalificeert zijn menselijk handelen. Wanneer dit nu hier wordt gezegd dan staat de israëlitische boer naast de polynesische kanobouwer en ze staan in één rij met de Dayak, de Baliër, de Sumbanees en gaat u maar door. Dat cultuur is wat aan dit menselijk handelen zijn specifiek menselijk karakter geeft is deze dimensie, die niet aan een of andere vorm van godsdienstige cultuur maar aan alle cultuur eigen is. De mens is mens als de aangesprokene, de geroepene die dient te antwoorden met geheel zijn bestaan. Zijn handelen is verantwoordelijk handelen. Er is in alle cultuur iets van gehoorzamen .
Dat betekent niet dat we van dit geheimzinnig reëel onderricht een lijn zouden kunnen traceren tot het menselijk handelen waar ook ter wereld. Het doortrekt, neemt in dienst alle verbanden waarin dit menselijk handelen zijn vorm verkrijgt. Het bepaalt wel mijn fundamentele instelling t.o.v. het terrein van onze wetenschap: deze mens en zijn handelen, zijn cultuur. Wij spreken van ons vak ook als volkenkunde of etnologie. Ik zal u niet gaan bezig houden met de eigenaardige betekenis die het woord *ethnè* in het N.T. heeft. Maar ik noem nog eenmaal dat hoofdstuk uit de brief aan de Romeinen, waar we de merkwaardige uitspraak vinden dat God is een God niet alleen der Joden maar ook van de *ethnè*, ook van de volken. Dat is geen zakelijke constatering, daarin is uitgesproken een relatie vol van dynamische kracht waarin de specifieke bestaanswijze van de mens wordt bewaard in alle relaties waarin het mensenleven is gehecht. In al deze relaties is de mens fundamenteel tweede persoon en het is daarom dat ik meen dat waar we de aard van dit specifiek menselijk doen overdenken het

zin heeft te spreken van cultuur als antwoord.
Dit bedoelt dan bepaald niet dat ons daarmee een eenvoudig hanteerbare maatstaf in de hand is gegeven, die we maar hebben aan te leggen. Want deze normen - ik zou ze willen zien als de dynamiek van de relaties waarin we zijn gesteld - doen hun werking telkens binnen de situatie waarin de mens zich bevindt in een onderscheidenheid van functionering en van toepassing. Ik denk aan de huwelijksregeling voor de sumbase christenen. Daarbij kwam ook de vraag naar voren van de verhouding tot de traditionele ordeningen, grenzen, verboden. Eén onzer meende dat we daarmee niet hadden te rekenen als niet bijbels te funderen. Maar beslissing en beleid was anders en regel werd dat zolang bepaalde verwantschapsrelaties in de sumbase samenleving een huwelijksbelemmering vormen, ditzelfde ook binnen de christelijke gemeente geldt, terwijl in geval van zich voordoende moeilijkheden in onderling overleg met partijen en de daarvoor aangewezen instanties zou worden beslist. *Zolang* deze in de samenleving een belemmering worden geacht, d.w.z. hier werd opzettelijk niets vastgelegd, een beweging niet afgeremd. Ook binnen de sumbase samenleving kan men de grenzen zien verschuiven. Het uitzicht moet open blijven naar de toekomst. Daar en steeds.
De bemoeiing met de toekomst is een zaak die ons ook als cultureel antropologen raakt, hetzij we werkzaam zijn te velde, levend onder en met het volk waar wij ons onderzoek mogen doen, mee zoekend naar het antwoord dat nu moet worden gegeven, hetzij meedenkend terwijl we leven binnen onze eigen samenleving. Steeds zullen de vragen naar de knelpunten voor deze volken levend binnen het verband van de eigen cultuur maar geopend naar een nieuwe toekomst onze aandacht vragen. Ook hier gaan verbondenheid en distantie samen; onze verbondenheid ontslaat ons niet van de vraag hoe nu en straks de relaties waarin het leven is gehecht binnen deze samenlevingen uitdrukking zouden dienen te vinden.
Dit geldt te meer ons allen zoals we staan in de huidige wereldontwikkeling, die wordt gekenmerkt door de onontkoombare ontmoeting tussen volken en culturen binnen onze ene wereld. In deze situatie krijgt de vraag naar de relatie tussen de een en de ander, de verhouding tussen

verscheidenheid en eenheid een bijzondere directheid en actualiteit. We zijn er allen als mensen, maar we zijn er op bijzondere wijze als mensen van onze wetenschap bij betrokken. Het is niet zonder verband met deze wereldsituatie dat ook vanuit de kring van de cultureel antropologen tegen de louter pluralistische beschouwing van de veelheid van culturen reactie opkomt, een pogen tot doorbreking van een cultureel relativisme dat in deze situatie zo duidelijk ontoereikend is. Het is u bekend dat toen de door de vergadering van de Verenigde Naties ingestelde commissie voor de formulering van de menselijke rechten met haar werk bezig was van de zijde van het dagelijks bestuur van de American Anthropological Association een verklaring is ingediend waarin er op werd aangedrongen dat niet alleen eerbied voor de menselijke persoon maar ook eerbied voor de cultuur van de onderscheiden menselijke bevolkingsgroepen in die formulering uitdrukking zou vinden. In dit schrijven werd het principe van cultural relativity uitgesproken en werd gesteld dat naarmate een poging tot bepaling van de menselijke rechten zijn grond zou vinden in de morele maatstaven van een bepaalde cultuur naar diezelfde mate deze uitspraken niet van toepassing zouden kunnen zijn op de mensheid als geheel. En dus werd voorgesteld onder de rechten van de mens ook op te nemen het recht om naar eigen traditie, zeden en gewoonten te leven. Redfield, die dit vermeldt in het laatste hoofdstuk van zijn Primitive World and its transformations (38) zegt daarvan: I understand that the UN Commission did not follow this advice en voegt er aan toe dat er menig antropoloog zal opgelucht zijn omdat dit advies niet werd opgevolgd. Het is niet een eenvoudige zaak de rechten van de mens op te stellen, maar zeker is dat juist dit samenkomen, dit ontmoeten aan de problematiek van de eenheid in de verscheidenheid en in de verscheidenheid niettegenstaande alles de eenheid een actuele en in bijzondere zin menselijke betekenis geeft. Kroeber wijst er op in zijn Introduction op zijn The Nature of Culture (39). Na te hebben gewezen op het principle of cultural relativism that long has been the standard anthropological doctrine laat hij volgen: Beyond this there is a real and profounder problem; that of fixed panhuman if not absolute values. Dit probleem zegt hij begint nog slechts door te dringen tot het bewustzijn van de antropologen, die misschien wel het meest het relativistisch principe hebben geaccentueerd. Dat de problematiek ook onder ons aandacht heeft bewijzen de artikelen van Fischer 40) en Locher 41). Ik meen dat het een vraag is die de aandacht verdient en behoort te hebben speciaal ook in onze kring. Aan het eind gekomen van wat ik gezegd heb zie ik onwillekeurig terug naar het begin. Ik ben er diep van overtuigd dat ik in zekere zin niet anders dan alleen begonnen ben. Dat zeker het laatste woord hier niet is gezegd, daargelaten dan de vraag of het ons gegeven is werkelijk laatste woorden te spreken. Ik dacht van niet. Wij blijven bezig; we gaan voort. Ik zou dankbaar zijn als ik in de overweging van deze voor ons allen wezenlijke vragen een enkele bijdrage heb kunnen leveren.

Aantekeningen

1) E.E. Evans-Pritchard, Social Anthropology, London 1954, blz. 129
2) R. Linton, Scope and Aims of Anthropology, in'The Science of Man in the World Crisis', New York 1952, blz. 4
3) G.W. Locher, De sociclcgie en de cultuurkunde van Z.O. Azië en het Zuidzeegebied in haar betreking tot de alg.cultuurwetenschap,1955,p.6
4) W.A. Smalley, A Christian View of Anthropology in Modern Science and Christian Faith, Scripture Press Book Division, Chicago 1950, blz. 98
5) B.O.K.I., dl. 107, 1951, blz. 161
6) G.W. Locher, De Sociologie en Cultuurkunde van Z.O. Azië en het Zuidzeegebied in betrekking tot de algemene cultuurwetenschap, Oratie 1955, blz. 6
7) Ruth Benedict, Patterns of Culture, blz. 10
8) o.c. blz. 123
9) cfr. J. Pouwer, Enkele aspecten van de Mimika-Cultuur, 's-Gravenhage 1955, blz. 211 e.v.
10) Edward B. Tylor, Primitive Culture, part I, blz. 1. Hier geciteerd naar de heruitgave, New York, 1958

11) A.L. Kroeber, The Nature of Culture, Chicago, 1952, blz. 4
12) R. Linton, The Study of Man, blz. 80
13) Robert H. Lowie, The History of Ethnological Theory, New York 1937, blz. 3
14) Robert H. Lowie, Introduction to Cultural Anthropology, blz. 3
15) Clyde Kluckhohn, Mirror for Man, New York, Toronto 1949, blz. 26
16) o.c. blz. 26
17) Lévy Strauss, Les Structures élémentaires de la Parenté, Paris 1949, blz. 1 e.v.
18) o.c. blz. 145
19) P.B. de Josselin de Jong, inaugurele oratie, Den Haag, 1955, blz.11
20) G.W. Locher, De antropoloog Lévi-Strauss en het probleem van de geschiedenis, Forum der Letteren, deel II, 1961,
21) Lévi-Strauss, Anthropologie Structurale, Paris, 1958. blz. 3 e.v.
22) o.c. blz. 29
23) George P. Murdock, The Common Denominator of Cultures in 'The Science of Man in the World Crisis', blz. 123-142
24) o.c. blz. 161
25) In: G. Spindler, Education and Anthropology, blz. 34
26) cfr. Robert Redfield, The Primitive World and its Transformations, Cornell Univ. Press, 4e ed. 1961, blz. 147
27) Oratie 1956, blz. 22
28) Rom. 3 : 23
29) o.c. 103, 104
30) Geciteerd bij Berkouwer, De Mens het beeld Gods, Kampen 1957, blz. 29
31) C.A. van Peursen, Cultuur en Christelijk geloof, Kampen 1955, blz. 49 e.v.
32) J. van Baal, Wegen en drijfveren tot religie, Amsterdam 1947, blz. 18
33) Raymond Firth, Human Types, Rev. Ed. 1956, blz. 154
34) Hans Schärer, Die Gottesidee der Ngadju Dajak,Leiden 1946, blz.8
35) J.L. Swellengrebel, Kerk en Tempel op Bali, 's-Gravenhage 1948
36) L. Onvlee, Naar aanleiding van een stuwdam in Mangili, B.K.I. dl. 105, 1949, blz. 445 e.v.

37) J.P.B.de Josselin de Jong, De Maleische Archipel als ethnologisch studieveld, Oratie, Leiden 1935

38) Redfield o.c. blz. 148

39) Kroeber o.c. blz. 6

40) H.Th. Fischer, Culturele Antropologie, Scientia dl. II, blz. 152

41) G.W. Locher, Wending, Sept. 1959, blz. 381 e.v.

GENORMEERD EN VARIABEL

Wij mensen weten slechts zeer ten dele wat wij doen. Hiermee bedoel ik nu niet, dat ons menselijk handelen en verkeren in deze wereld van de morgen tot de avond voor een belangrijk deel zich voegt naar een patroon dat niet is uit ons zelf, dat van boven-individuele aard is. Ons doen is onontkoombaar en gelukkig voor een belangrijk deel mee-doen. Ook bedoel ik niet, dat de levensgang van de mens bij alle verscheidenheid van levensgedrag steeds is gehecht in relaties bepaald naar ordeningen, niet maar van boven-individuele maar ook van boven-sociale aard. Ik bedoel op dit ogenblik niet anders dan de dunkt mij algemeen menselijke ervaring, dat onze kennis beperkt is en onze ervaringshorizon begrensd. Wij overzien slechts een zeer klein gedeelte van de wereld waarin wij leven, alle communicatiemedia en computers ten spijt. In beslissende situatie, waarin wij inderdaad beslissen moeten, kan deze erkenning enerzijds een beklemming anderzijds een bevrijding betekenen. Wij kunnen er nooit geheel voor staan, maar dat hoeft ook niet. Er blijft in al onze beslissingen plaats voor een marge van niet-verantwoordelijkheid.

Wanneer ik nu terugzie naar het begin van de weg die tot het eind van vandaag heeft geleid, dan ben ik geneigd te zeggen dat ik deze marge wel ruim heb genomen. Ik wist inderdaad niet wat ik deed toen ik op de eerste benadering van de zijde van de literaire faculteit inzake de verzorging van de etnologische vakken positief heb gereageerd; een reactie, die ook door de afwijzing a priori van voor de hand liggende bezwaren mijnerzijds door de toenmalige correspondent van de faculteit haar precair karakter niet verliest.

Aantrekkelijk en verleidelijk was de vraag wel. Ik heb mij dus laten verleiden en naar de wens onder meer van onze zo betreurde collega Prof. Roel van Dijk, wiens naam ik hier gaarne in dankbaarheid noem, is een begin gemaakt met de studie van de culturele antropologie ook aan onze Universiteit.

Het was mij nu een verrassing, dat in een artikel van P.E. de Josselin de Jong van 1960, Cultural Anthropology in the Netherlands (1) - misschien juister at Leyden and the other universities in the Netherlands-

ook dit begin aan de Vrije Universiteit wordt genoemd, waarbij van de docent wordt gezegd: His best known work is highly characteristic of the "Leyden group". Ik kan niet ontkennen, dat ik door deze vriendelijke vermelding - vriendelijk inzonderheid om de vermoedens die door de woorden "his best known work" zouden kunnen worden gewekt - was getroffen en gevleid. Ook ik heb in Leiden gestudeerd.
Op de vraag naar de juistheid van de annexatie die toch min of meer in deze woorden besloten ligt, ga ik nu niet in. Ik ga ook niet over Leiden spreken - overigens als cultuurfenomeen geen onveranderlijke grootheid al zou ik geneigd zijn het tegenover de kritiek van Geertz (2) voor de waarde en betekenis van de nederlandse en in dit geval nader de leidse antropologie op te nemen. Ik ga ook niet spreken over de culturele antropologie aan de Vrije Universiteit. Dat zou, gezien de verheugende diversiteit onder de medewerkers, van een onjuiste pretentie getuigen. Wel kan vandaag de uitspraak van De Josselin de Jong mij een aanleiding zijn tot overweging van de vraag: Hoe versta ik de aard van het studieveld waarop ik mij overeenkomstig mijn opdracht had te bewegen? Hoe heb ik getracht daarin bezig te zijn? En in verband daarmee: Resulteert de studie van de culturele antropologie ook in een verheldering van inzicht?
Wanneer ik tracht daarover iets te zeggen, zou ik dit willen vatten onder de verbinding van twee woorden: Genormeerd en Variabel.

Het is al bijna tien jaar geleden, dat een bundel opstellen verscheen, geschreven door leerlingen en collega's van Malinowski gedurende zijn Londense periode. Ze zijn geschreven tot kritische waardering van hun geachte leermeester en vriend. Deze bundel draagt de fascinerende titel: Man and Culture (3). Daarom is het Malinowski op zijn wijze gegaan en daarom gaat het naar mijn mening in ons vak. Het beweegt zich om deze twee woorden; dat wil zeggen, want wat zijn woorden anders dan symbolen die verwijzen naar buiten de taal gelegen data, om deze "data" - een prachtig woord - om deze "gegevens" gaat het in ons veld van studie. Om hun wezenlijke verbondenheid, waarin de een onontkoombaar op de ander is betrokken, en om de spanning die in de feitelijke verhouding tussen deze beide nooit ontbreekt.

En dus, naar mijn mening, culturele antropologie is en bedoelt te zijn antropologie. Het gaat inderdaad naar Linton (4) die ik meermalen citeerde, om "that curious biped", deze eigen-aardige tweevoeter, en "his still more curious behaviour" zijn nog meer merk-waardig gedrag, zijn eigen wijze van te werk gaan, waardoor hij zich, alle analogieën ten spijt, onderscheidt van alle andere natuurlijke wezens. Nog liever citeerde ik Evans-Pritchard(5), die spreekt van "that wondrous creature Man". En wanneer ik hier creature zeg dan bedoel ik ook bepaald creature en ik ben mij bewust dat in dit woord een uitzicht wordt geopend op een relatie die beide Man en Culture wezenlijk kwalificeert.

En het gaat om Culture, om cultuur. Dat wil zeggen: Culturele antropologie is cultuurwetenschap. Locher heeft het al in 1938 gezegd - we spraken toen nog van etnologie - en heeft geschreven over etnologie als cultuurwetenschap (6). Zelf sprak hij later en spreekt dunkt mij nog van cultuurkunde, een benaming waarin naar mijn smaak het andere lid van de verbinding die in culturele antropologie is uitgesproken, te weinig in het zicht komt. Ik bezit een dictaat van J.P.B. de Josselin de Jong waarin het ons op de eerste pagina wordt gezegd: Studie-object van de etnologie is de cultuur.

Antropologie en cultuurwetenschap, maar waarin de ene door de andere wordt bepaald en de andere op de ene is gericht.Het gaat om het gegeven mens maar benaderd via het gegeven cultuur met al de implicaties daarvan en het gaat om het gegeven cultuur maar gericht op het gegeven mens. Of, zoals ik het meermalen heb gezegd: Het gaat om de mens als drager van cultuur en om cultuur als de specifieke bestaanswijze van de mens. Mens en cultuur in hun onderlinge betrokkenheid zijn de kernbegrippen van onze wetenschap. Als Smalley van deze kern spreekt dan zegt hij: That core is man and culture (7) en daarin ben ik het met hem eens. Wanneer er nu een zo wezenlijke betrekking tussen beide bestaat dat de mens qua talis functioneert in cultuur en cultuur is de specifieke bestaanswijze van de mens, dan is het verstaan van het ene gegeven correlaat aan het verstaan van het andere. Dient kennis van cultuur het verstaan van de mens, het is omgekeerd waar dat in het verstaan van cultuur ons verstaan van de mens meespreekt.

Wij weten tegenwoordig allen dat we voorzichtig moeten zijn met conclusies uit de etymologie van een woord voor het verstaan van de zaak waarnaar dit woord verwijst. Toch is het voor aanvankelijke oriëntatie een zinvol uitgangspunt. Toen wij nog maar kort op Sumba waren, nog bezig met de inrichting van ons huis, liepen enkele sumbase kenissen van kamer tot kamer, maar hielden zich voorzichtig op een afstand van enkele dingen die hun meer dan andere vreemd voorkwamen. Zij wezen daarnaar en vroegen: *nabisawe?* is dat *bisa?* Dan kan kennis van de verbanden waarin de equivalenten van dit woord *bisa* in javaans en indonesisch worden gebruikt, dienstbaar zijn ter oriëntatie ten aanzien van de gevoelens waaraan in dit verband dit sumbase woord uitdrukking gaf. Wij hebben het weergegeven met sacraal, want krachtig enerzijds en verboden anderzijds. Zo is de etymologie van het woord cultuur, de samenhang met het werkwoord colere, richting wijzend ten aanzien van de aard van deze specifiek menselijke bestaanswijze. Colere wordt gebruikt in meerdere verbanden, maar altijd gaat het om een actief ingaan op het ene of andere gegeven waartoe de mens in deze wereld in betrekking staat; hetzij het land dat moet worden bebouwd, de grond die moet worden bewoond, het lichaam dat moet worden getraind, de kunsten die worden beoefend, de medemens die wordt geëerd en gediend, de goden die worden vereerd. In dit woord is uitgesproken een dynamische betrekking tot de wereld waarin de mens is geplaatst.
Wanneer ik van hieruit terugkeer tot de omschrijving van cultuur als de specifiek menselijke bestaanswijze dan krijgt de verbinding menselijk bestaan een eigenaardige en mij dunkt legitieme vulling. Bestaan is iets anders dan een ongekwalificeerd zijn. Het is op zijn minst "er zijn". Ik weet niet of ik het zo zeggen mag, maar het geldt in ieder geval van het bestaan van de mens: Bestaan is "staan tot", het is in relatie staan. Menselijk bestaan is naar zijn aard bestaan in relatie, relaties onderscheiden,al naar de partner waarmee de mens in deze betrekking verbonden is. Deze relaties behoren mee tot het de mens gegevene; in hun onderlinge samenhang bepalen zij de structuur van zijn bestaan. Hij wordt daardoor gewekt tot een steeds voortgaand, nooit tot een eind komend, altijd oud en steeds weer nieuw bezig zijn. Een bezig zijn dat in alle rijkdom van schakering zich beweegt binnen

het fundamentele kader van de relaties waarin de mens is gesteld; de mens waar en wanneer ook. Deze relaties te ontdekken, te onderkennen in hun eenheid en verscheidenheid, in de geschakeerde veelheid van hun realisering en in hun onderling verband, ziedaar het studieveld van de culturele antropologie.

Ik noem u een afrikaans spreekwoord: Wie nooit op bezoek gaat denkt dat alleen zijn moeder koken kan(8), En dus houdt hij zich aan de kost en de bereiding van zijn moeder. Maar wie wel op bezoek gaat en dus buiten deze begrenzing treedt, bemerkt dat het niet waar is; dat ook anderen koken kunnen al doen ze het niet zoals moeder. Hij merkt bovendien dat het ook zo kan smaken.
U begrijpt dat dit maar een aanloopje is om te komen tot erkenning van een verscheidenheid, die zich veel breder uitstrekt en die veel dieper reikt, die de gehele wijze van leven omvat en ook fundamenteel geachte levenswaarden raakt. Met deze verscheidenheid worden wij in de culturele antropologie geconfronteerd, met het feit dus dat de relaties waarin ons menselijk bestaan is gehecht, op zeer onderscheiden wijze worden gerealiseerd of eventueel niet gerealiseerd.
Hiermee is onlosmakelijk verbonden een besef van distantie ten opzichte van het eigen levenspatroon. Ook waar wij ons daarin met een zekere vanzelfsprekendheid bewegen, verliest het iets van die vanzelfsprekendheid. Men zegt in dit verband dat deze studie ons moet brengen tot culture consciousness, tot cultuurbewustheid, waarmee dan is bedoeld dat we de levensvorm die ons eigen is zullen verstaan als één vorm van cultuur naast andere die het ook doen.
Deze verscheidenheid vraagt een verklaring. Niet alleen de vormen waarin zich deze verscheidenheid openbaart, maar het verschijnsel van deze verscheidenheid zelf. Waarop gaat deze ten diepste terug en waaruit komt die op? Ze is zo in het oog vallend in elke sector van culturele activiteit, dat ze daarvan een wezenlijk kenmerk moet zijn; dat ze met de eigen aard van deze specifiek menselijke bestaanswijze moet samenhangen.
Ik noem u enkele omschrijvingen. Ik denk aan de omschrijving gegeven door J.P.B. de Josselin de Jong: Het systeem van de niet overerfelijke

levensuitingen - inclusief de produkten van die levensuitingen - van een zelfbewuste mensengemeenschap 9). In dit "niet overerfelijk" is de verscheidenheid gehonoreerd; deze levensuitingen zijn niet dwingend, niet biologisch bepaald.
Wanneer we vragen naar een positieve karakteristiek dan vinden we, ik zou zeggen door heel de geschiedenis van de antropologie heen, de verwijzing naar het sociaal karakter van de cultuur; niet biologisch maar sociaal bepaald. Nu is het duidelijk dat we in deze kwalificatie in aanraking komen met een zeer belangrijk aspect van deze menselijke bestaanswijze, waarin de mens steeds bezig is tezamen met zijn medemens. Vanaf zijn geboorte, ja, van voor zijn geboorte is het kind in de aandacht, zorg en bemoeiing van ouders, gezin, familie, samenleving opgenomen; het proces van enculturatie zet zeer spoedig in en wij kunnen ons moeilijk ten volle realiseren hoezeer heel ons levensgedrag tot in onze onwillekeurige reacties door dit feit is bepaald, met de stimulerende èn met de remmende krachten daarvan. Dit element komt bij De Josselin de Jong aan het woord als hij spreekt van de levensuitingen van een zelfbewuste mensengemeenschap. En wanneer we met Ruth Benedict zouden kunnen zeggen dat Anthropology is the study of human beings as creatures of society (10), dan zou daarmee het laatste woord zijn gezegd.
In werkelijkheid wordt ten aanzien van de zaak die ons bezig houdt, de vraag zo slechts verplaatst en heel haar boek herinnert er ons aan.Hoe bestaat het dat ik kan spreken van Patterns of Culture in het meervoud? Vanwaar deze mogelijkheid van pluraliteit?
Een heenwijzing naar het antwoord meen ik te vinden in het eerste hoofdstuk van de summiere inleiding,Human Types, van Raymond Firth.Na enkele voorbeelden van onderscheiden gedragspatroon komt hij tot de vraag welke de oorzaak is van deze diep gewortelde verschillen. Drie mogelijkheden van verklaring worden als vraag naar voren gebracht(11). It is racial inheritance, is er een verifieerbare verhouding tussen rasverschil en cultuurverschil? Is it environmental condition, is er een bindende betrekking tussen natuurlijk milieu en cultuur? Beide mogelijkheden worden besproken; de in de eerste vraag bedoelde verhouding wordt ontkend, de betrekking waarvan de tweede spreekt als ontoe-

reikend ter verklaring afgewezen. Een derde gestelde mogelijkheid heeft iets eigenaardigs. Is it cultural heritage? Hier keert toch de term voor welks eigenaard een verklaring wordt gezocht in de als vraag gestelde mogelijkheid terug. En dus of het is geen verklaring, want, gesteld dat dit mogelijk was, van generatie op generatie teruggaande, zou ik dezelfde vraag naar de verscheidenheid van dit cultureel erfgoed kunnen stellen.Of - en zo zou ik deze vraag willen verstaan - deze verscheidenheid is met deze specifiek menselijke bestaanswijze als *menselijke* bestaanswijze wezenlijk verbonden. Deze is naar de aard van de zaak variabel, naar de aard van de zaak is er keuze tussen meerdere mogelijkheden van realisering.
Dit aspect van keuze, van beslissing, van aanvaarden en afwijzen, wordt door Kluckhohn van zo wezenlijke betekenis geacht, dat hij zegt: "The essence of the cultural process is selectivity" (12) Goed, hij voegt daaraan toe, dat deze selectie, deze keuze alleen in uitzonderingsgevallen bewust en rationeel is. Ik ben er met hem van overtuigd, dat dit proces van keuze in het verleden zeer moeilijk is te traceren en dat vragen als waarom hier wel en daar niet, ook in het heden niet zo eenvoudig te beantwoorden zijn. Maar er zijn dus ook volgens Kluckhohn van die rationele exepties. Samen zijn we er van overtuigd, dat we hier niet te maken hebben met een instinctief gebeuren en in alle gecompliceerdheid van het cultureel proces, hoor ik een woord van Prof. Pen, dat de samenleving wordt gemaakt door mensen en niet door een geheimzinnige macht (13). Dat geldt dan dus ook van de culturele activiteit.
Toch zou hier nader te vragen zijn. Want wat is dat "gemaakt door mensen"? Deze woorden kennen we ook als een gangbare weergave van wat onder cultuur is te verstaan. Cultuur is wat is man-made. Dat lijkt eenvoudig en het is ook niet onwaar, alleen wat is dat "man-made"? Geen geheimzinnige macht, in bepaalde oppositie zeg ik accoord, maar hebben we in dat naar het schijnt zo eenvoudige man-made niet een toch wel geheimzinnige factor binnen gesmokkeld, de factor mens? De mens die kiest, keurt; menselijk en dus variabel. Geheimzinnig ook hierom dat met dat kiezen niet genoeg is gezegd. Het merkwaardige is toch dat de mens bij zijn - laten we het woord hier gebruiken - in vrijheid ge-

realiseerde keuze bepaalde banen volgt, dat hij in die vrijheid niet vrij zijn gang kan gaan. Dat er, wanneer wij trachten de veelheid van cultuurvormen te overzien, naast een wezenlijke verscheidenheid niet minder een wezenlijke eenheid naar voren komt. De vraag naar de verhouding van die beide gaat heel de geschiedenis van onze wetenschap door. Eenheid en verscheidenheid zo wezenlijk verbonden, dat de eenheid alleen in de verscheidenheid en de verscheidenheid alleen aan de eenheid wordt gekend.

Op grond van een analyse van een groot aantal cultuurbeschrijvingen constateert Murdock (14), dat tal van zaken op een of andere wijze in elk van die beschrijvingen aan de orde komt. De conclusie moet wel zijn dat er zo iets is als een universal culture pattern, een universeel patroon waarbinnen deze menselijke activiteit zich moet bewegen. Hij spreekt van een similarity in classification not in content, geen inhoudelijke wel een categoriale gelijkheid. Daarbij dient dan wel te worden opgemerkt dat de betrekking tussen categorie en inhoud niet zo willekeurig is, dat elke willekeurige inhoud onder elke willekeurige categorie zou kunnen worden gevat. En dus is in deze wijze van ordening ook iets aangaande de inhoud gezegd. Dit universele patroon kan, aldus de schrijver, geen toevallige zaak zijn; het moet hebben een "substantial foundation". Dit fundament vindt de auteur in de fundamental biological and psychological nature of man and the universal conditions of human existence (15).

Is er met biological and psychological nature of man genoeg gezegd? Dat hiermee belangrijke aspecten van deze bestaanswijze in het zicht komen, die in onze wetenschap legitiem aandacht vragen, erken ik gaarne. Vandaar de plaats die dunkt mij aan biologische antropologie, wil men antropobiologie, en psychologie in onze studierichting dient toe te komen. Maar of daarmee genoeg gezegd is? En of we het zonder meer eens zullen zijn over de universal conditions of human existence? Laat ik dit zeggen, dat het mij een verheugende zaak is dat de religieuze antropologie binnen onze faculteit is vertegenwoordigd. Dat is terecht. Dat heeft met het eigenlijk geheim van onze specifiek menselijke bestaanswijze alles te maken. En laat ik hier mogen uitspreken, dat enkele woorden uit het derde hoofdstuk van de brief aan de Romeinen mij

telkens weer hebben geboeid en boeien juist in verband met onze menselijke bestaanswijze, met de universal conditions of human existence. Ik denk aan dit woord: Is God alleen de God der Joden? Niet ook der *ethnè*? Zeker, ook der *ethnè*, ook der volken (16). Het is mij bekend, dat het hier in dit woord *ethnè* niet gaat om een pluraliteit van etnische eenheden. Desniettegenstaande is er geen volk ter wereld aan deze relatie en kwalificatie onttrokken. Want het gaat in dit woord niet om een rustige zakelijke constatering waarna je eventueel kunt overgaan tot de orde van de dag. In deze orde blijft dit woord aan de orde. Wie hier ja zegt heeft het te verantwoorden. Want het gaat hier om een dynamische relatie vol van behoud, waarin het leven van de *ethnè* bewaard wordt, van actie en reactie in gehoorzaamheid en verzet, in de onverwoestbare vasthoudendheid, u moogt ook zeggen in de onverwoestbare trouw van deze God van Israël.
Wanneer ik dit zeg denk ik aan een artikel van Dr. Kuitert van 1960: "Een immes bakje koffie", een profane titel voor een serieus onderwerp: het waarheidsbegrip in het Oude Testament (17). Er is zo zegt hij vrijwel geen belangrijk grondwoord in het O.T. te vinden of het staat in verband met het grondmotief van het O.T. en verkrijgt in samenhang daarmee eerst zijn eigenlijke kleur. Deze grondnotie is het Verbond, partner-schap, genoot-schap of hoe met het woord *berith* ook vertalen wil. Tot zover Kuitert. Na lezing van dit artikel heb ik dadelijk Kuitert opgebeld en hem gevraagd of deze kwalificatie van onze fundamentele grondwoorden vanuit onze fundamentele situatie niet ons allen gold en ik heb daarbij aan de zoëven geciteerde woorden van Romeinen gedacht. Ik meen dat dit zo is. Dat betekent dat wij geen onmiddellijke relatie hebben tot de wereld die ons ter woonplaats is *gegeven*. "De aarde heeft Hij de mensenkinderen gegeven"(18). Wij spreken immers van onze data, het ons gegevene? Evenmin is er een directe relatie tot onze medemens. In al deze betrekkingen is meer in het spel.
Nu heeft het mij getroffen dat in meerdere publicaties van collegae van onze universiteit in de laatste jaren het woord geheim naar voren komt, telkens in verband met het eigen studieveld. Niet dat dit geheim in klare en bondige woorden zou zijn te vatten. Ik zou zeggen uiteraard niet. Evenmin is daarmee bedoeld dat daaruit gevolgtrekkingen zou-

den kunnen worden gemaakt ten aanzien van de methode van onderzoek in ons veld van studie. Toch is de erkenning daarvan een wezenlijk en constituerend element in ons wetenschappelijk bedrijf. Het kwalificeert en relativeert tegelijk al onze methoden en technieken.
Zo oreerde Smit over het goddelijk geheim in de geschiedenis (19). Kun je het aanwijzen en uit het gebeuren als het ware uitspellen? Naar de aard van de zaak niet; maar pas op dat je het niet vergeet. De Gaay Fortman hield zijn oratie over het geheim van het recht. De tijd ontbreekt om daaruit veel te citeren; ik wijs er alleen op, dat dit geheim onder meer herin uitkomt, dat wij ons van de positieve rechtsregel op het recht beroepen, "wij toetsen het recht aan zekere niet omschreven maatstaven"(20). En Gerbrandy schreef over the secret of the administration of justice (21). Hij gaat uit van enkele gevallen van jurisprudentie, zo op het eerste gezicht niet van bijzondere betekenis. De behandeling daarvan lijkt een kwestie van praktijk, haast zou je zeggen van routine, van bekwaamheid, soms van vindingrijk vernuft. Maar zegt Gerbrandy: It is not true. Suddenly law makes its appearance. Ordinary, defective human law, dit heel gewone, onvolkomen menselijk recht, it looks at you seriously for a moment and in its look you feel that you are face to face with something that is far beyond you and at the same time something you have to give form yourself. Ik markeer deze woorden: Iets dat ver boven je uitgaat en tevens iets waaraan je zelf vorm en uitdrukking dient te geven. Gerbrandy vervolgt dan: It is like this with the whole of life. We have to make something of it ourselves and at the same time it is far beyond us. The mystery of law is the mystery of life. Zo is het met geheel ons leven. Dit geheim kwalificeert ook deze specifiek menselijke bestaanswijze die in het woord cultuur is uitgedrukt; deze heeft een dimensie die boven de intermenselijke en binnen-werkelijke relaties uitwijst. In al onze onvolkomen en gebrekkige realiseringen zijn wij bezig met iets dat ons wezenlijk te boven gaat en waaraan wij toch, erkend binnen onze begrenzingen, vorm dienen te geven.
Nog eens, wat is te verstaan onder the universal conditions of human existence, die mee behoren tot de fundamental foundation van dit universal culture pattern? Het is toch mogelijk alle aandacht te besteden

aan deze eigen bestaanswijze van de mens, die te analyseren en te vervolgen in alle verbanden waarin deze is gehecht, naar biologisch en psychologisch substraat - het instrumentarium waarmee wij moeten werken - naar de relatie tot onderscheiden fysisch en sociaal milieu en daarbij de historische situatie niet te vergeten, men zou kunnen zeggen de universal conditions zoals die en voor zover die binnen deze wereld voor ons onderzoek toegankelijk zijn, terwijl toch de meest fundamentele relatie waardoor het mensenleven wordt bepaald, van waaruit alle andere relaties een specifieke kwaliteit ontvangen, buiten onze aandacht blijft. Ik noem nog eens het woord geheim, het geheim van de mens, het eerste hoofdstuk van Berkouwers "De mens het Beeld Gods"(22), waarin hij het ons nader brengt dat elke beschouwing van de mens die de mens ziet als een in zichzelf gesloten eenheid, uit mens en wereld te verstaan, ten diepste aan de mens voorbijgaat; dat de vraag aangaande de mens niet kan worden beantwoord zonder dat de verhouding tot God daarin centraal wordt gesteld. Deze relatie is niet een later bij-komende, iets bij-komstigs, iets wat dus bij een afgezien daarvan reeds gegeven eigensoortige grootheid mens bijkomt, maar deze relatie is constituerend voor zijn mens zijn. Het gaat naar een woord van Gogarten door Berkouwer geciteerd om die mens "der gar nich ohne Gott gedacht werden kann"(23).
Ik zei, dat wij geen directe relatie hebben tot de wereld die ons ter woonplaats is gegeven. Hier is sprake van een gegeven plaats en een gegeven taak. En als ik vraag naar een kwalificatie van deze specifiek menselijke activiteit, waarin eenheid en verscheidenheid, ordening en vrijheid, keuze en begrenzing tot hun recht komen - alle wezenlijke kenmerken van de realisering van deze menselijke bestaanswijze - dan meen ik het antwoord te vinden in het mijns inziens fundamenteel karakter daarvan, nl. dat het is genormeerd gedrag.
Genormeerd en variabel, niet als aspecten die met elkaar in tegenspraak zijn, maar die in wezenlijke correlatie tot elkaar staan. Normen doen een appèl op onze menselijke vrijheid en verantwoordelijkheid. Normen zijn geen onveranderlijke gedragsregels, het zijn dynamische krachten die de mens voortstuwen in zijn nooit eindigende taak tot realisering van de betrekkingen waarin zijn leven is gehecht. Normativiteit dringt

tot beweging, tot voortgang op de weg die we hebben te gaan. In deze correlatie is continuïteit en verandering in de voortgang gevraagd en gewaarborgd. Naar plaats en tijd onderscheiden, in de grote verscheidenheid van menselijke cultuurvormen is de mens steeds in deze relaties gehecht en is elke realisering vanuit deze normatieve structuur gestimuleerd. Om deze eenheid en verscheidenheid, *genormeerd en dus variabel*, gaat het, naar mijn zicht daarop in de culturele antropologie.
Van der Kooy heeft in 1961 geschreven over de normatieve structuur der werkelijkheid (24). Hij zegt dat hij daarmee allereerst bedoelt tot uitdrukking te brengen dat de mens persoonlijke verantwoordelijkheid draagt voor zijn handelen. Tot de kern van zijn persoonlijkheid, aldus Van der Kooy, tot zijn Ik, gaat een voortdurende roeping van Godswege uit. Hij zou zelfs willen zeggen, dat voor ieder mens geldt dat de kern van zijn persoonlijkheid bestaat in het onophoudelijk door God aangesproken worden. Wanneer ik dit lees, staat het woord uit Romeinen 3 weer voor mij. Tien jaar geleden heb ik verwezen naar een woord van J.H. van den Berg: De mens is originair en essentieel "tweede persoon" (25), d.w.z. de mens is de aangesprokene. Sindsdien heb ik eens gesproken over cultuur als antwoord. En cultuur heb ik meermalen genoemd de specifiek menselijke reactie op de wereld waarin hij is geplaatst; de specifiek menselijke activiteit waarin de mens tezamen met zijn medemens in normatieve vrijheid de relaties waarin hij is gesteld in steeds weer wisselende situaties tot vervulling brengt en zo het mens zijn in deze wereld realiseert.

Tenslotte zeer in het kort enkele opmerkingen, gericht naar twee zijden. De eerste: In alle variabiliteit genormeerd; de tweede: Genormeerd en daarom variabel. Wat mij betreft: Gewonnen inzicht.
De eerste opmerking heeft betrekking op wat wel wordt genoemd de specifiek antropologische benadering van de niet eigen cultuurvormen, de niet etnocentrische beandering. Het woord zegt wat hier is bedoeld. Dat niet de eigen ethnos met eigen waarden en vormgeving in het centrum zal staan en maatstaf van beoordeling zal zijn in de ontmoeting met vertegenwoordigers van een vreemde cultuur. Hier wil ik verbinden een diepe erkenning van en waardering voor de intentie met een wezenlijke re-

serve ten aanzien van de consequentie. En dat bepaald niet omdat het eigen gepositiveerde waardesysteem voor de ander zou moeten gelden, maar omdat ik met de ander door dezelfde norm word geoordeeld.
Ter verduidelijking een voorbeeld. De bewoners van het eiland Sumba kennen een vorm van ontmoeting tussen twee partijen in geschil die men noemt *patadina teba*, tegen elkaar op slachten. Men komt daartoe, je zou zeggen, ten einde raad, als alle middelen om door onderlinge bespreking een geschil te regelen hebben gefaald. Dan daagt een van de beide partijen de ander uit om te laten zien wat hij waard is. Hij doet dit door een van de eigen beesten te slachten en daarbij de ander te honen. Deze uitdaging moet op straffe van beschaamd te worden gemaakt door slacht van de tegenpartij worden beantwoord; het wordt een wedstrijd in het vernietigen van waarden, niet alleen beesten maar ook andere waardegoederen. Helder herinner ik mij een dergelijke strijd waarbij beide partijen ons goed bekend waren, evenzeer als de zaak die hen verdeeld hield. Die dag, waarop men tegen elkaar optrad, heb ik midden tussen de partijen gestaan en links en rechts lag het veld vol afgeslachte beesten. Wie de ander weet uit te slachten heeft hem beschaamd gemaakt en zal van zichzelf kunnen zeggen *napène Kandunggu*, mijn horen is verhoogd. Van beide zijden werd ons een vleesgeschenk aangeboden, dat wij, misschien etnocentrisch, naar beide zijden hebben geweigerd. Het was een door en door verdrietige zaak. Misschien ook een etnocentrisch oordeel. Met een sumbase verpleger liep ik naar huis. Hij merkte wat mij bezig hield en vroeg: Dit doet men in Europa niet? Ik was zo stom om te antwoorden: Nee, zo doen wij niet. En daarop zijn reactie: Maar toch wel als het oorlog is. U begrijpt dat ik volkomen verslagen was. Onze oorlogen: Een grote potlatch Zeg ik daarom: Ik heb niets meer te zeggen of staan we vlak naast elkaar en hebben wij elkaar wat te zeggen en te bekennen?
Bovendien: Ook veldwerk is een vorm van ontmoeting met mijn naaste. Als ik tracht hem te leren kennen heeft hij het recht mij te leren kennen. Zo hebben, om uit velen enkelen slechts te noemen, Adriani, Kraemer, Bavinck het ons geleerd. Ik mag weer niet citeren. Trouwens alleen onze aanwezigheid reeds, hun ontmoeting met ons bewerkt een verstoring in hun levensgevoel. Zonder hier sterke woorden te willen

gebruiken, maar er wordt gewrikt aan de vanzelfsprekendheid van de eigen levensvorm. Ik denk aan de verbazing waarmee enkele sumbase vrouwen in onze kamer rondkeken enkele dagen nadat ons kindje was geboren. Dat nota bene dat kleine wicht in haar wieg sliep en niet bij haar moeder. En dan nog sliep ook. Reactie: Dat zou bij ons niet mogelijk zijn; moeder en kind zouden er aan sterven. Hier is meer gewekt dan verbazing alleen.
En verder, Redfield heeft er al op gewezen, dat men deze houding van geen voorkeurrechten op meer dan één manier kan realiseren. Tegenover de positie van Ruth Benedict, dat de niet etnocentrische benadering van vreemde culturen zou betekenen that we are to value them all stelt hij: We might just as well hate them all (26). Dit raakt aan een ander woord dat mij voortgaand heeft geboeid; wij zijn nog maar op weg om te verstaan wat het inhoudt. Deze woorden: Want er is geen onderscheid. Ik heb ze genoemd in mijn oratie zonder de verreikende consequenties daarvan te verstaan. Ze zijn ook te vinden in Romeinen 3 en het is merkwaardig waarin dan allereerst dit niet onderscheiden zijn van Joden en ethnē - d.w.z. deze similariteit geldt alle mensen - uitkomt: Want zij hebben allen gezondigd (27). We zijn hier wel ver weg van de uitspraak van Ruth Benedict - een uitspraak waaraan ze zelf niet trouw is - dat elke cultuur te beschouwen is als een legitieme expressie van de potentialities of human nature (28). Wie iets heeft verstaan van wat in dit niet onderscheiden zijn is uitgesproken, heeft alle fundament voor een etnocentrische benadering verloren. Niet omdat elke cultuur naar eigen norm zou zijn te waarderen, maar omdat geen cultuur, ook de eigene niet, aan de norm beantwoordt in een geweldige variatie ook in de ongehoorzaamheid.
Mijn tweede opmerking, nu naar andere zijde gericht: Genormeerd en daarom variabel. Dat wil zeggen, naar de aard van de normatieve dynamiek zullen de relaties waarin ons menselijk bestaan is gehecht hier en ginds, vroeger, nu en straks in onderscheiden vorm worden gerealiseerd, Onontkoombaar.
Men heeft mij eens gevraagd te schrijven over culturele antropologie en theologie. Ik heb dat niet gedaan en zou het ook nu niet doen. Wel is het duidelijk dat er tussen culturele antropologie en theologie be-

langrijke vlakken van aanraking bestaan. Ik denk in de eerste plaats aan de zendingswetenschap. Adriani heeft erop gewezen dat van de overgang tot het christendom in het indonesisch wordt gesproken met de woorden *masuk agama keristen*, het christendom binnengaan. Dat wil zeggen: Men gaat op weg; en we zullen moeten zeggen: We blijven op weg, want het einde is nog niet bereikt.
Of ik denk aan de eigen vormgeving aan het christelijk belijden, het eigen antwoord in de eigen situatie. Kraemer heeft het gezegd: Ik pretendeer niet een cultureel antropoloog te zijn, maar feitelijk heb ik in die wetenschap gepionierd eenvoudig omdat wij bij de doordenking van de betekenis van Kerk en Zending in de wereld wel moeten doordringen tot wat hij noemt the fundamental assumptions of culture and cultures (29). West Java, zo zegt hij in zijn rapport over dat zendingsterrein, heeft mij opnieuw genoopt de essentiële vragen inzake "Missions and the Indigenous patterns of life" te doordenken (30). Waar de niet-westerse studierichtingen van de sociale wetenschappen aan onze universiteit gemeend hebben de plaats van de christengemeenschappen temidden van hun volk in het centrum van hun onderzoek te moeten plaatsen, zal het duidelijk zijn dat deze vragen ook ons direct raken.
Ik noem verder de oecumene. Uit het zoëven gezegde volgt dat ook op het terrein van de oecumene theologie en culturele antropologie elkaar ontmoeten. We kunnen de kritiek op de "ernst" in het liedje over de oecumene met genoegen horen (31), mits we niet vergeten dat deze oecumene, ook waar tastend naar vormgeving wordt gezocht, een realiteit is en dient te zijn in onze ene *oikoumenè*, onze ene bewoonde wereld. Ook hier geldt deze zelfde correlatie, genormeerd en daarom onderscheiden. Een roeping die wenkt om met alle heiligen te komen tot de kennis van wat in bijzondere zin is far beyond us, de kennis te boven gaat(32). Hoezeer heeft hier de een de ander nodig.
Genormeerd ėn daarom variabel, daarom in een nooit ophoudende beweging, mij dunkt een inzicht dat we steeds, in het bijzonder ook nu in de huidige situatie van onze gereformeerde wereld behoeven. Ik denk aan de vraag die gesteld en besproken is: Is de Gereformeerde wereld veranderd? Mogelijk kan ook hier het inzicht dienen waartoe de culturele antropologie brengt. Ik heb de eerste vergadering bijgewoond van het

reunistencongres van de S.S.R., waar Bruins Slot en Kuitert over dit onderwerp spraken en die vraag met vreugde positief beantwoordden(33). Moeten wij niet zeggen:Hoe zou het anders in onze veranderende wereld? Zou het niet een verontrustende zaak zijn wanneer het niet zo was? Ik denk aan Hartvelds Patronen van Interpretatie, waaruit ik citeer: Wanneer de leer der kerk herhaling is van gecanoniseerde formules is zij ipso facto wettisch geworden (34). Ik denk ook aan het onderscheid tussen affirmatie en representatie in het nieuwe Rooms Katholieke denken. Hier werkt de kracht van de norm om getrouw te zijn aan het centrale belijden juist nu.
In dit verband heb ik enige tijd geleden in een gesprek met een gesprekspartner aan wie ik nauw verbonden ben gezegd, dat het mij a priori onwaarschijnlijk voorkomt dat formuleringen van zeg drie eeuwen geleden in deze zelfde vorm nu zouden kunnen aanspreken. Dat betekent dus, zei hij, een overgaan van quia op quatenus. Afgezien nu van de vraag of het mogelijk is om termen waarin een eeuw geleden de onderscheiden posities werden gevat, te gebruiken als karakteristiek van de nu bedoelde problematiek - het gaat bepaald niet om een numerieke reductie - zou ik bereid zijn te zeggen: Om de rijkdom waarnaar quia verwijst moet in kritische waardering van onze menselijke naar tijd, plaats en omgeving bepaalde realiseringen het quatenus steeds erkend, juist om de weg naar de bron open te houden. Wij hebben ook ten aanzien van de kaders, waarin wij dit geheim trachten te vatten, geen blijvende stad.
In het Gereformeerd Weekblad van 9 september jl. brengt Prof. van der Woude een indruk van zijn ontmoeting met de gereformeerde kerk van Elzas Lotharingen en zegt, dat ook in het kerkelijk leven de geest van het gereformeerd protestantisme nog is te speuren. Dan volgt: Wel geheel anders dan wij gewend zijn. Zo heeft de kerk van Elzas Lotharingen geen eigen belijdenis en zijn haar predikanten alleen gebonden aan de bijbel. Men is van mening dat de traditie van het calvinisme reeds èen voldoende garantie biedt. Een verrassend en intrigerend bericht. Niet alleen om de dynamiek van de traditie die hier als levend wordt erkend. Ook om de wijze waarop dit verschil wordt geïntroduceerd: "Geheel anders dan wij gewend zijn". Je denkt onwillekeurig

aan Customs and Cultures. Dit woord "gewend zijn" relativeert. En terecht. We kunnen hier en ginds van elkaar leren. Samen zijn wij op weg en blijven wij op weg, juist als we gaan op de éne Weg die is geopend naar de toekomst.

Ik keer terug tot Leiden. En ik herinner er aan dat De Josselin de Jong de wetenschap plaatste onder het ludieke aspect, het spel-aspect van de cultuur. Wie denkt hier niet aan Huizinga Ik denk nog aan een ander, de vermaarde linguist C.C. Uhlenbeck. Hij gaf een college algemene taalwetenschap. Met zijn gebogen gestalte liep hij door de zaal te doceren en wendde zich dan onverwacht tot een ijverig dictaat houdend student: Mijnheer, u meent toch niet dat het precies zo is gegaan als ik u nu vertel? Want ziet u, wij mogen dit wel zo doen en moeten dit wel zo doen; het is ook niet onwaar. Maar het zou wel heel merkwaardig zijn, wanneer de werkelijkheid precies zo verlopen was als wij die nu trachten te reconstrueren. Wat een on-bevangenheid; wat een ootmoedige wijsheid.

Wij mogen meespelen in de ontdekking van de wondere wereld van onze Vader. In de ernst van onze activiteit mogen wij voortgaan, spelend voor Zijn aangezicht, onder de glimlach van Zijn gunst.

Vivat, crescat, floreat akademia nostra, Deo favente.

1) Higher Education and Research in the Netherlands, Vol. IV, nr. 4 december 1960, blz. 12
2) Review of: Bali, Studies in Life, Thougt an Ritual, B.K.I, dl.117, 1961, blz. 498-502
3) Man and Culture, An evaluation of the work of Bronislaw Malinowski by Raymond Firth Ed. London 1957
4) R. Linton, Scope and Aims of Anthropology, in "The Science of Man in the World Crisis", New York 1952, blz. 4
5) E.E. Evans-Pritchard, Social Anthropology, London 1954, blz. 129
6) G.W. Locher, Ethnologie als Cultuurwetenschap, Mens en Maatschappij, XIV (1938), blz. 347-359
7) William A. Smalley and Maria Fetzer, A Christian View of Anthropolo-

gy, bijdrage in "Modern Science and Christian Faith", A symposion on the relationship of the Bible to Modern Science, Chicago 1950, blz. 99

8) Geciteerd in "The Primal Vision" by John V. Taylor, S.C.M. Press, Ltd. London 1963, blz. 26

9) B.K. I, dl. 107 (1951) blz. 161

10) Ruth Benedict, Patterns of Culture, Pelican Books, 3e ed. 1947, blz. 1

11) Raymond Firth, Human Types, 2e ed. London 1956, blz. 9

12) Clyde Kluckhohn, Mirror for Man, New York 1949, blz. 26; zie ook Ruth Benedict,o.c. blz. 21 .e.v.

13) Gelezen in Geref. Weekblad, 16 sept,. 1966, blz. 59

14) Geore P. Murdock, The Common Denominator of Cultures in "The Science of Man in the World Crisis", blz. 123-142

15) id. pag. 125

16) Rom. 3:29

17) Bezinning, 15e jaargang, blz. 204-225

18) Psalm 115:16

19) M.C. Smit, Het goddelijk geheim in de geschiedenis, Oratie 1955 (Engelse uitgave Free University, Quarterly, maart 1958)

20) F.W. de Gaay Fortman, Het geheim van het Recht, Rect. Oratie 1962, blz. 7

21) Free University, Quarterly, nov. 1957

22) G.C. Berkouwer, De mens het beeld Gods, Kampen 1957, blz. 19

23) idem pag. 29

24) T.P. van der Kooy, De normatieve structuur der werkelijkheid, Beroep en Roeping, juli-september 1961, blz. 1, overdruk

25) Wij mensen, oratie, 1956, pag. 27, noot 50

26) Robert Redfield, The Primitive World and its Transformations, Cornell Univ. Press, 4e ed. 1961, pag. 147

27) Rom. 3:22, 23

28) Zo naar Bidney, The concept of value in modern anthropology (Anthropology Today, A.L. Kroeber Ed. Chicago 1953, blz. 688)

29) From Missionfield to Independent Church, Den Haag 1958, blz.9

30) idem pag. 96

31) Studentencabaret V.U.

32) Efeze 3:19

33) J.A.H.J.S. Bruins Slot, Is de Gereformeerde Wereld veranderd? (Regelrecht, 32e jrg. nr. 9, september 1966)

34) G.P. Hartveld, Patronen van Interpretatie, Kampen 1966, blz. 21

25) G.C. Berkouwer, Vaticaans Concilie en Nieuwe Theologie, Kampen 1964, blz. 68.

BIBLIOGRAFIE

1925 Eenige Soembasche vertellingen.
Grammatische inleiding - tekst - vertaling - aanteekeningen.
Academisch Proefschrift, 140 blz.
Leiden 1925

1926 In Memoriam Dr. N. Adriani.
De Macedonier 1926, 294-299

1927 Op reis naar Soemba.
Zaaiing en Oogst, Berichten omtrent de Bijbelverspreiding.
Nieuwe volgreeks no. 2 (CXXXIII) 1927, 17-24
Ned. Bijbelgenootschap, Amsterdam, 1927

1930 a.Is het gewenscht het Soembaneesch ook als voertaal van eenige lectuur aan den voortgang van het werk der Evangelisatie op Soemba dienstbaar te maken?
De Macedonier 1930, 109-117, 137-151
De Opwekker 1930, 121-141.

b.Palatalisatie in eenige Soembaneesche dialecten.
Feestbundel t.g.v. het 150-jarig bestaan van het Batav.Genootschap,
Batavia 1930, deel II, 234-245

c.Opmerkingen over verwantschapsbetrekkingen bij de Soembanezen.
Tijdschrift Batav. Genootschap LXX (1930), 343-348.

d.Op welke wijze kan aan het Soembaneesch in het geheel van ons werk de plaats gegeven worden, die daaraan toekomt?
De Macedonier 1930, 262-270
De Opwekker 1930, 356-364.

1932 Mededeelingen aangaande mijn arbeid.
(Vertellen, Begraven, Huwelijksrechten van Christenen)

Tijdschrift Batav. Genootschap LXXII (1932), 636-644

1933 Na Hoeri Hàpa, Eenige regelen en zegswijzen betrekking hebbend cp het sirih pruimen van den Soembanees.
Tijdschrift Batav.Genootschap LXXIII(1933), 476-494

1934 a.Meededeelingen aangaande mijn arbeid.
(Verwantschapsbetrekkingen)
Tijdschrift Batav. Genootschap, LXXIV (1934), 161-170

b.Voorbereidend werk.
De Macedoniër 1934, 321-334
Jaarverslag van het Ned. Bijbelgenootschap over 1933,Bijbelhuis, Amsterdam, 1934, 91-108

1935 Mededeelingen aangaande mijn arbeid.
(Grondrechten, structuur van het Landschap)
Tijdschrift Batav.Genootschap LXXV (1935), 125-133

1936 a.Mededeelingen.
(Materiaal door Prof.dr.J.C.D. Jonker nagelaten; spelboekje in het Kamberaasch, Soembasche woordspelletjes)
Tijdschrift Batav. Genootschap LXXVI (1936), 550-557

b.Brief aan het Ned. Bijbelgenootschap.
(inzake vertaling der bijbelsche verhalen; Soembaneesche melodieën bij Soembaneesche liederen)
Maandbericht van het Ned. Bijbelgenootschap 1936, le Jrg., 147-149

1938 Over de weergave van "heilig" in het Soembaasch.
Tijdschrift Batav. Genootschap LXXVIII (1938), 124-136

1949 Naar aanleiding van de stuwdam in Mangili.
Opmerkingen over de sociale structuur van Oost-Soemba.
Bijdragen tot de Taal-, Land- en Volkenkunde, deel 105, afl.4 (1949) 445-459, engelse vertaling in bewerking

1950 Over de mediae in het Soembanees en Sawoenees.
In "Bingkisan Budi", Prof.dr. Ph.S. van Ronkel aangeboden ter gelegenheid van zijn 80e verjaardag, 1 augustus 1950.

1951 .Dr. Samuel Jonathan Esser.
26 April 1900- 14 April 1944.
In:
Libertas ex Veritate.
Uitgave van de Organisatie van Reünisten der Societas Studiosorum Reformatorum, ter herdenking van haar leden, omgekomen ten gevolge van de japanse bezetting van het toenmalig Nederlands-Indië van februari 1942- augustus 1945. Delft, 1951,25-33

1952 a.De betekenis van vee en veebezit op Sumba.
Hemera Zoa, dl. 59 (1952), no. 11-12, 568-584
De Heerbaan, maart-april 1954, 49-66

b.De huidige positie van de Bijbelvertaling in het werk der Indonesische Kerken.
De Heerbaan, september-oktober 1952, 188-210

c.Over de weergave van het woord "sarks".
De Heerbaan, september-oktober 1952, 255-270

d.Het proefschrift van Dr. Zielhuis.
(L. Zielhuis, Het offermaal in het heidendom en in de Heilige Schrift, Franeker 1951)
Contact (Kerkblad van de Geref. Kerken in Indonesië) 4-5-1952

1953 Van Zang en Psalm, De heerbaan 1953, 16-23

1956 a. Wij Mensen.
Rede uitgesproken bij de aanvaarding van het ambts van buitengewoon hoogleraar in de Culturele Anthropologie aan de Vrije Universiteit te Amsterdam op 12-10-1956
J.B. Wolters, Groningen. Djakarta, 1956

b. Brengen en Geven,
De Heerbaan, mei-juni 1956, 101-106

1957 Taalvernieuwing uit het evangelie.
Sola Fide (Calvinistische Studentenbeweging) oktober 1957, jrg. 11, no. 1-2) 5-12

1958 Lucas 2 in het Soembaas.
Amsterdams Kerkblad (Geref. Kerk) 30 november 1958

1960 Dr. Paul Wirz, Kunst und Kult des Sepik-Gebietes.
Mededeling CXXXIII Kon. Inst. voor de Tropen, Amsterdam, 1959
recensie: De Heerbaan, mei-juni 1960, 144-134

1966 Genormeerd en Variabel.
Afscheidscollege als hoogleraar in de Culturele Anthropologie aan de Vrije Universiteit te Amsterdam op 27-9-1966
J.H. Kok N.V., Kampen

1970 a. Onze hulp is in de naam des Heren.
Preek t.g.v. de uitzenddienst van het echtpaar Miedema-Van Otterloo, 28-12-1969
Het Diakonaat(Kontaktblad Geref.Diakonale arbeid),maart 1970, 64-70

b. In Memoriam Ds. H.A. Wieringa.
Jaarboek van De Gereformeerde Kerken in Nederland, 1970

1971 Naar een nieuw respect.
Geref. Weekblad, 24-2-1971

LIJST VAN PUBLIKATIES IN HET SUMBAAS

a. *Kambera-taal* (Oost-Sumba), in samenwerking met de heren Oe.H.Kapita en R. Ninggedingu:

1. Na Malota Anda - Dr. L. Onvlee, Oe.H.Kapita, Tj. Mobach, J.B. Wolters 1939

   Na Mandãki Roekoe I - Dr. L. Onvlee, Oe.H. Kapita, Tj.Mobach, Drukkerij Pemimpin, Lewa 1941

   Na Mandãki Roekoe II - Dr. L. Onvlee, Oe.H. Kapita, Tj.Mobach, Drukkerij Pemimpin, Lewa 1942

   (leesboekjes L.S.)

2. Eenige psalmen en gezangen in de taal van Kambera, Drukkerij Pemimpin, Lewa 1941

   Ludu Pamalangungu dãngu Ludu Hali hawiangu, Badan Penerbit Kristen, Djakarta 1965

   Ludu Pamalangungu dãngu Ludu Hali Karitu, Badan Penerbit Kristen, Djakarta 1970

3. Na lii Mãnangu palawitina i Loekahoe, Ned. Bijbelgenootschap, Amsterdam 1949

   (Het Evangelie van Lukas)

4. Anne de Vries, Na Mapawangu hãmoe (De Goede Herder), Badan Penerbit Kristen, Djakarta 1949

   idem , Na Ana Rara la karaba (Het Kind in de kribbe), Badan Penerbit Kristen, Djakarta 1949

5. Na Rukuda da Papahurungu (De Handelingen der Apostelen), Ned. Bijbelgenootschap, Amsterdam 1950

6. Na Parãndingu Bidi (Het Nieuwe Testament), Lembaga Alkitab Indonesia, Djakarta 1961

7. Na Ma-hambila la pinu tana (Het Evangelie van Johannes),

Lembaga Alkitab Indonesia, Djakarta 1971

b. *Wewewa-taal* (West-Sumba), in samenwerking met de heren S.Nd. Mbili en ds. E. Boeloe:

1. Li'i Kira ndaa ndiki, Li'i Ndandi ndaa ngero, I - II,
   G. Kolff & Co, Batavia 1938-1939

2. Aleiko Lara - Dr. L. Onvlee, S.Nd.Mbili, Tj. Mobach, Drukkerij Pemimpin, Lewa 1941

   Deke Oro Mane Roekoe I - idem
   (leesboekjes L.S.)

3. Li'i Mânango papalarana Ljuka - Ned. Bijbelgenootschap, A'dam 1949

4. Anne de Vries, Kjandi ranga a-ndua (De Goede Herder)
   Badan Penerbit Kristen, Djakarta 1949

   idem , Lakawa a-ne'e-na karaba dana (Het Kind in de kribbe)
   Badan Penerbit Kristen, Djakarta 1949

5. Lara paliida pazuru (De Handelingen der Apostelen)
   Balai Alkitab, Djakarta 1954

6. Kira Ndandi Bo'u (Het Nieuwe Testament)
   Lembaga Alkitab Indonesia, Djakarta 1970

7. Li'i Engge pa-palara-na Joane (Het Evangelie van Johannes)
   Lembaga Alkitab Indonesia, Djakarta 1971

LIJST VAN SUMBASE WOORDEN

ama	vader
amaringina (wew.)	koel, heilzaam
ana	kind
ana kawini (kam.)	zusters man; zusters man familie, bruidnemer
ana alli	onderdanen
ata	slaaf
banda	bezit, goederen; ook:aanduiding bruidsprijs
bisa	verboden, krachtig, sacraal
dawa	vreemd, nieuw
tana -	de vreemde wereld, die van buiten komt
guru (indon.)	onderwijzer
hangandji	hoogste gezagsdrager
hapa	pruimen
huri	sirih pinang
ina	moeder
ina-ama	moeder-vader, tezamen aanduiding voor de bron van de verordeningen, het gezag
jera	moeders broer, moeders broer familie, bruidgever
kabihu (kamb.),kabisu(wew.)	clan, exogame patrilineaire verwantengroep
kamba	doek, tegengift bij huwelijk, gegeven door familie van de bruid
kampung (indon.)	dorp
lii Ina Lii Ama	woord van moeder, woord van vader,het gezag
loka (wew.)	moeders broer, moeders broer familie, bruidgever
mangu tanang (kamb.)	grondheer
marâmba	hoogste stand
marapu	religieus vereerde stamvader, geest, godheid, in W.S. ook alles wat met de on-

	zichtbare wereld in verband staat
marata	de betaling aan de grondheer
maringu (kamb.)	koel, heilzaam
mbana (kamb.),mbongata (wew.)	heet, gevaarlijk
mema	eigen,oorspronkelijke wereld
mori tana (wew.)	grondheer
mowalu	orakelsnoer
ndewa	levenskracht, ziel, geest
- pahomba	de machten
- tana	beschermheer van de grond
ndòma (wew.)	zusters man; zusters man familie, bruidnemer
ngahu (kamb.), ngau(wew.)	geest
nggòba (wew.)	partner (ook in negatieve zin)
nuku (wew.)	regel, wet
papa (kamb.)	partner (ook in negatieve zin)
parang (indon.)	kapmes
pinang (indon.)	betelnoot (pruimingrediënt)
rato marapu	priester
sara (wew.)	wet, regel
semangat (indon.)	geest, levenskracht
selimut (indon.)	omslagdoek
sirih pinang (indon.)	betelnoot met bladeren en kalk om te pruimen
suangi (indon.)	heks
tana	land, aarde, grondgebied
tebu	slachten
uma	huis, geslacht

N.B. kamb. kambera, belangrijkste dialect van Oost-Sumba
wew. wewera, belangrijkste dialect van Centraal West Sumba

ZAAKREGISTER

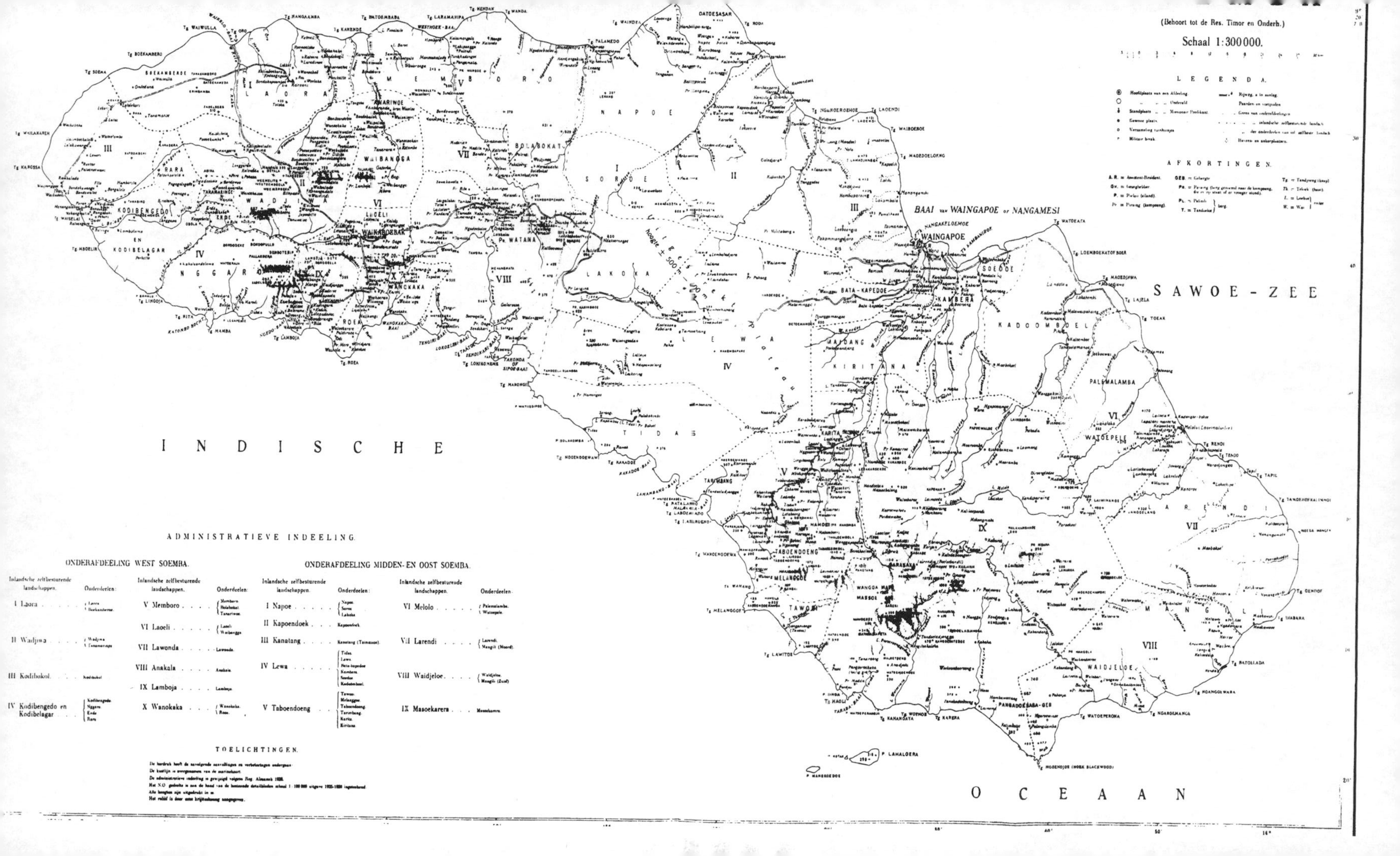

(Behoort tot de Res. Timor en Onderh.)
Schaal 1:300000.
LEGENDA.
Hoofdplaats van een Afdeeling.
Standplaats Missionair Predikant.
Gewone plaats.
Verzameling tuinhuisjes.
Militair bivak.
Rijweg, a in aanleg.
Paarden- en voetpaden
Grens van onderafdeelingen
Havens en ankerplaatsen.
AFKORTINGEN.
A. R. = Assistent-Resident.
Gh. = Gezaghebber.
P. = Poelau (eiland).
Pr = Paraing (kampoeng).
GEB. = Gebergte
Pl. = Paliah
T. = Tandoeka
berg.
Tg. = Tandjoeng (kaap)
Tk. = Teloek (baai).
L. = Loekoe
W. = Wai
rivier
SAWOE-ZEE
INDISCHE
OCEAAN
BAAI van WAINGAPOE of NANGAMESI
WAINGAPOE
NANGAKFLOEMOE
WAIKABOEBAK
LAORA
MEMBORO
NAPOE
SOROE
LAKOKA
LEWA
KIRITANA
TIDAS
KADOOMBOEL
PALEMALAMBA
WATOEPELE
LARENDI
MANGILI
WAIDJELOE
WAIBANGGA
LAOELI
WADJIWA
KODIBENGEDO
KODIBELAGAR
NGGARO
WANOKAKA
ROEA
BOLABOKAT
BATA-KAPEDOE
KAMBERA
SOEDOE
MAIDANG
KARITA
TABOENDOENG
MELANGGOE
TAWOEI
MASSOE
TARIMBANG
PANGADOEKABA-GEB
Pr. WATANA
KODI
TARAMAINGE
BARA
ERDE
Tg SOEMBA
Tg BOEKAMBERO
Tg WAIWULLA
Tg ORO
Tg KARENDE
Tg BATOEMBABA
Tg LARAMARIPA
Tg KENDAK
Tg WANDA
Tg PALAMEDO
Tg WAINDA
Tg RODA
DATOESASAR
WESTHOEK-BAAI
Tg NGOEROEHOE
Tg LAOENDI
Tg WAIBOEBOE
Tg MADEDOELOFONG
Tg WATOEATA
Tg LOEMBOEKATOFBOER
Tg MAOEDJAWA
Tg LAJELA
Tg TOEAK
Tg RENDI
Tg TENDO
Tg TAPIL
Tg GENDIF
Tg THABARA
Tg BATOLLADA
Tg NGAONGGOLWARA
Tg NGAROEMANGA
Tg WATOEPEROMA
Tg NOGENDJOE (HOEK BLACKWOOD)
P LAHALOERA
P MANGKEDOE
Tg KAMANGAYA
Tg KARERA
Tg WOPNOE
Tg HAOLI
Tg LAWITOE
Tg MELANGGOE
Tg WAHANG
Tg WANOEKOEWA
Tg LABOEMAKO
Tg HOEDENGEAW
Tg KARADOE
KARADOE-BAAI
LAHAMBANG-BAAI
Tg MARONGE
Tg LOKIKONEHE
TAKONDA OF SIPOE-BAAI
Tg ROEA
Tg LAMBOJA
Tg MAMBA
Tg RITA
Tg LINGOJA
Tg MBOELIR
Tg KAROSSA
Tg WAILAKAREN
Tg RANGAAMBA
KATONBO BOCHT
Tg NGEDO-BAAI
TENGIRI-BAAI
Ciliges (reeks)
hoogte ± 500 m.
Plateau
ADMINISTRATIEVE INDEELING.
ONDERAFDEELING WEST SOEMBA.
Inlandsche zelfbesturende landschappen.
Onderdeelen:
I Laora
Laora
Boekambero
II Wadjiwa
Wadjiwa
Tanamaringe
III Kodibokol
Kodibokol
IV Kodibengedo en Kodibelagar
Kodibengedo
Nggaro
Ende
Bara
V Memboro
Memboro
Bolabokat
Tanariwoe
VI Laoeli
Laoeli
Waibangga
VII Lawonda
Lawonda
VIII Anakala
Anakala
IX Lamboja
Lamboja
X Wanokaka
Wanokaka
Roea
ONDERAFDEELING MIDDEN- EN OOST SOEMBA.
I Napoe
Napoe
Soroe
Lakoka
II Kapoendoek
Kapoendoek
III Kanatang
Kanatang (Tainaoe)
IV Lewa
Tidas
Lewa
Bata-kapedoe
Kambera
Soedoe
Kadoemboel
V Taboendoeng
Tawoei
Melanggoe
Taboendoeng
Tarimbang
Karita
Kiritana
VI Melolo
Palemalamba
Watoepele
VII Larendi
Larendi
Mangili (Noord)
VIII Waidjeloe
Waidjeloe
Mangili (Zuid)
IX Masoekarera
Masoekarera
TOELICHTINGEN.
De kustlijn is overgenomen van de marinekaart.
Alle hoogten zijn uitgedrukt in m.

Printed in the United States
by Baker & Taylor Publisher Services